JN415161

공직사회의 낭중지추를 찾아서

임도빈 · 구민교 · 배귀희 · 신희영 · 양재진
엄석진 · 오영균 · 원숙연 · 이수영 · 이현국
전주상 · 정용덕 · 정진우 · 조선일 공 저

法 文 社

추 천 사

정년퇴임 후 학문활동을 마감한 처지인데도 불구하고 추천의 글을 써달라는 말에 많이 망설였다. 물론, 그동안 후학들이 우리 세대에서 이룬 것을 바탕으로 한국의 행정학을 더욱 발전시키고 있는 것을 보면서 마음이 흐뭇한 차였다.

2년 전 이 연구에 관한 소식을 접한 것 같다. 서울대학교 정책지식센터에서 우리나라의 관료제가 어떻게 움직이는가를 연구하는 기초작업으로서 외부적 유인에 개의치 않고 자신의 길만을 묵묵히 가는 관료들이 누구인가를 연구한다는 것이었다. 난 체력이 부족하여 사회 부탁도 사절했고, 세미나에 참석할 수는 없었다. 그럼에도 불구하고 궁금하던 차에 그 연구의 결과를 책으로 엮는다고 하여 더욱 기쁨을 감출 수 없었다.

재직시 저술한 '한국행정학', '한국의 행정조직과 문화'는 모두 한국의 행정현상을 외국의 이론에 의존하지 말고, 한국적으로 설명하자는 시도였다. 그런데 과연 한국의 행정인이란 어떤 사람들인가, 어떤 사람이 행정조직에 기여하는가에 대해서 충분히 설명하지 못했다는 아쉬움이 있었다. 이러한 갈증을 해소하는 책이 바로 이 공직사회의 낭중지추를 찾아서가 아닌가 한다. 행정학의 한국화를 위해 매우 의미 있는 일이라고 생각된다.

이 책의 또 한 가지 중요한 의미는 중견학자들이 각자 연구대상인 관료를 선정하여 공동작업을 하였다는 점이다. 각자 다른 학문적 성향을 가지고 있으므로, 연구대상의 선정단계부터, 자료수집, 해석과정에서 개성이 충분히 들어났다고 본다. 그리고 정책지식센터 세미나를 통하여 의견을 교환하고, 상호영향을 주고받았다는 점에서 다양성과 공통성을 동시에 충족시키는 중 이 책은 한국관료제의 미시적 접근에 대한 첫 발자국이라고 생각한다. 앞으로 이 내용들을 더욱 심화시키고, 혹시 누락되었을지 모르는 다른 유형의 관료에 대해서도 추가적인 연구가 진행되기를 빈다. 이와 같은 지속적인 연구가 축적되어야 결국 한국행정관료이론이 형성될 수 있으리라고 본다.

이런 이유에서 이 책이 많이 읽히고 많이 인용되었으면 하는 바람이다. 막 학문의 길루 들어서는 젊은 학사나 이제 완숙한 경지에 이르는 원로학자들 모두에게 적극 추천하는 바이다. 외국의 이론을 들여오는데 급급하기보다는 우리 자체의 자생적 이론을 만드는 기초작업이 이러한 것이 아닌가 하기 때문이다. 그리고 후속 연구도 많이 나오길 바란다.

끝으로 이러한 책이 나올 수 있도록 수고한 분들의 노고를 언급해야 할 것 같다. 세미나가 진행될 당시 여러모로 지원한 김병섭 원장, 이 책이 완성되어 나오기까지 지원한 김준기 원장, 연구주제의 선정부터 실제적 기획과 연구진행을 주도한 임도빈 교수의 수고가 많았다고 한다. 그리고 세미나실의 준비를 비롯하여, 원고의 마지막 교정까지 지루하지만 인내심을 갖고 치밀한 봉사정신과 대학원생으로서 훈련의 기회를 가진 이현국 박사, 최동훈, 정지수, 이민아 당시 박사과정생들이 훌륭한 학자로 성장하기를 기원한다.

2013년 8월 20일

서울대학교 명예교수 조 석 준

차 례

사례분석

여는 글

- 왜 공직사회의 낭중지추(囊中之錐)인가?
- 훌륭한 공직자의 기준

왜 공직사회의 낭중지추(囊中之錐)인가?

임 도 빈(서울대학교 행정대학원 교수)

Ⅰ 연구목적

한국 관료들에 대한 비판의 목소리가 높다. 무능력, 무사안일, 복지부동을 넘어서 복지안동(伏地眼動)이라는 신조어가 관료를 상징하는 단어로 생겨날 만큼 관료들에 대한 사회적인 불신은 점점 높아져 가고 있다. 또한 최근에는 공무원에 대해서 "영혼이 없는"이라는 수식이 붙기 시작했다. 이는 정치인과 선출직 공무원의 교체에 따라 그들의 행태를 달리하는(또는 달리할 수밖에 없는) 공무원에 대한 비판과 동정의 의미로 사용되고 있다.

관료에 대한 비판이 만연하는 것은 비단 한국만의 문제가 아니다. 미국의 경우도 정부개혁 운동과정에서 관료에 대한 비판의 목소리가 높았다. 이러한 비판의 목소리가 자신의 책임을 회피하기 위한 정치인들의 술수에 의한 것이든 대중매체의 호들갑 때문이든 관료들은 개혁되어야 할 대상으로 그려졌다. 물론 이러한 비판이 '관료'가 아닌 '관료제 시스템'에 있으며 관료들은"나쁜 시스템의 함정에 갇힌 좋은 사람들"이라는 주장이 제기되기도 하였지만,[1] 결국 관료들은 기업가적 관료로의 전환을 요구받았다.

정치인과 대중매체가 관료후려치기(bureaucrat bashing)[2]에 열중하는 동안 학계는 수

1) Frederickson, H. G. (1996: 267). Comparing the Reinventing Government Movement with the New Public Administration. *Public Administration Review, 56*(3), pp.267.

수방관 내지는 동조해 온 감이 있다. 또한 기존 관료제의 부정적인 면에 대한 연구가 이어지면서 이러한 시스템 안에 있는 관료들 또한 부정적 이미지에서 벗어날 수가 없었다. 신공공관리론에서 주장하는 민간부문에 대한 찬양은 곧 경영학자들의 논조에 동조하는 셈이 되어 버렸으며, 민간부문과는 다른 관료들의 행태를 더욱 부정적으로 바라보도록 하였다. 이처럼 부정적(negative)인 연구들이 기존 관료제를 변화시켜 좀 더 성과가 높은 정부를 만드는데 기여할 수도 있겠지만 관료들의 사기를 저하시켜 결국 성과를 낮출 수 있다는 우려도 있다.

그렇다면 모든 관료들이 타성에 젖어 있는 것일까? 아니면 이러한 타성에 젖은 관료는 극히 일부분이고, 한국의 경우에는 관료들 중 상당수가 좋은 관료인 것은 아닐까? 이런 질문을 제기하는 것이 우문(愚問)처럼 생각될 수도 있겠지만, 이러한 질문을 통해 관료들 중에서 모범이 될 만한 공무원을 선정하여 이들의 개인적 특성 및 그들의 조직 환경에 대해서 연구 한다면, 다른 공무원들에게 하나의 역할모델을 제시해 줄 수 있을 것이다. 그리고 훌륭한 공무원이 속해 있는 조직의 문화와 같은 조직적 특성을 고찰하면, "좋은 관료를 만들어내는 좋은 시스템"에 대해서도 살펴볼 수 있을 것이다. 뿐만 아니라 이러한 긍정적인 연구들이 발표되면 국민들의 공무원에 대한 근거 없는 비난을 다소 낮출 수 있어 공무원들의 사기 진작에도 도움을 줄 수 있고 정책집행 과정에서 국민들의 정책순응을 기대하여 성과를 높일 수도 있다. 즉, 기존의 관료, 또는 관료제의 문제점을 발견하고 처방하는 것뿐만 아니라 긍정적인 사례들을 발굴하고 연구하는 것도 궁극적으로는 관료제의 성과를 높이는 데 기여할 수 있는 것이다.

하지만 지금까지 아쉽게도 한국의 행정학계는 이러한 노력을 게을리 해왔다. 물론 몇몇 연구들은 성공한 관료들 중심으로 이들의 리더십을 연구하기도 하였지만[3] 그 절대적인 수라는 면에서 부족하다. 질적으로도 리더십에만 초점을 두거나 전환기라는 하나의 시대에 한정되는 문제점을 가지고 있다.[4] 그리고 대부분 최상위직의 장관이나 자치단체장들을 대상으로 하였기 때문에 훌륭하지만 높은 직급까지는 아직 오르지 못한 전 · 현직 중간관리자는 연구의 대상조차 되지 않은 것이 현실이다. 이에 서울대학교 한국정책지식센터에서는 전 · 현직 중간관리자들을 대상으로 모범이 될 만한 공무원을 선정하고, 이들의 공직자로서의 삶과 이들이 속해 있던 조직에 대한 연구를 진행하였다.

2) 관료후려치기는 관료에 대한 반감에서 비롯되어 합리적인 이유 없이 관료들을 강하게 비판하는 것을 의미한다(Goodsell, 1998:310).

3) 이러한 연구로는 김광웅 외(2007), 박통희(2004), 서울대학교 행정대학원 정책지식센터(2002, 2003)의 연구가 있다.

4) 이러한 연구는 이종범(1994)의 연구가 있다.

본 저서의 제목에 포함된 "낭중지추(囊中之錐)"라는 고사 성어는 "능력과 재주가 뛰어난 사람은 주머니 속의 송곳처럼 가만히 두어도 두각을 나타내게 된다."는 의미로 사용된다. 즉, 뛰어난 사람은 가만히 두어도 자신의 재능이 드러나기 마련이라는 의미이다. 그러나 다른 한편으로는 아무리 뛰어난 재능을 가진 사람도 자신의 재능을 알아주는 상관과 부하를 제때에 만나지 못하면 두각을 나타내기 어렵다는 의미를 동시에 담고 있다. 즉, 낭중지추는 "개인의 재능"과 뛰어난 사람을 담고 있는 "좋은 주머니"가 합쳐질 때 개인의 능력이 제대로 발현될 수 있음을 의미한다고 볼 수 있다. 따라서 이 저서는 선정된 12명의 낭중지추가 지닌 개인적 재능뿐만 아니라 그가 몸담고 있었던 조직에 대한 연구를 통해서 낭중지추를 담고 있는 좋은 주머니의 특성에 대해서도 보여주고자 하였다.

Ⅱ 연구대상

우선 수많은 공무원 중 낭중지추에 해당하는 10여 명을 선별하는 것이 해결해야 할 가장 큰 과제였다. 행정관료제의 특성을 보기 위해서 좀 예외적인 조직보다는 전형적인 공무원집단을 대상으로 하기로 하였다. 특히 중앙집권적 전통을 가진 우리나라에서 한국 행정체제의 중추적 역할을 하는 집단으로서 중앙정부에 집중하기로 하였다. 그러나 지방자치실시 이후 지방자치단체도 중요하기 때문에, 지방도 1명을 포함하였다. 이 사례는 중앙정부의 관료 중에도 일부 적용될 수 있는 사례라고 생각된다. 지방공무원들의 특성을 좀 더 중점적으로 보기 위해서 차후에는 지방정부의 낭중지추라는 작업이 필요할 것으로 보인다.

다음으로 장관 등의 최고위직에 오른 공무원을 제외하기로 하였다. 이 중에도 낭중지추적인 사람들이 있으리라고 보지만, 이미 빛을 보았기 때문에 낭중지추로서 가치가 떨어진다고 보았기 때문이다. 또한 현 관료체제의 가장 큰 문제점이 지나친 승진경쟁이라고 할 수 있는데, 이들 최고 직위에 오른 사람들은 수단과 방법을 가리지 않고 남의 눈에 띄려고 노력했을 경우가 많으므로 주머니 속의 송곳이라고 보기는 어려울 것이라는 판단을 하였다. 물론 예외도 있으리라고 보지만, 일단 문제를 단순화해서 보기로 하였다. 따라서 선정된 사례에는 여러 가지 경우가 있으나, 최고 차관급 정도까지 올라간 사람으로 한정하여 알려져 있지 않고 묵묵히 공무원으로 자기의 길을 간 사람만을 대상으로 하려고 최선을 다하였다.

이상의 기준을 가지고 실제 연구대상을 발굴하고 선정하는 작업을 진행하였다. 2011년 3월 초부터 대상자 선정 등 기획의 본격적인 작업이 시작되었다. 기획의 과정에서 기존 연구들에 대한 검토가 이뤄졌고, 훌륭한 공무원의 요건에 대한 검토가 이뤄졌다. 서울대 행정대학원 교수를 비롯하여, 실무자인 공무원에 대한 인터뷰를 통해서 대상자 추천의 방식 및 훌륭한 공무원의 요건이 무엇인가에 대해 논의하였다. 처음에는 훌륭한 공무원의 요건을 제시하고 이런 조건에 맞는 공무원을 추천받고자 하였으나, 그 조건이 논란거리가 됨을 예측하였다. 따라서 일단 다양한 경로를 통해 대상자 선정이 이뤄졌는데, "훌륭한" 또는 "모범이 되는" 공무원에 대한 추천을 의뢰하고 요건을 명확히 하는 작업을 병행하기로 하였다. 이처럼 추상적이고 모호한 단어를 사용한 이유는 본 연구가 훌륭한 공무원이나 모범이 되는 공무원의 선발뿐만 아니라 이러한 공무원의 특성에 대해서 살펴보는 데 있기 때문이다. 즉, 귀납적으로 훌륭한 공무원의 특징을 밝히는 데 목적이 있는 것이기 때문에 이러한 공무원의 특성을 연구자가 미리 규정하지 않은 것이다. 그러나 낭중지추가 아닌 사람도 포함 될지도 모르기 때문에 '……하지 않은 사람'이라는 부정적 측면은 고려되어야 한다고 생각했다 부정적인 조건은 1) 자리욕심이 지나쳐 기회주의적이고 권모술수적인 행동을 하는 사람, 2) 부패하여 청렴성에 의심이 있는 공무원의 배제였다.

처음에는 추천자가 너무 많아서 이들 중 누구를 할 것인가를 결정하는 것이 어려울 것으로 예상했다. 그러나 후술하는 바와 같이 결과는 반대였다. 추천대상자가 의외로 적었다. 이것은 아마도 우리 공직사회가 극심한 경쟁사회이기 때문에, 남을 칭찬하는 문화보다는 비판이 더 강한 탓이 아닌가 생각된다. 아니면, 우리 공직사회에서 정말 낭중지추로 사는 것이 너무나 어렵기 때문에, 대상자가 희귀해서 일지도 모른다. 따라서 본 연구에 포함된 사람들이 대표성이 없다는 비판을 받을 여지는 있지만, 그렇기 때문에 오히려 더욱 가치 있는 연구라고 생각된다.

2011년도 4월부터 7월 중순까지 다양한 방법으로 대상자에 대한 추천을 받았다. 우선 4월부터는 전문가들에게 추천을 받았다. 전문가 추천은 서울대 행정대학원 교수진, 행정학회 회원들에게 받았으며, 이메일과 웹사이트 공지를 통해서 추천을 받았다. 그 결과 22명의 공무원을 추천받을 수 있었다. 둘째로 6월 2일부터 20일까지는 각 부처에 공문을 보내 추천을 받았다. 총 7개 부처에서 17명의 추천을 받을 수 있었다.[5)] 마지막으로 동 연구센터에서 매년 시행하는 공무원 인식조사 설문문항에 "○○님 부처에서 가장 훌륭한 공

5) 추천에 협조한 부처는 여성가족부, 보건복지부, 기획재정부, 통일부, 교육과학기술부, 지식경제부, 환경부이다.

직자라고 생각되는 사람은 누구입니까"[6]와 같은 개방형 질문을 넣어서 실제 공무원들에게 추천을 받았다. 공무원 인식조사에는 40개 기관[7] 총 1,320명의 공무원이 참여하였는데, 이들 중 382명의 공무원이 추천에 참여하여 총 287명의 공무원을 추천받을 수 있었다. 그러나 이중에는 현직 장관을 추천하는 등 신뢰성이 떨어지는 경우가 많았다. 우리 관료문화의 일면을 엿볼 수 있는 기회였다.

다양한 경로를 통해서 총 326명의 공무원이 훌륭한 공무원으로 연구대상자 집단에 속하게 되었다. 이 연구대상자 집단 중에서 장관, 부정부패로 인해 문제의 소지가 있는 공무원을 제외 하고 최종 리스트를 작성하였다. 이후 연구진 회의를 통해서 최종 대상자를 선정하게 되었는데, 최종 대상자 선정에서는 연구자들의 의견을 최대한 존중하기로 하였다. 따라서 연구자들의 관심분야와 의견을 최대한 반영하여 각 연구자별로 3배수의 연구대상자를 선정하도록 하였다.

구체적인 최종 연구대상의 선정은 참여연구자들에게 맡기도록 하였다. 추천받은 경우와 실제가 다르기도 할 것이고, 실제 당사자 인터뷰 허용여부 등이 불확실하기 때문이다. 눈덩이(Snowball) 표본 추출 방법과 같이 연구진행 과정에서 더 좋은 사람으로 연구대상자가 변경될 여지를 연구자에게 부여한 것이다. 실제로 연구진행과정에서 이렇게 바뀐 경우가 여러 건 있었다.

요컨대, 최고(the best)의 연구대상자를 선정하기 위해 최선을 다했다. 특히 좋은 조건을 객관화하여 결정한 후, 이를 기준으로 선정할 수 없었기 때문에 절차적 합리성을 따르려고 노력하였다. 그러나 그 결과로 선정된 사람들이 모두 최고의 대상자라고 보기는 어렵다는 비판을 면하기 어려울 수도 있다. 그러나 적어도 낭중지추로 분류될 사람들 중의 하나라고는 할 수 있을 것이다.

6) 설문문항에 대한 응답은 성함, 직위, 선정이유 또는 특성에 대한 설문을 포함하고 있다.

7) 지식경제부, 통일부, 소방방재청, 농림수산식품부, 국세청, 방송통신위원회, 외교통상부, 농촌진흥청, 보건복지부, 고용노동부, 법무부, 행정안전부, 법제처, 환경부, 문화체육관광부, 교육과학기술부, 기획재정부, 국토해양부, 병무청, 조달청, 문화재청, 관세청, 중소기업청, 통계청, 산림청, 특허청, 기상청, 국민권익위원회, 경찰청, 공정거래위원회, 검찰청, 국가보훈처, 금융위원회, 방위사업청, 국방부, 여성가족부, 해양경찰청, 행정중심복합도시건설청, 식품의약품안전청, 국무총리실.

Ⅲ 연구의 의의

이 저서는 전 · 현직 중간관리자들을 대상으로 모범이 될 만한 공무원을 선정하고, 이들의 공직자로서의 삶과 이들이 속해 있던 조직에 대한 연구를 진행한 질적 사례연구이다. 이 저서에 실린 사례가 극단사례인지 아니면 대표성이 존재하는지에 대해서 논란의 여지가 있다. 그러나 적어도 장관처럼 세간의 관심을 받으며 '성공적' 경력을 쌓은 사람들보다는 보이지 않는 곳에서 묵묵히 공직을 수행한 사람들에 대한 연구가 더 의미가 있지 않을까? 과거개발연대시대에 정부조직이 급속히 팽창하고, 승진의 기회가 많았을 때는 개인의 삶이 '롤러코스터를 타는 것'과 같이 극적인 경우도 적지 않게 있었다.[8] 그러나 이제 행정조직의 규모도 그 당시에 비해 상당히 팽창하여 롤러코스터 효과는커녕 원하는 만큼 승진하지 못하고 도중하차해야 하는 경우가 생길만큼 승진의 기회도 상대적으로 많이 줄었다. 관료생활의 만족을 더 이상 승진이 채워줄 수 있는 상황이 아니라면 어떻게 살아야 보람 있는 관료생활을 하였다고 할 수 있을까? 아마 많은 관료들이 이 질문에 대한 답을 찾고 싶어 할 것이다. 이 저서의 12명의 낭중지추들의 삶을 통해서 이 질문에 대한 답을 찾을 수 있기를 기대해 본다.

이 저서의 연구들을 통해 연구대상자들로부터 몇 가지 공통점과 차이점을 발견할 수 있을 것이다. 연구대상자인 특정인물에 관한 서술뿐만 아니라 그 주변의 다른 사람들에 대한 서술도 되어 있는데, 이런 현상학적 특성을 바탕으로 우리나라 관료의 유형을 분류하는 데에도 도움을 줄 수 있을 것이다. 그동안 우리는 서양의 관료유형을 그대로 사용하여 온 경향이 있는데, 이에 대한 대안이 암묵적으로 제시되었다고 본다. 또한 이 저서를 읽으면서 과연 낭중지추가 되기 위해서는 '조직'이 중요한가 아니면 '개인'이 중요한가에 대한 의문을 끊임없이 제기하게 된다. 그 당시 사회전체의 환경은 물론이고, 그 공직자가 몸담고 있는 행정조직의 내부에 대해서 좀 더 현실감 있는 이해를 도울 수 있을 것이다. 새로 공직을 시작하는 사람에게 "나쁜 함정에 빠진 좋은 사람"에서의 나쁜 함정이 아니라 낭중지추의 "좋은 주머니"가 무엇인지를 인식하는 데 도움을 줄 수 있을 것이다. 또한 이미 공직생활의 경력이 있는 사람들에게도 자신이 근무하고 있는 곳이 "좋은 주머니"인지,

8) 유민봉 · 임도빈(2012). 293p 참조.

“나쁜 함정”인지를 판단 할 수 있는 기준을 제시하여 나쁜 함정이라면 좋은 주머니로 바꾸려는 노력을 기울일 수 있도록 도움을 줄 수 있기를 기대한다.

이 저서의 연구들을 통해 모범이 되는 공무원의 개인적인 특성과 이들의 공직에서의 공과를 밝힘으로써 향후 공무원이 되고자 하는 학생들이나 현직 공무원들에게 하나의 롤 모델을 제시해 줄 수 있을 것을 기대한다. 다만 본 저서가 낭중지추의 개인적인 업적을 홍보, 찬양하는 데 사용되는 것을 경계하도록 하였으며, 저자들이 객관성을 유지하려고 노력하였다.

참고문헌

김광웅 외(2007). 장관 리더십, 지혜로.
박통희(2004), 편견의 문화와 여성리더십, 대영문화사.
서울대학교 행정대학원 정책지식센터(2002). 지방정부의 지도자, 나남.
______________________________(2003). 지방정부의 리더십. 나남.
유민봉 · 임도빈(2012). 인사행정론: 정부경쟁력의 관점에서, 박영사.
이종범(1994). 전환시대의 행정가, 나남.

Frederickson, H. G. (1996). Comparing the Reinventing Government Movement with the New Public Administration, *Public Administration Review, 56*(3), 263-270.

Goodsell, Charles T. (1998). Bureaucratic Bashing, In Jay M. Shafritz, *The International Encyclopedia of Public Policy and Administration*, CO: Westview, 310-311.

훌륭한 공직자의 기준

정 용 덕(서울대학교 행정대학원 교수)

I 실마리

훌륭한 공직자를 가려내어 기리는 일은 학술적으로나 실무적으로나 모두 큰 의의가 있다. 공직자란 문자 그대로 공공의 직책을 맡은 사람이다. 개인이나 사적 조직을 위한 일과 달리 공공의 직책은 공동체 구성원들의 삶에 보다 직접적으로 영향을 미친다. 동서고금을 막론하고 어느 나라에서나 훌륭한 인재를 공직에 발굴하고 배양하는 일을 중요시해 온 이유다.

특히 요즈음처럼 정부 신뢰가 땅에 떨어지고 있는 시대에는 훌륭한 공직자에 대한 갈망이 더 클 수밖에 없다. 20세기 후반 이후 지난 한 세기 동안 거의 모든 나라에서 정부에 대한 국민들의 불신이 증대되고 있다(Jung and Sung, 2012). 여기에는 나라별로 공공 문화, 정치 제도의 특성과 민주화 수준, 정부의 정책 성과, 언론매체들의 경쟁적인 비판 등 다양한 요인들이 작용한다(Nye et al, 1997; Wills, 1999; 한국사회과학협의회 · 중앙선데이, 2012). 여기에 더하여 공직자들의 업무 능력과 윤리성이 정부에 대한 국민들의 신뢰에 보다 직접적으로 영향을 미칠 것임은 말할 나위가 없다(Hart, 1992).

논의를 더 진전하기에 앞서 먼저 여기서 대상으로 삼으려는 공직자의 범위를 설정하기로 한다. 한국의 행정학자들이 "공직을 '공적 권한과 자원을 사용하는 자리'로 이해하고, 공직자는 그런 자리에 앉아있는 사람"으로, "행정이란 다름 아닌 '공적 권한과 자원을 사용하는 일'"로 이해하는 경향이 있다(윤견수, 2011: 12-3). 이처럼 '자리'를 중심으로 대상 범위를 설정하는 방식에 한계가 있으나,[1] 공직자 전반에 대해 논하는 경우에 너무 광범위하게 다양한 업무와 권한, 그리고 책임을 모두 함축하는 문제가 있다. 따라서 이 글에서는 선거에 의해 선출되는 정치직 공직자를 제외한 행정직 공직자를 대상으로 논의하기로 한다. 행정직 공직자의 범주에는 정무직을 포함한 고위직 및 중하위직 행정관리자들을 모두 포함하기로 한다. 굳이 입법, 행정, 사법부라는 제도적 구분에 구애될 필요는 없겠으나, 대개는 행정부와 그 산하 조직에서 공적 권한과 자원을 사용하는 사람들을 염두에 두기로 한다.

기존에도 공직 인사에서 대상자가 그 직책을 수행하는 데 필요한 전문성과 윤리성을 갖추었는지 여부는 중요한 기준이었다. 예로써, 한국에서 정무관급 임용 후보자에 대한 국회에서의 인사 청문회에서 당사자의 경륜과 실정법 준수 여부 등에 관해 추궁하는 것이 이를 반영한다. 그러나 행정가에게 필요한 전문성이 무엇인가에 대한 시각은 나라마다 차이가 있다. 영국의 경우 고위직 행정관리자가가 되려는 사람들은 인문학적 소양을 갖출 것을 강조하고, 유럽 대륙 국가들은 법률 지식을 요구하며, 미국에서는 좀 더 세부적인 과학적 지식을 강조하는 식이다.

한국의 경우, 조선시대에는 고위급 공무원을 유교 경전과 시문학 중심의 과거 시험을 통해 선발했다. 그러나 법률, 의학, 통역, 풍수지리 등을 담당하는 실무급 공직자들은 이른바 '잡과(雜科)'를 통해 뽑았다. 일제시대에는 19세기말부터 유럽의 영향을 받은 일본에 의해 법률과목 중심의 고시가 실시되었다. 이 전통이 대한민국 정부수립 이후에도 한동안 이어지다가, 1950년대 말 이후 경제학, 행정학, 정치학 등 근대 사회과학 과목들의 비중이 늘기 시작했다. 여기에 더하여 재경직, 외무직, 기술직 등으로 구분하여 공직의 업종별로 필요한 전문 지식을 반영해 왔다. 필기시험 위주의 고시 제도가 과연 전문성 측정을 위한 적절한 방법인가에 대한 논란은 있으나, 최소한 관리자의 공직 수행에 필요한 전문지식에 관련된 기본 과목들은 대개 포함된 셈이다(정용덕, 2011b).

그런데 행정가는 관리 능력에 더하여 리더십 능력 또한 갖추고 발휘해야 한다. 행정가

---

1) 윤견수(2011)는 질적 연구를 통해 한국의 행정학자들이 "공직자가 아니라 공무원의 개념에만 주목했다는 것은 행정학의 영역을 좁은 의미의 집행기관에 대한 연구로 한정하고, 행정학의 초점을 관리와 효율의 패러다임 안으로 묶어두며, 행정학 방법론을 도구적 지식의 확대재생산에 주로 활용해 왔다는 것을 의미한다"고 비판하면서, "공직자 패러다임과 관련된 이론적 범주와 개념들이 기존의 한국행정학의 패러다임인 공무원 패러다임을 상당 부분 보완할 수 있다"고 보고 있다.

의 업무가 부여된 일을 실정법에 따라 단순히 수행하는 것이라고 가정한다면, 관리 능력만으로도 충분할 것이다. 그러나 이른바 '정치행정이원론'이라는 현대 행정의 일반 원칙에도 불구하고, 행정가에게는 공익 실현을 위해 좀 더 적극적으로 활동하리라는 다소 모순된 기대가 있다. 어떤 사안이 공익에 부합하는지 여부를 가려내고, 그 일을 효과적으로 추진하기 위해 다양한 자원을 동원하고 수평적 및 수직적인 지지와 협력을 일구어 내는 공공리더십을 발휘할 것이라는 기대가 그것이다.

이와 같은 기대를 반영하여 미국에서는 행정가들이 관리 능력에 더하여 리더십 능력도 갖출 것을 강조하는 경향이 나타나고 있다. 미국에서는 19세기 말부터 시작된 일련의 행정개혁을 통해 행정의 세부 직책에 따라 필요한 전문성을 설정해 놓은 이른바 '직위분류제'를 통해 법률과 (사회 혹은 자연)과학 지식을 갖춘 전문가들을 임명하는 경향이 있었다. 그러나 20세기 말에 이르러, 특히 1976년 '고위공무원단제(Senior Executive System)'를 도입하면서 고위직 공직자들이 종적 및 횡적 연결망을 통해 소통하고 협력을 이끌어 내면서 업무를 효과적으로 추진하는 능력을 갖출 것을 아울러 강조해 왔다(Jung, 2010). 여기에 더하여 고위급 행정관리자들은 그 일의 목적과 방법, 그리고 결과 면에서 옳은 것인가에 대해서도 판단할 수 있는 윤리성 또한 갖추기를 기대하는 경향이 늘고 있다.

미국 행정학자들의 알베르트 쉬페어(Albert Speer)에 대한 지속적인 탐구가 이어지고 있는 것도 시사하는 바가 있다. 쉬페어는 나치 독일의 군수성 장관으로서 미시적 측면에서는 민주적이면서도 효과적으로 그 조직을 관리하고 지휘했으나, 거시적 측면에서는 엄청난 윤리적 재난을 초래했다(Singer and Wooten, 1976; Sereny, 1999; 정용덕, 2001). 행정윤리에 대한 연구와 교육(Cooper, 2004; 2006; Cooper and Yoder, 2002), 그리고 공익에 대한 행정학자들의 오랜 관심(Schubert, 1960; Harmon, 1969; Koven, 2008)도 마찬가지 맥락에서 이해할 수 있다. 20세기 후반 이후 철학과 정치학 분야에서 다시금 활성화된 정의, 형평, 공정성 등에 대한 행정학자들의 높은 관심도 같은 맥락에서 이해할 수 있다. 자유주의 시각의 정의론(Rawls, 1971)을 받아들여 행정학에 적용한 신행정학(Frederickson, 1990), 자유지상주의 시각(Nozick, 1974)을 적용한 공공선택론(Ostrom, 1974), 공동체주의 시각(MackIntire, 1984; Walzer, 1994; Sandel, 2009)을 수용한 사회자본론(Etzioni, 1996; Putnam et al., 1994; Putnam, 2000; 2007)과 덕성이론(Cooper, 1987; Hart, 1992)이 대표적인 예다.

이와 같은 맥락에서 이 글에서는 행정을 수행함에 있어서 요구되는 정책 능력과 윤리성을 모두 발휘한(혹은 하는) 훌륭한 공직자들을 가려내기 위한 이론적 기준들을 모색한다. 그리고 이 기준들을 적용하여 한국의 기존 행정학 문헌에 소개된 훌륭한 공직자들에 대한 재평가를 시도해 본다.

Ⅱ 이론적 논의

훌륭한 공직자를 가려내기 위한 가치기준들에 관해 논의한 다수의 문헌들이 있다. 이 가운데 여기서는 마이클 할몬(Harmon, 1969)의 '진취적 행정가(Proactive administrator)', 조셉 나이(Nye, 2008)의 '좋은 리더(Good leader)', 테리 쿠퍼(Cooper and Wright, 1992)의 '덕성의 행정가(Public administrator of virtue)'를 검토하여 기준 설정에 이론적 토대로 삼으려고 한다.

이들이 각각 제시하는 훌륭한 공직자의 기준이 때와 장소를 막론하고 보편타당하다고는 할 수 없다. 또한 현실적으로 적용하기에 무리가 없을 만큼 구체적이거나 조작적으로 정의된 것도 아니다. 그럼에도 불구하고 오늘날의 한국 공직자들이 준거해 볼만한 가치기준들을 제시하고 있다. 더 나아가 그들이 각각 제시하는 기준들 간에 중복 보다는 상호보완의 여지가 많다. 따라서 이들의 이론들을 논의함으로서 훌륭한 공직자에게 기대되는 가능한 많은 가치 국면들을 효과적으로 이해하는 데 유리하다.

할몬의 경우에 공익을 실현하려는 행정가가 당면하는 딜레마로서 전통적인 의미에서의 정치와 행정 간의 적절한 역할 구분에 초점을 두어 논의하고 있다. 나이는 권력 개념을 통해 '리더십'이 '관리'를 포함하는 좀 더 넓은 개념인 것으로 보고, 리더가 추진하려는 어떤 집단을 위한 변화의 전 과정, 즉 목적과 수단과 결과라는 세 차원에 모두 적용될 수 있는 가치기준에 대해 논의한다. 쿠퍼는 '귀감이 될 만한(exemplary)' 행정가라면 갖추어야 할 윤리적 측면에 대해 논의한다. '훌륭한' 공직자를 가려내자면 이외에도 훨씬 더 많은 국면들과 요소들을 감안해야 할 것이다. 그러나 이 글에서는 이 세 학자들의 주장을 중심으로 논의를 전개하려고 한다.

1. '진취적' 행정가

일찍이 1960년대 말에 소장학자로서 신행정학(New Public Administration)의 발전에 기여했던 할몬 교수는 오늘날에도 참고할 만한 이상적인 행정가에 대한 이론적 기준을 제시했다. 먼저, 공공정책의 결정과정에서 공익의 추구 여부를 기준 설정의 기본으로 삼았다. 공익에 관한 기존의 다양한 이론들을 검토한 끝에 그는 다음과 같이 자신의 입장을 정리했다. 공익이란 "일원적(unitary)이기보다 개별적이며, 처방적이기보다 서술적이고, 실질적이기보다 절차적이며, 정태적이기보다는 동태적인 개념"이며, 아울러 "민주주의 정치체계 내에서 개인들과 집단들 간에 지속적으로 변화하는 정치활동의 산물"이라는 것이다(Harmon, 1969: 485).[2)]

이와 같은 방식에 의해 공익 개념을 모색하는 할몬에게 있어서 행정가들이 취해야 할 가치기준은 두 가지로 요약된다. 바로 정책결정과정에서의 '정책 대응성(Policy responsiveness)'과 '정책 옹호성(Policy advocacy)'이 그것이다. 정책 대응성이란 투표나 상호절충(mutual adjustment) 등의 민주적 절차에서 공공의 수요가 정당하게 정책에 반영될 수 있도록 행정가가 책임 있는 행동을 하는 것을 의미한다.[3)] 정책 옹호성이란 정책의 채택과 효과적인 추진을 위한 행정가의 적극적 활동을 의미한다.[4)] 할몬은 이들 두 가지 가치 기준을 각각 1에서 9까지의 척도로 서열화하여, 행정가들을 '생존형', '합리형', '처방형', '반응형', '진취형'의 다섯 가지로 유형화 한다(〈그림 1〉 참조).

첫째, 생존적 행정가(Survival administrator)는 정책 대응성을 무시하고 정책 옹호성도 최소화하는 유형이다.[5)] 공공선택론의 '예산극대화 관료들'을 이 유형에 해당하는 것으로 보아도 별 무리가 없을 것이다(Niskanen, 1971).

둘째, 합리적 행정가(Rationalist administrator)는 공공정책이 의회나 대통령 등 대의제 기구를 통해 전달되는 국민들의 뜻(will)에 근거해야만 정당하다는 시각에 기반을 둔다.

2) 공익에 대한 이와 같은 할몬의 접근법은 프랑크푸르트 학파(Frankfurt School)의 정의 개념 도출 방식과 유사하다. 정의 원칙에 도달하는 구성원들의 합의절차를 강조하는 '구성주의' 방식이 그것이다. 특히 현실 생활세계에서 시민사회의 심의절차에 의해 합의에 도달한 정치적 견지가 정치체계에 전달되어 구체적인 정책으로 연계되는 '재구성주의(reconstructivism)'의 접근방법이다(Habermas, 1998). 여기서는 현실 공론장에서의 의사소통적 이성과 가변성이 전제된다. 따라서 가치기준을 설정함에 있어 마치 한 사람의 뛰어난 철학자가 고도의 이성을 통해 알아낼 수 있을 것으로 보는 '직관주의' 방식과는 근본적으로 차이가 있다. 같은 구성주의 시각 가운데에서도 '원초적 입장'이라는 가상적 상황을 설정하여 구성원들이 정의기준의 합의에 도달하는 것으로 접근하는 구성주의(Rawls, 1971)나 혹은 사회구성원 간의 (현실세계에서의 합의 형성이 아닌) 가상의 실험을 통해 정의 원칙을 모색하는 '정치적 구성주의(Rawls, 1993)'와는 모두 차이가 있다(장동진, 2011).

3) 이 점에서 행정의 '민주성' 개념과 부합한다.

4) 이는 흔히 '추진력'이라고 지칭되는 기준과 부합되는 측면이 있다.

5) 조직의 효율성을 강조하면서도 정작 정책적으로 필요했던 대량운송 문제는 등한시했던 뉴욕항만공사(The Port of New York Authority)의 관리자들을 대표적인 예로 든다. 자신들에게 수송과 터미널 시설을 개선하기 위한 정책 개발에서 거의 무제한적인 재량권이 주어졌음에도, 이들은 주어진 임무를 매우 좁게 해석하고, 정책을 변화시키려는 노력도 소홀히 함으로써, 대량운송에 관한 대중들의 요구에 제대로 응하지 않았다고 한다(Harmon, 1969: 486).

슈버트(Schubert, 1960)의 공익이론 가운데 '합리주의자' 시각이 여기에 부합한다. 여기서 행정은 사이먼(Simon, 1947)의 주장처럼 단지 가치중립적 관리기술의 수준으로 축소된다.

〈그림 1〉 정책과정에서의 행정가 유형

정책 대응성

합리적 행정가 –정치적 권위체들의 대리인으로서, 선출된 대표자들을 통해 합법적으로 표출된 공공 요구에 중립적으로 대응 –'합리주의'(Schubert); 정치행정이원론(Wilson, Simon); 관료제의 도구적 합리성(Weber); '주인-대리인론' –사례: 시의회의 위임을 받아 LA 시 및 카운티의 보건부서 통합과정에서 정책결정을 주도한 행정가들		**진취적 행정가** –새로운 정책의 적극적 옹호자로서 행동하면서 동시에 시민들의 행정 체계에의 접근성을 높이고 장애요인을 제거하기 위해 노력 –적극적 '정치행정일원론'; '이상주의'(Friedrich); 신행정학(Harmon); '정치통합기능 행정가'(Seibel); '발전행정론'(?) –사례: 인본주의/실존주의 심리학에서 제시하는 사례들
	반응적 행정가 –정책 형성과 집행의 불가분성 때문에 행정가들이 불가피하게 정책결정에 관여 –정책 옹호 및 반응 행태는 정책문제의 맥락에 좌우됨 –소극적 '정치행정일원론'; '관료정치론' –사례: 한때 시카고 시의 정치과정(Banfield)	
생존적 행정가 –조직의 생존 보장 차원에서 기존 정책의 지속을 위해 행정가들이 정치적 상관이나 고객집단의 접근을 모두 제한 –'예산극대화 관료'(Niskanen) –사례: 기관 자체의 내적 효율성에만 집착했던 뉴욕뉴저지항만관리청 행정가들		**처방적 행정가** –전문성을 바탕으로 해당 정책문제를 잘 알고 있기 때문에 핵심 정책결정자로서의 역할을 수행 –부정적 '정치행정일원론'; '기술관료제'; '관료정치론'; '발전행정론'(?) –사례: 행정가들이 재량권을 확대하여 LA 시 및 카운티의 보건부서 통합과정에서 정책결정 역할 수행

정책 옹호성

출처: Harmon(1969)을 보완한 것.

베버(Weber, 1947)의 도구적 합리성을 추구하는 '관료제'나 '주인-대리인' 모형에서의 '대리인'도 이 유형에 부합된다. 행정은 정치적 결정에 의해 부여된 과업을 효율적으로 달성하기 위해 조직을 어떻게 관리할 것인가에 국한되며, 여러 정책대안 중에서 주어진 정책목표를 가장 잘 달성할 수 있는 최적 대안을 선택하는 일이 중요하다.[6] 전형적으로 '정치-행정 이원론'의 시각을 반영하는 이 행정가 유형은 정책 형성과 집행이 명확하게 분리될 수 없는 경우에, 그리고 정책형성과 관련한 가치들이 (대개 다수결 원리에 의해) 선출된 공직자들에 의해 반영될 수 없는 경우에 문제가 발생한다.[7]

셋째, 처방적 행정가(Prescriptive administrator)는 합리적 행정가와는 대척점에 위치하는 유형이다. 그러나 실제로는 유사한 특성이 많이 나타나기 때문에 양자를 구별하기란 쉽지 않다. 법조문 해석상의 여지가 크거나 기술적으로 복잡해서 조직 내부의 소수 전문가들에게 의존해야 할 필요성이 커질 때 흔히 나타나는 유형이다. 전문가들의 역할이 크게 작용하는 경우에 관건은 과연 전문가들이 행정 중립성을 지키는가 여부다. 합리적 행정가와 처방적 행정가의 차이는 소위 '중립적 능력(neutral competence)'의 원칙(Sayre and Kaufman, 1960)이 어떻게 적용되는가를 통해 이해할 수 있다. 처방적 행정가들은 정책과정에서 스스로 재량행위의 범위를 확대하기 위해 의도적으로 기술전문성이 필요하다는 구실하에 정책결정에 관여한다. 합리적 행정가를 가장하면서 실제로는 처방적 행정가로서의 역할을 수행하는 것이다.[8] '기술관료제(technocracy)', '관료정치론', 그리고 민주성에 대한 보장 없이 기술관료들에 의한 기획합리성만 지나치게 강조하는 경우의 발전행정론(Development Administration)이 이 유형에 해당하는 것으로 볼 수 있다.

넷째, 반응적 행정가(Reactive administrator)는 정책 형성과 집행을 명확하게 구분하기 어렵기 때문에 두 영역 모두에서 행정가들이 역할을 수행해야만 하는 현실적 필요성에

6) 1964년에 로스앤젤레스(LA) 시와 카운티(county)의 공공보건 행정조직의 통합을 전형적인 예로 들 수 있다. 50년 이상의 토론 끝에 LA 시는 시 소속 공공보건 부서를 폐지하고 그 기능을 LA 카운티 소속의 공공보건 부서에 통합하기로 결정했다. 이 통합 과정에서 시와 카운티의 행정가들은 정책결정은 정치적 사안으로서 그들의 정치적 상관들(시 의회)의 고유 권한이라는 전제를 내세웠다. 그런데 막상 시 의회는 공공보건에 대해 무관심했으며 거의 모든 사안들을 행정가들에게 의존했다. 이 때문에 실질적으로는 정치적 사안들인 통합과정에서의 여러 가지 의사결정들이 행정가들에 의해 주도되었다. 기구 통합에 대해 극렬하게 반대했던 전문가 단체와 주민 단체들의 의견은 그들이 지닌 자원의 한계로 인해 단지 형식적으로만 고려되었다.

7) 행정가들이 당면하는 문제들은 대개 전체 인구 중 일부 사람들에게만 해당한다. 이 때문에 다수결 원리에 의해 구성된 대의민주주의 제도에 의한 정책결정에서는 개인 및 집단들의 구체적인, 그리고 변화하는 요구에 일일이 대응하기가 어렵다. 자연히 행정가들은 정치적 상관의 지시를 받아 정책을 집행할 책임 외에도 대중의 요구를 정책에 연계해주는 역할도 수행해야 할 상황에 처하는 것이 보통이다(Harmon, 1969).

8) 이 점에서 (LA 공공보건 행정가들의 경우처럼) 정치적 상관들로부터 정당하게 책임을 위임받아 정책결정을 수행하는 합리적 행정가들과는 차이가 있다. 그러나 복잡하게 얽혀서 전개되는 현실 정책과정에서는 양자를 명확히 구분하기가 쉽지 않다(Harmon, 1969: 488).

의해 나타나는 유형이다. 행정가들은 정책 결정과 집행이라는 두 가지 역할을 구분하는 것이 윤리적으로는 바람직하다고 생각하면서도 실현하기는 매우 힘들다는 것을 잘 알고 있다. 이 때문에 정책의 대응성과 옹호성 사이에서 적절하게 균형을 잡으려고 노력한다. 그러나 양자 간의 균형을 모색하는 과정에서 윤리적 문제에 직접 부딪히는 것을 회피하려고 한다. 자연히 상황에 따라 결과가 좌우되게끔 방치하는 경향이 있다. 일관된 행정철학이 없이 이들은 자신들이 어찌할 수 없는 불가항력적인 상황에 의해 결과가 달라질 수밖에 없다고 주장함으로써, 자신들의 처지를 합리화하려고 한다.[9] 행정가들은 과거 경험에 의존하여 어중간한 수준에서 정책 결정과 집행의 두 기능을 모두 수행하면서 전문가적 양심보다는 상황에 따라 개인적 위험은 최소화하려고 하고, 결과적으로 점증주의적인 정책 변화가 이루어지게 된다.

다섯째, 진취적 행정가(Proactive administrator)는 정책과정에서 대응성과 옹호성을 모두 극대화하는 유형이다. 이 두 가치 간의 양립가능성은 개인의 자유와 사회적 책임을 모두 실현하는 것이 과연 가능한가에 대한 논란과 더불어 회의적인 것으로 여겨져 왔다. 그러나 인본주의 혹은 실존주의 심리학에 의하면, 사람은 양자 간의 시너지(synergy)를 창출해 낼 수 있는 정책 선택을 할 여지가 있다(Harmon, 1969). 자신의 개인 이익을 추구하려는 욕구를 만족시키면서도 동시에 다른 사람들의 욕구까지도 배려하는 선택이 가능하다는 것이다. 진취적 행정가는 대상 집단들의 정책과정에의 접근성을 장려하고 그들의 이익표출 과정에서의 장애물을 제거하기 위해 노력하며, 그가 책임지고 있는 사람들과의 소통과 상호작용을 통해 정책을 결정한다. 그가 지지하는 정책과 그의 대상 집단이 지지하는 정책이 충돌하는 경우에도 지속적인 노력을 통해 소위 '창조적 종합(creative synthesis)'을 이루어 내려고 한다. 그가 처한 환경과 협상을 통해 정책 옹호성을 증진하기 위해 책임 있는 자유 선택을 수행한다. 진취적 행정가는 그의 정치적 상관에 의해 지시된 정책들만 수동적으로 수용하고 집행하기 보다는 그와 그가 책임지는 고객과의 호혜적인 영향을 주고 받는다.[10] '국가 이성'을 실현하는 행정가들의 '정치적 통합 기능'을 존중하는 독일의 전통적인 행정 이상형(Seibel, 2010)이나 민주적 정치제도의 바탕 위에서 행정가들의 발전지향성을 아울러 강조하는 경우의 발전행정론도 이 유형에 포함될 수 있을 것이다.

9) 리처드 데일리 시장 재임 시기의 시카고 정치과정이 예이다(Banfield, 1961; Harmon, 1969).

10) 할몬은 이와 같은 유형의 행정가를 모든 상황에서 기대할 수는 없을지라도 가능성만큼은 증가하고 있다고 주장한다(Harmon, 1969: 490).

할몬의 진취적 행정가는 그 자신을 포함한 신행정학파 이론가들이 이상형으로 제시하는 행정가 모형이다(Clayton, 1980: 76). 정책과정에서 진취적 행정가들이 수행하는 이처럼 적극적인 역할은 고전적 정치-행정 이원론의 시각을 넘어서는 것이며, 이 때문에 정치 이념적 논란이 제기될 수 있다. 정책과정에서 진취적 공직자의 '진취적인' 행동이 과연 공익에 부합하는지 여부와 그것을 어떻게 보장할 수 있는가의 문제가 그것이다. 전술한 것처럼, 할몬은 공익의 내용을 어떤 뛰어난 능력을 지닌 사람이 직관주의적으로 직접 알아낼 수 있다는 시각에 반대하면서, 대신에 현실 민주주의 정치 체계 내에서 절차적으로 구성되는 것으로 본다. 그가 제시하는 진취적인 행정가가 공익의 내용을 스스로 설정하여 정책결정에 적용하려는 것이 아니라, 시민들이 공론장에서 민주주의적인 숙의 과정을 통해 공익의 기준에 도달하는 것을 적극적으로 돕고, 그 결과를 정책에 적극적으로 반영하는 옹호자로서의 역할을 수행할 것을 주창하는 점에서 그의 진취적 행정가에게 정당성이 부여될 수 있을 것이다.

2. '좋은' 리더

외교안보정책 전문가인 나이(Nye, 2008) 교수는 국제관계에서 리더십을 행사하는 경우에 필요한 권력 자원으로써 '경성권력'과 '연성권력', 그리고 양자를 상황에 따라 적절하게 혼합하여 적용하는 이른바 '영특한 권력(smart power)'의 개념을 제시해 왔다(〈표 1〉 참조). 그리고 최근에 이 권력 개념을 국내·외의 공사(公私) 조직 모두에 적용되는 리더십 이론으로의 확장을 꾀하고 있다.

〈표 1〉 연성권력과 경성권력

권력의 유형	행 태	원 천	예
연성권력	매력, 협동	타고난 자질	카리스마
		소통	설득, 수사, 본보기
경성권력	위협, 유인	위협, 협박	채용, 해고, 강등
		보수, 보상	승진, 보상

출처: Nye, 2008: 40.

나이에 의하면, 관리자와 리더는 다르다.[11] 관리자(manager)는 단순히 과정을 관리하

11) 리더(leader)를 한국과 일본에서는 '지도자(指導者)'로 중국에서는 '영도자(領導者)'로 각각 번역하는 경향이 있다. 여기서는 한국 사회에서 흔히 지칭하는 '리더'로 통일하여 표기하기로 한다.

고 안정을 추구하는 반면에, 리더는 위험 부담을 떠안고 변화를 추구한다. 조직에는 두 가지 유형이 모두 필요하지만, 리더의 역할이 보다 더 중요하다고 본다. 다만, 리더가 되려면 관리 능력도 필수적으로 갖추어야 할 요건이다. 그렇다면 리더십이 관리 능력보다 좀 더 넓은 개념인 셈이다(Nye, 2008: 78). 그리고 하나의 조직이나 공동체에서 관리자와 리더의 구분은 공식적 직위나 직책 등에 의해 구분되는 것이 아니라 어떤 직책을 맡은 사람의 질적 성향과 역할에서 구분할 수 있는 것으로 이해할 수 있다. 바꾸어 말하면, 조직의 발전을 위해 관리자들이 리더십을 갖출 필요가 있고, 훌륭한 리더가 되려면 경성권력 자원 가운데 하나인 관리 능력을 갖추어야 하는 것이다(Nye, 2008: 78–9).

앞에서 소개한 것처럼, 나이 교수는 리더십을 성공적으로 발휘하기 위해서는 연성권력과 경성권력을 적절하게 상황에 따라 다른 비중으로 혼합하여 적용하는 영특한 권력이 필요하다고 본다. 이 영특한 권력이 작동하려면 '맥락지성(contextual intelligence)'을 갖추어야 한다. 맥락지성이란 "진화하는 환경을 이해하고 그 추세를 자본화하는 능력"이요, "복잡성에 직면하여 추세를 파악하는 능력과 이벤트(event)를 만들려고 노력하는 적응력을 모두 포함하는 개념이다(Nye, 2008: 87–8). 리더는 매우 다양한 맥락 속에서 활동한다. 그가 파악해야 하는 직관적 기술, 즉 맥락지성을 갖추기 위해서는 특히 다음의 다섯 가지가 중요하다. '문화적 맥락', '권력자원의 배분', '추종자들의 욕구와 수요', '위기 및 시간적 긴박성', 그리고 '정보의 흐름'을 파악하는 능력이 그것이다(Nye, 2008: 85–108). 그러나 이처럼 다섯 가지의 미시적인 차원에 더하여, 역사적 맥락과 비교론적 맥락이라는 보다 거시적 차원에 대한 이해가 필수적일 것이다.

나이는 매우 실용적인 리더십 이론을 제시하면서도 "좋은" 혹은 "나쁜" 리더십에 대한 논의를 빼놓지 않는다(Nye, 2008: 109–45). 그러나 '좋은 리더십(good leadership)'은 중요하지만, 그 의미는 모호하다고 본다. 리더십 이론가들이 흔히 정의하는 것처럼, 리더란 어떤 집단을 위해 긍정적인 변화를 가져다주는 사람이다. 그렇다면 '좋은' 리더란 '효과적(effective)'이면서 동시에 '윤리적(ethical)'이어야 한다. 그리고 이 두 가치기준은 변화의 전 과정, 즉 목적과 수단과 결과라는 세 차원에 모두 적용될 수 있어야 한다고 본다(〈표 2〉 참조).

〈표 2〉 좋은 리더십의 두 가지 의미

'좋은' =	효과적	윤리적
목 적	비전의 현실과 위험 간의 균형	의도 및 목표의 가치
수 단	목적에 대한 수단의 효율성	사용된 수단의 품질
결 과	집단 목표 달성의 성공	집단 내부 및 외부 사람들에게 좋은 결과

출처: Nye, 2008: 112.

첫째, 목적 차원에서의 효과성과 윤리성이다. 목적의 효과성 여부는 해당 집단 혹은 조직에게 리더가 현실성과 위험성 간의 균형 잡힌 비전(vision)을 제시하는지 여부에 의해 판단될 것이다. 목적의 윤리성 여부는 변화의 목적과 비전이 도덕적인지 여부에 의해 가려질 것이다.

둘째, 수단 차원에서도 효과성과 윤리성이 모두 적용된다. 수단의 효과성은 목적 달성에 효율적인지 아닌지의 여부가 중요하다. 수단의 윤리성은 수단의 품질에 관한 것이다.

셋째, 결과 차원에서의 효과성은 해당 집단의 목적 달성도에 따라 판단할 수 있다. 반면에 윤리적인 결과는 해당 집단의 구성원뿐만 아니라 외부 사람들에게도 좋은 결과를 가져다주었는가의 여부에 의해 판단해야 한다(Nye, 2008: 111-4).

이처럼 리더가 추구하는 변화의 세 차원(목표, 수단, 결과) 모두에 걸쳐 적용되는 효과성의 개념은 흔히 '추진력'이라고 표현하는 가치에 비유될 수 있을 것이다. 역시 세 차원 모두에 걸쳐 적용되어야 할 윤리성은 리더 자신의 '양심'과 '공동의 도덕율(common moral rules)', 그리고 '전문직업가 표준(professional standards)'을 통해 알 수 있다. 그러나 그 기준들이 구체적으로 무엇이며, 어떻게 도출되는가에 관해 나이는 명확하게 언급하지 않는다. 다만, 많은 사례를 통해 윤리성의 판단 기준이 상황에 따라 다를 수 있음을 보여준다. 아울러 가치들 간의 충돌이 발생함으로써 리더로 하여금 때로는 '더러운 손(dirty hands)'의 주인공이 되는 경우도 있음을 지적한다.

3. '덕성'의 행정가

나이 교수가 리더십에 있어서 윤리성의 중요함을 지적하면서도 구체적으로 그 내용이나 도출 과정에 관해서는 명확한 언급이 없는 것과는 대조적으로 쿠퍼 교수와 그의 동료들(Coopcr, 1987; Cooper and Wright, 1992; Cooper and Bryer, 2007)은 '귀감이 되는 행정가(Exemplary public administrator)'가 갖추어야 할 윤리적 기준의 모색을 정공법으로 시도한다. 행정가들의 특성(character)과 리더십을 평가하기 위한 분석 틀을 제시하기 위해 특히 공동체주의 철학자 맥킨타이어(MacIntyre, 1984)의 '덕성(virtue)' 개념을 원용한다.

1) 덕 성

왈쩌(Walzer, 1983)와 샌델(Sandel, 2009) 등과 더불어 현대 공동체주의 철학자 가운데 한 사람인 맥킨타이어는 정의를 실현하기 위해 아리스토텔레스(Aristotle)의 '덕성의 윤리학(Ethics of virtue)'으로 회귀할 것을 주장한다. 여기서 덕성이란 "제도들의 '외적 선'('external good' of institutions)"으로부터 "실천의 '내적 선'('internal goods' of practice)"을 보호하는 기능을 의미한다(Cooper, 1992: 1–7).

내적 선은 어떤 특정의 '실천(practice)'에 의해서만 달성된다. 실천은 참여나 다른 유사한 활동을 통해서만 얻을 수 있는 어떤 재화 혹은 선(certain goods)을 성취하고 발전시키기 위해 존재하는 것이다. 미술, 음악, 정치, 역사, 물리학, 화학, 생물학 연구 등은 모두 실천의 예다. 실천을 위해 기술이나 방법이 필요하다. 그러나 기술은 어디까지나 내적 선을 달성하기 위한 수단일 뿐, 그 자체는 아니다. 패스(pass) 기술은 축구에서 필요하지만 그 자체는 아니고, 벽돌 쌓는 기술은 건축에서 필요하지만 그 자체는 아니며, 작물 심는 기술은 농사(農事)에서 필요하지만 그 자체는 아닌 것과 같다(MacIntyre, 1984).

외적 선은 내적 선과 긴장관계에 있으며, 몇몇 기술과 방법에 의해 달성되며, 실천에 대해 내적이지 않다. 소유의 경쟁 대상이 되는 명성, 부, 권력, 제한된 자원 등이 여기에 속하며, 하나 혹은 소수의 사람에 의해 통제될 수 있다.

조직(혹은 제도)은 그 본질상 실천이 외적 선에 편향되도록 만드는 성향이 있다. 따라서 실천과 조직을 구별하는 것이 중요하다. 체스(chess), 물리학, 의학이 실천에 해당한다면, 체스 클럽, 물리학 실험실, 병원은 조직에 해당한다(MacIntyre, 1984: 194). 실천을 위해서는 조직의 외적 선(실질적 선 혹은 재화)으로부터의 지원이 필수적이다. 이 과정에서 실천이 조직화되는 궁극적 목적인 내적 선보다는 외적 선이 우선시될 우려가 있다. 공공조직은 개인의 존엄성, 다수의 자주, 정치적 자유와 평등 등 특정 가치와 합의 가능한 사회를 구현하기 위해 설립되는 것이지만, 실제로는 그렇지 않은 경우가 비일비재하게 나타나는 이유다. 물론 내적 선을 달성하기 위한 실천을 가능하게 하는 수단으로서 외적 선을 확보하고 유지해야 한다. 그러나 조직의 외적 선이 내적 선의 수단임을 넘어 그 자체가 지배적인 목표가 될 위험이 항상 존재하는 것이다.

바로 이 때문에 실천하는 사람들이 덕성을 갖추고 이를 발휘할 필요가 있다. 실천의 내적 선이 조직의 외적 선으로부터의 위협으로부터 보호되도록 하는 일이다. 일상에서는 실천의 내적 선의 기준을 우선하고 유지하려는 노력을 통해 제도의 외적 선에 의해 위상이 전복되지 않도록 힘쓰는 것이다. 덕성은 "인간들이 질적인 면에서 획득한 것으로서, 이를 갖추고 실천에 옮기면 내적 선을 달성할 수 있게 된다... 만약 덕성이 없다면, 조직이 내적 선을 달성하기가 힘들어진다(MacIntyre, 1984: 191-4)."

이처럼 맥킨타이어는 조직의 궁극적 목표(내적 선)가 조직의 수단(외적 선)에 의해 대체되는 상황을 방지하기 위한 조직인(공직자)들의 윤리적 활동을 덕성으로 보고 있다. 이해를 돕기 위해 종교에서의 흔한 예를 들어볼 수 있을 것이다. 특정 종교가 궁극적으로 지향하는 목표나 가치를 내적 선이라고 할 수 있다. 신도들이 그 궁극적 목표 혹은 가치를 달성하도록 돕기 위한 다양한 수단들을 외적 선으로 볼 수 있다. 그리고 이 수단들을 조직화하는 조직이나 제도들(교회나 사찰 등)이 필요하다. 조직 혹은 제도들이 내적 선보다는 외적 선을 확보하고 유지하는 쪽으로 우선순위가 기울어지는 경우에 문제가 발생한다. 이러한 문제를 극복하기 위해서는 조직인(성직자와 신도)들의 덕성이 발휘되어야 한다.

2) 도덕적 사건과 과정

할트(Hart, 1992)는 여기서 한걸음 더 나아가 행정에서 덕성이 구체적으로 구현되는 상황을 이해하기 위한 분석 틀을 구성한다. 그는 덕성의 귀감이 되는 도덕적 행위의 일반 유형을 다음과 같이 제시한다(〈표 3〉 참조).

〈표 3〉 도덕적 행위의 유형

유 형	세부 유형	실천한 공직자	사 례
도덕적 사건/ 일화 (moral event/ episodes)	도덕적 위기 (moral crises)	도덕적 영웅	Myers, Ruckelshaus, Wiley
	도덕적 대면 (moral confrontation)	도덕적 승리자	Koop, Ragghianti, Tobin
도덕적 과정 (moral process)	도덕적 과제/사업 (moral project)	도덕적 지도자	Appleby, Hartzog, Marshall, Porter, Staats
	도덕적 업무 (moral work)	도덕적 근로자	

출처: Hart(1992)와 Cooper and Wright(1992)의 내용을 토대로 구성.

첫째, '도덕적 사건 혹은 일화(moral event or episodes)'로서, 이는 상대적으로 간단하거나 일회적인 경험이지만, 조직인의 용기 있는 극적 행위와 불굴의 정신이 발현되는 경우다. 조직이나 제도의 외적 선으로부터 내적 선이 심각한 위협을 받을 때 덕성에 의해 그것을 보호한 사건 혹은 일화를 의미한다. 어떤 사람이 아주 보수적인 사회에서 에이즈(AIDS)에 걸린 학생도 공립학교에 다닐 수 있는 권리를 지지한다거나, 또는 직원들에 대해 심각한 차별이 가해지는 관습이 있는 경우에 그것을 시정하기 위해 상급자에게 직언하는 경우 등을 예로 들 수 있다. 두 사례에서 인간관계나 생계에 내재적인 위협이 발생하는 경우에도 용기를 내어 정의를 지지하는 경우이다. 이 유형을 좀 더 구체적인 두 가지 하위 유형으로 구분할 수 있다. 올바르게 행동하는 개인에게 위험이 따를 수 있는 사건, 즉 '도덕적 위기(moral crises)'가 발생하는 경우로서, 이를 극복한 사람은 '도덕적 영웅(moral hero)'이 될 수 있다. 위험한 수준까지는 아니더라도 위협의 정도가 높은 사건, 즉 '도덕적 대면(moral confrontations)'이 발생하는 경우로서, 이를 극복한 사람은 '도덕적 승리자(moral champion)'가 될 수 있다. 다음에 소개하는 여섯 공직자들은 도덕적 사건에서 덕성을 발휘한 사례로 평가된다(Cooper and Wright, 1992).

마이어(Beverlee A. Myers)는 뉴욕주의 저소득층 의료보장사업부 수장 혹은 캘리포니아주 보건부 수장이었다. 그는 연방정부와 주정부의 보건정책을 더 평등하고 효과적으로 만들기 위해 끊임없는 일상적 노력을 기울였다. 더 나아가 사회정의를 위협하는 현실을 타개하기 위해 사직하는 등 어려운 결정을 단행했다.

와일리(Harvey W. Willey)는 농업부의 화학연구실에서 근무한 기술직 공직자였다. 그는 안전한 식약품 공급이라는 가치 실현을 위해 용기 있는 활동을 전개하는 등 과학기술을 좋은 사회 건설을 위해 활용하기 위해 꾸준히 노력을 기울였다. 식품산업체들과 심지어 루즈벨트(Theodore Roosevelt) 대통령과 대립해 가면서 '식의약품법(Food and Drug Act, 1906)의 제정을 옹호하는 과정에서 제소되었다. 무죄판결을 받았으나 항의하는 의미에서 사직을 단행했다.

룩킬셔스(William D. Ruckelshaus)는 법무부 차관보였다. 그는 환경보호국의 창설에 공헌했고, 닉슨(Richard Nixon) 대통령에 의해 초대 국장으로 임명된 후 양질의 정보 제공을 통해 조직의 정체성 확립에 기여했다. 그 후 법무부 차관으로서 1973년에 '워터게이트' 사건 담당 특별검사(Archibald Cox)를 해고하라는 대통령의 명령을 거절함과 동시에 사직서를 제출했다.

토빈(Austin Tobin)은 뉴욕항만청에서 근무한 전형적인 합리적 행정가 가운데 한 사람이었다. 이사로 임명되었을 때, 그는 유대인을 고위직에 임용하지 않는 이사장의 인종 차별에 대항하여 이를 시정하도록 하는 용기를 보였다. 그 후 뉴욕항만관리청장(1942~1971)으로서 뉴욕공항 증설을 지휘하는 과정에서 저소득 철거민들의 새로운 주거지 제공 및 주거 환경 개선에 노력하고, 노동조합과 도급업자들의 소수자 차별 행동에 대항했다. 동시대에 같은 뉴욕시에서 교량터널관리청 이사장(1934~1968)으로 활동한 모세스(Robert Moses)와는 매우 다른 가치를 추구했다. 모세스가 주로 개인의 정치권력 증대에 힘을 기울인 공직자였던 반면에, 토빈은 인사관리, 임차인 재배치, 직원 계발 등에서 개인의 평등과 존엄성을 높이려고 최대한 헌신한 공직자였다.

쿱(C. Everett Koop)은 소아외과 의사로서 뛰어난 경력을 쌓았다. 1870년에 미국 공공보건청 설립과 함께 의무감으로 일하던 초기에 지속적이고 적극적인 금연운동을 펼쳤다. 이 과정에서 사임 압력에도 굴하지 않고 담배산업체들과의 전면전을 펼쳤다. 또한, 청장과 대립해 가면서까지 장애아들을 보호하기 위한 새로운 규정을 제정하고, 에이즈(AIDS)는 도덕적 문제가 아니라 건강의 문제로 접근해야 한다는 시각에서 대중 교육을 포함하여 여러 조치를 취하는 등 환자의 복지 증진을 위해 헌신했다. 이와 같은 도덕적 행위들은 전문직업가로서 그가 방대한 자료의 수집과 분석을 토대로 풍부한 연구와 준비를 기초로 이루어진 것이었다.

락히안티(Marie Ragghianti)는 1974년에 테네시주의 한 시민이었다. 그는 '범죄인 인도 및 가석방 위원회'의 의장으로 임명받으면서 공직자로서 공익을 수호해야 한다는 복무 신조를 진지하게 받아들였다. 그 직후에 주지사(Ray Blanton)와 조직의 핵심 동료들이 업무관련 부정부패를 저지르고 있음을 알게 되었다. 그녀 자신의 해고에 더하여 자녀들까지도 모욕과 살해 위협을 당하는 등 인생의 위기 상황에서도 이들의 행위를 연방수사국(FBI)에 '내부 고발(whistle blowing)'하는 용기를 보였다.

둘째, '도덕적 과정(moral process)'은 긴 기간에 걸쳐 지속되는 일상적이고도 평범한 하루하루의 업무수행 과정에서 덕성이 발현되는 경우다. 가장 깊은 형태의 덕성은 어떤 도덕적 사건에 직면하여 극도의 순간에만 나타나는 것이 아니라, 일상생활에서 늘 발현되어야 한다는 가정에 의거한다. 개인적 야망, 무기력, 관료적 일상, 목표 대치, 조직으로부터의 미묘한 제재 등의 상황에 직면했을 때, 실천의 내적 선 우위 원칙이 유지 되도록 노력하는 경우다. 남성 중심의 사회나 조직에서 여성에게도 공정한 진급 기회를 주는 등 직무에서 일상적 업무를 수행하면서 어떠한 가치나 원칙을 항상 반영하려는 의식적인 노력을 기울이는 경우가 여기에 해당한다. 인간관계, 정직, 동정심, 용기, 존경, 공정성 등의 가치를 일상 업무에서 수행하는 것이며, 도덕적 위기나 대면 같은 사건이 발생하는 경우에 용기 있게 뛰어들도록 하는 기본적 특성이기도 하다.

이 경우도 두 가지 구체적인 하위 유형으로 구분이 가능하다. 특정 기간 동안에 발휘되는 의도적인 행동들, 즉 '도덕적 과제/사업(Moral projects)'으로서, 이를 실현한 공직자는 '도덕적 지도자(Moral leader)'로 인정받을 수 있다. 평생을 통해 지속되는 경우, 즉 '도덕적 업무(Moral work)'로서, 이를 실천한 사람은 '도덕적 근로자(Moral worker)'로 인정받을 만하다(Hart, 1992). 위에서 도덕적 사건의 예로 든 여섯 명의 공직자들은 모두 도덕적 과정에서도 덕성을 발휘한 공직자들이다. 이들에 더하여 다음의 다섯 명은 도적적 사건에 극적으로 대면할 기회는 없었으나, 도덕적 과정에서 덕성을 실천한 사례에 해당한다(Cooper and Wright, 1994).

할트족 2세(George B. Hartzog, Jr.)는 1946년에 국립공원관리청에 들어가 1964년에 임원이 되었고 1972년까지 근무한 환경보호주의자이자 행정가이다. 국립공원관리청장으로서 국보의 보존에 대해 매우 헌신적인 태도를 보였으며, 환경보호와 대중의 접근성이라는 가치 충돌의 딜레마 상황에서 적절하게 균형을 모색하는 가히 역사적이라고 할 만한 임무를 수행했다. 두 가지 가치를 모두 충족시키기 위해 인력, 예산, 정치적 독립 등의 향상을 통해 조직 능력을 증진시키려는 노력을 기울였다.

폴터(Elsa Porter)는 미국 상무부의 차관보로 재직한 마지막 4년을 포함하여 연방보건교육복지부와 상무부에서 모두 21년 동안 근무한 공직자였다. 그녀는 업무를 수행하면서 공익을 위해 헌신적으로 일했다. 교사, 자문위원, 강연자로서도 다양한 프로그램을 개발하고, 이 프로그램들이 지속될 수 있도록 인력 육성을 위해 최선을 다했다.

마샬(George. C. Marshall)은 군대 장교 혹은 사령관으로서 제1차 및 제2차 세계대전에 참전했고, 1940년대 후반에서 1950년대 초반에 걸쳐 국무장관과 국방장관을 역임했던 공직자였다. 그는 이 과정에서 공익을 구현하기 위해 노력했다. 전후 유럽을 재건하기 위해 계획을 세우고 신중히 과제에 접근하여 목표를 현실화했다. 군 조직을 초당파적으로 관리하면서 민주주의 가치에 대한 믿음을 구현했으며, 공익을 중시하는 '노블레스 오블리주'와 같은 도덕적 과업을 일상적으로 실현했다. 이 점에서 무려 48년 동안(1924~1972)이나 미연방수사국장으로 봉직하면서 자신의 사익을 챙긴 후버(J. Edgar Hoover)와는 특징적으로 대조된다.

애플비(Paul H. Appleby)는 1913년에서 1963까지 기자, 출판인, 공무원, 교육자, 그리고 정계 원로라는 네 개의 서로 다른 직업을 경험한 인물이다. 그는 공직자들 및 학생들과 더불어 공공조직에서의 윤리성과 도덕성에 대해 늘 강조했다. 공공의 덕성은 가장 일상적인 정부업무 실천과 공공서비스 준비 과정에서 일상적으로 드러나야 한다는 그의 지론을 실천했다.

쉬타츠(Elimer B. Staats)는 미국 회계검사원장(1966~1981)으로 근무하면서 정부 부처들에 대한 신중한 성과분석을 통해 도덕적 과업과 도덕적 과제를 실천한 공직자다. 재정 및 관리 감사를 통해 정부조직의 근면성, 경제성, 효과성을 객관적으로 측정하여 공익 증진에 기여했다. 복잡한 자료와 행정절차에 대한 성실한 분석을 통해 비위(非違) 공무원들의 적발이나 행정부패 폭로 등을 통한 전시적인 감사보다는 진정한 정부의 성과와 신뢰성을 높이려는 노력을 기울였다. 관료제는 필연적으로 부패하지 않으며, 대규모 공공조직에서 도덕성과 윤리성이 실현될 가능성에 대한 믿음 위에서 뚜렷하게 드러나지는 않았지만 정직함, 존경, 용기, 공정, 동정의 미덕을 발휘했다.

쿠퍼(Cooper, 1992: 335-6) 교수에 의하면, 이상의 열한 명의 행정가들 가운데 도덕적 사건의 사례로 든 여섯 명이 도덕적 과장의 사례로 든 다섯 명의 공직자보다 행정의 내적 선에 대해 더 깊은 헌신을 했다거나 더 확고하게 덕성을 지닌 것을 의미하지는 않는다. 단지 도덕적 실천을 할 수 있는 계기와 환경이 달랐을 뿐이었다. 공공서비스의 핵심 가치가 위태로움에 처했을 때에는 후자에 해당하는 다섯 명의 공직자들도 강렬한 도덕적 대립과 위기를 형성하는 일에 착수했을 것으로 예상한다. 또한, 전자에 해당하는 여섯 명의 공직자들도 그들이 평소 도덕적 과업과 과제를 실천하지 않는 사람이라면 계기가 있었다고 해도 도덕적 사건에 해당하는 위험을 감수했을 것 같지 않다고 본다. 도덕적 사건은 도덕적 과업과 과제의 논리적 연장으로 볼 수 있기 때문이다. 도덕적 사건에서 덕성이 실현되려면 도덕적 과제와 과업에 대한 헌신이 선행되어야 하는 것이다.

4. 훌륭한 공직자를 기려내기 위한 기준들

이상에서 훌륭한 공직자를 가려내기 위한 기준을 모색하는 세 가지 서로 다른 이론적 시도들을 살펴보았다. 할몬 교수는 정책과정에서 공익의 구현을 위해 공직자들이 갖추어야 할 가치기준으로서 대응성과 옹호성을 제시하면서, 두 가지 모두를 충족시키는 '진취적 행정가'를 가장 바람직한 유형으로 보았다. 나이 교수는 '좋은 리더'란 정책의 효과성과 윤리성을 목표, 수단, 결과 면에서 모두 추구하는 사람으로 보았다. 그리고 쿠퍼 교수와 그의 동료들은 공직자가 발휘해야 할 가치 기준으로 덕성을 제시하면서, 업무수행에서 덕성이 발휘 되는 계기를 도덕적 사건과 도덕적 과정으로 구분했다. 이상의 내용을 종합하여 분석 기준을 마련해 보면 〈표 4〉와 같다.

〈표 4〉 훌륭한 공직자를 가려내기 위한 기준

유 형	기 준	의 미
추구해야 할 가치	옹호성/효과성	정책(혹은 업무)를 효율적이고 효과적으로 달성하려는 적극성 및 추진 능력
	대응성	대상 시민(혹은 고객)의 정책투입을 적극적으로 지원하고 그들의 욕구(혹은 선호)를 적극적으로 반영하는 노력
	덕성	'내적 선'을 '외적 선'보다 우위에 두려는 지속적인 노력
가치의 적용 대상	목표	추진하는 정책(혹은 업무)의 목표
	수단	목표의 달성을 위해 사용하는 수단
	결과	추진하는 정책(혹은 업무)의 결과
가치 발현의 양상	과정	일상 업무수행 과정에서 가치를 실현하는 경우로서, 특정 기간 동안에 발휘되는 의도적인 행위(도덕적 과제)와 평생을 통해 지속되는 행위(도덕적 업무)로 구분 가능
	사건	일회적이지만 용기 있는 극적 행위와 불굴의 정신을 발휘하여 가치를 실현하는 경우로서, 개인적 위험이 따르는 사건(즉, 도덕적 위기) 혹은 위협의 정도가 높은 사건(즉, 도덕적 대면)으로 구분 가능

첫째, 공직자가 추구해야 할 가치기준에 옹호성(혹은 효과성), 대응성, 그리고 덕성을 포함시킨다. 옹호성 혹은 효과성은 정책이나 업무를 수행함에 있어서 그 일을 효율적이고 효과적으로 달성하는 데 필요한 능력과 적극성을 의미한다. 대응성은 정책 혹은 업무를 수행함에 있어서 대상 시민(혹은 고객)의 정책 투입을 적극적으로 지원하고 그들의 욕구 혹은 선호를 적극적으로 반영하는 것을 의미한다. 그리고 덕성은 정책 혹은 업무를 수행함에 있어서 그 정책 본연의 목적(즉, 내적 선)을 일관되게 우위에 두려고 노력하는 것을 의미한다.

둘째, 이상의 세 가지 가치가 정책(혹은 업무)의 목표, 수단, 결과에 모두 발휘되는 것이 바람직하다.

셋째, 이상의 세 가지 가치는 정책(혹은 업무)의 수행 과정에서 사건 혹은 과정의 형태로 구현된다.

Ⅲ 한국의 훌륭한 공직자 되새겨 보기

이 절에서는 위에서 설정해 본 훌륭한 공직자의 기준들을 적용하여 한국의 공직자들을 재론해 보기로 한다. 지금까지 출간된 관련 문헌 가운데 이종범 교수와 그의 동료들이 펴낸 「전환시대의 행정가」(나남출판, 1994)는 한국에서 이 분야에 연구가 미흡하게 이루어진 점을 감안하면 매우 짜임새 있게 서술된 책 가운데 하나이다. 이 논문에서는 앞에서 설정한 훌륭한 공직자의 기준을 적용하여 이 책에서 선정된 공직자들을 되새김해 보기로 한다. 이 책은 소위 '전환시대'에 공직자 일곱 명을 선정하여 다음과 같이 두 유형으로 구분하여 기리고 있다.

우선, '경제개발기의 행정가'로서 이들을 '행동형 지도자'로 특성화한다. 김학렬(안문석 교수 집필), 김현옥(최성모 박사 집필), 최형섭(염재호 교수 집필), 김준(박종민 교수 집필)이 여기에 해당한다. 그리고 '경제안정기의 행정가'로서 이들을 '설득형 행정가'로 특성화한다. 김재익(백완기 교수 집필), 고건(김영평 교수 집필), 오명(김정수 교수 집필)이 여기에 해당한다. 이상의 일곱 공직자들을 다른 자료는 의존하지 않고 이 책에 기술된 내용만을 토대로 되새겨 본다.

김학렬(전 경제기획원장관)은 경제개발계획을 선도하여 "경제기획풍토를 조성한 행정가"였다(안문석, 1994: 34-58). 급속한 경제성장이라는 목표를 세우고, 그 목표를 달성하기 위해 필요한 자본 동원을 위해 은행의 저축 이자율은 높이되 수출기업의 대출 이자율과 원자재 수입용 환율은 의도적으로 낮추는 식의 이원적 정책 수단을 효과적으로 동원했다. 이처럼 "외관상으로 공존할 수 없을 것으로 보이는 두 정책 대안을 동시에 추진"(안문석, 1994: 40)하는 목표 설정과 수단의 동원을 통해 1960년대 후반부터 1970년대 초까지 매우 급속한 경제성장을 이끌어 냈다. 그는 수출기업과 비수출기업 간의 인위적 차별이라는 공정성 및 자유시장경쟁 원리의 훼손이라는 대가 위에서 국민경제 규모의 확대라는 공리주의적 가치를 지향한 행정가였던 것으로 평가될 수 있다. 경제관료들 가운데 자신의 담당 업무에 대해 정확한 계수를 파악하도록 계량화를 중시하여 이를 외우지 못하는 부하들에게 "인격을 무시한 폭언을 마다하지 않을 정도"(안문석, 1994: 41)의 지시적이고 권위주의적인 리더십을 발휘했다. 경제장관회의에서 "장관들에게 한국과학기술연구원(KIST)에 가서 컴퓨터 강의를 듣고 오라고 지시할 정도"로 한국 '발전국가'의 선도기관(pilot agency)이었던 경제기획원의 장관이자 경제부총리로서 강력한 정책조정 리더십을 발휘했다. 그 결과는 그의 부총리 임기동안(1969~1972)에 경제기획을 효과적으로 제도화하는데 결정적으로 기여했다.

김 장관은 전통적인 '품목별 예산제도'에 성과주의와 전산화를 시도한 예산개혁가이기도 했다. 그 무렵 미국 정부의 예산개혁안인 '기획사업예산제도(PPBS)'의 도입과 예산업무의 전산화를 추진했다. 예산국과 한국과학기술연구원 사이를 연결하는 터미널 설치를 성공시켜 한국 최초의 전산망을 구축했다. 김 장관의 재직 기간은 특히 한국에서 하향식 의사결정이 매우 지배적이었던 때이며, 정치적 합리성 보다는 경제적 합리성에 따른 '총체적 · 합리적 의사결정'을 이상으로 추구하던 시기였다. 따라서 사업예산 제도의 도입 시도는 한국의 정치행정제도와 당시의 '국가' 주도의 국가발전이라는 목표가 주어진 것으로 간주할 때, 이에 모두 부합하는 셈이다.[12] 정책의 수단 측면에서 보면 강경식 과장을 독려하면서 제도화를 추진했다. 그러나 결과 면에서 보면, 사업예산 제도의 도입은 시도에 그쳤을 뿐 제도화에는 성공하지 못했다.

김 장관은 그의 임기 중에 정책 옹호성에서 탁월한 역량을 보였다. 그가 경제행정 전문가로서 옳다고 생각하는 방향의 경제기획과 예산개혁을 경제기획원이라는 강력한 중앙관리기구(Central agency)의 제도적 뒷받침을 통해 효과적으로 조정하고 추진했다. 그러나 대응성 혹은 민주성 면에서는 취약한 측면이 있다. 그는 경제발전기획과 예산개혁을 시도하는 과정에서 국민들과 소통하고 그것을 적극 반영하려고 노력했다는 흔적은 찾아볼 수 없다. 그는 항상 "다른 사람보다 항상 한발 앞서 있다는 자신감"에 차 있었고 "자신의 판단이 항상 옳다고 여긴 것"으로 평가되고 있다. 다만, 김 장관은 "자리에 연연하지 않고 주어진 기간 동안 국가나 민족을 위해 서비스해야 한다는 공직관, 공사가 분명한 공직관"을 지닌 사람이었다(안문석, 1994: 42). 그가 실천에 있어서 덕성을 발휘했을 여지를 찾아볼 수 있는 대목이다.

종합하면, 김학렬 장관은 정책 과정에서 낮은 수준의 대응성과 높은 수준의 옹호성을 발휘했던 처방적 행정가의 전형으로 평가될 수 있다. 그는 정치적 상관(박정희 대통령)의 ("정치자금 관리를 맡길 정도의") 절대적 신임과 자신의 탁월한 전문성을 바탕으로 업무수행

12) 품목별예산제도는 상향식 의사결정이 지배적으로 나타나는 사회에서, 그리고 정부의 예산운용에 대한 효과적 통제를 우선시하는 사회에서 적합한 방식이다. 20세기에 미국정부가 수차례에 걸친 개혁 시도에도 불구하고 대개 실패로 끝난 이유는 다원화되고 분권화된 미국 정치행정체계에서 상향식 의사결정이 지배적이기 때문이었다(정용덕, 2011a).

과정에서 매우 효과적으로 추진력을 확보하고 발휘할 수 있었던 "경제관료 세계의 왕"이었다(안문석, 1994: 43). 직무 수행과정에서 도덕적 위기나 대면을 겪었던 '사건'은 문헌에서 찾아볼 수 없다. 1950년 제1회 고시행정과를 수석으로 합격한 이후, 특히 1960년대에 고위직 경제관료(econocrat)로서, 공직을 수행하는 전 과정에서 (주로 자신이 스스로 판단한 기준이기는 했으나) 공익을 사심 없이 실천하려고 한 점에서 덕성의 일면을 찾아 볼 수 있다.

김현옥(전 서울시장)은 도시 스카이라인(skyline)을 획기적으로 바꾸는 등 서울시의 근대화에 기여한 "정열의 행정가"였다(최성모, 1994: 61-101). 시민들에게 건설을 통해 서울을 근대화한다는 비전을 제시하고, 사명감을 갖고 그 비전을 실현하려고 한 처방형 행정가였다. 장기적인 안목을 제시하면서도 임시변통적인 화급한 시책도 많이 추진했다. 문제에 대한 신중한 진단을 바탕으로 기획된 도시정책을 강력하게 추진함으로써 "숙고하는 불도저"로 지칭되기도 했던, 정책 옹호성의 극대화를 추구했던 공직자다. 김 시장은 스스로를 "서울시의 큰 머슴"이라 자처하면서 직접 시민들을 찾아다니면서 소통에 힘쓴 점에서 대응성의 일면을 찾아볼 수 있다. 그러나 당시 지방자치가 '유보'된 상태에서 임명직 시장으로서 시민들에 대한 대응성에는 근본적인 한계가 있을 수밖에 없다. 결국 그를 임명한 정치적 상관(대통령)으로부터 위임받은 범위의 한계 내에서 시민들에 대해 부분적으로 대응성을 발휘한 '합리적 행정가'의 모습이다. 그가 서울시는 "이권 배분소"가 아니라고 강변하면서 국회의원과 검찰을 비롯하여 많은 외부 청탁과 압력에 초연하는 등 "비정치적 성향"과 "불요불굴의 의지를 불사른 정렬의 행정가"로 활동한 점에서 실천의 덕성을 찾아볼 수 있다(최성모, 1994: 86).

'청계천 복개 및 고가도로 건설', '한강 개발', '여의도 개발', '북악 스카이웨이 개발', '시민아파트 건설' 등은 정책의 목표 면에서 당시 열악했던 도시의 하부구조(infrastructure)를 획기적으로 근대화하여 산업화 추진과 시민들의 삶에 모두 편의를 제공한 공헌이 있다. 그러나 도쿄(東京)시처럼 도시의 무분별한 '시멘트화(Cementification)'를 초래하는 도시계획을 주도했다는 비판도 가능하다. 정책 수단 면에서 그는 항상 시민들에게 공약을 제시하고 반드시 그 공약의 완료 기한을 약속함으로써 시민들에게 기대감을 부여하고 서울시 공직자들의 책임감도 강화시켰다. 시장 취임 즉시 시민들로부터 신뢰받지 못하는 공무원들을 대기발령 혹은 파면시키고 시청 내부에 존재했던 파벌을 혁파하고 능력위주 인사를 실시하는 등 행정개혁에도 앞장섰다. 문제가 발생한 현장에서 국장회의를 주재하고 '이동시청제도', '시민의 방', '민원봉사실', '야간시청', '시정위원회'와 '시정아이디어 뱅크'를 설치하는 등 시민들의 편의와 현장 중심의 의견 수렴에도 적극적이었다. 이와 같은 정책의 결과로서 4년의 재임기간 동안 역대 서울시장 중 가장 많은 업적을 남긴 공직자로 평가된다. 자신의 실수를 허용하지 않으려는 "완벽주의 성향"을 나타냈으나, 사업추진 속도에 있어서 과욕을 보여 '와우아파트 붕괴'라는 한국형 부실 토목공사의 효시를 남겼다(최성모, 1994: 67-8, 80).

종합하면, 김현옥 시장은 임명직 시장으로서 대응성과 민주성에서 태생적인 한계를 지녔으나, 나름대로 시민들과 소통하려는 노력을 기울였다. 정책의 옹호성 면에서는 오랜 군대 경력을 통해 배양된 건설 및 일반 관리 능력을 바탕으로 서울시의 하부구조 건설에 크게 기여했다. 그러나 그의 '시멘트화한' 도시근대화 정책의 목표 (그리고 결과) 면에서 서로 다른 평가가 가능할 것이다. 정책 수단의 선택에서도 (여의도 개발에서 보듯이) 필요한 재정자원의 동원 등에서 비범한 능력을 보였으며, 외부로부터의 이권에 얽힌 '청탁'에도 초연했다. 그러나 도시재개발 과정에서 불리한 여건에 처해 있었던 시민들을 어떻게 대우했는가에 대한 분석에 따라 평가가 달라질 수도 있을 것이다. 이를테면, 단순히 최대 다수의 최대 행복을 매우 효과적으로 달성한 공리주의자였는지, 불리한 여건의 시민들에 대한 최선의 배려를 동시에 실천에 옮기는 덕성을 발휘했는지의 여지다.[13)]

최형섭(전 과학기술부 장관)은 "과학기술의 전도사"로 지칭될 만큼 한국 과학기술 발전의 제도적 기반 구축에 기여했다(염재호, 1994: 104-34). 장관 취임 후 '과학기술 기반의 조성 및 강화', '산업기술의 전략적 개발', '과학기술 풍토조성'을 과학기술 행정의 3대 주요 정책으로 설정하여 추진했으며, 관련 제도를 정비하고 조직을 설립했다. 그러나 과학기술 정책의 특성 때문이기도 하겠지만, 정책의 대응성 측면에서 어떤 두드러진 점이 있었는지는 찾아보기 어렵다. 장기비전에 입각하여 임기 동안 정책기조로 내세운 방향에 따라 일관성 있고 원칙에 입각하여 "저돌적 리더십"을 발휘한 것으로 평가되고 있다.

최 장관은 그가 제시한 첫째 목표인 과학기술 기반의 조성 및 강화를 위해 과학기술 인력양성, 과학기술 진흥체계의 정비 및 강화, 기초연구 강화, 국제기술 협력의 증대 등을 기본 시책으로 삼아 추진했다. 두 번째 목표인 산업기술의 전략적 개발을 실현하기 위해 재무부와 협의하여 세제 혜택 등 각종 지원사업 추진, 국내기술개발 제품의 보호, 기술사제도 도입, 정부출연 연구소 설립 등을 집행했다. 셋째 목표인 과학기술 풍토조성을 위해 과학기술 대중화를 위한 전 국민의 과학화 운동을 추진했다. 그밖에 기술개발촉진법, 기술용역육성법, 국가기술자격법 제정, 과학기술진흥법을 개정하고, 과학기술 인력

13) 앞에서 소개한 것처럼, 20세기 초 뉴욕(NY)시의 하부구조 건설에 획기적으로 기여한 토빈(Tobin)과 모세스(Moses)에 대한 오늘날의 서로 다른 평가에서 시사 받을 수 있다.

을 양성하기 위해 한국과학원 개원, 기능대학 설립, 한국과학재단 설립, 대덕 연구학원 도시 건설을 추진했다.

최 장관은 정책과정에서 이른바 "원칙주의"를 적용하였으며, 그의 정치적 상관(박정희 대통령)의 두터운 신임과 지원 속에서 7년 반의 재임 기간에 3대 정책기조가 변함없이 추진될 수 있도록 일관성을 유지하는 데 전력을 기울였다. 이처럼 정책 옹호성을 극대화했던 반면에 정책의 대응성 구현을 위한 노력 여부를 발견하기는 어렵다.

한국과학기술연구소(KIST) 소장시절 그는 과학기술관련 연구소들의 자율성 확보와 고급 연구 인력의 처우향상과 신분보장을 위해 노력했다. 연구소 예산을 정부 보조금이 아니라 출연금의 형태로 구성해야 하고 예산집행에 대한 감사를 받아서는 안 된다는 그의 주장이 'KIST 육성법'에 반영되지 않자 대통령을 설득하여 국회에서 이미 통과된 법안을 개정하게 했다. 당시로서는 엄청난 규모의 정부 예산을 쓰는 연구소가 외부 감독을 받지 않는다는 것은 설득력이 없었으나, 대통령을 설득하고 과학기술 발전을 위해 과학을 잘 아는 자신을 믿어달라고 역설하며 야당의원들까지 설득하는 적극성을 보여 자신의 의지를 관철했다. 조직 외부의 문제는 환경적 변수를 최소화하여 해결하고, 조직 내부의 문제는 조직 구성원들에게 조직 목표 수행을 위한 철저한 동기부여를 통해 조직의 효과성을 추구했다. 이와 같은 일화는 과학기술의 발전은 대의민주제(국회)나 감사원을 비롯하여 외부 영향으로부터 자율성을 확보하는 것이 더 바람직한지 아닌지에 따라 비로소 그의 덕성 여부도 평가가 가능할 것이다.

종합하면, 최형섭 장관은 한국의 과학기술 발전을 위한 제도적 기반을 마련하기 위해 옹호성을 극대화한 처방적 행정가의 전형으로서 평가할 수 있다. 초기 단계에서의 과학기술 발전과 정책 대응성 간의 바람직한 관계, 그리고 과학기술 발전을 위한 과학기술인들의 자율성의 필요 정도에 대한 인식 여하에 따라 그가 덕성을 구현한 공직자였는지에 대한 평가도 가능할 것이다.

김준(전 새마을중앙회 회장)은 새마을 지도자 교육훈련에 기여한 "새마을 운동의 정신적 지주"였다(박종민, 1994: 136-63). '독농가연수원'에 근무하던 시절부터 자생적인 독농가들을 선발하여 가치관 변화와 농업기법 보급을 통해 농업 생산성을 향상시키려고 노력했다. 그는 헌신적인 노력과 솔선수범의 리더십을 발휘하여 교관요원들과 피교육자들을 감동시키는 방식으로 도덕적 우월성을 확보하여 보다 효과적으로 새마을 교육훈련의 성과를 가져왔다. 그러나 스스로 교육지로시의 신념과 확신이 강했으며, 교관요원들이나 피교육자들의 의견을 적극 반영하려고 노력했다는 증거는 보이지 않는다. 그 자신이 정한 새마을 지도자를 위한 생활신조(즉, ① 이상은 높게 현실은 착실하게 살자; ② 빚지기를 두렵게, 저축하기를 기쁘게 하자; ③ 겉치레보다 실속 있는 생활을 하자)에서 그가 추구했던 농촌 운동의 도덕성을 엿볼 수 있다.

그는 새마을지도자 교육훈련에 있어서 실천성을 강조하여 종전의 주입식이고 강의실 중심의 강의와는 달리 사례발표, 분임토의, 체력단련, 노래 등을 통한 훈련계획을 세우고 실행에 옮겼다. 연수원에서 함께 숙식하며 피교육자와 교관요원의 합숙을 통한 생활교육을 실시했다. 그는 교실보수, 교육계획 및 준비, 청소, 행정업무에 이르기까지 "1인 4역"을 해내는 등 솔선수범과 헌신의 리더십을 발휘했다. 이와 같은 연수원장의 실천적 리더십은 1970년대 '새마을운동' 교육의 성공에 기여했다.

김 회장의 덕성은 그가 강조했던 도덕률(성실, 감사, 겸손 및 정직)을 공직 수행 과정에서 항상 솔선수범하면서 새마을지도자 연수원을 이끄는 등 과정적으로 나타났다. 다만, 그가 새마을지도자 연수원 설립 임무를 집행하는 과정에서 30명의 교관을 구성하라는 직속상관(농림부장관)의 지시를 거부하고 외부로부터의 어떠한 청탁도 배제하면서 단지 5명의 교관만을 소신 있게 구성했던 것은 그가 대면해야 했던 하나의 도덕적 사건으로 간주될 수 있을 것이다.

종합하면, 김준 회장은 정치적 상관(대통령)의 절대적인 신뢰와 지원을 바탕으로, 그가 바람직하다고 여기는 새마을운동 지도자들의 교육훈련을 효과적으로 달성해 낸 처방적 행정가였다. 농촌 개발의 도덕성을 강조하고 솔선수범의 리더십을 보인 점에서 덕성의 일면도 찾아 볼 수 있다.

김재익(전 청와대 경제수석비서관)은 1980년대 "경제자율화의 기수"였다(백완기, 1994: 168-212). 그가 전문가로서 옳다고 생각한 경제자율화와 물가안정을 위해 그의 정치적 상관(전두환 대통령)과 국민을 각각 설득하는 방법을 통해 정책의 옹호성과 민주성을 모두 향상시킬 수 있었던 행정가였다. "복잡하고 어려운 경제 문제도 쉽게 정리해서 상대방에게 전달하는 데 빼어난 재주"를 활용하여 지지를 획득하여 정책의 효과성을 높였다(백완기, 1994: 186). 국민의 지지와 이해만 있으면 정책이 성공할 수 있다고 생각하고 정책을 추진하기 전에 국민부터 이해시키려고 노력했으며, 상명하달식 문제해결이 아니라 관계자들이 스스로 문제를 해결하도록 유도했다. 거의 모든 사람들이 '수출지상주의'를 내세우던 시대에 '수입개방' 정책을 제시하는 확신과 용기를 보이는 덕성을 발휘했다.

물가안정이라는 목표 달성을 위해 특유의 설득력으로 대통령으로 하여금 이 문제에 최대한의 관심을 기울이도록 만들었다. 경제자율화 목표 달성을 위해 보다 개방적인 경제기획원 관료들이 금융자율화에 반대하는 재무부를 장악하도록 하기 위해 (평소에는 절제하던) 인사 문제에도 관여하는 과감성을 보였다. 기업들이 스스로 경쟁력을 키우고 체질도 개선해야 한다는 생각에서 '9.27조치'를 추진했다. 언론매체인 신문과 방송국을 적극 활용했으며, 국민들의 공감을 이끌어 내기 위해 텔레비전 방송을 통해 대대적으로 대국민 경제교육을 실시하기도 했다. 이와 같은 교육과 홍보가 효과를 발휘해 국민들의 이해 속에서 임금억제, 예산동결, 추곡수매가억제 등의 정책을 추진할 수 있었다(백완기, 1994: 168-212). 이와 같은 정책 옹호성을 통해 전두환 정부의 가장 큰 치적으로 꼽히는 물가안정에 크게 기여했다.

경제자율화와 물가안정을 위한 그의 헌신적인 노력에서 드러난 가치는 긴 기간에 걸쳐 지속적으로 발현된 도덕적 과정의 특성을 지닌다. 그러나 전자식 전화기 체제의 도입과 관련하여 그가 도덕적 사건에 대면하는 일이 발생했다. 1970년대 형의 '기계식 전화기'로는 폭발적인 전화 수요를 충족시킬 수 없다고 판단함에 따라 '전자식'으로 바꾸고, 나아가 전자교환기를 자체 개발하는 정책을 제안하고, 이 정책을 실행에 옮기려고 노력했다. 여러 가지 이해관계가 얽힌 이 정책은 관련업체들은 물론이고 관계 공무원과 기술자 등 모두가 이 작업을 줄기차게 반대했다. 그러나 그는 사심 없는 순수한 자세에서 상대방의 협박이나 위압에 굴하거나 이권 공세에 휘말리지 않았다. 모략과 구설수에 더하여 집으로 협박전화가 걸려오는 것을 무릅쓰고 이 정책의 필요성에 대한 확신을 바탕으로 어떠한 이익집단의 압력에도 굴하지 않고 관철했다. 공직 생활에서 유지한 "순수함"을 통해 그는 강력한 정책 추진력과 덕성을 발휘한 사건으로 기록할 만하다.

고건(전 서울시장)은 "권위주의 시대의 반권위주의 행정가"였다(김영평, 1994: 214-41). 그는 현장위주로 정책 문제들을 발굴하고 서민의 숙원을 확인하여 해결하려고 노력했다. 토론과 참여와 공개에 의한 과정을 정책결정의 근본으로 삼는 등 절차에서 정책의 정당성을 확보하려고 노력했다. 주민과 직접 의견을 나누고, 서민생활 행정의 방향을 기초생활 환경 개선으로 정했으며, 주민들의 의견을 수렴하여 주민 숙원사업을 해결해 주는 방식을 적용하여 시장이나 행정당국이 일방적으로 알아서 개선하는 방식을 지양했다. 이 점에서 권위주의 시대에 주어진 범위 내에서나마 옹호성과 대응성을 가능한 한 모두 높이려고 노력한 반응적 행정가로 평가될 수 있다.

고 시장은 서민위주의 생활행정을 목표로 삼아 부임 후 약 6개월 동안 30여 개의 '달동네'를 방문하여 주민과 직접 의견을 나누면서, '기초생활 환경개선'을 서민생활행정의 방향으로 정했다. 노점상 정비 정책을 추진하면서 이 문제를 단순히 불법의 처리로 다루지 않고 다른 시민의 생활권과 통행권의 보호를 내세우면서 당사자들의 이해를 구하려고 노력했다. 상하수도, 소방시설, 탁아소, 공부방 설립을 확대했으며, 달동네에 임대아파트를 지어 세입자들을 현지에 수용하는 도시재개발을 모색했다. 노점상 관리규칙을 만들기 위해 노점상, 일반시민, 전문가 등이 참여하는 위원회를 만들고 그 규칙은 노점관리조례로 제정 철거보다 시민적 합의를 도출하는 데 더 중요성을 두었다. 전라남도 지사 시절에는 국도와 고속도로가 새로 개통되어 새로운 버스노선의 책정이 불가피한데도 10여 년 동안 방치되어 오던 것을 임기 중에 주민의 편의에 맞게 재조정하기도 했다(김영평, 1994).

종합하면, 고 시장은 공직생활 전반에 걸쳐 청렴성과 친서민성을 일관되게 실천에 옮기는 도덕적 과정의 덕성을 발휘했다. 여러 차례에 걸친 정권 변화에도 불구하고 계속해서 주요 요직을 거쳤으나, 도덕적 사건과 대면해야 하는 일은 발생하지 않았다.

오명(전 체신부 장관)은 1980년대에 전(全)전자교환기의 국내개발을 효과적으로 추진했던 "통신혁명의 지휘자"였다(김정수, 1994: 244-81). 그는 전(全)전자교환기 개발에 성공한 외국의 사례 등 각종 자료를 면밀하게 검토한 후에 확신을 가지고 정책결정을 내렸다. 당시로서는 엄청난 규모의 투자비용(240억)을 책정하는 등 정책의 옹호성 면에서 과감성을 보였다. 그러나 이 정책의 추진 과정에서 대응성을 평가할 수 있는 대목은 발견하기 어렵다. 당시 산업계의 관련자들은 고도의 기술을 요하는 전전자교환기 개발은 한국 수준의 능력으로 되지 않을 일이라고 비난했다. 그러나 자신의 전문성과 사전 타당성 조사 등을 바탕으로 한국의 통신 발전을 위해 옳다고 생각한 정책을 이해관계자들이 미시적인 이유에서 반대하는 압력을 극복하면서 추진했다는 점에서 옹호성과 아울러 덕성의 여지를 찾아 볼 수 있다.

오 장관은 전전자교환기 국내개발이라는 정책 목표를 달성하기 위해 한국전기통신공사를 체신부로부터 분리하여 전기통신부문의 예산을 분리 운영할 수 있도록 하여 필요한 투자재원 등을 효과적으로 확보했다. 전자통신연구소는 기술개발업무를 위임받아서 다른 나라들의 개발비용의 10분의 1도 안 되는 예산으로 세계에서 열 번째로 전전자교환기 개발에 성공할 수 있는 계기를 마련했다. 국제경쟁 입찰 결과 서독 지맨스 사의 독과점 체제를 종식시켰으며, 이후 한국의 통신혁명에 결정적인 역할을 수행했다(김정수, 1994).

오 장관의 정책 옹호성과 덕성은, "가전 3사의 앞잡이"라는 비판을 무릅쓰고 추진했던 '컬러TV 방영결정', 청와대의 거의 모든 사람이 반대했던 '장기 전자공업 육성정책', 3만 5천여 명의 인사이동을 수반했던 한국전기통신공사의 분리 결정 등에서 변함없이 확인되듯이, 그의 업무 수행과정에서 지속적으로 발휘되었다.

체신부의 '금융보험업무 재개' 정책도 오 장관의 업적으로 평가된다. 이 정책을 추진함에 있어서 그는 주도면밀한 사전 검토를 통해 타당성을 확신한 다음에 효과적으로 추진하는 리더십을 보였다. 청와대 경제수석비서관(김재익)으로 하여금 대통령을 미리 설득시키도록 하고, 국회사무처에 미리 협조를 구하여 신속하게 법안이 통과되도록 하는 정치력을 발휘했다. 이 정책은 읍면 단위까지 산재해 있는 우체국에서 금융보험 업무를 취급하도록 함으로써 국민들에게 좋은 서비스를 제공할 수 있도록 한다는 목적을 담고 있었다. 그러나 당시 은행, 보험회사, 농협 등 기존 금융권의 이해관계와 재무부, 농수산부 등의 극심한 반대가 있었다. 이를 극복하고 정책을 추진한 점에서 옹호성과 덕성을 아울러 발휘한 것으로 평가할 수 있다.

종합하면, 오 장관은 자신의 전문성을 바탕으로 바람직하다고 생각한 정책을 효과적으로 추진한 처방형 행정가로 평가될 수 있다. 그는 국민 경제와 삶의 질 모두를 위해 필요한 이 정책을 추진하면서 이해 관련자들의 반대와 협박에 대면해야 하는 도덕적 사건을 거치면서 덕성을 발휘했다.

Ⅳ 마무리

이상에서 훌륭한 공직자를 가려내기 위한 기준을 모색하는 몇 가지 기존의 이론적 시도들을 종합하여 나름대로의 분석기준을 마련해 보았다. 그리고 이 분석기준을 적용하여 이종범 교수와 그의 동료들(이종범 외, 1994)이 발굴하여 기린 공직자들에 대한 재평가를 시도해 보았다.

평가된 일곱 명의, 공직자 가운데 김준 회장을 제외하면 모두 정무관급의 고위직 공직자들이었던 점에 공통점이 있다. '전환시대의 행정가'라는 책 제목이 암시하듯이, 이들은 한국에서 '국가' 주도의 압축 산업화가 한창 추진되던 시대에 중요한 역할을 담당했던 공직자였던 점에서도 공통점이 있다. 이들은 민주화 이전 단계에서 권위주의가 한창 맹위를 떨치던 시대에 공직을 수행했다는 점에서도 공통적이다. 그들에 대한 평가 또한 다음과 같이 내동소이하게 이루어질 수 있을 것이다.

우선, 이들이 정책의 옹호성 면에서는 두각을 나타냈으나, 대응성 면에서 그다지 두드러진 대목을 찾기가 여의치 않다는 점이다. 이들이 활동했던 시기는 한국에서 대의민주주의가 극도로 위축되었던 시기였다. 이 때문에 이들이 정치적 상관(즉, 임명권자인 대통령)의 신임을 얼마나 확보하는가가 정책의 채택과 정책 추진에 필요한 자원 확보 모두에 결정적이었다. 이들은 전문성을 바탕으로 합리적인 판단을 내리고 일관성 있게 정책 목표를 달성하기 위해 행정관리에 진력(盡力)을 다한 점에서 뛰어난 행정가들이었다. 그리고 제한된 수준이지만 정책에서의 대응성과 덕성을 나름대로 보여준 경우도 발견할 수 있다. 그러나 그들이 자신의 정치적 상관(즉, 대통령)의 (그들 자신 혹은 국민들이 보기에 부당한) 정책 방향에 (때로는 개인적 위험 부담을 무릅쓰고) 대항했던 사건이나 일화는 찾아볼 수 없다. 그렇다면 그들이 세운 정책적 성과는 그들이 제안한 정책의 합리성과 타당성을 이해하여 수용하고 지원해 준 그들의 정치적 상관(대통령)과 나누어 기려져야 할 것으로 보인다.

앞에서 지적한 것처럼, 훌륭한 공직자들을 발굴하여 기리는 것은 사뭇 중요한 의의가 있다. 정무관이나 고위급 행정관리자 외에 행정학 교육의 일차적 대상인 중하위급 공직자들을 대상으로 하여 훌륭한 공직자들을 발굴하는 작업도 큰 의의가 있다. 현재 귀감이 되는 중하위직 공직자들을 발굴하여 기림으로써 그들이 앞으로 더욱 훌륭한 고위직 공직자로 성장할 수 있도록 격려하는 계기가 마련될 수 있기 때문이다.

앞에서 살펴 본 쿠퍼(Cooper, 1992) 교수의 주장처럼, 공직자의 덕성은 평소에 일상적 업무수행 과정에서 나타나는 것이며, 그 바탕 위에서 도덕적 위기나 사건에 직면하게 되는 경우에 극적으로 발현될 수 있다는 점을 감안하면 더욱 더 그러하다. 물론 하위직으로 갈수록 그 공직자의 업무가 정책결정에 연계될 여지가 적어질 것이며, 그만큼 가치판단의 여지가 적은 단순 반복적인 집행 업무에 종사할 가능성도 커질 것이다. 그렇기는 해도, 일본 제국주의 시대나 권위주의 시대에 저항했던 인사들에 대해 '고문' 등의 반인권적인 업무를 수행했던 하위직 공직자의 사례들을 통해 알 수 있듯이 공직에서 가치판단의 문제는 피해 갈 수 없다. 그렇다면 이 글에서 제시한 기준들을 직위와 역할에 따라 다소 다르게 적용할 여지는 있으되, 기본적으로는 모든 직위에 적용 가능할 것이다.

좋은 리더 혹은 귀감이 되는 행정가는 타고난 자질에 의해 결정되는 점도 있지만 길러지는 측면도 많다(Nye, 2008; Cooper, 1994; Morse and Buss, 2008; Van Wart, 2008). 훌륭한 공직자들을 가려내어 기리는 학술 연구의 의의를 바로 이 점에서 찾을 수 있다. 사람, 특히 공직자를 평가한다는 것이 매우 어려운 학술 작업임에도 감히 수행할 용기를 내게 되는 동기와 명분일 것이다.

참고문헌

윤견수(2011). "한국행정학의 영역 찾기: 공직과 자기 개념의 재발견", 한국행정학보, 45(1): 1-22.

이종범 외(1994). 전환시대의 행정가: 한국형 지도자론, 서울: 나남출판.

장동진(2011). "정치철학적 관점에서 본 한국의 공정한 사회 담론", 경제인문사회연구회 학술대회(공정한 사회: 새로운 패러다임) 발표 논문, 3, 17: 3-32.

정용덕(2001). "행정윤리의 다면성", 행정논총, 39(4): 113-27.

______(2011a). "한국 행정학에서 무엇을 어떻게 연구할 것인가", 박종민 · 윤견수 · 김현준(편), 한국행정학의 방향, 박영사: 79-108.

______(2011b). "행정, 개인과 공익의 조화가 중요하다", 김세원 외, 페어소사이어티, 한국경제신문사: 168-95.

한국사회과학협의회 · 중앙선데이 편(2012). "정부불신, 왜 정부는 국민으로부터 신뢰받지 못하는가?", 한국사회 대논쟁, 서울: 메디치 미디어: 108-29.

Banfield, E. (1961). *Political Influence*. NY: Free Press of Glenco.

Clayton, R. (1980). "Technology and Values: Implications for Administrative Practice", in C. Bellone. ed., *Organization Theory and the New Public Administration*, Boston: Allyn & Bacon.

Cooper, T. (1987). "Hierarchy, Virtue, and the Practice of Public Administration", *Public Administration Review*, 47(4): 320-328.

__________. (1992). "Prologue: On Virtue", in T. Cooper and N.D. Wright. eds., *Exemplary Public Administrators: Character and Leadership in Government*, San Francisco: Jossey-Bass Publisher: 1-8.

__________. (1992). "Conclusion: Reflecting on Exemplars of Virtue", in T. Cooper and N. D. Wright. eds., *Exemplary Public Administrators: Character and Leadership in Government*. San Francisco: Jossey-Bass Publisher: 324-40.

__________. (2004). "Big Questions in Administrative Ethics", *Public Administration Review*, 64(4): 395-407.

__________. (2006). *The Responsible Administrator*, 5th edition; San Francisco: Jossey-Bass.

Cooper, T. and D. Yoder. (2002). "Public Management Ethics in a Transnational

World", *Public Integrity*, 4(4): 333–352.

Cooper, T. and N. D. Wright. eds. (1992). *Exemplary Public Administrators: Character and Leadership in Government*. San Francisco: Jossey–Bass Publisher.

Cooper, T. and T. Bryer. (2007). "William Robertson: Exemplar of Politics and Public Management Rightly Understood", *Public Administration Review*, 67: 816–23.

Etzioni, A. (1996). *The New Golden Rule*, NY: Basic Books.

Frederickson, H. G. (1990). "Public Administration and Social Equity?", *Public Administration Review*, 50(2): 228–37.

Habermas, J. (1998). *Between Facts and Norms: Contributions to a Discourse Theory of Law and Democracy*, Cambridge: MIT Press.

Harmon, M. (1969). "Administrative Policy Formulation and the Public Interest", *Public Administration Review*, 29: 483–91.

Hart, D. (1992). "The Moral Exemplar in an Organizational Society", in T. Cooper and N. D. Wright. eds. 1992. *Exemplary Public Administrators: Character and Leadership in Government*. San Francisco: Jossey–Bass Publisher: 9–29.

Jung, Y. (2010). "The Institutional Change and Continuity of the Korean State Administration, 1948–2010", *Korean Social Science Journal*, 37(2): 131–175.

Jung, Y. and S. Sung (2012). "Declining People's Government Trust in Korea", *Meiji Journal of Political Science and Economics*, 1: 36–48.

Koven, S. (2008). *Responsible Governance*, NY: M.E.Sharpe.

McIntyre, A. (1984/1997). *After Virture*, 2nd ed. University of Notre Dame Press.

Morse, R. & T. Buss, eds. (2008). *Innovations in Public Leadership Development*, M.E. Sharpe.

Niskanen, W. (1971). *Bureaucracy and Representative Government*. Chicago: Aldine and Artherton.

Nozick, R. (1974). *Anarchy, State and Utopia*, NY: Basic Books.

Nye, J. et al. eds. (1997). *Why People Don't Trust Government*, CAmbridge: Harvard University Press.

Nye, J. (2008). *The Powers to Lead*, NY: Oxford Univ. Press.

Ostrom, V. (1974). *The Intellectual Crisis in American Public Administration*, Tuscaloosa: Univ. of Alabama Press.

Putnam, R. (2000). *Bowling Alone*, NY: Simon & Schuster.

Rawls, J. (1971). *A Theory of Justice*, Cambridge: Harvard University Press.

_______. (1993). *Political Liberalism*, NY: Columbia University Press.

Sandel, M. (2009). *Justice: What's the right thing to do?* NY: Farrar, Straus and Giroux.

Sayre, W. and H. Kaufman (1960). *Governing New York City*, NY: Russel Sage Foundation.

Schubert, G. (1960). *The Public Interest*, Glenco, IL: Free Press.

Seibel, W. (2010). "Beyond Bureaucracy: Public Administration as Political Integrator and Non-Weberian Thought in Germany", *Public Administration Review*, 70(5): 719–30.

Simon, H. (1947). *Administrative Behavior*, NY: The Free Prss.

Singer, E. & L. Wooten (1976). "The Triumph and Failure of Albert Speer's Administrative Genius: Implications for Current management Theory and Practice", *Journal of Applied Behavioral Science*, 12(1): 79–103.

Walzer, M. (1983). *Spheres of Justice*, NY: Basic Books.

Weber, M. (1947). *A Theory of Social and Economic Organization*, NY: Free Press.

Wills, G. (1999). *A Necessary Evil: A History of American Distrust of Government*, NY: Simon & Schuster, 1999.

Van Wart, M. (2008). *Leadership in Public Organizations*, London: M.E. Sharpe.

사례분석

- **배려와 추진력의 절묘한 조화** -한 여성과장을 통해 본 여성리더십의 가능성과 한계-
- **수학도에서 통계 전도사로**
- **복지 거버넌스의 조정자와 혁신가 되기** -여성가족부의 공직자를 중심으로-
- **고창군의 아이디어맨, 경청(敬聽)의 리더십과 공정한 인사제도 위에서 꽃피다**
- **엘리트 공무원 김교육** -전문성과 창의성, 그리고 토론을 통한 정책대안 마련-
- **과정추적방법을 통한 공직봉사동기와 낭중지추** -보건복지부 L서기관의 사례를 중심으로-
- **전자정부 추진과정의 다양한 참여자와 지식을 연결하는 지식중개자**
- **외교부의 낭중지추를 찾아서** -공직동기, 비즈니스 마인드, 그리고 가족애의 삼위일체-
- **성과관리를 통해 경찰 조직의 혁신을 꿈꾸다**
- **돋보기에서 나침반으로** -감사설계도 변화를 위한 사명감과 열정-
- **새로운 성장동력 발굴을 위한 끊임없는 도전** -산업통상자원부 W국장의 일에 대한 열정, 그 과거와 오늘-
- **관료사회에서 내부혁신의 전개과정** -기상청의 한 공무원 사례-

배려와 추진력의 절묘한 조화*

- 한 여성과장을 통해 본 여성리더십의 가능성과 한계 -

원 숙 연(이화여자대학교 행정학과 부교수)

Ⅰ 서 론

1. 들어가며

행정부 5급 이상 여성 공무원이 2000년 420명에서 2010년 2,143명으로 10년 만에 5배 이상 증가한 것으로 나타났다. 일반직 전체에서 여성은 동 기간 중에 12,878명에서 30,324명으로 2배 가까이 늘어난 것으로 나타났다.[1] 이처럼 공직에서 여성의 진출은 더 이상 새로울 것도 없는 현실이 된지 오래다. 매년 행정고시에 합격하는 여성 수는 증가일로에 있고 공직에서의 남녀역전을 걱정하는 때이른 우려도 심심치 않게 들린다. 굳이 여성적 리더십(feminine leadership)을 거론하지 않더라도, 여성의 관리자로서의 자질과 가능성 또한 사회적으로 공유되고 있다.

이러한 표면적 변화의 의미를 인정하면서도, 본 연구는 여전히 수적으로 남성이 우세하고, 남성적 문화와 관행의 존재를 무시할 수 없는 공직에서 관리직에 진출한 여성공무원의 현실은 남성의 그것과 같을 수 없다는 문제의식에서 출발하였다. '같을 수 없다'는 것은 공직이든 사기업이든, 특정조직에서 구성원이 단순 생존을 넘어 일정한 '성공'을 하

* 본 연구는 "공직 내 여성관리자의 현실: 여성을 둘러싼 제약-기회-선택의 역할을 찾아서"에 일부 기반을 두고 있다.
1) 행정안전부(http://www.mopas.go.kr) 3월 6일자 보도자료 참조.

기 위해서는 '전략적 선택'이 요구되고, 이러한 선택은 개인의 특성만이 아니라 특정조직의 문화와 관행, 그리고 거시적인 맥락으로부터 자유롭지 못하고, 그러한 맥락의 작용양상은 남녀에 따라 다르다는 의미이다. 여기서 한가지 분명히 할 것은 본 연구가 여성을 둘러싸고 있는 구조와 관행의 맥락의 작용이 남성과 '다르다'는 것이 선험적으로 여성에게 '불리'하다고 전제하지 않는다는 점이다. 이는 일부 여성주의자들이 주장하는 일종의 적대감이나 제로섬에 기초한 피해의식과 거리를 둔다는 것이다. 다시 말해 그러한 구조와 관행의 맥락이 여성에게 '유리'하게 작용할 수도 있다는 것이다.

결국, 여성으로서 불가피하게 남성과 다른 경험을 할 수밖에 없는 상황에서, 유능한 한 '여성'관리자가 어떻게 자신의 현실을 프레이밍하고, 어떻게 대응하며, 어떤 전략적 선택을 통해 공직자로서 자신의 비전과 사명감을 '성공적으로' 실현해 가고 있는가를 조망하는 것이 본 연구의 목적이며 주요내용이다. 결국, 사회현상을 이해하는 데 있어서 구조(structure)와 행위(action) 간 관계를 전제하는 것처럼, 한 여성관리자의 현실을 이해하는 데 있어서 공직을 구성하고 있는 구조와 그 안에서 '그녀의 선택', 곧 행위를 연결 지어서 조망하고자 한다. 구조로부터 자유로운 행위는 없으며 행위로부터 유리된 구조도 없다는 점, 그리고 구조는 행위의 제약조건일 수도 있고 기회일 수도 있다는 인식의 기반에서 출발한다.

2. 연구대상의 선정 및 인터뷰 과정

이를 위해 본 연구는 환경부의 J과장을 그 대상으로 하였다. J과장을 선택한 이유는 첫째, 여성이라는 점이다. 전술한 바와 같이 본 연구는 조직구성원이 만나는 현실은 몰(沒)성적(gender free 또는 gender blind)이지 않다는 전제에서 출발하였다. 따라서 '여성'이라는 조건이 충족될 필요가 있었다. 둘째, 연구자와의 개인적인 친분이 아닌 '낭중지추 프로젝트'의 공식적인 추천과정을 통해 추천을 받은 인물이라는 점이다. 모범공무원으로 추천을 받았다는 것은 J과장의 업무능력이 일정부분 검증되었다는 것을 뜻하고, 연구자와 개인적 친분이 없다는 점은 연구대상에 대한 선입견으로부터 자유롭고 객관성을 견지할 수 있다는 점에서 매력적인 요소였다. 당초 공식적인 추천과정을 거쳐 추천된 여성공무원이 2명이 더 있었다. 그 중 한 명은 해당부처의 최고결정권자로서 이미 언론에서 여러 차례 조명이 된 경우였다. 물론 이미 조명이 되었다 해도 다른 각도에서 접근하는 것이 불가능한 것은 아니지만, 보이지 않은 곳에서 자신의 사명을 다하는 공무원을 발굴하고 그들의 경험을 통해 공직을 이해하는 본 연구의 취지와는 일정한 거리가 있다고 판단되었다. 또 다른 피추천인은 중앙정부 모 부(部)에서 국장으로 재임하고 퇴임하여 산하기관에 장(長)으로 자리를 옮겨 간 경우였다. 공직경험도 많으면서, 일선에서 떠나있다는 것이 어떤 면에서는 자유롭게 자신의 경험을 보여줄 수 있을 것 같아 참여를 부탁하였다. 수차례에 걸쳐 접촉을 하였으나 완강하게 고사하여 연구가 이루어지지 못하였다.

이러한 이유로 J과장을 선택한 연구자는 '낭중지추 프로젝트'의 취지를 설명하고 연구에의 참여를 부탁하였다. 공직자로서 다소 부담스러워하기는 했으나 취지에 공감을 표하고 도움을 약속하였다. 다만 실명을 밝히지 않는 조건으로 인터뷰에 응하였다. 인터뷰는 J과장의 일정에 맞추어 2시간 30분가량 진행되었다. 당초 복수의 인터뷰를 계획하였으나 국정감사를 포함한 국회일정 및 J과장의 해외출장 등으로 인해 수차례 인터뷰가 무산되기도 하였다. 인터뷰 방식과 관련하여, 질적연구는 양적인 연구와 달리 연구대상이 자신의 경험에 부여하는 의미나 해석을 무시한 상태에서 연구자의 판단에 따라 연구대상을 객관화하는 것을 경계한다(Fonow & Cook, 1991; Jayaratne & Stewart, 1991; 원숙연, 2004). 따라서 간단한 인터뷰 가이드라인이 있기는 했지만, 그에 구애받지 않고 연구대상자의 시선과 의미부여에 따라 자유롭게 에피소드 중심의 인터뷰를 진행하였다. J과장의 허락 하에 인터뷰는 모두 녹음되었으며, 녹음된 내용은 전사하여(transcribe) 자료화하였다.

Ⅱ 본 론

1. 조직구조 차원

1) 환경업무의 여성친화성과 여성장관의 존재

전술한 바와 같이 특정인이 직면하게 되는 현실은 자신이 속한 조직의 문화나 구조로부터 자유로울 수 없다. 특히, 조직에서 남녀구성비는 상호간의 접촉의 빈도를 높이고 상대방에 대한 고정관념적 평가의 가능성을 줄인다는 면에서 여성관리자의 현실에 영향을 미친다. 더욱이 수적으로 남성중심적 조직의 경우, 여성과의 업무경험이 부족하여 여성에 대한 고정관념을 깰 만한 증거(counter evidence)를 확보하는 것이 어렵다는 점에서 여성이 수적으로 많은 조직에 비해 여성(관리자)에 대한 고정관념적 평가의 개연성이 높다.

J과장이 근무하는 환경부는 남녀구성비를 기초로 했을 때 여성비율이 비교적 높은 편이다. 2010년 현재, 환경부의 여성공무원 비율은 27.9%로 15개 부처 가운데 6위로 중상위를 차지한다(행안부, 2010).[2] 다른 부처에 비해 여성이 어느 정도의 비율을 차지하는 환경부의 남녀구성비가 여성(관리자)으로서 운신의 폭을 넓히는 요인으로 작용했음을 확인할 수 있다.

"환경부 분위기가 영향을 미쳤다고 생각하는데요, 환경부는 여성이 비교적 많거든요. 어느 정도 규모가 돼야 파워가 생기니까요. 지금은 여성이 무시할 수 없는 포션(portion)이 되었기 때문에 인사담당관들도 이 사람들(여성)이 중요한, 그러니까 신경을 쓸 수밖에 없는 파워가 있는 거죠. 기재부나 국토부 이런 다른 부(部)하고 비교해 봤을 때 환경부에서 일하는 여성들의 상황이 조금 더 플렉시블(flexible)하다고 할까. 소통도 더 잘되고, 그렇죠. 무엇보다 중요한 것이 자기가 나가게 될 커리어 패스(career path)가 보이잖아요. 그게 중요하거든요. 자신의 미래가 보이는 거죠."

그러나 공직에서 여성이 약진하고 자신의 능력을 발휘할 수 있는 환경으로 단순히 수적인 남녀구성비만이 작용했다고 보기는 어렵다. 오히려 J과장의 경험은 조직의 단순 남녀구성비보다 더 중요하게 작용하는 것은 수행업무의 속성 또는 정체성(identity)이다. 즉, 환경업무의 속성인 '여성친화적'이라는 점이 여성 공직자의 역량발휘에 일정한 영향을 미치는 것으로 보인다.

"'환경'은 여성이 많이 하는 부분이고 또 여성이 해야 된다는 인식이 있는, 세계적으로도 그렇고요. 그러다 보니까 더 일하기도 편하고 그렇거든요. 그런 것들이 영향을 주지 않았나 싶고, 국토부라든가 터프한 데 가서 잘하면 잘 될 거야, 뭐 그런 면도 없지는 않지만, 가끔 그쪽 후배들 보면 굉장히 어려워하고 그런 면이 있더라고요. 주눅 든다고 할까. 본류가 아니고 눈치를 봐야 되는 그런 느낌이 있는 거 같아요. 그런 면에서는 여성들이 많고, 그런 전통이 있는, 다양한 배경을 가진 사람들로 구성된 조직이 훨씬 더 좋은 것 같아요. 터프한 부들은 경직적이고 남성주의적 그런 것들이 많으니까, 처신을 어떻게

2) 2011년 현재 여성공무원 비율이 높은 부처는 다음의 순이다(행안부, 2010). 여성부(65.7%)-보건복지가족부(60.2%)-노동부(49%)-지식경제부(44.9%)-문화체육관광부(36.7%)-환경부(27.9%)-외교통상부(27.4%)-교육과학부(24.4%)-통일부(24.2%)-국방부(24.5%)-농림수산부(23.1%)-행정안전부(22.9%)-기획재정부(13.1%)-국토해양부(13%)-법무부(11.9%).

해야 하는지에 대해서도 고민하는 것 같기도 하고……."

이처럼 환경부의 수행업무가 갖는 속성이 '여성친화적'이라는 점은 여성관리자로서 행동반경을 넓히는 데 긍정적인 조건으로 작용한 것은 분명해 보였다. 이러한 일반적인 맥락 외에 J과장이 환경부에서 나름의 입지를 구축하는 데 결정적인 영향을 미친 중요한 계기가 있었는데, 그것은 김명자 환경부 전 장관의 존재였다. 여성장관의 등장과 함께 수행비서로 여성의 필요성이 제기되었고, 그 당시 초임사무관이었던 J과장이 수행비서로 발탁되었다.

"제가 들어왔을 때 손숙 장관님이 금방 그만두시고 김명자 장관님이 새로 오셨는데, 그때까지는 남자분이 수행비서였는데, 그분이 유학을 가야하는 타이밍이었어요. 여성이 필요했던 거죠. 여성장관이니까. 어차피 같이 다니려고 하면 여성이 좋겠다고 해서 그렇게 하게 된 거죠. 또 제가 적극적이거든요. 아마 그런 성격 때문에 1년 2개월 수행비서를 했습니다. (수행비서시절) 아주 재미있었습니다!"

후술하겠지만, 여성장관을 수행했던 경험은 J과장의 존재를 내외에 알릴 수 있는 중요한 계기로 작용하였다. 무엇보다 장관수행비서를 하면서 공직자로서의 자세, 업무에 대한 태도 및 네트워크를 구축할 수 있는 여건이 마련된 것이 J과장이 자신의 역량을 발휘하는 데 상당한 기여를 한 것으로 보인다. 결국, 여성이 공직에서 직면하는 현실을 구성하는 데 조직의 남녀구성비만이 아니라 질적인 측면이 뒷받침 될 때 그 효과가 배가(倍加) 되는 것으로 판단된다. 즉, 업무의 정체성과 장관 등 고위직에 여성의 존재가 전체구성원에게 여성에 대한 인식을 변화시키고 여성이 자신의 역량을 발휘할 수 있는 계기가 되는 일종의 점화장치(trigger)로 작용할 가능성을 보여준다.

2) 높은 가시성과 성과압력? '홍일점' 장관수행비서로서 명(明)과 암(暗)

전술한 바와 같이 공직에서 여성(관리자)이 직면하는 현실에 영향을 미치는 요소는 높은 가시성(visibility)과 성과압력이다. 가시성이 높다는 것은 업무수행 결과의 노출가능성이 높다는 것을 의미한다. 이는 업무수행 성과-성공이든 실패든-가 실제보다 과장될 가능성으로 이어진다. 따라서 여성(관리자)이 업무를 성공적으로 수행했을 경우, 높은 가시성이 긍정적으로 작용하지만, 실패했을 경우, 그 부정적 평가는 가시성이 낮은 남성보다 훨씬 높아질 수 있다(Ragins & Sundstrom, 1990).

이처럼 높은 가시성이 J과장의 경우에도 그대로 적용되었는데, 그 이유 중 하나가 전술한 여성장관의 수행비서로서의 경력이다. 비교적 젊은 나이에, 그리고 유일한 여성 수행비서였다는 점에서 J과장의 가시성은 남성지배적 조직에서 일반적으로 여성이 직면하는 것보다 훨씬 높은 수준이었다. 이처럼 높은 가시성은 J과장에게 양면성을 부여하였는데, 높은 가시성으로 인한 부담이 없지 않았다.

"너무 드러나는 것 그 가시성이 부담스러워요. 예전에도 그랬지만, 지금도 여전히…… 김명자 장관님 수행했을 때도 다 남자고 저만 여자니까. 제가 같이 가면 공무원이라고 생각하지 않고 장관님 '딸'인가? 뭐 그렇게 생각하기도 하고, 회의에 가면 장관님도 유일한 여성이시기도 했고, 저도 유일한 여자이고, 쟤가 누굴까? 뭐 그런 분위기죠. 제가 과장이 돼서 토양침수과에서 구제역 때문에…… 이 문제가 전 부처의 현안이었으니까…… 맨날맨날 모여서 회의를 하면 그 자리에 여자가 저밖에 없어요. 여전히 너무 주시되는 것, 어떤 때는 얘기를 막 던지는 것도 필요한데 그게 힘들어요. 더 조심하게 되고. 물론 나름대로 성과 내고 일 잘한다는 평가를 받으니까, 굳이 말하지 않아도 알아주는 것도 있었지만 조심하게 되는 것 같아요. 평판관리처럼 말이 더 신중해지고, 여자가 나서지 말아라, 나대지 말아라. 그런 것(여자가 나서는 것) 아직은 싫어하니까요."

이처럼 남성우위의 공직에서 수적으로 열세인 여성으로서 높은 가시성이 부담이고, 특히 '나서지 말아라, 나대지 말아라'로 표현되는 여성에 대한 고정관념적 평가의 구조 속에서 나름의 제약요건이 있음을 인정하였다. 그러나 이처럼 높은 가시성이 제약이 되기도 하는 동시에 특정한 성과를 달성했을 때 그 성과가 크게 부각되는 등 긍정적인 측면이 없는 것은 아니다.

"제가 Yale 대학으로 유학을 갔었는데요, 27살에. 들어온 지 3년 만에. 빨리 간 것에 속하죠. 부처 내에서 순서를 기다리면 굉장히 오래 걸려요. 과장, 서기관 가고 내가 가야되니까. 한참 걸리잖아요. 또 TO도 그렇고. 그런데 저는 부처 내 TO로 안 가고 부처끼리 붙는 공개경쟁이라는 게 있어요. 성적이 좋은 순서로 끊어버리거든요. 기수 상관없이. 거기에서 제가 된 거예요. 다른 데서 TO를 따 온 거니까 우리 부처 TO는 다른 사람 주고 다른 데서 따 가지고 오니까 정말 좋아했죠. 여기 것은 안 건드리고, 남의 것을 가져온 거니까 칭찬받으면서 갔죠. 반응이 열화와 같았죠. 잘했다. 뭐 칭찬 엄청 받으면서 갔어요."

무엇보다 홍일점 장관수행비서로서의 경험과 높은 가시성은 J과장에게 업무는 물론, 공직자로서의 자세, 그리고 중요한 네트워크의 발판을 마련하는 계기로 작용하였다. 먼저 김명자 전 장관의 수행비서 일을 통해 무슨 일이든지, 마음을 움직이기 위해서는 정성을 다해야 하고, 아무리 작은 일이라도 가볍게 생각해서는 안 된다는 것을 배웠다.

"그때 우리 부에서 4대강 수질개선법을 만드는 게 가장 큰 task였어요. 환경부담금이라고 해서 수돗물 값에 조금씩 붙여가지고 상류에 사시는 분들, 개발도 못하는 그런 지역을 지원하기위한 사업비를 만드는 거였어요. 장관님께서 모든 측면에서 정치적으로, 지역적으로, 관료들에게 모든 방면에서 적절하게 조율을 하셨거든요. 그런데 그때 조금 이상하게 생각했던 것이 장관이 직접 그 지역 주민들에게 편지를 쓰는 거였어요. 편지를 써서 직접 보내시는 것이었는데, 왜 그걸 그렇게 급하게 써야하는지를 잘 모르겠더라고요. 그 편지가 그날 중으로 나가야만 되는 거였어요. 그런데 그날 장관님이 7, 8군데 일정이 있었어요, 거의 한 시간 단위로 움직여야 하는 거였는데 그 바쁜 중에도 그 편지를 한자 한자 보면서 고치시고 수정해서, 또 받아오면 또 보시고 또 고치고, 한 번 자리를 옮길 때 마다 그렇게 7, 8번을 하시는 거예요. 그렇게 여러 번에 걸쳐 완벽하게 수정이 돼서 보내졌는데 그게 정말 큰 기여를 했어요. 그 지역 사람들의 마음을 움직였어요. '와! 정성을 쏟아야 된다. 일을 하나를 하려고 들면 정말 사력을 다해서 완벽하게 하는 것이 나의 임무고 공직자의 임무다.'를 느꼈고, 그때부터 저도 그렇게 하려고 노력하죠."

장관수행비서로서의 경험은 공직관은 물론 일에 대한 태도에 대해서도 학습의 기회가 되었다. 무엇보다 고위관리자로서의 자세, 업무의 범위에 대해 일반적으로 가지는 고정관념을 깰 수 있는 기회로 작용하였다.

"제가 처음에는 이해가 안 됐던 부분이 있었어요. 그때 동강댐을 백지화하는 문제가 있었는데, 김대중 대통령이 환경의 날에 환경부에 와서 '동강댐을 백지화하겠습니다.' 이걸 발표하는 자리였거든요. 내용은 정말 완벽하게 준비를 했었는데 (장관이) 건물 현관에 여성작가가 쓴 '낙동강'이라는 시를 걸자고 그러시는 거예요. 또 장관님이 회의장의 세팅 하나하나, 가운데 놓이는 꽃 하나하나까지 다 신경을 쓰시는 거예요. 전 그때 '장관이 뭐 저런 것 까지 신경을 쓰나? 그런 건 직원이 하면 되는 건데.' 뭐 그런 생각을 하기도 했죠. 그런데 그게 아니더라고요. 그 하나하나가 장관이 하는 일이었던 것 같아요. '장관은 대범하고 큰 것만 봐야 돼.' 그런 것들은 신입견이더라고요. 문제는 항상 작은 데서 생겨요. 큰 건 다른 사람들도 다 챙기니까. 사람들이 과장이 되고 국장이 되고 그러면 뭐 그런 (사소한)것까지 챙기냐 그러는데 전 그때 장관수행비서 하면서 그런 말에 개의치 말고 내가 필요하다고 생각하면, 아주 작은 것이라도 챙기는 거다, 챙겨야 한다, 남의 선입견과 사회적인 선입견이 맞는다고 하는 것은 바람직하지 않다는 것을 생각하게 된 것 같아요."

이와 함께 여성장관을 수행하는 유일한 여성수행비서로서의 경험을 통해 구축된 인간관계는 J과장의 업무능력을 발휘하는 데 주효한 네트워크의 발판이 되었다.

"그때 사귀었던 분들, 그때 서로 시간을 같이 했던 것이 큰 도움이 되었고요, 수행비서들은 부처에서 나름 잘나가는 유능한 사람들이기 때문에 장관님들이 국무회의에 다 들어가시면 수행비서들이 모이는 데가 있어요. 거기 모여서 '어제 이런 일이 있었다더라', '청와대는 무슨 이야기를 한다더라' 뭐 그런 고급의 정보들을 주고받고, 서로 도와주기도 하고, 자주 만나니까 서로 알려주고, 그때는 정말 많은 사람들을 만나잖아요, 매일 매일 새로운 사람을. 그런 것들이 되게 많아서 그 사람들하고 자주 만나는 편이었고, 지금도 network이 있죠. 여전히 대부분 잘나가고 있고 이미 국장된 사람도 있고. 그분들하고 물론 정기적으로 만나는 건 아니지만, 뭐 다른 업무 협의하러 가서 보면 반갑고 좋더라고요. 도움을 받죠. 그때 같이 (수행비서)했던 과장들하고 케넥션이 있고 하면 좋죠. 수행비서 했던 사람들이 가끔 모이면 세상 돌아가는 이야기도 하고 실질적인 도움을 받기도 하고. 자산이죠. 국무회의에 안건을 올리거나 할 때 기한이 딱 딱 정해져서 12월 말까지 무조건 가야되는데, 그때 그것을 관리하는 과에 있던 사람이 수행비서를 같이 했던 사람이었어요. 그분에게 부탁해서 한 달 걸릴 걸 1주일 만에 단축해서 올리고 했던 거, 특히 예산 딸 때 그런 분들의 도움을 받아 늘리기도 하고……."

적어도 J과장의 경험에 기반할 때, 관심을 끄는 것은 남성지배적인 조직에서 여성의 높은 가시성이 부정적으로만 작용하지 않는다는 점이다. 특히, 환경부와 같이 비교적 업무의 계량화 가능성이 높고, 전문적인 지식의 활용이 요구되는 영역의 경우는 더욱 그렇다. 일반적으로 남성중심적인 조직에서 여성은 전문적인 지식의 축적을 통해 자신의 입지를 구축하려는 경향을 보인다(Ragins & Sundstrom, 1989; 1990; 원숙연 · 조승은, 2009). 전문적 지식은 객관적이며 개인의 노력에 의해 축적이 가능하고, 무엇보다 여성에 대한 고정관념이나 편견이 작용할 부분이 적기 때문이다. 결국, 여성의 높은 가시성이 일정부분 여전히 제약으로 작용하는 것은 부인할 수 없지만 업무에 따라 여성에게 유리하게 작용할 가능성 또한 배제할 수 없다. J과장의 경우, 높은 가시성으로 인해 자신이 가진 역량과 능력을 충분히 보여줄 수 있는 조건으로 작용했기 때문이다.

결론적으로 볼 때, 여성장관을 수행하는 홍일점 비서관으로서의 경험은 공직관이나 업무에 대한 태도가 형성되는 초임 사무관 시기에 매우 중요한 학습의 기회로 작용하였다. 물론 김명자 전 장관이 J과장의 공식적인 멘토는 아니었지만, 여성장관의 존재와 수행비서로서의 경험은 초임 여성사무관에게 매우 훌륭한 멘토링의 기회를 제공했다고 보아야 할 것이다. 김명자 전 장관은 멘토가 제공하는 수혜인 경력개발(career development)과 조직 내외의 비중있는 네트워크에의 노출을 지원하는 기능을—의도적이 아니라 해도—수행했다고 볼 수 있기 때문이다(cf. Noe, 1988; 원숙연, 2006).

2. 개인적 측면

1) 초임 여성사무관의 소신과 추진력

J과장은 소신과 열정을 가지고 중요한 업무를 성공적으로 수행하는 특유의 추진력을 가지고 있다. 초임사무관시절, 환경부 내부에서조차도 그 실현가능성에 대해 회의적이었던 규제를 적극성과 열정, 공무원으로서의 사명감을 가지고 관철시켰는데, 그 중 하나가 '휘발성유기화합물질' 배출 관련 규제였다.[3)]

1998년 IMF 구제금융의 위기를 타개해야 했던 김대중정부는 규제개혁, 규제혁파를 천명하였다. 이를 위해 국가 전반에 걸쳐 규제를 최대한 완화하는 정책방향을 설정하였기 때문에 새로운 규제를 만드는 것에 대해 매우 부정적인 상황이었다.

> "김대중정부 들어오고 제일 크게 했던 것이 규제개혁, 규제혁파였거든요. 그 당시 이슈가 휘발성유기화합물질규제에 대한 것이었는데, 이게 너무 많이 나오면 오존도 파괴되고, 호흡기 장애도 일으키고 그러니까 이건 규제를 꼭 해야 되는 거예요. 그런데 정부가 규제혁파를 외치고 있으니 여건이 너무 안 좋은 거예요. 일단 기업들이 다 반대하고. 아무리 규제혁파를 한다고 해도 이건 아닌데, 이건 규제를 해야 되는데. 저는 그런 생각을 했죠. 그 당시 제일 큰 타깃이 기업하고 규제위(규제개혁위원회)였어요. 기업의

---

3) 휘발성유기화합물질(Volatile Organic Compounds: VOC)은 석유정제, 페인트 도장, 자동차 운행 등을 통해 배출되는 유해물질이다. 1999년도 3. 31 환경부고시 제1999-45호에 의거 휘발성유기화합물질 배출시설의 종류, 시설의 규모, 배출억제, 방지시설의 설치 등에 관한 규제가 시행되었다. 환경부는 해당업체들에 대해 VOC 억제 및 방지시설을 갖추도록 유도하는 한편, 이를 어길 때는 계도명령(1차 위반시)이나 5년 이하의 징역 또는 3천만원 이하의 벌금(2차 위반시)을 부과한다. 환경부는 해마다 VOC 배출량이 10% 가량 증가함에 따라 서울, 인천 등 수도권 15개 대기환경규제지역의 페인트, 자동차, 선박제조업체들과 폐기물보관저리업, 자동차정비업, 대형세탁시설, 기타제조업 등 7개 업종에 대해 VOC 배출억제, 방지시설을 의무적으로 설치하도록 하였다(한국환경산업연구원, 2000).

입장을 대변하는 것이 산자부였으니까, 정말 자주 만나서 얘기하고, 설득하고, 정말 완벽하게 준비해서, 설득해서 우리 안에 동의를 해줬는데 문제는 개혁위에서 '지금 규제를 없애야 되는데 왜 새로운 규제를 만드느냐, 안 된다.' 그거였어요."

이처럼 새로운 규제에 대한 외부적인 인식이 부정적이고 상황이 불리하게 전개되는 것에 대해 환경부 내에서도 휘발성유기화합물 관련 규제의 실현가능성에 대해 회의적이었다. 그러나 부임한지 갓 2년 된 J과장(당시 사무관)은 주변환경이 아무리 불리하고 부정적이더라도 환경을 위해, 국민들을 위해 필요한 것이라면 밀고 나가야 한다는 소신을 견지하였다. 그러한 소신을 견지할 수 있었던 것은 규제의 필요성을 단순히 사무실 책상머리에서의 추상적인 탁상공론에 기반한 것이 아니라 실제로 관련 시설을 하나하나 모두 방문하면서 현장에서의 생생한 체험에 근거한 것이었기 때문이었다.

"그때 제가 간 과에서 사람들이 별로 안 좋아했어요. 사업국이었는데, 사업국을 간다고 하니까 어린애가 업자를 상대할 수 있겠냐, 안 된다, 뭐하러 받았냐, 이런 얘기들을 참 많이 들었기 때문에 가자마자 그 업계를 파악하기 위해서 모든 공장들을 다 다녔어요. 울산에 있는 페인트공장, 자동차 제련공장, 조선공장, 전부 다 직접 다녔어요. 그런 곳들은 대부분 큰 탱크들이 있거든요. 탱크위에 다 올라가 보고, 계속 다녔거든요. 시화쪽 폐기물 처리업체를 가면 눈이 따가워서 눈을 뜰 수가 없어요. 공해가 너무 심해서 그런 곳을 다 돌아다니면서, 이건 규제가 꼭 필요한 것이라고 생각했던 건데 대충 그냥 누가 반대한다고 해서 그냥 넘어가는 것은 안 되는 거죠. 이건 꼭 규제를 해야 한다고 생각했었던 것 같아요."

현장을 직접 다녀와서 규제의 필요성을 절감한 초임사무관 시절 J과장은 외부의 부정적인 시각과 조직내부의 회의적인 반응에도 불구하고, 규제개혁위원회의 위원들을 일일이 찾아다니면서 규제의 필요성을 역설하는 추진력을 보였다.

"(외부환경이 부정적이니까) 그때 우리 부 직원들이 이번엔 안 된다, 어렵다, 내년에 하든지 상황이 좋아질 때 그때 하자 그러는 거예요. 그런데 저는 그러면 안 된다고 생각했어요. 조금 있으면 월드컵도 있고, 월드컵 때 공기가 깨끗하려면 미리 준비가 되어야 맞춰서 할 수 있고, 미리 예고도 안하고 갑자기 할 수는 없으니까 올해 꼭 (규제법규를) 만들어야 한다, 그렇게 생각이 되더라고요. 근데 규제위가 문제가 되니까, 규제위에 계신 모든 분들을 설득을 해야 되는데 그때 우리 과장님은 안 가시려고, 안 만나시려고 하는 거예요. 만나서 사정도 해야 되고 그러니까 싫으신 거죠. 과장님은 불편하시니까 '니가 갔다 와라' 그러시고……."

특히, J사무관은 관계공무원을 만나려고도 하지 않는 규제개혁위 위원들을 직접 찾아가는 열정과 강한 의지를 보였다. 이러한 열의와 노력으로 규제 자체에 대해 부정적인 위원들을 하나하나 설득할 수 있었다.

"제가 그때 여러 가지 방법을 통해서, 인맥을 통하기도 하고, 개혁위 위원들을 만났죠. 일단 만나줘야 설명을 하잖아요. 그런데 안 만나주는 거예요. 전부 다 만날 필요 없다고. 그때 한 위원님은 연대교수님이셨는데, 그때 그분이 분과 위원장정도 되셨어요. 안 만나주니까 (예고도 없이) 꽃을 들고 연대로 그냥 찾아갔었어요. 만날 필요 없다고 안 만나주셨는데 제가 꽃을 들고 찾아가니까(할 수 없이)……. '그래 그럼 5분만 이야기해봐라' 그러시더라고요. 제가 열심히 얘기했더니 '다른 데 반대 없나?' 그러셔서 '반대가 없습니다. 이 규제는 해도 아무런 문제가 없습니다. 준비할 시간을 주는 것이기 때문에 기업들이 오히려 더 좋아합니다.' 이렇게 말씀을 드리니까 설득이 되더라고요. 그때 총괄위원장은 장영신 애경회장이셨는데 연대교수님 설득하고 나서 그 다음 장영신회장도 직접 찾아가서 만났다니까요. 초임사무관이 이 규제는 이런 이런 내용이다, 반대가 없다, 산자부도 오케이 했다, 그걸 다 얘기 드리니까 장영신 회장님도 그렇게 하자 그러시더라고요."

규제에 부정적이었던 위원들을 설득하는 데 J과장의 뜨거운 가슴(소신과 열정)만이 아니라 객관적이고 체계적으로 만들어진 보고서, 그리고 '여성'이라는 점도 일정한 기여를 하였다.

"그런 게 있어요. 아직은 여성이 많지 않으니까, 여성이 조금 적극적으로 나오면 상대방이 '움찔'하는 게 있어요. 그리고 그때 보고서가 좋았던 것 같아요. 그때 과장님은 일의 direction을 주는 그런 분은 아니었거든요. 그때 옆에 같이 일하는 사무관이 우수했어요. 많은 것들을 이야기하면서 적극적으로 해야 먹힌다, 자료를 어떤 식으로 만들어야 된다. 그런 도움을 주었죠. 그 보고서가 상당히 좋았죠. 그렇게까지 만드는 사람들이 별로 없었는데. '대충 만들어라' 뭐 그런 분위기가 많았는데, 저는 굉장히 체계적으로 접근하고, 숫자로 딱 나와 있고, 외국사례도 넣고, 전체적으로 일관된 흐름 내에서 좋았던 것 같아요. 규제개혁위원회에서 만든 사례집이 있었는데 세 보고서가 사례로 오랫동안, 5년 정도 모범사례로 나왔었어요."

이처럼 J과장은 초임사무관 시절 담당과장도 소극적이고, 관련 이해관계자들의 강한 반대에도 불구하고, 환경을 위해 필요한 규제를 관철시키기 위해 다양한 방법으로 관계자를 설득하는 작업을 매우 적극적으로 수행하였다. 특히, 조직 외부는 물론 조직 내부적으로도 불리하게 돌아갔던 상황에서 초임사무관으로 그저 그 분위기에 편승하여 편하게(?) 갈 수도 있었음에도 소신과 뚝심, 그리고 전문적이고 체계적인 보고서를 가지고 중요한 쟁점을 무리 없이 해결하는 추진력을 발휘하였다. 이를 통해 J과장은 자신의 존재를 환경부에 각인시킬 수 있었고, 장관수행비서로서 발탁될 수 있는 발판을 마련한 것으로 보인다.

2) 부정적 편견, 업무능력과 추진력으로 불식시키다

J과장은 고시출신 여성사무관으로서 관심을 받으면서 비교적 순탄한 커리어를 유지해온 듯 보이지만, 어려운 고비도 없지 않았다. 사무관 시절 자신이 알 수 없는 이유로, 배치된 과에서 한 달 만에 다른 과로 옮기게 되면서, J과장에 대한 부정적인 평판이 형성될 위기에 봉착하기도 했다. 특히, 나이 어린 여성사무관으로서 배치된 과에서 한 달 만에 다른 과로 옮긴다는 것은 과장이 함께 일하고 싶지 않아한다는 식의 오해의 여지가 있기 때문에, 경력관리에 상당히 부정적으로 작용할 가능성을 배제할 수 없는 상황이었다.

> "유학을 막 갔다 왔을 때였는데, 그때는 bio를 하고 싶은 의욕이 넘쳐 있었어요. 그런데 유학 다녀와서 가게 된 과 과장이 너무 안 맞는 거예요. 그 과장은 이해하기가 힘들었는데, 업무지시가 명확하지 않고 뭘 하라고 하는지 잘 모르겠고, 물어보면 화내고. 아마 자기가 잘 아는 사람을 쓰고 싶었는데 제가 가니까(싫었던 것)……. 자기가 좋아하는 사무관을 지방에서 불러들이고, 저를 다른 과로 보낸거죠. 그동안 나는 오라는, 같이 일하자는 얘기만 들어봤지, 가라는 얘기는 처음 들어보니까(속상했다)……. (과를 옮기는 것에 대해) 그 과장이 직접 얘기한 것도 아니고, 발령사항을 서기관을 통해서 들었어요. (그 서기관이) '저쪽 과가 적성이 맞으니까 저쪽 과로 옮기면 어때?'……. 정말 기분이 나빴죠. 난 잘 할 수 있는데, 시켜보지도 않고 한 달 만에 왜 딴 데로 보내나, 내가 뭘 잘못했기에……."

여전히 보수적인 공직에서 배치 한 달 만에 다른 과로 옮긴 사무관에 대한 평판이 긍정적이기는 어렵고, 이로 인해 새롭게 배치된 과의 과장 역시, J과장에 대해—그 당시 사무관—일정한 편견을 가졌던 것으로 추정된다.

"제가 여자이고, 결혼도 안 했고, 어리고 그런데 배치 받고 한 달 만에 과를 옮기니까 새로운 과의 과장은 '쟤 문제가 있는 거 아니야?' 이렇게 생각을 한 것 같아요. 그래서 처음에 업무분장을 하는데, 저에게 일을 주는데 진짜 아무나 해도 되는 그런 일을 시키는 거예요. 과장이 업무분장을 했으니까 뭐라고 할 수도 없고, 진짜 속상했죠."

이러한 상황에 봉착하게 되면, 보통은 위축되고 소극적으로 될 가능성이 높은데, J과장은 특유의 적극성과 일에 대한 열정으로 자신에 대한 부정적인 편견을 극복하고 진가를 보여주는 계기로 삼았다.

"그때 제 옆의 사무관은 연배도 상당히 있는 분이었는데, 그 사무관에게 새로운 법을 만드는 업무를 준거예요. 저는 진짜 아무나 해도 되는 그런 일을 시키고. 그런데 그 사무관이 막 걱정을 하는 거예요. '나 이거 하기 싫은데' 그러면서. 그래서 제가 그 사무관에게 '그러면 그거 나 달라. 나 그거 잘 할 수 있을 것 같다.' 그랬더니 그 사무관이 좋아하더라고요. 과장에게 얘기해서, '나, 이 업무 내가 잘 할 수 있을 것 같다. 이거 하겠다.'고 하니까 '그래? 그러면 그것 정사무관이 해' 그랬는데, 그게 야생동식물 보호법을 만드는 거였어요. 정말 열심히 재미있게 만들었죠. 그 법 만드는 것 잘 끝내고 (저의) 진가를 알게 되었고, 그 과장하고 정말 잘 맞아서 끝까지 잘 지냈죠."

J과장의 이러한 적극성의 이면에는 자신이 가진 전문성과 업무역량에 대한 스스로의 믿음이 자리하고 있는 것으로 보였다. 서울대학교에서 생물교육을 전공하고 Yale 대학에서 관련 석사학위를 취득한 과학도로서 전문지식이 확보되고, 공직자로서의 사명감과 열정이 합해져서 자칫 부정적으로 작용할 수 있는 상황을 타개할 수 있는 추진력으로 발현된 것으로 보인다. J과장을 면담하는 과정에서 연구자가 가장 많이 들었던 단어가 '전문성', '실력'이라는 것은 그녀가 어디에 방점을 두고 있는지를 가늠하기에 충분했다. 또한 J과장이 환경에 대해 갖는 애착과 열정의 무게가 더해져서 가능한 것으로 보인다.

"나의 무기는 전문성과 소통능력, 전문성을 쌓아야 한다는 생각을 해요. 내년에 40이 되는데, 계속 활용할 수 있는 나의 무기가 뭘까? 전문성을 갈고 닦고 싶어요. network가 중요하지만, 그것만으로는 아니고 전문성이 제일 중요하니까. 남들보다 잘하고, 더 오래할 수 있고. 내가 갑자기 10억이 생긴다면 이걸 할까 안 할까. 저는 할 것 같아요. 저는 공부를 생물 쪽으로 했고, 대학 때부터 환경을 해야겠다, 내가 해야겠다. (그렇게 하고 싶은) 환경 일을 하는 것만으로도 좋은데 돈도 주잖아요. 인정해주고."

3. 사회구조의 조직적 투영: '여성'관리자에 대한 고정관념

1) 남성적 리더십, 그 지속가능성?

변화하고 있지만, 여전히 공직의 문화는 남성성(masculinity)에 대한 선호가 있음을 부인할 수 없다(박통희, 2004; 원숙연, 2004; 2006; 2007). 남성성에 대한 선호가 여성에 대한 차별을 의도하는 것은 아니라 해도, 공직에 진출한 여성에게 일정한 부담이 되는 것은 사실이다. 이러한 문화적 선호는 자연스럽게 남성적 리더십의 선호로 이어진다. 사실, 조직에서 여성이 관리직에 오르기 전까지 만나는 어려움의 중심에 여성(성)에 대한 고정관념이나 편견이 있다면, 관리직에 오른 여성은 여기에 더하여 리더십(또는 관리자)에 부여된 고정관념—즉, 성공적인 관리자=남성(성)—까지 부과된다. 이 상황에서 관리직에 진출한 여성은 전통적인 의미의 남성적 리더십을 구사하거나, '새로운' 리더십을 '선택'하게 된다(cf. Schein, 2001; 박통희, 2004).

J과장 역시, 관리자로서 이러한 갈등으로부터 자유롭지 않음을 인정한다. 그러한 갈등의 와중에서 J과장은 남성적 리더십보다는 보다 유연하고 배려와 관계를 중시하는 소위 '여성적'(feminine) 리더십을 선택한 것으로 보인다. 이러한 선택의 저변에는 몇 가지 요인이 작용하였는데, 첫째, 강한 남성적 리더십의 지속가능성에 대한 회의, 둘째, 여성관리자에 대한 고정관념과 부정적 상황, 셋째, 자신의 성향 등이 그것이다.

먼저, J과장은 기존의 리더십, 특히 부정적인 강화(negative enforcement)에 기반한 리더십이 장기적으로 지속가능한가에 대해서는 회의적이었다. 우리의 공직문화 속에서 그러한 방식이 단기적으로는 여전히 유효한 측면이 있지만, 장기적인 성과는 기대하기 어렵다는 인식을 가지고 있었다.

"부정적인 enforcement를 대놓고 하는 것 역시 효율적인 방법일 수 있어요. 아래 사람이 어떻게 생각하는지에 대해서는 전혀 개의치 않고, 그야말로 조지고. 그래서 성과를 내고. 아직까지도 먹히니까요. 사람들이 공포에 의해서 많이 움직여요. 공무원은 잘리지 않잖습니까. 그러니까 긍정적인 것만으로는 100%를 끌어내는 데는 문제가 있기 때문에 성과지향으로 갈 거면 효율적인 방법일 수도 있어요. 쪼고 조지고, 다 있는 자리에서 완전 바보 만들고 안 되면 쫓아내고. 쫓아내는 것이 효과가 굉장히 커요. 내보내는 것 하려면 할 수 있거든요. 그런데 전 아니에요. 그런 방식이 단기성과에는 작용하는 것 같은데 장기성과에는 글쎄…… 아닌 것 같아요."

두 번째, J과장에게 일종의 학습기회가 있었는데, 자신의 선배였던 어느 여성과장이 겪은 어려움을 간접경험하면서, 사회에 구조화된 여성에 대한 편견과 고정관념이 조직에 투영되어 여성관리자의 현실을 구성한다는 점을 확인하였다고 했다.

> "우리 부에 진짜 잘 나가는 과장이 있었는데, 그 언니가 대학선배이기도 하고, 굉장히 빨리 승진하고, 정말 잘나가는 너무 영특하고 일 잘하는 서기관. 과장 될 때까지 굉장히 빨리 승진하자마자 주무과장으로 갔는데, 주무는 원래 부이사관정도 보내는데 서기관 1년차를 거기에 보냈어요. 그 정도로 파격적이었죠. 그만큼 일을 잘했어요. 서기관까지는 아무 문제가 없었지요. 그건 혼자 열심히 잘하면 되는 거니까. 그런데 과장이 돼서 문제가 된 게, 그 언니가 직원들을 하드트레이닝 시키는 타입이었어요. 한 사무관이 연세가 많은 분이었는데, 그분이 가지고 온 보고서가 마음에 안 들었던 거죠. 너무 성의도 없고 내용도 없고. 막 뭐라고 했데요. 한 30분간 세워놓고 막 뭐라고 한 거예요. 근데 그게 소문이 쫙 퍼져가지고, 나쁜 평판이 생기고. 그 언니 너무 힘들어서 유학 가 버렸잖아요. 만일 여자가 아니고 남자였으면 조금 다르지 않았을까. 부 내에서 그 언니 이미지에 데미지를 너무 많이 입어서 본부에서 떠나있겠다고, 그때 받았던 상처, 부정적 reputation이 잊어지면 오겠다고……."

결국, J과장 선배의 경험은 여성이 남성적 리더십을 구사할 경우, 부정적인 평가를 받는다는 기존의 논의를 확인해 준다(Billing & Alvesson, 2000; Powell et al., 2002; Billing, 2011; 원숙연, 2005). 다시 말해, 아직도 조직에서 여성에 대한 고정관념적 평가가 잔존하고, 여성이 남성처럼 행동하는 경우, 그러한 고정관념과 배치되고 이러한 불일치는 여성관리자에 대한 부정적인 평가의 빌미를 제공한다. 결국, 이러한 간접경험은 J과장으로 하여금 남성적 리더십이 아닌 새로운 선택의 필요성을 제기하는 것이었다.

셋째, 개인적인 성향과도 무관하지 않다. J과장은 '나를 따르라'라는 식의 리더십이나 밤의 네트워크, 골프 네트워크로 표현된 '남성적 네트워크'의 도구적 효율성이 여전히 유효하지만 자신과는 부합하지 않는다고 했다. 부합하지 않은 이유가 자신의 성격도 있지만, 여전히 남성중심적 공직에서 여성이라는 것과 나이가 비교적 어리다는 것이 갖는 제약도 있음을 부인하지 않았다.

> "'나를 따르라' 이런 식의 리더는 아닌 것 같아요. 밤의 네트워크, 골프 네트워크 그런 것들 잘 못해요. 주변에서 골프 치라고 하는데, 골프 네트워크가 꽤 통한다고 하더라고요. 그런 것 잘 못해요. (못하는 것이) 아쉽기는 하지만 잘 못하는 거에 신경 쓰기보다

는 잘하는 것에 집중하는 편이예요. 굉장히 멋진 분이 계셨는데, 제가 많이 따랐던 국장님인데, 그분은 과장 때부터 뭔가 '아우라'가 느껴지고, 말 한마디를 해도 반박을 못하고, 자기사람 관리 잘하고, 그분 밑에 과장이 네 명이 있었는데, 그분이 갑자기 약속을 잡아도 개인적인 약속 다 취소하고, 병이 나서 병원에 실려 가지 않는 이상 다 따라가서 병풍역할 열심히 하고. (그런 아우라가) 위로 올라갈수록 더 필요하지 않을까하는 생각이 들어요. 제가 그 부분에 조금 자신이 없거든요. 단점을 인정해야 할 것 같아요. 아직은 여전히 어리고, 여자이고. 나이가 굉장히 중요한 것 같아요."

2) '여성'관리자로서의 선택? 부하의 '장점에 집중'하는 '배려'의 리더십

이상에서 논의된 상황(남성적 리더십에 대한 회의, 여성에 대한 고정관념, 개인적 성향)에서 J과장이 선택한 것은 '부하의 장점에 집중'하고 '배려'하는 리더십이다. 특히 부하의 장점에 집중하는 것이 장기적인 성과를 달성하는 데는 상당한 유효성이 있다고 보았다. 이러한 인식의 기반에는 조직을 움직이는 데 있어서 소수의 상위 구성원만으로는 부족하다는 강한 믿음이 자리하고 있다.

"보통 2:8 조직이라고 해서 2명만 잘하면 나머지 8명은 먹고 산다고 하지만 실제로 그런 것 같지는 않아요. 같이 해야 하는 일인데, 다른 8명이 안 하면 일이 굴러가지가 않거든요. 그 사람에게 맞는 그 사람이 제일 잘하는 일을 적절하게 잘 분배해서, 어떻게 하면 모두 잘하게 할 수 있을까 고민 많이 하거든요. 어떤 과장들 보면, 자기 마음에 들고 일 잘하는 사람은 200씩 돌리고 나머지는 20~30씩밖에 안 돌리고. 모두 100씩 하면 전체적인 성과는 500이 되는데 잘하는 사람만 마구 돌려서 그 사람들은 힘들어서 떨어져나가고, 다른 사람들은 아무것도 안하고 오히려 방해하고. 그건 아닌 것 같아요."

이러한 신념에 기초하여, J과장은 부하들의 '장점'에 집중하고 이를 극대화하려고 노력한다. 그 과정에서 부하들의 보이지 않는 잠재력이 발휘되고, 성과를 최대화하는 데 기여한다고 믿고 있고, 실제로 그러한 리더십이 효과적으로 작동하고 있었다.

"(부하직원을 볼 때) 어떤 사람들은 '이 직원은 이것 못하니까 됐어'하고 끊어버리고 그러는데요, 사람들을 살펴보면 잘할 수 있는 부분이 분명히 있거든요. 저 사람이 뭘 잘할 수 있을까, 지금 잘하는 것 말고. 그건 누구나 볼 수 있으니까요. 지금 볼 때 이 사람은 이걸 잘하니까 이것만 시켜야겠다는 것 말고, 조금 더 업그레이드하면 이것도 잘할 수 있지 않을까. 더 큰 것, 더 어려운 것을 잘할 수 있는데 그걸 안 보고 지금 못하는 것, 또는 지금 잘하는 것만 보는 것 같아요."

특히 J과장은 직원의 장점에 집중한다. 그리고 그 장점을 최대한 활용하는 데 있어서, 업무관계에 있어서 고정관념적 역할분담을 과감히 벗어나는 유연성을 발휘하고 있었다.

"직원들에게 '이것밖에 안 돼?', '더 해와!' 그러기 보다는 '여기까지 왔는데, 요게 조금 부족한데 조금 더 안 될까요?' 또는 '이게 제가 조금 어려운데 이 부분을 해 볼 수 있을까요?' 그렇게 말해요. 그러면 다 해 가지고 와요. 되는 방향으로 해 가지고 와요. 우리 과에 사무관 한 사람이(있는데) 모든 과장들이 답답해하는 기피대상인 사람이 있어요. 이분이 답답하기는 해요. 내용, 콘텐츠가 안 되는 거예요. 제가 과장으로 와서 그분은 뭘 잘할까하고 자세히 보니까 콘텐츠는 안 되는데 Relationship에는 굉장히 능해요. 모든 방면의 Relationship을 아주 잘해요. 특장점이예요. 관계를 통해 해결하는 것을 굉장히 잘하는 거예요. 보통 업무를 할 때 콘텐츠는 직원이 맡고, 관계는 과장이 하고 그렇잖아요. 다른 직원들하고는 그렇게 하고, 이 직원하고는 반대로 안 되는 콘텐츠를 해 오라고 요구하지 말고 잘하는 Relationship을 더욱 더 잘 할 수 있게, 그리고 그 과정에서 뭘 할 수 있는지를 끌어내는 거죠. 항상 그래요. 잘하는 것에 집중하는 거죠. 그분하고 관계에서는 역시 내 방법이 맞았구나, 그렇게 생각이 되요. 내가 과장이라고 그 사람하고 confrontation을 하면, 그 사람들이 안 되는 것을 가지고 자꾸 요구를 하면 나도 상처고 그 사람들도 상처고, 서로 상처니까 이게 맞는 것 같아요."

J과장에게 있어서 '여성'이라는 것은 막연한 피해의식의 근거로서가 아닌 객관적인 '현실'로서, 자신의 리더십에 대한 전략적 선택에 작용한 것으로 보인다. 다시 말해 아직은 잔존하는 여성 및 여성관리자에 대한 고정관념적 평가를 부정하지 않으면서 그 상황에서 가장 정합성(fitness)이 높은 리더십을 선택했다고 볼 수 있다. 이러한 정합성을 높이는 데는 개인의 성격(관계를 중시하고 장점에 집중하는)과도 잘 맞았다는 점도 기여를 하였다. 이처럼 맥락정합성이 높은 리더십의 구사는 J과장이 중간관리자로서 자신의 과를 성공적으로 이끌어 가는 데 상당한 기여를 했다고 평가된다.

Ⅲ 이론의 적용 및 분석종합

이상에서 환경부의 J과장의 시선을 통해 한 여성이 공무원으로 입직하여 관리직에 오르고 나름의 성취를 얻는 과정을 조망하였다. J과장의 경험이 갖는 독특성(idiosyncratic)을 인정하면서, 그러한 경험을 관통하는 몇 가지 이론적 맥락을 만나게 된다. 개인적인 경험이 단순한 일회성의 사건(events) 이상의 의미를 갖는 것은 그러한 경험이 진공상태에서 존재하지 않기 때문이다. 다시 말해, 서론에서도 밝힌 것처럼 구조로부터 자유로운 행위(경험)는 없으며 행위(경험)로부터 유리된 구조도 없다는 점에서 구조의 작용양식에 대한 몇 가지 이론적 분석이 가능할 것으로 보인다.

1. 조직구조의 작용

여성관리자가 직면하는 현실에 작용하는 조직구조적 요소 중 하나가 남녀구성비이다. 접촉가설에 따르면(Tsui & O'Reilly,1989; Bhatnagar & Swamy, 1995), 집단 간 사회적 접촉이 결여될 경우, 상대집단에 대한 부정적인 편견이 지속적으로 유지되고 이는 차별적 행동을 유발한다. 이를 남녀집단에 적용하면, 조직 내 남녀 간 구성비가 불균형할 경우, 과소대표된 집단에 대한 접촉부족과 정보부족을 결과하고 이는 그 집단에 대한 부정적인 평가와 차별을 야기할 개연성이 높아진다(Brington, 2000). 여성과 남성의 비율이 균형적인 조직에서 여성이 긍정적으로 평가되는 것도 이러한 맥락에서 이해된다. 유사한 차원에서 여성이 주로 하위직에 포진하고 남성이 관리직을 독점하는 수직적 편중화도 영향을 미친다. 특히 수직적 편중화는 단순히 여성관리자가 수적으로 적다는 사실적 기술(description)에서 그치는 것이 아니라 여성은 이상적(성공적)인 관리자가 될 수 없다는 가치판단적 평가로 이어진다. 이는 전술한 성-고정관념과 think manager=think male 현상에 의해 강화된다.

조직구조 차원에서 작용하는 또 하나의 요인은 높은 가시성(visibility)과 성과압력이다. 남성이 지배적인 관리직에 진출한 여성은 가시성이 상당히 높다. 가시성이 높다는 것은 자연스럽게 업무 수행 결과의 노출가능성이 높아짐을 의미한다. 이는 업무수행 성과—성공이든 실패든—가 실제보다 과장될 수 있음을 의미한다. 만일 여성관리자가 업무를 성공적으로 수행했을 경우, 높은 가시성이 긍정적으로 작용하지만, 실패했을 경우, 그 부정적 평가는 가시성이 낮은 남성보다 훨씬 높다(Ragins & Sundstrom, 1990). 일반적으로 조직구조나 문화가 남성적으로 형성되어 여성이 성공할 가능성보다는 실패할 가능성이 보다 높다는 점에서, 여성이 조직에서 성공하려면 남성보다 세 배의 노력이 필요하다는 것도 높은 가시성이 작용하기 때문이다(Kolb et al., 2008; 원숙연, 2004).

이렇게 볼 때 J과장의 경험은 환경부가 상대적으로 여성친화적 업무정체성을 가지고 있다는 점, 다른 부처에 비해 여성이 비교적 많다는 점 등이 일정부분 기회구조로 작용했다는 평가가 가능하다. 물론 상대적으로 여성의 비율이 높다고 해도 여전이 수적으로 여성이 적다는 점에서 J과장은 다른 남성과장에 비해 가시성이 높은 것은 부인할 수 없다. 그러나 환경부 업무가 갖는 여성적 정체성과 여성친화적 조직분위기에 J과장 개인의 능력과 노력이 더해져 높은 가시성은 J과장의 성취에 상당히 긍정적인 기여를 했다는 것 역시 사실이다. 결국, 여성이나 유색인종과 같은 사회적 소수집단 구성원에게 가해지는 가시성과 성과압력이 언제나 이들에게 부정적이지 않을 수 있는 가능성을 보여주는 사례이다.

2. 거시적 사회구조의 작용: 성-고정관념 및 여성(성)과 관리자의 불합치성

J과장이 직면한 현실을 이해하는 데 있어서 거시적인(macro) 차원에서 사회문화적 맥락이 조직에 투영된 거시적 차원을 간과할 수 없을 것으로 보인다. 이는 여성에 대한 성-고정관념과 '남성(성)=관리자'라는 인식과 직결되어 있다. 물론 과거에 비해 상당히 희석된 것을 부인할 수는 없지만, 위의 사례에서 보는 바와 같이 여성과 여성리더십에 대한 일정한 성-고정관념적 요구가 없다고 보기는 어렵다. 성-고정관념은 여성 또는 남성과 같은 생물학적 특성에 근거하여 남성은 어떠해야 하며, 여성은 어떠해야 한다는 믿음이다. 이는 각각의 믿음에 부합하는 행동(태도)을 보일 경우는 긍정적으로, 부합하지 않는 행동(태도)을 보일 경우는 부정적으로 평가하는 일종의 정보처리 과정이다(Powell et al., 2002). 특히, 이러한 성-고정관념은 남성의 경험을 기준으로 규정하고 여성의 경험은 기준으로부터 일탈된 것으로 전제하는 남성우위, 여성과 남성의 차이를 생물학적인 것으로 규정하는 생물학적 원리주의, 그리고 남성에 대한 여성의 열위를 당연시하는 양극화 등으로 구성된다(Bem, 1993; 원숙연, 2006). 이러한 성-고정관념이 조직에 투영되어 나타나는 것이 여성(성)과 관리자의 불합치성이다. 성-고정관념은 남성(성)은 공격성, 추진력,

결단력, 모험심 및 목표지향성과 연결시키고 여성(성)은 의존성, 소극성, 감정적인 성향과 연계시킴으로써 여성은 관리자로서 적합하지 않다는 평가로 확대 해석된다. 이것이 바로 "Think Manager=Think Male"(Schein, 2001: 676) 현상이다. 이처럼 여성은 관리자로서 부적합하다는 인식으로 인해 여성관리자는 남성관리자에 비해 부정적인 평가에 직면하게 된다. 비슷한 맥락에서 여성관리자가 남성적 리더십을 구사할 경우에도 그 평가는 긍정적이지 않다. 이는 여성에 대한 고정관념과 배치되기 때문이다. 결국, 성-고정관념과 think manager=think male 현상은 여성관리자가 만나는 어려움을 배가시키는 상승작용에 기여한다.

Ⅳ 결 론

본 연구는 구조(structure)로부터 자유로운 행위(action)는 없으며 행위로부터 유리된 구조는 가능하지 않다는 전제하에서, 환경부의 유능한 한 '여성'관리자가 자신의 현실을 어떻게 구성하고 대응하며, 어떠한 전략적 선택을 통해 공직자로서 비전과 사명감을 '성공적으로' 실현해 가고 있는가를 조망하였다.

이를 위해 환경부의 J과장의 경험을 기반으로 하였다. J과장은 여성에 대한 성-고정관념과 남성적 문화가 여전히 작동하는 공직의 구조를 부정적인 제약요인으로만 규정하는 패배(또는 피해)의식에 사로잡혀있지도 않고, 그렇다고 타파해야 할 악으로 규정하는 전의(戰意)를 보이지도 않았다. J과장에게 있어서 공직의 남성적 문화와 관행은 자신에게 주어진 '현실'로 인지되었고, 그러한 현실과의 정합성이 높은 '선택'을 고민하는 실용주의 또는 현실주의적 입장을 견지한다. 이러한 실용성(현실성)은 관계를 중시하는 자신의 성격과 부합하면서 부하의 장점에 집중하고 배려를 기반으로 하는 여성적 리더십을 '선택'하는 결과로 발현된다. 이러한 선택은 적어도 현재까지는 성공적인 것으로 보인다.

한편, J과장은 자신의 통제범위 내에 존재하는 업무수행에 대해서는 열정과 소신, 그리고 전문지식으로 무장하여 밀어붙이는 추진력을 발휘하고 있다. 이러한 추진력은 조직 내외에 존재하는 회의와 부정적인 기류에도 꺾이지 않는 강한 실천력을 보인다. 결국, J과장에게 있어서 자신이 '어쩔 수 없는 부분'(구조)은 인정하고 그 안에서 최선의 답을 찾아내고, 자신이 '어쩔 수 있는 부분'(행위)은 철저하게 자기 통제하에 두는 '구조와 행위의 영리한 조합'이 '추진력과 배려의 절묘한 조화'로 구현된 것으로 보인다. 이처럼 구조와 행위 각각이 상대적 자율성을 가짐으로써 추진력과 배려 간의 긴장관계가 목격되지 않는 점 역시 흥미롭다.

이러한 조합과 조화를 추동하는 데 J과장이 가지고 있는 환경에 대한 전문지식과 능력에 대한 자신감 및 적극성이 중요했다는 점을 인정하지 않을 수 없다. 그러나 그것 못지않게 강력한 추동요인은 환경업무의 여성친화성과 다른 부처에 비해 환경부에 여성장관이 많았다는 사실이다. 이러한 상황은 환경부 구성원들에게 여성적 관리방식이나 여성적 가치에 대한 노출의 기회를 제공하고, 여성적 접근방법에 대한 인정(recognition)—의식적이든 무의식적이든—의 가능성을 높이는 요인으로 작용했을 개연성이 높다(cf. Ely& Meyerson, 2008). 이는 J과장에게 여성관리자로서의 운신의 폭을 넓히는 데 기여했을 것으로 보인다. 더욱이, 여성장관의 등장으로 인해 J과장에게 홍일점 수행비서로서의 역할이 주어졌다는 점과 김명자 전 장관을 통한 실질적인 멘토링—의도적인 것은 아니라해도—이 제공되었다는 점은 J과장에게는 기회구조임이 분명하다. 이는 공직의 다른 여성(관리자)이 쉽게 경험할 수 있는 현실과는 일정한 거리를 갖는 유리한 상황으로 작용했기 때문이다.

결과적으로 J과장의 경험은 공직에서 일정한 성공을 거두는 데 있어서 필요한 ① 개인의 능력과 노력, ② 기회구조의 존재, ③ 자신을 둘러싸고 있는 맥락에 대한 정확한 이해에 바탕을 둔 대응 등 삼각구도의 의미를 다시 한번 확인해 준다. 물론, J과장이 순간순간 여성성이나 여성적 리더십의 구사를 강요받는다고는 할 수 없지만, J과장 선배를 통한 간접경험이나 입직 초기 여성인 J과장에 대한 상급과장의 태도 등에서 여성에 대한 고정관념적 요구의 일면을 만나게 된다. 그러나 분명히 해야 할 것은 이러한 고정관념적 평가가 언제나, 선험적으로 불리하게만 작용하지 않을 수도 있다는 가능성이다. 여성이기 때문에 접근성에서 유리한 측면도 없지 않았다는 점 역시 무시할 수 없는 현실인 것이다. 결과적으로 J과장 개인의 노력과 능력을 넘어선 조직구조와 조직을 둘러싼 거시적 사회구조 역시 지속적인 변화의 와중에 있으며 기회구조이면서 제약구조인 양면성을 노정한다. 그 안에서 어떤 선택을 할 것인가는 J과장 이후 후배들에게 또 다른 숙제로 남을 것이다. J과장의 경험과 선택이 그 숙제를 풀어가는 데 작은 단초가 되길 기대한다.

참고문헌

원숙연(2004). "여성주의적 조직연구: 지향과 쟁점", 「한국행정학회보」, 38(6).

원숙연(2006). "젠더화된 멘토링의 구조와 작동원리: 심층면접을 적용한 사례연구", 「한국여성학」, 23(4).

원숙연 · 조승은(2009). 정부조직에서의 여성관리자에 대한 평가: 권력기반과 관리효과성을 중심으로, 「한국정책학회보」, 18(1).

행정안전부(2010). 「행정안전통계연보」.

Bhatnagar, D. and Swamy, R.(1995). "Attitude Toward Women as Manager: Does Interaction make a Difference?", *Human Relations*, 48(11).

Billing, Y. and Alvesson, M.(2000). "Questioning the Notion of Feminine Leadership: A Critical Perspective on the Gender Labelling of Leadership", *Gender, Work and Organization*, 7(3).

Yvonne Due Billing(2011). Are Women in Management victims of the Phantom of the Male Norm?, *Gender, Work and Organization*, 18(3).

Brinton, D.(2000). 'The Epistemology of the Gendered Organization', *Gender and Society*, 14(3).

Ely.R. & Meyerson, D.(2000). "Theories of Gender in Organizations: A New Approach to Organizational Analysis and Change", *Research in Organizational Behavior*, 22: 103-151.

Fonow, M. & Cook, J.(1991). *Beyond Methodology: Feminist Scholarship as Lived Research*, Indiana University Press.

Jayaratne,T. & Stewart, A.(1991). Quantitative and Qualitative Methods in the Social Science: Current Feminist Issues and Practical Strategies, in M. Fonow & J. Cook(eds), Beyond Methodology: Feminist Scholarship as Lived Research, Indiana University Press, pp. 85-106.

Kolb, D, Fletcher, J., Meyerson, D., Merrill-Sands, D, & Ely, R.(2008). " Making Change: A Framework for Promoting Gender Equality in Organizations", in Ely et al.,(eds.) (2008), *Reader in Gender Work and Organization*, pp. 10-15.

Noe, R.(1988). " Women and Mentoring: A Review and Research Agenda", *AMR*, 13(1).

Powell G., Butterfield, D. & Parent, J.(2002). "Gender and Managerial Stereotypes: Have the Time Changed?", Journal of Management, 28(2): 177-193.

Ragins, B. & Sundstrom, E.(1989). "Gender and Power in Organizations: A Longitudinal Perspective", *Psychological Bulletin*, 105(1).

Ragins, B. & Sundstrom, E.(1990). "Gender and Perceived Power in Manager-

Subordinate Relations", *Journal of Occupational Psychology*, 63.

Schein, V.(2001). "A Global Look at Psychological Barriers to Women's Progress in Management", *Journal of Social Issues*, 57(4): 675-688.

Schein, V., Mueller, R., Lituchy, T., Liu, J.(1996). "Think Manager-Think Male: A Global Phenomenon?", *Journal of Organizational Behavior*, 17: 33-41.

Tsui, A. & O'Reilly, C.(1989). Beyond Simple Demographic Effect: The Importance of Relational Demography in Superior-Subordinate Dyad, *AMJ*, 32(2).

수학도에서 통계 전도사로

전 주 상(한성대학교 행정학과 교수)

I 프롤로그

본고는 연구의 대상 공무원으로서 통계청의 K서기관을 선정하였다. 연구자는 한국정책지식센터로부터 다수의 공무원을 추천받았으며, 그 중 대다수는 서울에서 근무하는 남성 공무원이었다. 연구자는 연구의 대상 공무원이 공무원의 다양한 특성을 반영할 수 있어야 한다는 인식하에, 공무원 사회에서 상대적으로 소수인 여성 공무원, 대전의 정부청사에서 근무하는 공무원, 그리고 특채라는 형식을 통해서 임용된 공무원이라는 특징을 가진 통계청의 K서기관을 선정하였다.

K서기관은 30년 동안 통계청에 근무하면서 다양한 역할을 수행해 왔다.[1)] 특히 K서기관은 후술하는 바와 같이 최근 매년 정부업무평가에서 우수한 실적을 보이고 있는 통계청의 성과관리체계를 확립한 공무원으로 청 내에서 널리 알려져 있고, 이외에 현장 근무와 본청 근무를 두루 경험하였으며, 새로운 업무를 맡을 때마다 큰 업적을 남긴 공무원이기도 하다.

사람에 대한 평가(?)는 각양각색으로 다를 수 있고, 모든 면에서 완벽한 모델을 제시하

1) K서기관은 한국정책지식센터에서 조사기관에 의뢰한 '공무원 인식도 조사' 결과에 의하여 통계청에서 추천된 공무원으로, 선정 사유가 '정직하고 청렴하며, 근면함'으로 기술되어 있다.

기는 용이하지 않다. 그러나 여성 수학도로서 특채를 통해 공직에 입문한 후 현재 통계청 대변인이 되기까지의 그의 삶을 되돌아보는 것은 업무에 대한 열정이라는 측면에서의 공직자의 좌표 정립과, 유능한 공무원 양성을 위한 정부 전략의 모색에 많은 시사점을 제공할 수 있을 것으로 기대한다.

연구방법은 K서기관과의 일대일 면접조사를 활용하였으며, 면접조사는 10월 4일과 6일 2회에 걸쳐 약 2시간씩 이루어졌다. 그리고 보완적으로 직장 후배인 L사무관에 대한 면접조사도 실시하였다. 연구자가 인터뷰 내용을 근거로 원고를 작성하였고, 이를 연구대상자가 검토하여 사실관계를 확인하는 절차를 거쳤다.

Ⅱ 행정인으로서의 K서기관

1. 통계청의 위상

통계청은 '1948년 정부수립과 함께 설치된 공보처 통계국으로 출범해 1955년 내무부를 거쳐 1961년 경제기획원으로 소속이 바뀌었다가 1990년 통계청으로 발족했다. 2005년 7월 22일 정부조직법 및 통계청과 그 소속기관 직제령이 개정됨에 따라 통계청이 차관청으로 격상되었고, 국가통계의 지속적인 혁신추진, 중기 재정계획기능, 국가통계종합조정기능, 국가통계품질관리기능 강화 및 지역통계지원기능 강화를 위해 4급 통계사무소를 지방통계청으로 개칭하였다. (중략) 통계의 종합조정 및 통계작성의 기준을 설정하며, 특히 분산형 통계제도의 운영으로 인해 발생하는 통계의 중복 방지 및 신뢰성 제고, 통계작성의 일관성 유지 및 통계 간 비교를 위한 통계표준 분류의 제정 · 개정 업무를 담당한다.'

한 백과사전에 제시되어 있는 통계청에 대한 설명이다. 우리는 이 설명에서 학창시절 '통계'라는 과목을 대할 때 느꼈던 딱딱함을 다시 한번 느끼게 된다. 다만, 어떤 이유이든 통계업무에 대한 인식이 강화되면서 정부기능에서 점하는 위치는 점점 커지고 있음을 알 수 있다. 어렴풋이 우리나라에서도 정책기반으로서 통계 기능의 중요성에 대한 인식이 강화되고 있음을 느낄 수 있는 대목이다.

최근에는 어렵게만 느껴지던 통계업무가 일반 국민들에게 점점 더 다가가고 있음을 느낄 수 있다. 2010년에는 한 홍보 전문잡지가 40개 정부기관을 대상으로 선정한 '스마트'한 정책홍보 기관 1위로 통계청이 선정되기도 했고, 2010년 인구주택총조사에서는 당초 목표인 30%를 훨씬 웃도는 47.9%의 인터넷 참여율을 올리는 기염을 토하기도 했다. 그동안 가장 높은 인터넷조사 참여기록인 캐나다의 18.5%보다 훨씬 높은 수치로, 세계신기록을 세운 것이다.

최근 이렇게 통계기능이 부각되고 있는 데에는 통계의 중요성에 대한 인식변화와 IT 기술의 발달 등 정책환경의 변화에 힘입은 바가 크지만, 기본적으로는 묵묵히 맡은 바 임무를 책임 있게 수행하고, 지속적으로 발전노력을 기울여 온 내부 공직자들이 없었다면 이러한 발전은 불가능했을 것이다.

물론 이러한 노력들은 다수의 구성원이 동참하지 않으면 결실을 보기 어렵고, 실제로 각 분야에서 끊임없이 노력해 온 많은 공직자가 존재하지만, 이하에서는 전술한 이유로 선정된 K서기관의 생애와 업적에 대하여 살펴보고자 한다.

2. 공무원이 되기까지: K서기관의 학창시절

K서기관은 교육자였던 아버지와 전업주부였던 어머니 사이에서 3녀 1남 중 차녀로 태어났다. 부모님은 신앙심이 깊었고, 자녀들의 말을 잘 들어주는 편이었다고 기억한다. 그리고 여느 한국 부모와 마찬가지로 교육열이 강해서 힘들더라도 능력이 있는 만큼 학업에 임하라는 가르침을 주셨다고 한다. 다만, K서기관은 어머니가 카리스마(?)가 있던 스타일이라 어려운 일이 생길 때는 주로 아버지와 상의하는 편이었다고 한다. 다만, 한국사회에서 흔히 이야기하듯이 K서기관도 차녀로서의 기질을 타고났던 것 같다.

> "원래 차녀가 생활력이 강하다고 하거든요. 자립심도 강하고, 제가 전형적인 그런 스타일입니다. 그래서 제가 자립심도 강하고 어떻게 보면 생활력도 아주 강해서 저희 부모님이 저 학교 다닐 때 별로 신경을 안 쓰셨어요. 제가 아르바이트도 하고 그랬거든요. 그리고 취업할 때도 '제가 이런 거 하는데 어떻게 생각하십니까?' 이렇게만 말씀드렸지 부모님을 걱정시키는 것은 거의 없었어요. 학교도 졸업하기 전에 취업도 했고요."

K서기관의 어린 시절에서는 특별한 점을 찾아보기 어렵다. 다만, 어린 시절에 남자 같다는 얘기를 많이 들었다고 한다. 그래서 남자아이들이랑 보내는 시간이 훨씬 많았고, 아이들을 많이 데리고 다녔으며, 인기가 많았다는 것이 그가 기억하는 대표적인 어린 시절의 기억이다. 요즈음 표현으로 그 당시 학생들 사이에서 리더십이 있는 스타일로 부각되

었던 것 같다. 고등학교 시절 미션 스쿨(정신여고)을 다녔는데, 당시 교회 활동을 열심히 하면서, 1학년 대표로 채플시간에 전체기도를 한 적도 있다는 기억은 이러한 추론을 가능하게 한다. K서기관의 목소리나 외모로 판단하기에는 다소 예상 외의 인터뷰 내용이지만, 집안의 둘째로서 가지고 있던 자립심과 어린 시절 친구들 사이에서 발휘했던 리더십이 그의 향후 업무추진에 있어서 열정의 인프라를 제공하고 있는 것은 아닌지 하는 생각을 하게 된다.

중고등학교와 대학교 모두 여학교를 다니면서 얌전한 학생으로 바뀌었지만 그는 직장에 들어가면서 성격이 보다 적극적인 성격으로 바뀌었다고 회고한다.

"직장에 들어와서 이런 성격으로는 안 되겠다 해서 제 성격이 좀 바뀌었어요. 어떻게 보면 어렸을 때 성격이 나왔다고 해야 하나요? 그런 스타일이 되었습니다."

학창시절 어떤 과목에 흥미를 가졌냐는 질문에 수학과 생물이라는 답변이 나왔다. 현재 대변인으로 왕성하게 활동하고 있는 그로서는 예상 외의 답변이었다. 원래 생물을 특히 좋아해 생물학과에 진학하기를 원했던 그는 부모님과 선생님의 권유로 수학과에 진학했다고 한다. 특히 당시 고등학교 3학년 담임선생님의 조언이 매우 큰 역할을 했다.

"지금도 그 수학 선생님 성함이 기억이 나는데 한규직 선생님이라고 한경직 목사님의 동생이셨어요. 그 선생님이 아무래도 제가 수학을 좀 잘하니까 수학과를 가는 게 좋겠다 그러면서 말씀하신 것이 컴퓨터였어요. 우리나라가 그 당시에 컴퓨터가 처음 들어오는 그런 시기였거든요. 그래서 이쪽은 굉장히 무궁무진한 발전이 있을 것이다. 이 분야로 가서 컴퓨터 쪽을 전공하면 좋을 것이라는 이야기를 많이 해주셨어요. 그래서 제가 수학을 전공한 계기가 되었고요. 전공을 정했으면서도 아무래도 제가 여자이기 때문에 사범대를 가서 선생을 할 것인지 아니면 그냥 이과 쪽을 선택할 것 것인지에 대해서도 추가적인 고민을 좀 했죠, 그런데 저희 부모님은 교대 쪽으로 가는 것이 낫지 않겠냐고 말씀을 하셨는데, 제가 이과대 쪽으로 결정을 한 것은 선생님 영향이 굉장히 커요. 컴퓨터 쪽으로 하는 것도 굉장히 좋을 것 같고, 발전이 있을 것 같다고 하신 그 선생님의 영향을 많이 받아 결정을 하게 된 것이지요."

그런데 여전히 그녀가 선택했던 전공은 성과관리 담당사무관, 대변인 등을 거친 공무원으로서의 그의 이력과는 어울리지 않는 측면이 있다. 공무원 선발 제도가 이러한 의문에 대한 해답에 약간의 실마리를 제공한다. 그가 공무원이 된 것은 일반적인 공무원 시험

제도가 아닌, 특채를 통해서였다고 한다. 숙명여대 졸업반이 되면서, 본인의 바람대로 컴퓨터 관련 직업을 찾고 있던 그는 우연히 통계청(당시 경제기획원 조사통계국)의 7급 특채 공고를 보게 된다. 이 특채는 경제학과와 수학과 출신을 대상으로 대학교의 추천을 통한 선발 방식으로 이루어지도록 되어 있었다. 당시 대기업체서도 이러한 대학 추천을 통한 특채 공고가 성행하던 때이고, 당시 공무원의 보수가 대기업이나 교사의 절반 수준에 불과한 때라 잠시 고민을 했다는 그는 당시 담당 교수 및 부모님과 상의 끝에 통계청에 입사하게 된다.

"그때 그 공고를 보고 교수님한테 좀 상의를 해보았는데요, 교수님이 우리나라에서 최신 컴퓨터를 가장 많이 보유하고 있는 곳이고, 컴퓨터 분야가 가장 발전이 되어 있는 곳이라는 말씀을 하시더라고요. 그래서 컴퓨터 관련 직업을 가지려면, 여기도 좋겠다는 말씀을 하셨어요. 부모님 영향도 많이 있었어요. 그때 당시 대기업 다니는 여자라고 하면 굉장히 어떤 차별이 있었던 시절이었거든요. 그런 것은 공무원이 아무래도 적을 것이고 그리고 또 매력이 있는 그런 거죠. 또 9시 출근해서 6시 퇴근하는 출퇴근이 딱 정해져 있는 그런 곳이고 그리고 평생직장으로 할 수 있는 그런 게 공무원이라는 말씀을 많이 하셨어요. 저도 또 다니다 보니까 재미있더라고요."

결국 공직 입문 동기는 현재 많은 수의 사람들이 그렇듯이 직업의 안정성이 큰 역할을 차지하고 있다. 그러나 대학의 전공을 결정한 것과 같은 이유로 졸업 후 직업을 선택했다는 점에서, 최소한 청소년기의 진로 선택 이유가 대학 졸업 후에도 초지일관 지속되고 있음을 알 수 있다.

3. K서기관의 경험과 업적: 통계생산자, 업무관리자, 그리고 통계전도사

1) 통계생산자에서 업무관리자로

그러나 통계청에 입사 직후부터 지금까지 그가 가졌던 컴퓨터 관련 직업에 종사하고 싶다는 소망은 이루어지지 않고 있다.

"제가 원래 통계청을 들어올 때는 컴퓨터 쪽을 하려고 생각을 하고 있었거든요. 그런데 컴퓨터는 못해봤어요. 면접을 봤는데, 처음 발령이 난 것이 옛날로 이야기하면 기준과라고 지금으로 말하면 협력과예요. 그래서 그때 총무과장님한테 저는 전산을 하려고 왔는데, 이쪽으로 발령이 나서 너무 좀 아쉽다, 그래서 어느 정도 시간이 흐르면 전산

쪽으로 갔으면 좋겠다는 말씀을 드렸어요. 그때 총무과장님이 하시는 말씀이 면접을 봤더니 너는 전산 쪽 보다는 정책 쪽을 하는 게 훨씬 더 맞겠더라고 하시는 거예요. 너는 전형적인 공무원이라는 말씀을 하시는 거예요."

입사 때부터 이미 상급 관리자의 눈에 K서기관은 본인의 희망과 무관하게 일반 행정직 공무원으로 비추어졌던 모양이다. 이후 그는 통계청에서 아이러니하게도 전산 분야의 일을 제외한 아주 다양한 일을 경험하게 된다. 임용 후 30년의 공직생활 동안 통계정책, 통계자료 생산, 업무평가, 현장업무 등 폭넓고 다양한 업무를 수행하고 있다. 처음 시작한 업무가 산업분류, 직업분류 등 분류 업무이고, 그 이후 사회통계과(지금의 고용통계과와 복지통계과)로 옮겨 고용 관련 업무를 담당하게 된다. 그리고 인천사무소장을 맡아 현장업무를 경험한 후 평가 담당 사무관을 거쳐 고용통계과장을 맡게 된다. 그리고 이후 경인지방통계청 조사지원과장을 거쳐 올해 대변인을 맡고 있다.

K서기관의 업무수행능력은 통계청 내에서도 이미 정평이 나있지만, 특히 평가업무는 현재의 K서기관을 통계청의 낭중지추로 추천하게 만드는 계기를 제공한 것으로 평가된다. K서기관 본인도 공직생활 중 본인의 업적으로서 통계청 평가시스템을 체계적으로 구축한 것을 첫 번째로 꼽는 데 주저하지 않는다. 어디서나 그렇듯이 평가업무는 대체적으로 꺼리는 것으로 인식되고 있으나, 이 자리에서 그는 후술하는 바와 같이 탁월한 능력을 발휘하여 통계청이 현재 평가업무를 잘 수행하는 기관이라는 인식을 제공하는 데 초석을 마련한 것으로 볼 수 있다. 인천사무소장으로 근무하다가 자신의 의사와 무관하게 평가감사팀 사무관으로 발령받은 그는 자신의 이력과 어울리지 않는 평가업무를 담당하게 된 이유를 이렇게 회고한다.

"제가 인천사무소장을 하다가 발령을 받았거든요. 휴가를 가려고 휴가를 낸 첫날 전화가 왔어요. 집으로. 그때 인사과장님이 청장님께서 혁신업무를 맡기고 싶어 하신다. 어떻게 생각하느냐고 하시더라고요. 갑자기 들었으니까요. 그래서 '지금 뭐라고 답변을 못 드리겠습니다. 제가 조금 생각을 해보겠습니다.' 그랬거든요. 그런데 오후에 바로 발령이 났어요. 발령이 난 게 혁신 쪽이 아니고 평가 쪽으로 발령이 났어요. 그쪽으로 나게 된 계기가 제가 인천소장을 할 때 청장님이 지역통계에 대해서 굉장히 역점을 두셨어요. 그때 인천에서 인천 서비스업 활동지수라는 것을 제가 만들었거든요. 그것을 굉장히 적극적으로 일을 했다고 평가를 하신 것 같아요. 그래서 이제 이 사람을 평가 업무를 시키자 이렇게 해서 발령이 난 것으로 제가 알고 있어요. 당시로서는 별로 관심도 없던 것을 성공시킨 것이라 그것을 높게 평가하셔서 평가도 저렇게 적극적으로 일을 해야 된다. 그래서 발령을 내신 것이 아닌가 싶어요."

서비스업 활동지수는 통계청에서 전국 지수만 산출하고 있으나, 현재는 시도별로 산출을 준비하고 있다. 시도별 서비스업 활동지수의 필요성에 대해서는 그동안 충분히 인식되었지만, 지자체에서 할 수 있다는 생각을 하지 못하던 시절 K서기관은 경제자유구역청이 있는 인천광역시의 특성상 지역 서비스업 활동지수가 필요하다는 점을 절감하고, 분기별로 서비스업 활동지수를 만들어 낸 것이다. 이러한 예측성과 적극성이 그를 당시 평가업무 하위기관으로 평가받던 통계청의 담당 사무관으로 발령받게 한 것이다.

그가 평가감사팀 사무관으로 발령받을 2005년 당시 통계청은 국무조정실의 2004년 정부업무평가에서 미흡기관으로 분류되고 있었다.[2] 당시는 참여정부 시절로서 현 정부보다 평가의 의미가 굉장히 크고, 평가결과에 따라 기관장의 입지가 달라질 수 있었기 때문에 정부업무평가가 전 부처 기관장의 초유의 관심사였다는 점을 고려하면, 당시 통계청이 평가업무에 기울였던 관심을 미루어 짐작할 수 있다. 보다 적극적인 구성원이 평가업무를 담당하도록 하여 통계청을 잘 알리라는 의미가 담겨져 있을 법한 인사로 볼 수 있다. 그러나 발령받을 당시의 곤혹스러움을 K사무관은 이렇게 회고한다.

"저는 수학을 전공했고, 주로 통계생산 쪽에 있었잖아요. 그런데 평가는 그게 아니거든요. 행정 쪽이 많은 거잖아요. 제가 통계청에 근무하면서 많이 곤혹스러운 적이 두 번 있었어요. 한 번이 당시 평가업무 쪽에 발령 받았던 것, 그리고 나머지 한 번이 현재 대변인으로 발령받은 것이에요. 그런데 평가업무를 하면서 저한테는 굉장히 힘들었지만, 통계청의 업무를 두루 알 수 있었던, 그리고 지나고 나서는 굉장히 좋았던 시기라는 생각을 하거든요. 처음에 가장 힘든 일이 행정 쪽의 업무인 평가에 대한 기본적인 것을 이해하는 게 굉장히 힘이 들었어요. 우선 평가기준을 이해하기가 참 힘들었어요. 그리고 어떻게 평가를 하는지 그 다음에 보고서 쓰는 것을 어떤 식으로 이 목적에 맞추어 써야 하는지 이런 것을 알기가 참 어려웠어요. 일단 그런 것은 저 자신의 문제이구요. 그다음에 저희 청의 당시 문제로는 구성원들이 평가업무는 자기네 업무라고 생각을 안했어요. 그러니까 통계청 직원들은 내가 통계만 잘 생산하면 되지. 그 외 업무는 그것을 평가하는 사람의 업무라고 생각을 했거든요. 그래서 그 직원들의 생각을 이해시키는 것이 상당히 어려웠어요."

2) 당시 국무조정실의 평가결과는 '우수', '보통', '미흡' 3단계로 분류되고 있었다.

그러나 이러한 K서기관의 고충토로와는 반대로 통계청은 국무조정실 2004년 평가 '미흡'기관에서, 2005년 '보통'기관, 2006년 '우수'기관으로 평가순위가 수직상승하게 된다.

그렇다면, 이 시기에 통계청에서는 무슨 일이 있었던 것일까? 이 시기에 K서기관은 우선 국무조정실 및 평가우수기관을 벤치마킹하여 평가시스템을 구축하는 데 주력하였다고 한다. 특히 직원(업무과제 추진자)들에 대해서는 계획수립부터 평가를 염두에 두고 체계적으로 수립하여 추진할 것을 교육하였고, 정기적으로 점검을 실시했다고 한다. 이 과정에서 직원들에 대한 교육에 많은 시간을 할애했다고 한다.

> "그때 저는 직원들에게 평가가 물론 부수적인 업무라는 생각이 들지만, 평가가 결국은 과제 담당자들로 하여금 내 업무를 어떻게 추진을 했는지를 돌아볼 수 있는 기회를 주는 것이고, 그 결과를 다음에 더 피드백을 시킬 수 있는 것이기 때문에 평가를 그냥 하나의 지나가는 과정으로 생각하지 말라고 그랬거든요, 그것을 굉장히 반복교육을 많이 시켰어요."

이러한 마인드 전환 교육과 더불어 K서기관은 자체평가체계가 명확히 정립되고 있지 않던 시절 평가위원의 공정성 확보에도 많은 노력을 기울였다고 한다. 현재에도 각 부처에서는 평가의 공정성을 확보하기 위해 많은 노력을 기울이고 있고, 이를 위해 동일한 제도 임에도 부처별로 세부적으로는 다소 상이한 제도 운영방식을 채택하고 있다. 그럼에도 불구하고 분과위원회별 상이한 평가위원에 의한 평가로 인한 평가의 불공정성 등이 여전한 문제점으로 제기되고 있는 것이 현실이다. 당시에는 자체평가업무가 제대로 정착되지 않은 시기였던 만큼 이러한 문제는 더욱 심각하였던 모양이다. 이 당시 K서기관은 평가위원들에게 엄격하고 공정하게 평가하여 줄 것을 요청하고, 평가위원들에게도 평가지표에 대한 설명과 교육, 그리고 모의테스트까지 실시하였다고 한다. K서기관은 특히 평가결과의 수용성 확보를 위한 평가의 공정성 문제를 특히 강조한다.

> "통계청만큼 평가위원 워크숍을 자주 한 부처는 없을 거예요. 항상 공정하게 해달라고 그런 말씀을 참 많이 드렸었죠. 처음에는 평가위원님들이 점수를 굉장히 높게 주세요. 왜냐하면, 과거에는 여기서 평가를 해서 당시 국무조정실에 올라가면, 거기서 평가를 다시 했거든요. 그러기 때문에 굳이 여기서부터 점수를 낮게 줄 필요가 없기 때문에 굉장히 관대하게 주셨어요.[3] 그런데 자체평가는 우리 청에서 잘한 것과 못한 것을 평가

하는 거잖아요. 그리고 모두가 수용할 수 있으려면 직원들이 받아들여야 되잖아요. 그렇기 때문에 어떤 위원님들은 원칙대로 점수를 주고 어떤 위원님들은 점수를 잘 주면은 결국은 거기서 불만이 생기는 거거든요. 그래서 '똑같은 잣대로 주셔야 됩니다.', '기준에 입각해서 주십시오.'라는 말씀을 많이 드렸어요. 에피소드 하나 말씀드릴께요. 이거는 쓰실지 안 쓰실지 모르겠지만요. 어느 해인가 평가를 했는데 어떤 분과에서 거의 만점이 나왔어요. 저도 처음에 놀랐지요. 그래서 평가기준 가지고 제가 평가를 해 봤어요. 결과적으로는 전 분과에 대하여 다 하게 되었지요. 그리고 그 결과를 가지고 논의를 다시 했어요. 그래서 위원님들이 받아들이시면 평가결과를 수정하고, 그렇지 않은 경우 평가결과를 그대로 인정했지요. 결국 전체 평가를 다시 한번 한 셈이지요."

외부평가위원이 평가를 하는 경우 기본적으로 제기되는 문제는 전문성 문제이다. 그러나 시간이 흐름에 따라 이러한 전문성 문제는 공정성 문제로 변질되는 경우가 종종 있다. 평가위원을 오래 할수록, 전문성 부족 문제는 어느 정도 해결되지만, 반대로 부처 공무원과의 장기간의 접촉으로 인한 불공정성 문제가 나타나는 경우가 있기 때문이다. 여하튼 전원 외부 평가위원이 평가를 하는 자체평가제도의 취지상 평가 담당자가 평가결과에 개입한다는 것은 있을 수 없는 일이지만, 필자에게는 이러한 에피소드가 오히려 신선하게 다가왔다. 모든 과의 사업에 대한 평가를 1인이 다 해본다는 것 자체가 무모할 정도로 업무량이 많은 일이었기 때문이다.

이러한 평가결과의 공정성 확보와 더불어 K서기관은 평가결과의 수용성 확보에도 노력을 기울였다. 어떻게 평가결과가 나오든 내부구성원들 중에 불만은 나오기 마련이다. 이에 대해서 K서기관은 평가기준의 중요성을 강조했다고 한다.

"그러한 불만이 나오는 것은 기본적으로 평가기준대로 평가를 하기 때문에 그런 것이거든요. 우리 과가 다른 과보다 잘했다고 생각하지만, 우리가 보면 평가기준이 계획을 제대로 세웠느냐, 계획대로 실행했느냐 등 지표들이 쭉 나오잖아요. 거기에 보면 분명히 미진한 점이 나오거든요. 그러니까 업무추진에 있어서 계획부터 제대로 수립하는 것이 중요하다. 끝만 잘한다고 높은 평가를 받는 것이 아니다. 미리 기준 등을 충분히 설명해 주면, 이러한 설득이 효과를 볼 수 있는 것이지요."

이후 성과관리팀의 후임 사무관으로 발령받은 L사무관도 평가시스템 구축에 있어 K서기관이 지대한 역할을 했음을 인정하였다.

3) 현재에는 국무총리실에서 관대화 정도를 별도로 평가하기 때문에 이러한 경향은 급속하게 줄어들고 있다.

"한마디로 '정부업무평가의 초석을 다진 분'이라고 할 수 있지요. 당시 성과지표가 무엇인지도 잘 모르던 시절인데, 대표성 있는 성과지표를 찾으려고 부단히 노력했어요. 제가 처음 성과관리팀 사무관으로 발령받았을 때, 저도 모르는 것이 많았어요. 모르는 것을 물어봐야 하는데, 물어볼 데가 없었거든요. 잘 아는 사람도 별로 없을 때고. 그런데 전임 K서기관에게 물어보면 모든 답이 바로 나왔어요. 저도 사람을 잘 인정하는 편은 아닌데요. 그 전까지는 K서기관도 잘 몰랐고요. 그때부터 이 분이 업무에 관한 한 정말 대단한 분이라는 것을 느꼈어요. 지금도 통계청이 성과관리 분야에서 비교적 우수한 평가를 받는 것이 그때 K서기관이 구축해 놓은 토대 위에서 이루어진 것이라는 점을 부인하는 사람은 아마 없을 겁니다. 저도 물론 마찬가지고요."

물론, 개인의 노력으로 모든 개선이 일어나는 것은 아니겠지만, K서기관을 비롯한 담당 공무원들의 이러한 노력은 분명히 효과적인 평가체계 구축에 크게 기여하였음을 부인하기는 어려울 것 같다. 이러한 과정을 거쳐 청 내에서 국장급 추진점검회의를 통해 평가업무에 대한 간부들의 관심이 고조되고, 평가결과에 대한 환류(feedback) 및 보상체계가 수립되면서 통계청의 평가시스템은 자리를 잡아가게 된다.

이 과정에서 2006년 통계청에서 추진된 조직개편과 이에 수반된 기능조정도 통계청의 평가업무를 향상시키는 계기를 마련한 것으로 볼 수 있다. 이 조직개편에서는 평가감사팀이 성과관리팀으로 개편된다. 이러한 조직개편으로 성과관리팀은 평가뿐만 아니라 BSC까지 같이 담당하게 된다. 그리고 이후 평가가 BSC와 연계되어 성과급 등에 연계되면서 통계청의 평가업무는 자리를 잡아가기 시작한다. 이러한 조치는 그동안 직원들이 가지고 있던 고정관념인 '평가결과로 내가 얻는 것은 없다.'는 생각을 변화시키기 시작했다. 당시 통계청의 이러한 조치는 정부의 가이드라인에 따른 것이기는 했지만, 강제사항이 아니었던 것을 선도적으로 도입했다는 점에서 매우 적극적인 조치로 평가할 수 있다.

통계청이 최근 자체평가체계와 관련하여 우수기관으로 자리매김하고 있는 것은 이러한 담당자의 노력과 청 차원의 제도개혁이 어우러진 결과로 해석할 수 있다. 전술한 바와 같이 통계청은 2006년 국무조정실의 정부업무평가 우수기관으로 선정되었다. 그리고 포상금으로 청 직원이 이용할 수 있는 콘도미니엄을 구입하여 직원복지에도 기여하고 있다. 평가미흡기관이었던 통계청이 2년 만에 우수기관으로 탈바꿈하여 다른 부처가 벤치마킹하는 수범기관의 위치로 전환된 것이다.

2) 통계 전도사로

외부의 시각에서도 통계청 업무는 일반 행정업무와는 차이가 있지 않을까 하는 생각이 들기 마련이다. 업무 자체가 통계 생산이라는 다소 생소한 분야이고, 민원 관련 업무가 거의 없는 것 등이 이러한 생각을 가지게 만드는 요인이다. 이러한 통념으로 미루어 볼 때, 조직 내의 분위기도 일반 행정조직과 좀 다른 것은 아닐까 하는 의문을 필자는 가져왔다. K서기관은 이와 관련된 부분이 본인이 평가업무를, 넓게는 통계청에서 업무를 수행하는데 느꼈던 어려움이라고 토로한다. 특히 K서기관도 처음에는 내부 구성원과 유사한 생각을 가졌으나, 평가업무를 담당하면서 통계청 조직을 보는 시각을 다시 가지게 되었다고 한다.

> "통계청이라는 조직은 상당히 폐쇄적인 조직이라고 할 수 있어요. 업무가 일반 행정업무와 다르다 보니 스스로가 안에서만 경쟁을 하고, 스스로 전문가라고 생각하는 조직이에요. 물론 이러한 자부심이 업무에 대한 동기부여요인으로 매우 중요하기도 해요. 그러나 대외적인 측면에서는 오히려 한계로 느껴질 때가 많지요. 저는 어떻게 보면 힘들기도 했지만 운이 좋았다고 할 수 있어요. 평가업무를 하면서 외부적으로 시각을 넓힐 수 있는 기회를 가졌거든요. 저도 그 전까지는 전문가라는 생각을 가졌거든요. 통계 쪽에는 누구도 따라올 수 없다는 생각을 했지요. 그런데 외부적인 시각에서 보니까 통계청이란 조직이 내가 생각했던 그런 조직이 아니고, 외부에서의 위상이 낮다는 것에 대하여 당시에는 실망을 굉장히 많이 했어요. 외부 부처회의나 이런데 가면 통계청의 자리는 언제나 제일 끝이고."

우리는 흔히 '국가통계는 매우 중요하다.', '통계는 정부정책의 초석이다.'라는 말을 한다. 그러나 실제로 K서기관이 느끼는 통계청의 위상은 그렇지 않았던 모양이다. 이때부터 K서기관은 외부기관에 통계청을 알리기 위해 많은 노력을 기울였다고 한다.

지금은 일반화되었지만, 정부업무의 자체평가시스템인 eipses 시스템 개발 사례에서 K서기관의 이러한 노력은 선명하게 나타난다. 당시 국무조정실의 eipses 시스템 개발과정에 K서기관은 적극적으로 참여했다고 한다. 이 과정에서 적극적인 자문을 하여, 실제로 국무조정실에서 eipses 시스템에 문제가 있으면 연락이 올 정도가 되었다고 한다. 2007년 개발된 eipses 시스템은 당시 내외부로부터 비교적 좋은 평판을 받은 바 있다. 이 일로 K서기관은 2007년 국무총리상을 수상했다고 한다. 이미 2000년 기준과에 근무할 때, 인구총조사와 관련하여 국무총리상을 수상한 바 있는 K서기관은 본인의 고사에도 불구하고 다시 한번 국무총리상을 수상하게 된다.

지역별 고용조사 개발 사례에서도 이러한 K서기관의 적극적인 노력을 엿볼 수 있다. K사무관은 성과관리팀 사무관을 거쳐 2007년 12월 고용통계과장을 맡게 된다. K사무관이 이 자리를 맡으면서 당면하게 된 문제는 기초자치단체의 지역별 고용조사였다. 물론 인구주택총조사에서 지역별 고용통계가 작성되지만, 이것은 광역자치단체까지만 통계가 산출되고, 기초자치단체에 대해서는 통계가 산출되지 않는다. 지역별 고용통계자료는 정책수립의 기본이 되는 자료이고, 지방자치제 실시 이후 균형발전을 위한 지표로서 대통령직인수위원회, 고용노동부, 행정안전부 등의 지자체별 통계 요구가 많았지만, 여전히 이러한 통계는 산출되지 않고 있는 상황이었다. 다만, 필요한 일부 지방자치단체에서는 통계청의 기술지원을 받아 자체적으로 생산하기도 했으나, 원활한 국정운영을 위해서도 전반적인 기초자치단체별 고용통계 개발이 필요한 상황이었다. 당시 이러한 통계 산출의 주관 부처에 대하여 고용노동부와 통계청 간에 서로 이견이 있는 상황이었다. 이러한 상황에서 K사무관은 기초자치단체의 지역별 고용통계를 생산해 내는 산파 역할을 하게 된다.

> "당시 지방자치제가 실시되면서, 지방자치단체장을 평가할 수 있는 자료가 필요하다는 요구도 있었어요. 그리고 시군구에서도 다른 건 몰라도 고용에 대한 것은 시군구별 자료가 필요하다는 요구가 굉장히 많았었거든요. 특히 결정적으로 이번 정부 인수위원회에서도 이것이 필요하다는 의견도 있었고요. 그런데 통계청 내부에서는 통계를 정확히 산출하기 어렵다는 이유로 이에 대한 반대 의견이 많았어요. 그런데 외부에서는 이것을 만들어야 한다는 의견이 강했고요. 그래서 이후에는 고용노동부에서 만들겠다는 이야기가 나온 것이지요. 그런데 노동부는 고용정책을 수행하는 기관이잖아요? 제 생각에는 정책을 수행하는 기관보다는 국가통계를 작성하는 통계청에서 만들어야 된다고 생각했지요. 인수위원회에서 노동부하고 통계청이 서로 만들겠다고 주장해서 굉장히 논란이 많았었거든요. 인수위에서 조금만 더하면 치고받고 싸우겠다는 이야기까지 나왔었어요(웃음)."

당시 인수위원회에 직접 참석해서 논쟁을 벌였다는 K서기관은 이후 통계청에서 지역별 고용조사를 실시하게 된 이후에도 초기에 예산 확보에 있어서 어려움을 겪는 등, 사업을 추진하는 데 있어서 내부적으로 어려움을 겼었다고 한다. 역시 가장 중요한 반대 이유는 당시 약 18만 가구의 샘플 사이즈로 정확한 통계를 산출하기 어렵다는 것이었다. 통계의 제일 기준이 정확성이라는 점을 고려하면 일응 일리 있는 반대였다. 그러나 K서기관의 생각은 달랐다. 필요하다면 일단 시도를 하고, 이후 보완을 해 나가야 한다는 것이 K서기관의 생각이었고, 결국 2008년 통계청에서 최초의 기초자치단체별 고용통계가 산출된다. 고용통계는 계절적 요인의 영향을 많이 받기 때문에 연1회 조사로는 한계가 있는 통계 영역이다. 따라서 이러한 점을 고려하여 2008년 및 2009년 1회 산출되었던 지역별 고용통계는 2010년부터 분기별로 산출되는 등 이제 자리를 잡아가고 있다.

본인의 단점에 대해 K서기관은 성격이 급하고 저돌적이라는 점을 지적한다. 따라서 타인에 대한 배려가 부족하여 마음의 상처를 주는 경우가 있고, 따라서 바로 풀어주고 위로하려고 노력하나 이것이 쉽지 않음을 토로한다.

"업무 쪽보다는 제가 성격이 얌전한 것 같으면서도, 어떻게 보면 저돌적이거든요. 그래서 일할 때 물불을 안 가린다고 할까요? 제가 성격이 상당히 급한 편이에요. 일을 빨리 추진해야 되는데 안되면 굉장히 다그치는 성격이에요. 그러다 보면 같이 일하는 분들이 마음에 상처를 받는 경우가 있는 것 같아요. 그래서 저도 제 이 성격을 고치려고 노력을 굉장히 많이 하는데…… 직원들이 이런 평을 해요. 일은 굉장히 잘하는 사람, 그런데 한편으로는 직원들을 이렇게 감싸고 이러는 데 좀 약하다는 얘기를 하거든요. 시간이 갈수록 제 스스로가 주의를 많이 하게 되요."

L사무관도 이 점에 대해서는 부분적으로 동의한다.

"일 하나는 정말 잘하는 분으로 통해요. 공직사회에서 과장급 쯤 되면, 본인이 일을 잘 안 하는 경우도 나타나는 경우가 있잖아요? 그러나 이 분한테는 해당되지 않는 이야기지요. 경인지방청에 근무할 때에도 직원들 사이에서 일을 굉장히 열심히 하는 분으로 소문나 있었어요. 특별히 단점이라 할 것은 없어요. 다만, 굳이 단점을 찾아보라고 하면, 가끔 업무에 열중하다 보니까 아랫 사람이 힘들어 하는 경우는 있었던 것 같아요. 업무적으로 소소한 갈등이 일어나기도 했고요. 그러나 이러한 일들은 어느 조직에서나 일어날 수 있는 일 정도의 수준이었어요. 그리고 이러한 일들이 개인적인 감정으로부터 발생한 것이라고 생각하는 사람은 없어요. 일을 열심히 하려고 하다가 생기는 일이었으니까."

4. 여성, 그리고 가족

여성 공무원은 흔히 남성 위주의 사회에서 근무하기도 어렵고, 가정주부의 역할도 같이 해야 하기 때문에 힘들 것이라는 공통된 인식이 한국 사회에서는 자리잡고 있다. 이러한 인식이 K서기관의 경우에도 예외는 아닌 것으로 느껴졌다. 다만, 인터뷰 과정에서 그의 적극성이 그 정도를 어느 정도 줄일 수 있지 않았을까 하는 기대감을 갖게 했다.

그가 임용될 당시에는 여성 공무원이 임용되면 타 부서의 직원이 구경(?)을 올 정도였다고 한다. 그 당시에는 여성 공무원이 적었을 뿐만 아니라, 여성 공무원에 대한 믿음도 적어 일을 잘 주지 않았다고 회고한다. 본인도 7급으로 임용되었지만 당시에는 비중 있는 업무를 맡은 적은 거의 없었으며, 단지 일을 배우려는 끊임없는 노력과 업무에 대한 책임감으로 이를 극복했다고 한다. 물론 현재에는 이러한 상황이 거의 없어졌지만, 당시에는 그 결과로 승진에서 여성이 불리했다고 회고한다. 그러나 현재에는 승진에 있어서 여성 안배를 고려하기 때문에 과거보다 훨씬 상황이 나아졌다는 것이 그의 판단이다.

적극적인 성격 때문에 여성으로서 공무원 생활에 상대적으로 큰 어려움이 없었다는 그에게도 한 가지 불편함은 남아 있는 듯했다. 업무 외적인 교류가 미흡할 수밖에 없었다는 것이다.

> "퇴근 후에 모임 같은 것이 많이 있잖아요? 제가 여성이기 때문에 가정하고의 양립 문제 등으로 인하여 그런 모임에 참여하는 것이 원활하지 않았거든요. 그런데 그런 모임에서 통계청의 그 비하인드 스토리가 다 나오더라고요. 우리 통계청은 어떻게 가야 한다는 등 굉장히 도움이 되는 이야기들이 많이 나오더라고요. 얻을 것이 많이 있는데, 그런 면은 여성공무원으로서 좀 한계가 있는 거 같아요."

여성으로서의 공무원생활 자체와는 달리, 공무원을 하면서 가정생활을 양립시켜야 하는 그로서는 두 가지를 양립시키는 문제가 보다 힘겨웠던 것으로 판단된다. 남성공무원과 동등하게 일하려는 자세와 일을 우선으로 생각하는 자세를 가졌던 그는 본인이 가정에는 다소 소홀했다는 점을 아쉬워한다.

> "직장과 가정에서 모두 잘하는 것은 매우 어렵다고 생각해요. 어느 한 쪽은 소홀해질 수밖에 없으나 이를 최소화하려는 노력이 필요한 것이겠지요."

그러나 필자는 그럼에도 불구하고 직장과 가정을 양립시키려는 그의 노력이 끊임없이 이루어지고 있음을 확인할 수 있었다. 서울과 대전을 오갔던 그의 이력과 이사 경력이 이를 방증한다. 1998년도에 대전 정부청사가 건립되면서 대전으로 내려온 K사무관은 2002년도에 인천사무소장으로 자리를 옮긴다. 그리고 2005년도에 성과관리팀 사무관으로 발령받으면서 다시 대전으로 내려왔고, 2009년 초 경인지방통계청으로 발령받아 서울에 근무하다가, 올해 다시 대전으로 옮겨 대변인으로 활동하고 있다.

2002년 인천사무소장으로 발령받은 것은 당시 서울에서 줄곧 자라왔던 아이들의 교육 문제와 관련하여 수도권에 가고 싶다는 본인의 희망에 따른 것이었다고 한다. 그리고 이후의 교육 문제는 2008년 작고한 남편이 전담했다고 한다.

> "1998년에 처음 대전에 내려올 때는 저하고 애들 둘만 이사 왔어요. 남편은 직장관계 때문에 서울에 있었고요. 대전에서 애들을 데리고 가정부 한명의 도움을 받아 생활했고, 주말마다 남편이 대전에 내려 왔죠. 대전 내려오기 전까지는 외할머니가 아이들을 봐주셨어요. 다행히 아이들이 자립심도 강해 큰 문제는 없었어요. 그런데 2002년 인천사무소장 발령시 서울로 이사하면서 애들이 점점 크니까 애들 보살피는 것이 좀 무리가 많이 왔죠. 남편이 이해를 참 많이 해줬어요. 안 그랬으면 제가 이렇게 여기까지 오기도 힘들었을 거예요. 남편이 저보다 애들에 대해서 교육열이 더 많았어요. 그래서 제가 아침에만 좀 챙겨주면 애들 교육 이런 거는 본인이 직접 가르쳤어요. 아이들도 일하는 엄마를 인정해 주려고 하고 자랑스럽게 생각해 주었어요. 2005년 다시 대전으로 발령받았을 때는 고등학생인 큰 애는 서울에 두고 작은 애만 데리고 내려왔죠."

2007년 말 이후 현재까지 서울에 거주한다는 그는 주말에는 특별한 일이 아니면, 대전(직장)을 잊어버린다고 한다. 통계청에서 근무하면서 가족이랑 못 지낸 기간은 평가업무를 담당할 때 평가기간 2개월 정도라고 회고하는 그는 현재도 서울에서 대전까지 매일 거의 고속버스로 출퇴근을 하고 있다. 업무에 대한 열정만큼이나, 가족과 자식에 대한 열정이 대단함을 보여주는 대목이다.

Ⅲ K서기관의 능력과 자질

1. 업무에 대한 열정과 수행능력

K서기관이 통계청의 낭중지추가 될 수 있었던 데에는 다양한 요인이 존재한다. 우선 기본적으로 그의 업무에 대한 열정과 수행능력이 그가 다양한 업적을 내는 데 든든한 인프라가 되었음을 부인하기는 어렵다.

전술한 바와 같이 K서기관이 인천사무소장으로 근무할 당시 서비스업 활동지수를 개발한 일이나, 본청 근무 시 통계청의 평가시스템을 구축한 일, 그리고 자치단체별 고용통계를 개발한 일 등은 K서기관의 대표적인 업적으로 꼽을 수 있다. 이러한 업적들은 K서기관이 통계청의 본연의 업무인 통계개발 업무뿐만 아니라 일반 행정업무에서도 두각을 나타낸 보기 드문 팔방미인임을 잘 보여주고 있다. 이례적으로 2번에 걸친 국무총리상을 수상한 것이 이를 방증한다. 그러나 대학에서 수학을 전공한 그의 이력을 고려할 때, 이러한 그의 업적들을 전공과 관련된 전문성에 기반한 업적만으로 평가하기는 어려운 측면이 있다. 특히 평가시스템 관련 업무는 그의 전공과 무관하다고 할 수 있으며, 다양한 신규통계 개발 업무의 경우에도 통계에 대한 전문성 보다는 업무의 추진력이 보다 중요하다는 점에서 기존 통계의 생산과는 다른 측면의 역량이 요구되기 때문이다.

여기서 우리는 그의 업무에 대한 열정, 즉 적극성에 주목할 필요가 있다. 예나 지금이나, 평가업무는 각 부처의 '3D 업종'으로 평가받고 있다. 이것은 기본적으로 평가 담당자들은 조직 전체의 성과를 모으는 일을 하기 때문에 각 부서 구성원들이 실제로 적극적인 지원을 해주지 않으면 업무를 제대로 수행할 수 없기 때문이다. 그런데 각 부서의 구성원들은 그것이 본연의 고유 업무가 아니고 부가적인 업무로 생각을 하기 때문에 제대로 협조를 하지 않는 경우가 빈발한다. 또한 우수한 평가를 받으면, 전체 구성원의 성과가 되지만, 미흡한 평가를 받으면, 평가담당자의 무능으로 치부되는 것도 현실이다. 아직도 평가에 대하여 보고서를 그럴 듯하게 잘 포장하는 것으로만 생각하여 대부분의 책임을 평가 담당자의 몫으로 돌리는 경우가 여전히 존재한다. 그리고 우수한 평가를 받는다 하여 평가 담당자에게 주어지는 인센티브도 존재하지 않는다.

현실이 이럴진대, 자체평가업무의 체계화가 이루어지지 않고 있던 당시의 상황은 더욱 열악했음을 추론할 수 있다. 더욱이 이러한 상황에서 통계생산을 주로 담당했던 K서기관이 이 업무를 맡았을 경우의 어려움은 미루어 짐작할 수 있을 것이다. 그는 이러한 어려운 여건하에서도 전술한 바와 같이 평가시스템 구축에 있어서 앞서가는 부처들의 성과를 확인하고, 이를 자체평가시스템에 적극적으로 반영하고 있으며, 이를 구성원들에 대한 교육 강화로 연결시키고 있다. 우리는 최근에 이러한 노력들을 흔히 '벤치마킹'이라고 지칭하고 있으나, 현재도 어려운 업무의 대명사가 되고 있는 평가업무가 당시에는 보다 열악한 상황이었다는 점을 고려한다면, 본연의 부담스러운 업무에 충실하고자 했던 그의 적극성은 높이 평가받을 만하다. 그리고 전술한 바와 같이 당시 자체평가 주무부처인 국무조정실의 eipses 시스템 개발과정과 기초자치단체의 지역별 통계개발업무를 통계청이 맡게 된 과정에서도 그의 적극성은 잘 나타나고 있다. 이러한 적극성이 '일 하나는 정말 잘하는 분'이라는 그에 대한 평판을 만들어 내고 있는 것이다.

최근 행정은 일반적인 행정관리와 더불어 각 부처의 정책영역에 대한 전문성을 동시에 요구하고 있다. 이러한 상황하에서는 전통적인 행정교과목에 대한 교육이나 훈련만으로는 시대가 요구하는 전문성을 갖춘 행정인을 양성하기가 더욱 어려워지고 있다. 이러한 측면에서 K서기관은 행정과 해당 부처 정책 분야의 전문성을 어떻게 동시에 충족시킬 수 있는가, 그리고 이를 위해서는 무엇이 필요한가를 잘 보여 주는 사례라고 할 수 있다.

2. 리더십

우리는 흔히 관리자로서 조직을 변화시키기 위해서는 다양한 역할을 수행할 수 있어야 한다고 한다. 진단자(diagnostician), 촉진자(facilitator), 설계자(designer), 교육자(educator), 조정자(coordinator), 감독자(monitor) 등 경계를 명확히 구분하기 어려울 정도로 많은 용어들이 조직의 변화를 이끌어 내기 위한 리더의 역할로 언급된다. K서기관과의 인터뷰는 그가 이러한 용어들이 가장 잘 어울리는 공무원이 아닐까 하는 생각을 가지게 했다. 새로운 업무가 부여될 때마다 성과들이 나타나고 있다. 특히 평가업무를 담당할 경우에는 핵심 업무가 무엇인지를 식별하고, 업무과정을 설계하여 지속적으로 교육시키고, 과정을 점검함으로써 성과를 이끌어 내는 그의 탁월한 능력이 잘 나타나고 있다.

다만, 조정자로서의 그의 역할에 대해서는 다양한 생각을 가능하게 한다. 서기관으로서의 그의 직급상의 한계도 있을 수 있지만, 한편으로는 리더십 측면에서 보완되어야 할 점은 없는지에 대한 추가적인 고려가 필요할 듯 보였다. 우리는 흔히 좋은 관리자는 직원들을 편하게 해주고, 직원들의 의견을 많이 들어주는 관리자라는 점을 강조한다. 물론 관리자의 이러한 행태에 대한 긍정적인 평가는 업무에 대한 치밀한 관리가 전제되어 있을 경우에만 가능할 것이다. 여하튼 K서기관은 업무에 대한 치밀한 관리는 매우 잘하는 것으로 이미 정평이 나있지만, 전자의 측면에서는 다소 미흡한 면이 있음을 부인하기는 어려울 것 같다. 그러나 한편으로는 그의 이와 같은 적극성이 없었다면, 전술한 바와 같은 업무들을 효과적으로 처리할 수 있었을까 하는 의문이 남는다.

과거에는 리더십 유형이 내부구성원들과의 관계구조하에서 무엇을 더 강조할 것인가에 따라 리더십을 유형화하였으나, 최근에는 이러한 행태들을 적절히 조합한 리더십 유형이 제시되고 있기도 한다. 변혁적 리더십이 그 예가 될 수 있을 것이다. 카리스마(idealized influence), 동기부여(inspirational motivation), 지적 자극(intellectual situation), 개인적 배려(individual consideration)의 네 가지 요소를 강조하는 이 리더십 유형은 리더의 롤 모델로서의 역할과 더불어 개인적인 배려를 동시에 강조한다는 점에서 기존의 전통적인 리더십과는 다른 특성을 보인다. 물론 '개인적 배려'라는 것이 구성원들의 개인적인 사정을 고려하여 업무를 수행한다는 의미는 아닐 것이다. 구성원들에게 조언자 역할을 수행하고, 이 과정에서 구성원들이 조직목표와 개인의 목표를 조화롭게 달성할 수 있도록 유도한다는 의미일 것이다.

결국 리더십 유형은 상황에 따라 상이하게 발휘되어야 할 것이고, 일반론을 정립하기는 어려울 것이다. 공무원이 안정적인 행정환경에서 공직제도 하에 안주하여 모험을 기피해 왔던 과거의 상황에서는 '힘들더라도 필요성이 있으면 일단 일을 시작하고, 이후에 조직 내부에 문제가 생기면 이를 보완하려고 하는' K서기관의 리더십이 성과를 창출하는 가장 효과적인 리더십이었다는 평가가 가능할 것이다. 그러나 급변하는 행정환경변화 속에서 앞으로 조직의 성과가 구성원의 헌신에 의하여 좌우될 수 있다는 점을 고려한다면, K서기관의 경우 앞으로 보다 쌍방향적인 측면에서 리더십을 발휘할 수 있는 역량을 증대시킬 필요가 있을 것이다.

3. 남성 중심적인 문화 극복 노력

최근 우리나라에서도 여성의 사회진출이 급속하게 확대되고 있고, 공직자 중 여성의 비율도 비약적으로 증가하여 전체 공무원 중 여성 공무원이 차지하는 비율이 40%를 상회

하는 시대가 되었다. 그리고 여성 중 고위직의 비율도 점차 증가하여 공공부문 내에서 여성의 위상이 점차 높아지고 있다. 통계청의 상황도 이와 크게 다르지 않다. 이러한 상황은 이제 그동안 상대적으로 경시했던 여성의 자질과 능력에 대한 재평가가 필요하고, 나아가 그동안 고수되어 왔던 남성 위주의 조직관리 방식을 변화시켜야 함을 시사한다.

그러나 상황은 점차 나아지고 있지만, 유감스럽게도 우리나라의 경우에는 여전히 여성 공무원이 교육직 등 일부 직종과 비인기 보직에 편중되는 경향을 보이고 있고, 직급면에서도 상대적으로 하위직에 집중되어 있어 여성인력을 적극적으로 활용하고 있다고 평가하기는 어렵다. 관리직(1~5급) 여성 공무원의 비율이 증가세에도 불구하고 중앙정부 및 지방자치단체 공히 10% 내외 수준을 유지하고 있다. '유리 천정(Glass Ceiling)'이 여전히 우리나라의 공직사회에 존재하고 있는 것이다.

물론 인터뷰 내용에서와 같이, K서기관도 여성으로서의 한계를 일정 부분 인식하고 있는 것으로 보인다. 그러나 그동안 한국 사회에서 남성적 가치로서 인식되어 왔던 '정의'와 여성적 가치로서 인식되어 왔던 '배려'라는 이분법은 최소한 K서기관의 사례에서는 통용할 수 없을 것 같다. K서기관은 업무에 대한 적극성으로 이를 상당 부분 극복하고 있다. 그리고 이러한 경향은 앞으로도 더욱 늘어날 것으로 보인다. 최소한 남성이 주로 맡는 업무와 여성이 주로 맡는 업무라는 구분은 이제 벗어날 필요가 있다. 최근의 많은 연구결과들에서 밝혀지고 있듯이 생산성과 관련된 직무태도 또는 직무행태 관련 변수들이 남녀 공무원 간에 큰 차이가 없다는 사실은 여성 공무원이 남성 공무원에 비하여 생산성 측면에서 뒤처지지 않는다는 사실을 암시한다.

그러나 한편으로는 가족의 상황에 따라 대전과 수도권을 오가며 발령을 받고, 현재에도 그가 서울에서 대전까지 출퇴근하고 있다는 현실은 여전히 다양한 측면에서 여성 공무원이 업무수행상 한계를 가질 수밖에 없음을 보여주고 있다. 특히 이러한 상황을 한 개인의 노력으로 완전하게 극복하기는 불가능하다. 앞으로 여성 공무원이 더 늘어날 것이 예견되는 상황임을 고려한다면, 이러한 인력운용의 비효율성을 극복하고 나아가 성별 불평등 현상을 완화할 수 있는 다양한 제도와 문화를 만들어 나가는 것이 무엇보다 중요하다. 그리고 이제 우리나라도 단순한 수의 불평등 시정이 아닌 고위관리자로서 여성공직자의 역할에 관심을 증대시킬 필요가 있다.

이러한 다양한 문제들을 해소하기 위해서는 궁극적으로 여성 인력의 보다 적극적인 활용전략이 정부의 생산성 향상 전략으로 활용될 수 있다는 인식이 선행되어야 한다. 공직 내부의 조직 · 인사 관리 측면에서 여성 공직자를 적극 활용하는 방안을 모색하는 것이 필요할 뿐만 아니라, 보다 기본적으로는 육아부담 완화 등 전반적인 사회정책 차원에서 접근하는 방식도 심도 있게 논의될 필요가 있는 것이다.

Ⅳ 에필로그

마지막으로 앞으로의 포부 또는 계획에 대하여 질문을 던졌다. 그에게서 의외로 본인의 계획보다는 통계청 구성원들이 가졌으면 하는 마음가짐에 대한 답변이 먼저 돌아왔다. 결국은 내부 구성원의 마음가짐을 변화시키기 위해 노력하는 것이 그의 계획의 중요한 부분으로 포함되고 있는 것으로 비쳐졌다.

"저는 통계청에서만 있었고, 제 평생직장이기 때문에 정말 통계청에 대한 애착이 굉장히 깊습니다. 통계청 구성원들에게 시야를 좀더 넓히라는 이야기를 많이 해주고 싶어요. 그러니까 아까도 말씀드렸지만 통계청이라는 조직은 내부적인 만족이 강한 조직이거든요. 얼마전 청장님이 새로 부임하셨을 때 취임식을 참 재미있게 치루었어요. 청장님이 취임식에서 과장들에게 청장님한테 바라는 것을 이야기해 달라고 하셨어요. 그때 청장님한테 말씀드린 것이 '청장님! 통계청의 위상 강화를 위해서 노력을 해 주십시요.' 였어요. 그런데 청장님이 하시는 데에도 한계가 있거든요. 우리 직원 스스로가 통계청의 위상을 높이는 데 노력을 해야 된다고 생각해요. 예를 들면, 통계를 만들 때도 통계의 생산 자체가 끝이 아니거든요. 그런데 생산된 통계가 정책에 어떻게 활용되는지, 외부에서 무엇을 필요로 하는지 까지를 고려해야 한다는 이야기를 좀 많이 해주고 싶어요."

그리고 국민들에게 통계를 쉽게 이해시키는 것도 앞으로 그가 하고 싶은 매우 중요한 일임을 강조했다. K서기관은 과거에 인천사무소장으로 근무하던 시절, 현장조사의 어려움을 극복하고 국민에게 친근한 통계청이 되고자 '통계가족 음악회'를 개최한 일을 본인의 공직생활 중 가장 기억에 남는 사건 중의 하나로 기억한다. 그는 통계청 직원, 응답 사업체 및 가구가 참여하고 인천시민이 함께 한 이 행사를 그는 '가슴 벅찬 일'로 기억하고 있다. 이런 그에게 국민들에게 통계를 이해시키는 일은 어쩌면 '소명'이 아닐까 하는 생각도 들게 한다.

"우리 국민들은 통계를 굉장히 어렵다고 생각을 하거든요. 통계는 전문가가 활용하는 자료라고 생각하지요. 그렇기 때문에 통계는 본인들과 별로 관계가 없다고 생각을 하는데, 저희 통계청은 국민들의 도움 없이는 일을 못하는 것이거든요. 조사를 해야 되잖아요. 그래서 국민들한테 통계가 좀 친근하게 다가갈 수 있도록 하는 것들을 만들고 싶어요. 단순히 통계를 내는 게 아니라 통계를 국민들한테 재미있게 설명을 한다든지, 그래서 통계는 어려운 게 아니고 우리 실생활에 항상 있는 거라는 이야기를 해주고 싶어요. 국민들이 그러한 인식을 갖는 것이 필요하거든요. 지금은 조사를 하기 위해 우리가 국민들을 설득해야 하잖아요. 저는 국민들 스스로가 통계조사에 협조를 해주는 것이 어떻게 보면 국민의 도리이고, 통계 선진국으로 가는 길이라고 생각해요. 이런 이야기를 직원들한테 해주고 싶기도 하고요."

필자는 과거에 비해 통계청의 위상이 많이 올라가고 있음을 경험으로 느끼고 있다. K서기관도 인터뷰를 진행하는 동안 이 부분을 인정하고 있었다. 그러나 한편으로는 기회가 있을 때마다 지금보다 더 높아져야 한다고 강변하는 K서기관의 모습이 전혀 어색하게 느껴지지 않았다. 앞으로의 계획을 묻는 질문에 대한 답변 중에 현재 K서기관이 맡고 있는 대변인이 핵심적으로 수행해야 하는 역할이 자연스럽게 체화되어 나타나고 있었기 때문이다. 어쩌면 수학도로 공직에 입문한 그가 이제 적성에 가장 잘 맞는 임무를 맡게 된 것은 아닐까 하는 생각을 하게 된다.

앞으로 K서기관과 같은 일 욕심 많은 공무원이 공직사회에서 더욱 많이 나타나기를 기대해 본다.

참고문헌

김선희(2012). 여성공무원의 능동적 대표성에 대한 탐색적 분석, 「행정논총」, 50(1): 91-116.

김재기(2004). 여성공무원 차별인식과 인사정책방향: 관리직 여성공무원을 중심으로, 「행정논총」, 44(1): 127-153.

박천오 · 김상묵(2001). 한국 정부조직의 여성친화성 실태 및 강화방안에 관한 실증적 연구: 공무원의 인식과 선호를 중심으로, 「한국행정연구」, 10(3): 190-212.

배귀희 · 차재권(2008). 여성공무원 채용목표제의 정책효과 분석, 「한국정책분석평가학회보」, 18(1): 233-262.

이영애(2006). 한국 여성공무원 승진저해요인에 관한 사례 연구: 공무원 인식과 태도 비교조사, 한국동북아논총 제38집: 383-402.

조경호 · 문미경 · 최문용(2007). 여성공무원 보직만족도 영향요인에 관한 연구, 「여성연구」, 72(1): 225-246.

진종순(2010). 여성공무원 승진제도의 발전 방안 연구, 「한국사회와 행정연구」, 21(3): 277-300.

홍미영(2006). 관료제의 여성대표성 확대에 대한 공무원 태도의 결정요인, 「한국행정논집」, 18(2): 447-472.

http://kostat.go.kr

http://www.mospa.go.kr

http://www.kwdi.re.kr

복지 거버넌스의 조정자와 혁신가 되기*

- 여성가족부의 공직자를 중심으로 -

신 희 영(경주대학교 사회복지행정학과 교수)

Ⅰ 들어가며

“공직사회의 낭중지추를 찾아서”라는 주제를 만났을 때 떠오른 단상은 “바람직한 공직자상을 가진 인물”을 찾아보는 것이었다. 아마 인물열전 정도로 단순히 이해하였던 것 같다. 우리사회에서 “관료”라는 정치적 범주가 갖는 의미는 그다지 아름다운 것은 아니었기에 드러나진 않지만 자신이 갖고 있는 능력과 재주를 펼치면서 공공의 삶을 이롭게 하는 공직자를 찾아보는 것도 의미가 있다고 생각했다.

그러나 그것도 간단치 않았다. 역사와 행정관리 패러다임의 변화에 따라서 바람직한 공직자상도 달라짐에 틀림없기 때문이다. 그래서 예전에 필자가 연구에 참여했던 정책보고서가 생각이 났다. 2007년에 중앙인사위원의 정책과제의 일환으로 서울행정학회 연구진이 전문가 집단을 대상으로 5~10년 후 정부의 바람직한 역할과 바람직한 공직자상을 조사한 적이 있다(이창기 외 8인, 2007). 전문가들의 의견을 종합해 보면, 공직자는 국가미래에 대한 설계자, 사회 내의 다양한 이해를 중재하는 조정자, 사회적 약자의 보호자, 공공재원의 효율적 활용자, 공직 자긍심을 가진 봉사자, 공익의 수호자 역할을 하는 것이

* 이 장은 저자의 논문 “복지 거버넌스의 조정자 되기”(「한국행정논집」 제24권 제4호. 2012. 12)의 내용 중 일부를 발췌하고, 혁신가 되기 부분을 보충하여 재구성한 것이다.

바람직하다는 것이다. 그러나 이러한 역할을 다할 수 있는 역량을 가진 영웅적 공직자를 찾기란 쉽지 않을 뿐만 아니라 이들 역할 간의 내적 모순과 갈등이 어떤 형태로 발현될 것인지도 확실하지 않았다.

차선으로 규범적인 의미의 훌륭한 업적을 낸 공직자보다는 현재진행형으로 공직자로서의 덕목을 쌓아 가고 있는 공무원을 연구대상을 삼기로 했다. 한국정책지식센터의 공무원 인식조사의 자료를 활용하고 부서의 평판이 나쁘지 않은 여성가족부의 공직자를 연구대상으로 선정하였다. 정부 부서 간의 권력관계로 보았을 때 약한 위치에 있다고 생각한 부서, 또한 사회복지서비스 전달체계(공공서비스의 공동생산: 필자의 관심분야)를 관리하는 부서 등을 고려하여 정부부서로 여성가족부를 선택하였다. 추천을 받은 여성가족부 공직자들 중 내부에서 평판이 괜찮은 중간관리자를 선택하였다.[1] 고위직 공무원에 대한 연구는 여럿 있어서, 중간관리자가 업무수행을 어떻게 하는지를 이해하고 설명하는 것이 공직사회를 이해하는 데 도움이 될 것 같았다. 특히 공무원인식조사에서 그는 정확한 의사결정, 직원들을 위하는 마음, 리더십 등등의 이유로 추천을 받았다. 2011년 8월 20일 한티역 근처 커피숍에서 오후 1시부터 5시 30뿐까지 구술사 중심으로 심층인터뷰를 하였다. 인터뷰를 위해 2011년 8월 2일 처음 만났을 때의 인상은 다른 사람의 감정도 잘 헤아리고 소통도 잘될 것 같은 탈권위주의적인 공무원이었다. 연구이유에 대해 한참 설명을 하였다. 공직자로 내세울 것이 하나도 없는 자신을 연구대상으로 삼는 것에 대해 이해가 되지 않는 다는 점과 연구과정에서 자신이 생각보다 과장되게 부각될 수 있다는 점 때문에 거절을 하였다. 본 연구는 하나는 공직자의 행위 동기를 이해하고 맥락화하는 것이고, 다른 하나는 공직자를 통해 공직사회를 들여다 보는 것이니 그냥 공직생활에서 경험한 것을 기억나는 대로 구술하면 된다고 설득을 하였다. 그는 가명으로 연구를 한다는 조건 하에 인터뷰를 수락하였다.

생애사적 접근으로 그와 인터뷰를 진행하였으나 공직생활에서 기억이 선명한 정책이나 사업의 에피소드를 중심으로 이야기가 진행되어 서사를 구성하기가 쉽지 않았다. 이러한 이유로 본 연구는 인터뷰 내용을 재구성하여 사회학적 용어를 사용하는 제3인칭관점 보다는 정당화를 사용하여 자신의 행동을 설명하는 1인칭관점의 이야기 중심으로 (Sayer, 2003) 그의 행위 동기를 이해하고, 맥락화하면서 설명을 위해 부분적으로 담론분석(Sims-Schouten, Riley and Willing, 2007)을 하는 방법론적 전략을 선택했다. 그는 인터

1) 연구대상의 부하직원은 리더십과 팔로우십을 이야기 하면서 팔로우가 따르고 싶은 상사라고 소개하였고, 한때 그의 상사였던 공직자는 공직에 대한 사명감과 공직수행의 성실성이 돋보인다고 소개하였다.

뷰의 내용 중 정확치 않은 부분, 의문이 있는 부분에 대해 2011년 9월 13일에 보완을 해 주었다. 그의 인터뷰내용을 재구성함에 있어 여성가족부의 변천사, 다문화가족지원법, 남녀차별금지 및 구제에 관한 법률, 그의 언론 인터뷰 자료, 자치단체의 다문화가족지원 사업과 관련한 언론기사, 다문화가족센터 운영과 기능에 관한 자료, 감사연구원의 「다문화가족지원정책 성과평가」 보고서 등을 참고하였다.

Ⅱ 여성가족부 김여가씨(가명)의 프로필

김여가씨는 아버지가 철도청 공무원이고 3형제 중에 장남으로 태어나, 우리나라 장남들이 일종의 부채의식이랄까 장남으로서의 책임감을 갖고 있었다. 경북 영주 촌에서 고등학교를 다니면서 내심 남들처럼 고등학교를 서울이나 대도시에서 다니고 싶은 마음을 간절하게 갖고 있었으나 가정의 경제적 사정으로 부모에게 말도 꺼내지 못했던 청소년기를 보냈다. 아버지와 어머니는 빠듯한 살림이지만 성실하고 알뜰하게 살면서 3형제 모두를 공부시켰다. 그는 "부모님이 항상 최선을 다하는 모습을 보고 자랐다."고 한다. 빨리 취업하여 집안의 경제에 보탬이 되어야겠다는 장남으로서의 책임감이 공직에 발을 들여놓게 된 계기가 되었다. 공정하게 빨리 취업하는 길은 공무원 되는 것이라고 생각하고 7급 공무원시험을 보았고 대학교 4학년 2학기에 공무원이 되었다.

그는 총무처임용 이래 정무장관(제2실), 여성특별위원회, 여성부, 대통령비서실, 여성가족부에서 16년 동안 재직하였고, 특히 남녀차별금지 및 구제에 관한 법률 제정, 다문화가족의 안정적 가족생활 지원, 국제결혼 건전화 도모, 여성 · 청소년 · 가족기능을 수행하는 여성가족부의 신설 등 조직체계를 강화하는 데 나름 자신의 역량을 발휘한 것에 자부심을 갖고 있고 이 부분에 대해 많은 이야기를 하였다.

그는 남녀차별금지 및 구제에 관한 법률 제정 시 우리나라 최초의 성희롱의 개념을 정립하고 남녀차별의 판단근거를 마련하는 데 열정적으로 몰입하였다. 업무를 통해 자기 성취감을 맛보는 즐거운 경험은 공직자로서의 자부심의 근간이 되었다. 이법은 남녀차별과 성희롱 사건에 대한 신속한 조사와 구제를 통해 우리사회의 편견을 해소하고 피해자들의 권익을 보호하는 데 그 목적이 있다. 또한 그는 남녀차별개선사무운영 및 처리절차 등에 관한 규칙 등 하위운영 규정 마련 및 차별개선국 신설 등 조직체계의 확립, 남녀차별 방지 및 성희롱 예방을 위한 각종 정책의 수립 등을 통해 여성정책발전에 획기적인 전환 틀을 마련하는 데 초석이 되었다.

이명박 정부 들어서 정부조직개편시 여성부(109명)로 축소되었다가 청소년 · 가족업무가 보건복지가족부에서 여성부로 이관되면서 2010년 여성가족부(211명)가 신설되었다. 이러한 과정에서 그는 청소년 · 가족업무가 여성가족부로 이관되도록 논리개발, 관계자 설득 및 설명자료 작성 등을 통해 적극적으로 대응하였다. 또한 이와 관련한 직제와 직제 시행규칙을 제 · 개정하고, 하위규정의 정비, 기능 및 정원 조정 등을 추진하여 여성가족부의 조직체계 마련에 기여하였다.

김여가씨는 결혼이민자의 조직적응 및 안정적 생활지원 및 다문화가족 자녀의 건강한 성장 지원을 위해 다문화가족지원정책 기본계획 수립(2010~2012) 및 2011년 시행계획 수립, 다문화가족지원법 개정(2011. 4. 4)을 통해 다문화가족정책위원회 법적 근거 마련 등 다문화가족정책의 체계적 기반을 마련한 바 있으며, 센터수 대폭확대(159개~200개), 방문교육서비스 확대(2,240명에서 3,200명), 자녀생활지원서비스 및 자녀생애주기별 양육 정보 서비스 도입, 민간기관 협력사업(찾아가는 가족사랑 치과진료소 운영) 활성화 등을 위해 적극 노력하였다. 특히 다문화가족지원사업을 2011년도 서민희망예산 3대 핵심과제로 선정하여, 2010년보다 150억 원의 신규예산을 확보하는 등 다문화가족지원사업의 내실화를 위해 적극 노력하였다. 2010년 11월에 여성가족부 사업 중 가장 잘한 사업의 하나(79.5%)로 평가를 받고, 정부 일자리 사업 중 다문화가족에 대한 '방문교육서비스'가 '도움정도'에서 1위(2010년 일자리사업 체감도 조사, 총리실)가 되기도 했다.

2011년 4월 감사원이 발표한 다문화가족지원사업 추진실태를 보면 다문화가족의 문제가 사회적으로 부각될 때마다 정책과제를 긴급하게 발굴하는 등 체계적이고 장기적인 접근이 이루어지지 못하고 있으며, 관련 부처 간 정책과 사업이 중복되고 연계가 미흡하며, 서비스 전달체계의 미비도 문제점으로 드러나기도 했다. 이외에도 현지 불법 결혼중개에 대한 미온적인 대책, 방문교육이나 직업훈련의 수요조사의 혼선 등등이 지적되었다. 다문화가족정책위원회를 중심으로 여성가족부는 시행계획을 수립하고, 사업의 조정 및 협력을 도모하는 데 있어 주도적인 역할을 하였다.

본 연구의 사례와 관련하여 감사원 연구원의 보고서(2011)가 지적하고 있는 다문화가족지원정책의 문제는 사업의 총괄 · 조정 기능이 미흡하고, 부처 간 · 사업 간 연계가 미흡하다는 것이며, 또한 공공부문과 민간부문간의 파트너십도 미미한 효과를 낳고 있다는 것이다. 이러한 지적에 따르면 김여가씨의 업무성과는 높지 않을 수 있다. 그러나 다문화가족지원정책을 그 혼자서 결정하고 집행하는 것은 아니기에 그가 맡고 있는 업무와 관련하여 예산과 조직에 대한 권한이 없는 부서, 인력과 조직의 부족, 다문화가족지원센터 예산의 부족 등의 한계 내에서 그가 나름대로 서비스 전달체계에서의 문제를 해결하려고 하는 업무수행방식을 이해하고 설명하는 것도 의미는 있다.

물론 김여가씨는 기억에 남을 만한 성과를 혼자의 역량과 열정으로 이룬 것은 아니라고 한다. 그는 "공직생활 경험에서 얻은 것은 일은 혼자 하는 것보다 서로 협동을 통해서 하는 것이 더 나은 것 같다는 것입니다."라고 밝히고 있고, 이러한 믿음은 그가 정책과 사업을 추진하는 데 주요하게 작용하고 있다.

Ⅲ 복지 거버넌스의 조정자 되기

다문화가족지원사업은 2008년 3월 21일 다문화가족지원법이 제정되면서 보건복지가족부가 시행하던 것을 2010년 1월 18일 정부조직법 개편에 따라 여성가족부에 이관되어 제도적으로 시행하는 사업이다. 다문화가족지원사업의 전달체계는 여성가족부, 전국다문화가족지원 지원단, 지방자치단체, 다문화가족지원센터 등으로 구성되어 있다. 즉 공공부문과 민간부문의 파트너십체제로 다문화가족지원 서비스가 전달되는 특징을 갖고 있다. 다문화가족지원사업은 2010년 6월부터 여성가족부가 총괄하기 전까지는 8개 부처에 흩어져 있어서 조정의 어려움이 있는 사업이었다. 감사 연구원 보고서(2011)에 따르면, 8개부처가 28개 사업을 추진하고 있는 다부처 정책인데, 사업의 총괄 · 조정 기능과 부처 간 · 사업 간 연계가 미흡하며, 파트너십의 효과도 미미하여 다문화가족지원사업의 성과가 그다지 높지 않은 것으로 보인다. 그러나 현실적으로 예산이나 조직에 대한 권한이 없는 부서가 타부처 사업을 효과적으로 조정할 수 있으리라고 기대하기는 어렵다(감사연구원, 2011). 김여가씨는 조직과 인력의 부족, 다문화가족지원센터예산의 부족 등의 한계 내에서 다문화가족지원 서비스전달체계의 조직, 기관들 간의 협력을 이끌어 내는, 미흡하지만 조정자의 역할을 수행하려고 애를 썼다. 다문화가족지원사업과 관련한 그의 공직경험은 현재진행형의 복지 거버넌스의 조정자가 되어가는 것(becoming coordinator)을 보여준다.

1. 조정의 문제를 인식하기

"다문화가족이 안정된 가족생활을 영위하도록 해주고, 다문화가족 자녀가 건강하게 성장할 수 있도록 지원해 줌으로써 사회에 잘 적응하도록 하여 사회통합을 제고하는 것입니다. 이는 다문화가족이 해체됨으로써 발생하는 사회적 비용을 크게 줄여주는 사업입니다. 다문화가족의 해체는 심각한 사회문제입니다. 결혼이민자에게 한국어 교육, 가족상담, 통역서비스, 아동양육 지원 등등 서비스를 제공하여 다문화가족의 해체를 방지하는 것입니다. 즉 다문화가족 구성원들이 사회에 잘 적응할 수 있도록 지원해 주는 사업이라고 할 수 있습니다. 다문화가족은 많은 문제를 안고 있습니다. 연령이 많이 차이나고, 한국남자들은 생활수준이 낮을 뿐만 아니라 성격적으로 많은 문제와 심신의 장애를 갖고 있는 사람들도 있습니다. 그리고 언어장벽도 문제입니다.

노르웨이의 사건 같은 것들이 한국에서도 일어 날 수도 있습니다. 다문화가족구성원은 성인 22만 명, 아이들 14만 명, 약 36만 명 정도 됩니다."

김여가씨는 다문화가족지원법 제1조(목적) "다문화가족 구성원이 안정적인 가족생활을 영위할 수 있도록 함으로써 이들의 삶의 질 향상과 사회통합에 이바지함을 목적으로 한다."에 기초하여 다문화가족 지원 사업을 이해하고 있다. 그는 공직자로의 자부심을 사회적 약자의 보호에 두고 있는 차원에서 사회통합을 사회학적 개념보다는 정책개념으로 이해하고 있다. 즉 인권에 기반한 사회통합보다는 다문화가족 구성원이 한국사회에 잘 적응하도록 사회화하여 부적응으로 인한 사회적 갈등의 비용을 줄이는 차원에서 사회통합을 이해하고 있는 것 같다. 노르웨이 사건을 언급하는 것에서 이러한 단면을 볼 수 있다. '사회발전에 대한 코펜하겐 선언'에서 사회통합은 "안정되고 안전하며 정의로우며, 모든 인권의 보호와 조장, 무차별과 관용, 다양성의 존중, 기회의 평등, 연대성, 모든 사람의 안전과 참여(사회경제적으로 불리하고 취약한 집단과 개인 포함)에 기반을 둔 사회를 조장하는 과정"(Jeannotte, 2008)으로 정의하고 있다. 이러한 정의는 정책적 차원에서 모호한 개념이라고 할 수 있으며, 따라서 정책을 담당하는 김여가씨 입장에서는 다문화가족 문제가 사회문제화 되고 있는 맥락에서, 이들 가족구성원이 한국사회의 질서에 잘 적응하고 한국사회의 일원으로 자긍심을 갖게 하는 것이 사회통합이라고 이해할 수 있다. 이는 문제해결방법으로 제시한 결혼이민자에게 한국어 교육, 가족상담, 통역서비스, 아동양육 지원 등등 서비스를 제공하여 다문화가족의 해체를 방지하는 것이라는 것에서 잘 드러나고 있다. 여성가족부는 다문화가족문제의 주요 발생요인인 결혼중개의 문제를 해결하기 위해 결혼이민관파견 추진, 결혼상대방 간 신상정보제공 의무화 신설, 통번역서비스 의무화 등 결혼중개법을 개정(2010. 5. 17)하여 국무총리실 등 8개 부처와 공동으로 국제결혼 건전화 및 결혼이민자의 인권보호 강화대책을 마련하였다. 정책적 차원에서 사회통합의 개념적 모델에 대한 지노트(Jeannotte, 2008: 9-10)의 제안은 사회통합의 정책목표를 실현하는 다문화가족지원 사업의 수단들을 고려하는데 의미가 있다.[2] 첫째, 사회통합에 기여하는 민주적이고 경제적이며 사회문화적인 요인을 고려해야 한다. 둘째, 사회통합조치들이 유지될 수 있는 거버넌스환경에서 이러한 조치들을 도입하는 것을 보장하는 사회의 정책욕구계층(the policy "hierarchy of needs"[3]) 즉 정책맥락을 고려해야 한다. 셋째, 사회통합에 대한 투자가 형식적이기 보다는 실질적인 결과를 낼만큼 전환적이어야 한다. 넷째, 실질적 성과를 측정하고 평가할 수 있는 질적, 양적 지표를 구성해야 한다.

"다문화가족지원사업은 복잡합니다. 다문화가족지원센터가 200개고, 거의 4,000명의 직원이 있으며 연 500억을 지원하는 사업입니다. 다문화가족지원센터에 정부예산이 지자체와 공동으로 100% 지원됩니다. 다문화가족지원사업을 처음 맡았을 때, 여성가족부, 전국다문화가족사업지원단, 센터장 협의회 간의 갈등이 제가 느끼기에는 좀 심하였습니다. 센터장들은 센터의 근무여건이 열악하고, 보고서가 많고, 지원단이 월권을 하고, 센터평가에 대한 불만 등이 있었고 제가 처음 다문화가족과장을 맡았을 때 센터장 협의회에 인사를 와야 하지 않느냐 하는 등의 갈등이 여러모로 센터장과 지원단, 다문화가족과 간에 그동안 지속된 것처럼 보였습니다. 지원단은 주로 프로그램개발, 교육, 평가, 센터지원업무를 합니다. 센터장들은 지원단의 위압적인 태도에 대해 불만을 아주 강하게 나타냈습니다.

"통상 거의 대부분 지원센터경우에는 정부가 먼저 센터를 만들어서 운영하나 다문화가족지원센터의 경우 지역에서 종교단체 및 시민단체가 먼저 다문화가족지원을 하고 난 후에 정부에서 지역별로 하나씩 선정해서 지원하고 있습니다. 이 센터를 지원하기 위

2) 2010년 7월 30일 KTV의 방송내용을 보면 내국인의 반다문화주의가 존재하고 있다는 차원에서 외국인과 내국인의 갈등을 적절하게 관리하여 사회통합을 실현할 수 있는 다문화사업의 정책적 변화가 필요함을 알 수 있다. 한국다문화센터 이현정 소장은 "이대로 가다간 외국인과 내국인들 사이의 갈등이 분명히 일어날 것"이라며 "정부는 무조건적인 시혜 정책과 부처별 정책을 중단하고 사회통합기구 등을 마련해 나가야 한다"고 말하고 있다.

3) 지노트는 사회통합의 모델의 요소로 물리적, 자연적, 민주적, 경제적, 교육적, 사회적, 문하저 차원으로 구분하고, 욕구의 수준을 기본적 수준, 강화된 수준으로 구분하여 이들 차원에 적용하고 있다. 예를 들면 문화적 차원에서 욕구의 기본적 수준은 정체성과 문화에 대한 인정과 존중 그리고 기본적인 문화적 하부구조이고, 강화된 수준은 창조성, 문화적 다양성의 수용과 찬사이다.

해 전국다문화가족지원사업 지원단이 있고, 지원단에서 프로그램개발, 교육, 평가 및 지원 등의 업무를 수행합니다. 센터장들은 여성가족부-지원단-센터장 상하관계처럼 센터를 대하는 것에 대해 불만을 갖고 있었습니다. 예를 들면 공식회의에서 지원단장은 인사말을 시키고 센터장 협회장은 인사를 시키지 않은 것에서 마치 지원단과 센터 간의 상하관계에 있는 것으로 느껴 불만을 토로하는 경향이 있습니다. 지원단은 센터의 운영을 지원하면서 여성가족부와 센터를 연결하는 중간조직의 역할을 합니다. 그런데 센터장들은 지원단이 제대로 지원하지는 않고 지시, 평가, 자료제출요구 등을 하는 상위기관처럼 행동한다는 것입니다. 국회에서 다문화가족지원사업에 대한 자료를 요청할 경우 여성가족부는 지원단에, 지원단은 센터장에게 자료제출을 요구합니다. 그러는 과정에서 센터장들은 많은 제출요구를 센터를 괴롭히는 것으로 인식을 한다는 것입니다. 센터는 정부가 이러한 사업을 하기 전에 자발적으로 봉사의 차원에서 다문화가족지원사업을 하였기 때문에 운영의 자율성을 요구합니다. 정부입장에서는 많은 예산을 들이는 다문화가족지원사업을 효과적으로 하기 위해 센터가 다문화가족사업을 통일적이고 균질적으로 할 수 있도록 지원단으로 하여금 프로그램개발, 교육, 평가, 지원사업을 하도록 합니다. 이러한 과정에서 중앙정부, 지원단과 센터 간에 갈등이 있는 것 같습니다. 갈등을 풀어 가는 데 정보공유가 중요합니다."

다문화가족지원사업의 전달체계는 나름 전문적 기능을 하는 다양한 조직들 간의 관계로 구성되어 있다. 여성가족부는 주로 서비스를 전달하기보다는 다문화가족지원사업에 대한 계획을 세우고 자원을 할당하며 관리 감독하는 기능을 주로 한다. 전국다문화가족사업지원단은 다문화가족지원센터가 다문화가족에게 적실한 서비스를 할 수 있도록 지원하는 역할과 여성가족부와 다문화가족지원센터를 중개하는 역할을 한다. 지방자치단체는 직접적으로 서비스를 제공하기 보다는 그 지역의 다문화가족의 특성에 맞는 프로그램과 서비스를 결정하고 자원을 할당하는 역할을 한다. 다문화가족지원센터는 다문화가족지원과 관련한 서비스를 직접 제공한다. 전달체계를 구성하고 있는 기관과 조직들은 자신들만의 제도적 논리, 규범, 목표, 조직풍토(ethos), 프로그램, 기술(skills)과 유인구조(incentives)를 갖고 있는 상대적인 의미에서 자율적 조직이면서 호혜적인 상호의존관계에 있다. 공통적인 목표를 달성하기 위해서는 이들 기관과 조직들의 행동을 조정하는 것은 필수적이다. 김여가씨는 조정의 어려움을 "다문화가족사업이 복잡하다."[4]는 말로 표현하

4) 지역에서의 다문화가족지원사업은 지방자치단체와 다문화가족지원센터 및 관련 NGO 간의 협의를 통해 지역 나름대로 사업을 구상하고 실천하는 사업이다. 천안시의 경우 2011년 다문화가족지원사업을 위해 거주외국인 지원기관·단체 실무자 협의를 통해 당해 추진할 주요 업무계획에 있어서 타 기관과의 차별성 및 고유의 시책을 서로 교환하고, 지역별 서비스 한계를 극복하기 위해 다문화가족에게 기관·단체별로 다양한 지원프로그램을 제공하기

고 있다.

조정의 어려움에 대한 인식은 사회복지전달에 대한 공공행정모델에 따라 차이가 있을 수 있다. 사회복지서비스의 전통적 공공행정모델은 계층제구조, 명확하게 정의된 의무, 규칙에 기반을 둔 절차 등으로 관료제와 유사한 모습을 가진 것으로 특징지을 수 있다. 또한 효율성과 공정한 행정이라는 관료제의 이상에 따라 사회복지서비스를 전달하며, 규칙으로 통제하기 어려운 과업들은 전문적인 자격이 있는 전문가들이 일정한 재량을 갖고 수행하는 것이 특징이다(Butcher, 1995: 1). 소통의 매체는 명령과 통제이며 조직내부의 관리기술을 강조한다. 우리나라의 경우에는 전통적 공공행정 모델의 변형된 형태로 관료적 발전주의 모델이 자리를 잡고 있다고 할 수 있다. 전통적 공공행정 모델에 기초하고 있지만 공공에 대한 설명책임성(accountability to the public)과 민주적 통제(subject to democratic control)가 결여되고, 관료가 발전의 필요성을 인식하고 이를 추진하고 주도해야 한다고 생각하는(김광웅, 1986: 25) 인지구조에 입각하여 공공부문이 사회복지서비스를 전달하는 특징이 있다.

사회복지서비스 전달의 전통적 공공행정 모델은 첫째, 비효율적이고 낭비적이며, 둘째, 공급자 지향적이어서 서비스 사용자의 욕구에 충분한 주의를 기울이지 않고, 셋째, 사회복지기관이 사용자와 밀접하게 교류하지 않고, 넷째, 그다지 책임성도 갖고 있지 않다는 비판을 받았다(Butcher, 1995: 7-14). 그래서 전통적 공공행정 모델의 대안으로 서비스 전달의 민영화, 고객지향주의, 효율성과 돈의 가치(value for money)를 강조하는 신공공관리모델이 등장하게 되었다. 신공공관리모델의 특징은 첫째, 정책에서 관리(management)로 강조점의 이동, 둘째, 행정체제의 선호모델로서 피라미드모형보다는 계약에 기반 한 자율책임운영제, 셋째, 핵심적 정책활동과 적응 운영 서비스의 분리, 넷째, 과정 지향적 행정에서 산출 지향적 행정으로의 전환, 다섯째, 고객 지향적 행정, 여섯째, 지출보다는 비용절감 강조, 일곱째, 소유의 목적을 점유보다는 효율적 관리 등이다(Keraudern and Mierlo, 1988: 40). 신공공관리모델이 선호하는 사회복지서비스의 전달체계는 책임운영기관이나 민간부문이다. 우리나라의 경우도 문민정부 이후에 행정개혁의 모델로 신공공관리 모델이 광범위하게 적용되었다.

로 하였다. 순천시의 경우 2010. 12. 23. 다문화가족지원사업 유관단체들이 참여한 '2010 다문화가족지원사업 워크숍'을 열고 다문화가족지원사업 우수사례를 발표하여 각 단체 간의 정보공유를 통해 보다 다문화가족지원사업의 내실화와 체계화를 기하려고 하였다. 군포시 같은 경우에는 2010. 8. 30. 군포시와 시의회가 방문단을 구성해 다문화가족지원사업 우수 지자체를 벤치마킹하기도 하였다. 이와 같이 지역에서는 다문화가족지원사업과 관련된 기관과 단체들 간의 협의체를 구성하여 다문화가족지원사업의 아이디어를 구상하고 서비스를 제공하고 있다.

공공행정의 관리주의를 비판하면서 등장한 신거버넌스모델은 정부와 시장 및 시민사회 간의 협력적 연결망을 통해 정책결정과 정책집행의 책임을 공유함으로써 정치적, 준정치적 문제를(집합적 목표의 달성 혹은 집합적 목적의 실현) 효과적으로 풀어가는 과정을 강조한다. 신거버넌스는 공공행정의 개념에서 '행정'보다는 '공공'에 방점을 찍고 있으며 따라서 시민, 기업, 비정부기구와 풀뿌리 조직이 국지적인 문제를 규명하고 그 문제를 해결하는 데 중요한 역할을 한다는 것을 강조한다. 거버넌스의 단어와 어구, 메타포어는 '수평적 관계', '참여', '공식적 의사결정에 대한 시민의 접근성', '대화', '담론', '심의(deliberation)', '시민의 관여', '시민의 자율 통치능력'이다(신희영, 2005). 신거버넌스를 사회복지서비스 전달체제로 선호하는 것은 서비스 전달과 관련한 기관, 조직들 간의 협동적 네트워크이다. 참여정부에서도 신공공관리모델이 지배적이었긴 하지만 신거버넌스 즉 이해관계자의 참여, 네트워크, 신뢰를 강조하는 네트워크 거버넌스 모델도 초보적이기 하지만 공공행정모델로 인식되기 시작하였다. 물론 신거버넌스라고 해서 신공공관리의 효율성 이념을 간과하는 것은 아니다.

다음과 같이 언급한 것을 보면, 김여가씨가 조정의 어려움을 인식하는 해석틀은 신거버넌스모델이라 여겨진다.

> "부서의 성격이 사업추진의 파트너와 협력해서 사업의 목적을 달성해야 하기 때문에 다른 부서와 업무추진방식이 다를 수 있습니다. 정부 밖에 있는 파트너들 입장에서는 여성가족부를 다른 부처와 다르게 느낄 수도 있습니다."

다문화가족 문제의 해결을 위해서는 특유한 자원을 갖고 있는 기관 및 조직들 간의 상호존중을 통한 협력적 관계가 중요하다는 것이다. 김여가씨는 이를 "기관들 간의 갈등이 심각했었다.", "다문화가족지원센터의 경우 지역에서 종교단체 및 시민단체가 먼저 다문화가족지원을 하고 난 후"[5]라는 것으로 언급하고 있다. 김여가씨가 인식하고 있는 센터장의 불만사항을 보면 다문화가족지원센터와 정부기관 간의 관계는 관료제적 계층제 관계가 아니라는 것과 관리주의(신공공관리모델)의 의사결정의 집권성에 대한 불만 등이다. 이를 달리 해석해 보면, 중앙정부(보건복지부, 여성가족부), 전국다문화가족사업지원단, 다문화가족지원센터 간의 갈등은 시장의 원리와 민간의 경영기법을 강조하는 신공공관리

5) 음성군장애인복지관은 2008년부터 2010년말까지 사회복지공동모금 지원으로 다문화가족지원사업을 하였고, 이 사업을 2011년에 음성군다문화가족센터에 인계하였다(음성자치신문, 2010. 12. 10).

모델에 기초한 다문화가족지원사업 방식에 있다. 성과를 관리하는 차원에서, 한편으로는 각 조직과 기관들이 자신들의 성과목표를 달성해야 할 책임을 갖고 있으며, 다른 한편으로는 과업수행에 있어 상당한 재량권을 갖고 있다. 신공공관리모델은 한편으로는 조직들의 행동을 조정해야 하는 조정압력을 상승시키면서 다른 한편으로는 조정능력을 약화시키는 모순을 보여준다. 이러한 모순의 경험적 현상이 조직들 간의 갈등으로 나타난다. 김여가씨도 정부의 성과관리체계에 대해 다소 비판적인 시각을 갖고 있다. "앞선 조직이었기 때문에 성과평가에 있어서 불리한 점도 있습니다."

루만의 체계이론에 따라 이러한 갈등을 해석할 수 있다. 다문화가족지원사업과 관련한 기관과 조직들은 한편으로는 목표, 운영스타일, 세계관, 유인구조, 자신들의 프로그램과 자동생산 코드에 따라 자신들을 생산해 내는 자생성(Autopoiesis)이 있으며, 다른 한편으로는 기관들은 자신의 운영에 필수적인 조건을 확립하기 위해 환경에 속하는 다른 기관들과 상호보정적으로 상호작용하면서 서로 합치되는 구조적 결합성(Structural coupling)을 요하는 상호의존적인 관계에 있다. 정부, 준정부기구, 민간기구들이 자신의 특유한 자동생산 코드나 프로그램, 제도적 논리를 다른 조직에 이식하려 하거나 강요하는 경우, 서로 갈등과 마찰이 생김으로써 상호보정적인 관계의 형성을 어렵게 한다. 김여가씨가 인식하고 있는 조정의 어려움은 이러한 논리의 단면을 보여준다. 센터의 운영의 자율성의 요구와, 다문화가족지원사업을 효과적으로 하기 위한 다문화가족사업의 통일성, 종합성, 전문성, 공정성에 대한 정부의 요구 간의 모순이 교섭과 설득과정을 통해 해소되지 않으면, 사회복지서비스 전달체계의 효과성이 떨어진다.

2. 갈등을 풀어가는 매체인 교섭과 설득하기

"센터장들은 여성가족부에 할 말이 많이 있었습니다. 요구사항이나 불만사항 같은 것들이지요. 저는 두 시간에 걸쳐 센터장들의 이야기를 다 들어 주었습니다. 센터장들은 과장이 자신들의 이야기를 끝까지 들어준 적이 없었다고 말했습니다. 센터장들은 힘이 있는 보건복지부가 맡아하던 것을 여성가족부가 담당하는 것에 대해 반대하였습니다. 힘없는 부서가 제대로 지원을 해주겠냐는 불신이 있었습니다. 보건복지부는 여러 현안 업무가 많아 부처가 온 전력을 쏟을 수 없지만 여성가족부에서는 장차관들이 관심을 가지고 있는 주된 업무이고 원래 여성가족부는 약자를 지원하는 기관이기 때문에 기내해봐라, 그리고 지켜보시라, 최선을 다하고 적극 의견을 듣고 최대한 반영하도록 노력하겠다고 약속을 했습니다. 지원단자문모임이라는 것이 있습니다. 제가 보기에 센터장들 중에 의견이 강한 분들은 다 빼놓았더라고요. 제가 센터장협의회 총무를 지원단자문모임에 넣으라고 했습니다. 센터장들의 의견을 대표할 수 있도록 말이지요. 프로그램개발과 관련한 안에 대해 센터장 협의회 총무에게 보여주고 고민을 해보라고 하였습니다. 자신들의 주장만 하지 말고 대안을 내보라고 하곤 하였습니다. 예를 들면, 보고서가 복잡하고 양이 많다고 하면 보고서를 단순하게 하고 줄일 수 있는 방법에 대해 같이 고민하고 해결하는 겁니다. 이렇게 몇 번 하면서 센터장들이 조금씩 마음의 문을 열게 되고 다문화가족과를 신뢰하는 분위기가 된 것 같습니다(아직 완전히는 아니지만)."

"갈등을 풀어가는 데 정보공유가 중요합니다. 저는 센터장들에게 일방적으로 업무를 추진할 생각이 없음을 분명하게 밝히고 있습니다. 무조건 반대만 하지 말고 대안을 제시하라고 요구합니다. 정부의 정책에 대해 센터장들의 의견을 제시하라고 합니다. 보수체계의 개선, 사업에 있어서의 자율성, 사업집행 체계의 개선 등등에 있어 센터장들의 의견을 많이 반영하였습니다."

"예를 들어, 어느 지역의 경우 센터가 관리하는 다문화가족구성원이 약 300명인데 10명의 방문교육지도사가 배치되어 있었습니다. 수혜자 수의 증감에 관계없이 센터에서는 결원이 있을 때 마다 방문교육지도사를 채용하였습니다. 어느 지역은 수혜자 수가 줄어들고 수도권의 경우 수혜자 수가 증가하고 있습니다. 이에 따라 센터별로 방문교육지도자 수를 적정하게 배정하는 것이 필요하였습니다. 센터별로 결혼이민자 수, 예상증가율, 농촌지역, 수혜자 수 등을 감안하여 방문교육지도사의 수를 정하는 표준화작업을 하였습니다. 시도에서도 국가기관에서 이런 표준을 만들어 주어서 좋다고 하였습니다. 감사원에서도 예산배정의 불합리성을 지적한 사항입니다. 이러한 방문교육지도사배정과 관련한 사업은 민원이 발생할 소지가 충분히 있었습니다. 결단이 필요했습니다. 방문교육지도사가 표준화된 인원보다 많은 경우 감원을 해야 하고, 방문교육지도사 경우 일자리를 잃기 때문입니다. 그래서 자원감소분을 채용하지 않는 대안을 제시하였습니다. 안을 만들어서 센터장들과 간담회를 개최하였고 센터장들로부터 합리성이 있다는 평가를 받았습니다."

가치를 어떤 행위의 바람직성 혹은 우리 삶에 있어서 동기를 결정하는 데 사용하는 목표 혹은 기준으로 보면(Lyons, 2006) 개인의 동기부여를 이해하는 데 있어서 필수적인 구성요소라고 할 수 있다.

공직자가 '직무를 수행하는 과정에서 무엇을 어떻게 할 것인가?'에 대해 어떤 평가적인 가치판단과 실천적 판단을 하는 가에 따라 공직자의 업무수행방식은 크게 다를 수 있다. 이러한 평가적 판단과 실천적 판단은 공직자가 갖고 있는 신념(혹은 신념체계)에서 비롯되는데, 신념[6]은 대상에 의미를 부여하는 가치와, 대상을 설명하는 이론들 간의 나선형적 상호작용과 믿음에 따른 실천의 반복적 되먹임(feedback) 과정을 통해 생기한다. 공직자의 신념은 자신의 직무를 어떻게 이해 · 해석하고, 직무를 어떻게 수행할 것인지에 대한 결정을 하는 데 결정적인 역할을 한다. 즉 공직 수행의 동기부여측면에서 중요한 역할을 한다.

그는 인터뷰과정에서 공직생활과 관련한 가치들을 언급할 때, 주로 '일을 제대로 하기', '일에 대한 열정' 등과 같은 업무의 내생적 가치, '인격적 대우', '칭찬하기', '상호신뢰', '상대방에 대한 존중', '협동' 등과 같은 동료애 가치(feeling of fellow), '사회적 약자 보호', '사심 없기' 등과 같은 권력 행사의 공평성을 이야기 한다. 그는 다문화가족지원사업의 통일성과 균질성을 담보하기 위해서는 기획과 자원을 할당하는 여성가족부의 정책적 의도가 다문화가족지원사업을 전달하는 다문화가족지원센터의 운영목적과 통합되어야 한다고 생각하고 있었다. 이러한 그의 관념(idea)은 기술합리적인 관료제적 방식으로 다문화가족지원센터를 포섭할 가능성을 열어 둘 수도 있다. 왜냐하면 다문화가족지원사업을 하는 NGO들 중에 정부가 지역별로 하나씩 선정해서 지원해 주는 방식으로 다문화가족지원사업을 운영하기 때문이다. 그러나 그는 전통적 공공행정 모델의 주요 조정 매체인 명령과 통제가 다문화가족지원사업과 관련하여 상호의존적인 관계에 있는 공공부문과 민간부문 간의 갈등을 심화시킬 수 있다고 믿고 있다.

이러한 믿음은 김여가씨가 '혁신'이 정부운영의 코드였던 참여정부시절에 3년 동안 행정혁신과 관련한 교육을 받고 혁신업무를 담당하면서 익힌 공공문제해결모형으로 널리 소개된 공공부문과 민간부문 간의 파트너십과 관련한 지식에 기초할 수 있다.[7] 가치와 이론 간의 나선형적 상호작용으로, 그는 강제적 방식보다는 협의를 통해 협동을 하고, 투

6) 베비, 로즈와 웰러(Bevir, Rhodes and Weller, 2003)는 실증주의의 순수경험을 부정하면서 사람들의 행위를 설명하기 위해서는 사람들의 신념과 욕망에 호소하는 것이 중요하다고 강조한다. 즉 자신들의 세계를 구성하는 신념과 의미, 그리고 자신들의 위치(location)를 이해하는 방식, 그들에게 영향을 미치는 규범, 그들의 이해 등을 탐구해야만 사람들의 행위를 설명할 수 있다. 신념과 행위, 실천을 설명하는 데 있어 전통, 구조, 패러다임과 같은 개념들이 중요하다. 왜냐하면 사람들이 추론하고 행동할 때 그들의 사회적 맥락의 비중이 어떠한가를 보여주기 때문이다.

7) 어느 방송 인터뷰에서 그는 다음과 같이 밝히고 있다. "이주 여성들은 언어도 서툴고 익숙하지 않아서 취업하기 어렵습니다. 이를 해결하고자 민간단체의 협력을 통해 지원프로그램을 마련하였습니다. (중략) 정부는 앞으로도 다문화가족지원센터와 지자체 등을 연계한 지원사업을 계속 개발해 나갈 생각입니다."

명성과 선의지를 효과적 운영으로 전환시키는 능력을 통해 정부와 공공행정에 대한 공공의 신뢰를 강화하고, 지속적인 평가를 통해 프로그램의 질을 개선하는 것도 주요한 공공행정의 책임성이라는 믿음을 갖게 된 것인지 모른다.

그는 상호의존적인 기관들의 갈등을 풀고 협력을 이끌어 내는 소통매체로 교섭과 설득을 구사했다. 먼저 그는 센터장들의 입장을 들어주는 것에서 출발해, 센터장의 요구사항을 다문화가족지원사업과 관련한 계획과 정책에, 그리고 예산할당에 반영하겠다고 약속을 하였다. 또한 소통을 원활히 할 수 있는 한 방법으로 센터장들의 의견을 대표할 수 있도록 자문단을 구성하였다. 특히 다문화가족지원사업과 관련하여 적극적으로 의견개진을 할 뿐만 아니라 명령과 통제방식에 저항하는 센터장들을 자문단에 포함시켰다. 그는 다문화가족지원사업의 서비스를 직접적으로 제공하는 센터들의 문제를 공유하고 같이 풀어가는 태도를 보임으로써, 센터장들과 교섭할 때 그들의 호의적인 태도를 이끌어 낸 것 같다. 로즈(Rhodes, 2000)는 이를 교섭을 통해 네트워크를 관리하는 외교적 수완이라고 한다. 김여가씨가 예로 들고 있는 교섭의 문제는 센터 운영의 자율성, 센터가 수행하는 사업의 평가, 센터가 정부 및 준정부기관에 제출하는 문서의 양(보고서 포함), 보수체계의 개선, 사업과 관련한 서비스의 개선 등이다. 그는 '완전하지는 않지만' 이라는 단서를 달면서 이러한 사안에 대해 정부안과 센터안을 놓고 교섭을 하면서 상호신뢰를 구축해 가고 있다고 말하고 있다. 다문화가족지원사업의 전달체계에서 중앙정부는 정책 및 계획을 만들고 자원을 할당하기 때문에 서비스를 직접 제공하는 센터들을 지도 감독하지 않을 수는 없다. 이러한 제도적 맥락에서, 김여가씨는 명령과 통제보다는 교섭과정을 통해 다문화복지사업서비스의 통일성과 균질성을 유지하고자 하는 의도를 결합한 교섭적 규제(negotiated regulation)와 협력적인 계약(Salamon, 2002: 15)을 구현해 나가고 있다.

김여가씨는 다문화가족지원사업의 전달체계를 관리하고 조정하는 매체로 도덕적 설득과 의사소통적 합리성[8]에 입각한 설득을 사용하고 있다. 그는 여성가족부는 '사회적 약자를 보호하는 부서'라는 점과 다문화가족지원사업은 여성가족부가 깊은 관심을 갖고 있는 사업이어서 센터의 운영에 실질적 도움을 줄 수 있는 부서임을 강조하면서 센터장의 우려를(약한 부서가 실질적 도움을 줄 수 있겠느냐?) 불식시키려고 애를 썼다.

김여가씨는 공직생활 중 공직자로서 자부심을 느꼈던 제1의 경험은 성희롱의 개념을

8) 하버마스의 의사소통적 합리성은 타당성 요청을 담론을 통해서 해소하는 것, 즉 동의의 형성을 말하는데 명제적 의미의 타당성 요청은 진리 담론 틀에서 해소하고 규범적 의미의 타당성 요청은 정확성, 적합성의 담론 틀에서 해소하는 것이다. 규범적인 관심에 대한 의사결정에 있어, 의사소통하는 당사자들이 자신의 관심을 정당화(justification)하는 주장(claims)들에 대해 대화, 담화를 통해 동의를 형성하는 것이 의사소통적 합리성이다.

처음 정립해서 우리사회에 소개한 것이라고 기억하고 있다. 가부장적 문화가 사회조직에 스며들어 있던 1990년대 초반의 사회분위기에서 주로 남성이 여성에게 가하는 성희롱에 대한 관념은 많은 남성 직장인들에게는 낯선 것이었다. 물론 1990년대 초의 서울대학교 우조교 성희롱 사건이 사회이슈가 되어 성희롱에 속하는 행동의 범주를 둘러싼 많은 논의가 있었다. 김여가씨는 동료 및 상사들의 성희롱 관념에 대한 소극적 입장과 한국사회에서 성희롱의 개념을 법에 반영하는 것에 대한 회의적 반응, 국회의 조문 축조심의 과정에서 들었던 남성입장에서의 발언 등에도 불구하고, 성희롱의 개념을 '남여차별금지 및 구제에 관한 법률'에 반영하려고 노력하였다.

김여가씨는 남녀차별금지법 제정 과정에서 남녀차별이 일어날 수 있는 모든 사례를 검토하였다. 예를 들면, 여성이 수영장 이용 시 생리기간에는 수영장을 이용할 수 없는 경우의 비용문제, 초등 · 중등학교에서의 남녀 학생 간의 출석부 번호문제(남학생 앞 번호, 여학생 뒷 번호) 같은 것이다. 여성가족부의 기능과 과업, 문화적 풍토(ethos) 등과 같은 제도적 맥락[9]에서, 이러한 경험이 그에게는 '사회적 약자를 보호하는 책임'이라는 공직자로서의 도덕적 감정을 형성하는 계기가 되었을지 모른다. 사회적 약자에 우호적으로 권리와 자원을 분배하는 규범적 구조인 여성가족부와 그의 도덕적 감정의 신체화(embodiment)를 동일시하는 도덕적 설득은 정부의 지원이 없이 자율적으로 다문화가족을 지원하였던 NGO들 입장에서는 어느 정도 수긍이 가는 면도 있을 수 있다. 이러한 도덕적 설득은 네트워크 행위자들 간의 공통의 세계관을 조장하고 그들 간의 인지적, 규범적 기대를 안정화시키는 데 기여하고 결과적으로 상호신뢰를 구축하는 데 도움을 준다. 도덕적 설득은 전달하고자 하는 규범의 내용도 중요하지만 진정성도 중요하다. 센터장들의 회의에 참석하는 것, 그들의 불만사항들을 경청해 주는 것, 센터장들의 이해를 대표할 수 있도록 자문단을 구성하는 것, 자문단과 업무에 관해 실질적으로 협의하는 것, 정보를 공유하는 것, 공동의 문제를 같이 고민하고 풀어가려는 태도와 열정, 문제를 풀어가는 데 필요한 자원(정치적, 제도적 자원, 물적 자원)의 동원 등이 도덕적 설득을 가능하게 하는 조건이다. 김여가씨도 이러한 조건들을 강조한다.

김여가씨는 사업과 관련한 계획안을 작성할 때 검증가능한 객관적 사실에 기초하여 대안들을 비교 분석하고 사업의 목적을 효과적이고 효율적으로 잘 달성할 수 있는 대안

9) "여성가족부는 인권을 중시하고 타 부처에서 하지 않는 사각지대를 보충해 주고, 미래지향적인 측면이 강해 새로운 일을 하지 않으면 안 됩니다. 다른 부서에 비해 덜 권위적입니다. 상사와 부하직원 간에 업무를 놓고 회의할 때 부하직원의 경우 하고 싶은 말은 다하는 편입니다. 다른 부서처럼 상사는 말하고 부하는 가만히 듣고 따르는 문화와는 다릅니다."

을 제시하는 것이 중요하다고 말한다. 상사를 설득할 때도 선택되지 않은 대안뿐만 아니라 선택한 대안이 갖고 있는 문제를 풀어 갈 수 있는 보충적 대안을 같이 제시한다고 한다. 그는 업무를 수행하는 방식과 관련하여 '실증적'이라는 단어를 여러 번 사용하였다. 그가 말하는 '실증적'이란 말이 논리실증주의에 입각한 언어인지는 분명치 않으나 '객관적 사실에 기초한 분석 보고서'를 강조하는 것을 보면, 실증주의 행정학이론이 담고 있는 기능주의와 도구적 합리성이 그의 문제해결모델의 기초인 것 같다. 다른 측면에서 그는 '실증적'이란 말을 '실질적으로 문제해결에 적합한 안을 만들어서 적용'하는 것으로 언급할 때도 있다. 즉 상황과 맥락에 부합되는 대안을 만들어서, 실질적으로 일을 하려면 제대로 해야 한다는 것을 강조할 때 '실증적'이란 말을 사용하는데 이는 '실용주의'[10]차원으로 이해될 수 있다. 이명박 정부가 국정관리의 이념으로 내세운 실용주의 실체와 의미는 분명하지는 않지만 '실용주의' 이념과 성과주의 간의 나선형적 결합이 '실증적'이란 말로 표현된 것일 수 있다. 앞서 그가 예로 들고 있는 '센터별로 방문교육지도사 수를 정하는 표준화 작업 사례'를 보면, 방문교육지도사 배정의 표준화를 통해 센터별로 방문교육지도사를 배정하는 것은 센터별로 인원조정을 해야 하기 때문에 지도사가 늘어나는 곳은 문제가 없지만 지도사의 수가 줄어드는 곳은 지도사가 일자리를 잃는다는 측면에서 민원이 발생할 소지가 있다. 감사원도 방문교육지도사업의 예산배정에 문제가 있다고 지적하였다. 그는 센터장들과 간담회를 개최하여 센터장들이 반대할 수 있는 사안에 대해 상황에 맞추어 자연 감소하는 인원을 채용하지 않는 방식으로 표준화 안을 실현한다는 안을 제시하고 그들의 동의를 얻어냈다. 물론 이러한 협의가 가능했던 것은 정보의 공유와 누구도 부정할 수 없는 사실에 기초한 자료를 토대로 업무협의가 반복적으로 이루어지면서 상호 역할기대를 충족시켰던 경험으로 상호신뢰를 구축하였기 때문이다. 지방자치단체도 여성가족부 표준화 안에 대해 만족하였다.

김여가씨는 여성가족부가 편성한 이중 언어교육에 대한 예산을 기획재정부에서 모두 삭감했던 것을 다시 편성하도록 한 사례를 언급하였다. 그는 사업의 필요성과 타당성에 대해 객관적 사실에 기초한 분석을 통해 설명을 하였다. 그러나 문서에 기초한 설명을 통해 예산을 확보할 수는 없다. 기획재정부 입장에서 보면, 예산을 확보하려는 부서가 자신

10) 도구주의 입장에 선 듀이가 생각하는 실용주의는 탐구의 선행조건, 문제의 설정, 문제해결정의 결정, 추론, 사실의 의미가 가지고 있는 조작적 성격, 상식과 과학적 탐구 등의 절차를 통해서 얻게 된 지식이 '참된 지식'이며 이러한 지식은 우리가 처해진 환경에서 우리가 당면한 문제들을 해결해 줌으로써 우리를 더 나은 단계로 나아가게 하는 것이라는 내용으로 구성되어 있다(이윤선, 2009: 194-195). 이러한 실용주의는 명제들의 타당성은 실제 적용시 나타나는 결과에 의해서만 판단될 수 있다는 경험주의를 내장하고 있다(김호섭, 2009: 254).

의 사업이 타당하다고 주장하는 것은 당연한 것이기 때문이다. 그래서 그는 다문화가족지원사업에서 이중 언어교육이 얼마나 중요한지 현장을 방문해서 실사를 해보라고 기재부에 요청했다. 기재부 사무관과 과장이 센터들을 방문해 실사를 하였다. 김여가씨는 센터장과 협의해서 설명해야 할 사항들은 무엇인지, 설명을 어떤 방식으로 하는 것이 좋은지 협의를 하였다.

그가 특히 강조했던 것은, 이중 언어교육은 다문화가족지원사업차원에서 하는 것이지 단지 언어교육만 하는 것은 아니라는 것이다. 다문화가족 아이들에게 자아정체감을 갖게 하고, 가족 간의 관계를 건강하게 하는 사업이다. 센터장들은 이 사업의 성격과 목적에 대해 여성가족부와 같은 생각을 갖고 있다. 그는 센터장들에게 무조건 열악하다고 하지 말고 다른 사회복지기관과 비교하는 자료를 제시하고 다른 사회복지기관에서 일하다 온 사람이 실상을 설명하고, 이 사업을 없앨 경우에 어떤 문제가 야기될 수 있는지 객관적 사실에 기초해 설명하는 것이 중요하다고 말했다. 김여가씨는 기재부 사무관과 과장이 현장을 방문해 보고, 듣고 해서 사업의 필요성에 대한 인식이 달라진 것 같다고 생각하고 있다.

예산편성과정에서 부서의 권력관계에 의해 예산이 결정되는 관료정치를 무시할 수는 없지만 약한 부서인 여성가족부의 권력작용으로 예산이 확보되었다고 할 수는 없다. 홀(Hall, 2003)은 관료가 권력의 화신만은 아니고 정책문제를 해결하고자 애쓰는 면이 있다고 하면서, 기존의 정책수단이 문제를 풀어가는 데 적합지 않을 때 정책학습을 통해 새로운 정책수단(정책패러다임을 포함한)을 고안한다는 것을 설명하고 있다. 이는 예산결정시 관료정치만 작용하는 것이 아님을 말한다.

다문화가족문제는 언론을 통해 사회적 이슈로 부각된 지 오래고 여성가족부의 중심적 과업이기도 하다. 국회예산정책처의 다문화가족지원사업 예산 분석과 감사원의 감사로 다문화가족지원사업은 많은 문제가 있다는 것이 지적되었다. 즉 8개 부처 30개 사업으로 추진되고 있는 다문화가족지원사업에 대한 중복사업 문제, 일자리지원사업 일원화의 필요성, 상담인력의 부족, 보육료지원사업 소득기준설정 필요, 지원센터 기본운영비 차등지원 필요, 병합형센터 도시지역 편중문제 개선 등이다. 따라서 예산을 사정하는 기재부 입장에서는 중복사업이라고 생각된 이중언어교육지원사업에 대한 예산을 삭감하려 했을 것이다. 이에 김여가씨는 단순한 언어교육이 아니고 '다문화가족의 문제를 해결하는 차원에서 접근하는 사업'이라는 아이디어[11]를 센터장들과 공유하고, 협력하면서 기재부를

11) 정책과 관련한 아이디어는 인과적 신념(causal beliefs) 혹은 원리에 의거한 신념(principled beliefs)으로 범주화

설득하였다고 할 수 있다.

나름대로의 목표와 비전, 표준운영절차, 세계관, 특유한 자원과 프로그램, '자기스스로 자신을 생산하는 코드'를 갖고 있으며 상호의존관계에 있는 기관이나 조직들이 상호이익을 주는 공동의 프로젝트를 개발하고 이러한 과정에서 불가피한 모순과 딜레마를 관리하기 위해 지속적으로 대화하고 자원을 공유하는 것을 거버넌스라고 한다. 자율적이면서 호혜적으로 상호의존적인 관계에 있는 이들 기관과 조직들의 행동을 조정하는 주요한 메커니즘으로 소음감소와 소극적 조정을 들 수 있다(Jesssop, 1999). 소음감소와 소극적 조정 메커니즘[12]이 잘 작동하도록 도움을 주는 것은 앞서 언급한 도덕적 설득과 의사소통적 합리성에 입각한 설득이다. 발전국가의 경로의존성과 성과지향형의 공공행정모델이 지배하는 역사적 맥락에서 정부와 민간부문 간의 파트너십이 전통 관료제 모델에 따라 운영되거나, 파트너들 간의 권력의 비대칭으로 인해 정부가 주도하는 변형된 파트너십, 계약형 파트너십일 수 있다. 이러한 파트너십은 조직 간의 상호학습을 통해 역량이 강화되는 공진화(coevolution)를 방해할 수 있다. 김여가씨의 설득을 통한 조정노력은 이러한 차원에서 의미가 있다.

김여가씨의 조정노력에 살라몬(Salamon, 2002: 16-17)이 말하는 네트워크 활성화 기술(activation skills), 통합기술(orchestration skills), 보상과 처벌의 민감한 조절기술(modulation skills)이 보태지면, 다문화가족지원사업 서비스 전달네트워크의 문제해결능력은 제고될 것이다. 네트워크를 활성화시키는 기술은 잠재적 파트너가 네트워크에 참여해서 자신의 역할을 하도록 새로운 기회를 부여하고 고무하는 기술이다. 통합기술은 교향악단의 지휘자처럼 네트워크의 행위자들이 같이 시간에 맞추어 자신의 과업을 잘 해낼 수 있도록 하는 기술을 말한다. 조절기술은 네트워크의 행위자들로부터 협력적 행위를 이끌어 내기 위해서는 보상과 처벌을 예민하게 조절하는 기술을 말한다.

3. 상호신뢰 쌓기

김여가씨는 업무수행능력은 기본이고, 자신의 업무를 잘 수행할 수 있게 도와주는 것은 과업수행과 관계있는 사람들 간의 상호신뢰라고 믿고 있다. 신뢰와 같은 사회 자본은

할 수 있는데 인과적 신념은 실용적 차원에서 정책의 원인과 결과에 초점을 맞추고, 원리에 의거한 신념은 사회의 특정한 측면이 어떻게 작동하고 작동해야만 하는가에 초점을 맞추고 있다(Klyza & Mlyn, 1995: 2004).

12) 소음감소는 자율적인 기관과 조직의 자율적인 논리에 대한 상호민감성을 강화하고 상호이해를 촉진함으로써 기관과 조직 간의 의사소통의 소음을 감소시키는 것이며, 소극적 조정은 행위자가 자신의 행위로 인하여 제3자가 어떤 영향을 받는가를 성찰하고 제3자에게 적합한 행위를 할 수 있도록 자기절제의 행사를 고무하는 것이다.

네트워크 거버넌스의 주요자산이다.

"우리 부서는 직원이 14명 있습니다. 사람마다 능력은 다 다르다고 생각합니다. 물론 직원들 중에 일을 잘하는 직원이 있고 잘 못하는 직원이 있을 수 있지요. 업무수행능력이 떨어지는 직원들도 있습니다. 그러나 직원들은 조직의 소모품이 아니라고 생각합니다. 어떤 사람들은 조직원을 소모품으로 보고 인격적으로 대하지 않는 경우가 있습니다. 그러나 저는 진정성을 갖고 인격적으로 조직원을 대하는 것이 중요하다고 생각합니다(힘주어 강조함). 조직생활에 가장 중요한 것이 신뢰입니다. 저는 직원들의 역량강화를 중시합니다. 직원들의 강점을 강화하는 쪽으로 칭찬을 많이 하는 편입니다. 직원이 모든 일을 다 잘할 수는 없습니다.

상대를 존중하는 것이 중요합니다. 내가 존중받고 있다고 느끼면 의견이 크게 다르거나 감정이 상할 때라도 어느 정도 감수할 수 있습니다. 실수를 한 직원을 질책하고 모욕 주는 것은 업무수행에 크게 도움이 안 됩니다. (중략) 저는 칭찬을 잘하는 편입니다. 작은 부분이라도 잘한 일은 칭찬합니다. 칭찬은 직원을 인정하는 것이라고 생각합니다. 조직원들은 조직 내에서 인정을 받지 못하면 굉장히 서운함을 느낍니다."

그는 상사와의 관계에서도 신뢰가 중요하다고 말하고 있다.

신: "민원소지가 있는 사업에 대하여 상사를 어떻게 설득하였나요?"

김: "문제를 해결하는 개선안을 마련했을 때 개선안이 갖고 있는 문제에 대한 대응방안도 같이 제시하고 설명하는 것이 중요합니다. 그보다 더 중요한 것은 상사와 부하 간의 신뢰관계입니다. 부하가 문제에 관해 성실하게 고민하는 모습을 보이고, 상사가 그 문제에 관해 지시하기 전에 먼저 문제를 인식하고 문제를 해결하는 개선안을 만들어 일하는 방식과 태도가 중요합니다. 무엇보다도 자신의 업무에 대해 전력투구를 하고 고민하며, 열정을 갖고 있어야 합니다. 이러한 일을 반복해서 하면 상사와 부하 간의 신뢰관계가 생깁니다."

다른 부서의 공직자와 업무관계에 있어서도 신뢰관계가 중요하다고 말하고 있다.

"2009년에 청소년 · 가족업무가 보건복지가족부에서 여성가족부로 이관되었습니다. 이관하는 과정에서 행안부에게 분석적으로 설명 자료를 만들어 이 업무는 여성가족부의 업무라는 것을 설명하였습니다. 이관인원 문제도 부처 간 많은 논란이 있었습니다. 분석적이고 체계적인 자료를 제시하고 설명한다고 해서 제시한 안이 받아들여지는 것은 아닙니다. 정부조직개편 훨씬 이전에 공식, 비공식적으로 행안부가 필요로 하는 정보나 자료를 언제나 적극적으로 제공하였습니다. 행안부도 우리가 필요로 하는 자료나 정보를 제공해 주었습니다. 물론 정보나 자료의 신뢰성이 중요하지요. 보건복지부와 행안부가 갈등을 할 때 행안부의 논리를 뒷받침하는 자료나 정보를 제공해 주었습니다. 사소한 사항이라도 우리 부 국장과 우리 부서의 업무와 관련이 있는 다른 부서의 국장을 만날 때, 혹은 우리 장관과 다른 부서의 장관이 만날 때, 타부서의 과장들이 전화를 해서 정보를 줍니다. 예를 들면 "우리 장관님이 행안부 장관께 이러 저러한 일에 대해 질문할지 모른다." 그러면 담당부서에서 먼저 내부적으로 관련사항을 장관께 보고하고 준비하도록 하는 것입니다. 그래서 서로 관련된 업무에 대해 국장과 장관들 사이에 의사소통이 가능하도록 합니다. 평소에 이와 같은 의사교환으로 정보를 공유하게 되면 부서 간에 상호신뢰가 쌓이고 갈등을 보다 쉽게 풀어갈 수 있습니다. 정부조직개편의 경우에도 상호신뢰가 바탕이 된 상태에서 객관적 자료에 기초한 논리가 설득력을 가집니다.

교섭을 할 때 상대방의 업무에 대해 많이 아는 것처럼 나서는 것은 문제가 될 수 있습니다. 항상 상대방을 존중하는 것이 중요합니다. 특히 갈등을 조정할 때 중요합니다."

그는 업무와 관련한 민간단체와의 관계에서도 신뢰관계가 중요하다고 말하고 있다.

"방문교육지도사배정과 관련한 사업은 민원이 발생할 소지가 충분히 있었습니다. (중략) 이런 문제를 풀어가는 데 상호신뢰가 중요하다고 생각합니다. 평소 사업을 하면서 반복해서 정확한 사실과 자료에 기초하여 의견을 제시하고 주고받으며 상대를 존중하면 신뢰가 생기는 것을 경험하였습니다. 이러한 신뢰가 사업에 대해 설명을 할 때 상대가 쉽게 인정을 해 주는 것 같습니다."

김여가씨의 업무수행에 있어서 상호신뢰가 중요하다는 믿음은 어떻게 구성된 것일까? 사회적 구성주의주의자들이 말하듯 의미 만들기(감을 잡기 혹은 감지하기, sense-making)[13]의 산물은 아닐까? 의미 만들기는 사람들이 하고 있는 것을 합리화하는 그럴듯한 이미지를 현재진행형으로, 회고적으로 전개하는 것을 포함한다(Weick: Hales, 2007에서 재인용). 의미 만들기의 상호 관련된 4가지의 특성은 환경을 적극적으로 규정하기(enacted), 문제를 설정하기, 결과를 설명하는 그럴듯한 이야기를 구성하여 문제에 대한

13) 알라드 포시(Allard-Poesi)에 의하면, 의미 만들기는 사람들이 자신의 상황과 행위를 창조하고 그것들을 자신과 다른 사람들에게 합리적인 것이고 설명 가능한 것으로 만들려고 시도하는 진행형의 성취물(ongoing accomplishment)이다. 웨이크(Weick)는 의미 만들기를 사람들이 모호한 사건들에서 야기하는 부조화의 경험들을 의도적이고 실용적으로 언어적 자원을 사용하여 범주나 라벨로 분류한 해석 틀에 배치하는 것으로 정의한다. 이를 통해 경험의 세계를 지적으로 이해 가능한 세계로(intelligible world)로 전환한다(Hales, 2007: 151에서 재인용).

대응을 합리화하기, 적극적이고(positive), 일관성 있고, 역량 있는 정체성을 구성하고 유지하기 등이다(Hales, 2007: 152). 김여가씨는 자신이 속해 있는 조직을 '인권을 중시하는 부서', '미래지향성이 강한 부서', '탈권위주의 문화', '다른 부서에 비해 민간부문과 인사교류가 앞선 부서', '민간부문과 협력 및 협동을 하여 일을 추진하는 부서', '힘이 세지 않은 부서', '다른 부서에 도움을 줄 수 있는 자원을 갖지 않은 부서' 등으로 개념작용(conception)을 하고 있다. 즉 그는 규범적인 요청을(normative claims) 타당하게 합리적 의사소통을 통해 해소하고, 새로운 아이디어를 끊임없이 요구하고, 과업의 수행에 있어서 타자에 대한 의존성 높은 부서로 자신의 부서의 성격을 규정짓고 있다. 그가 인식하고 있는 이와 같은 조직적 맥락은 관료제적 기술합리성만으로 업무를 수행하는 경우 자신의 행위의 의도와 결과사이에 부조화를 발생시킬 가능성이 있다. 또한 협동을 강조하고 창의적인 업무를 좋아하는 김여가씨는 자신이 선택한 행위의 결과에 대한 소망스런 기대가 다른 사람의 행위로 인해 실망할 수 있는 상황도 빈번하게 경험할 수도 있다. 김여가씨는 업무수행과정에서 부딪히는 복잡하고 혼돈스런 문제적인 상황을 '상호신뢰쌓기'(trust building)[14)]라는 의미 만들기를 통해 인식하고, 관계적 자원(relational resources)을 축적하고 동원하는 것이 공동의 문제를 해결하는 지름길임을 합리화하는 것 같은 인상이 든다. 그는 과업수행의 성공적인 결과를 자신의 아이디어나, 합리적 행위의 산물이긴 하기만, 자신의 합리적 행위가 기대에 부응하여 실망스럽지 않은 결과를 가져온 것은 신뢰관계라고 해석하고 설명하고 있다.

김여가씨가 부서 내에서, 즉 부하와 상사 간의 관계에서 신뢰쌓기를 강조하는 이유는 그의 도덕적 감정(moral sentiments)에 근거한 것일 수 있다. 도덕과 윤리는 기본적으로 다른 사람을 어떻게 대하는 것이 옳은 것인가에 대한 판단에서 출발한다. 사회적 존재로서 우리는 도덕적 결정을 하지 않고 사회적 상호작용 혹은 관계에 참여할 수 없다(Sayer, 2004). 그의 주요한 도덕적 감정은 아리스토틀이 이야기하는 '동료의식', 아담스미스의 '동료 느낌(fellow feeling)' 같은 사회질서의 기본적인 요소인 동료애라고 할 수 있다. 조

14) 체계이론가인 루만(Lhuman, 2000)은 신뢰(trust)를 특수한 위험(risk) 문제의 해결안으로 개념화하면서 신임(confidence)과 구분하고 있다. 신뢰와 신임은 공히 기대에 대한 실망의 가능성을 전제하고 있지만, 신뢰는 행위자가 자신이 추구하는 이점보다 위험(damage)가능성이 큰 상황에서 어떤 한 행위를 선택하는 경우에 요구된다. 따라서 신뢰는 다른 사람의 행위에 의해 실망할 가능성이 있음에도 불구하고 어떤 한 행위를 선택하고, 그의 기대에 비해 실망적인 결과는 그의 이전의 선택행위의 결과라고 인정하는 것을 특징으로 한다. 신뢰행위를 하는 사람은 위험을 받아들이는(risk taking) 선택행위를 하는 행위자라고 할 수 있다. 여기서 위험은 자신의 행위로 발생히는 위험을 말한다. 신뢰관계는 난순하게는 개인 상호간의 관계에서 구축되는 경향이 있지만 조직 상호간의 교섭을 쉽게 할 수 있게 하고 단기적 이해를 희생시키고 기회주의를 거부하는 일반화된 신뢰를 구축하는 데 도움을 준다(Jessop, 1999).

직 내에서 업무관계로 맺어진 부하와 상사 간의 관계는 자신의 업무수행을 위해 서로의 지원과 심리적 의미의 인정을 필요로 하는 상호의존관계라고 할 수 있다. 아담스미스에 의하면, 이러한 의존관계에서 사람들은 자신의 행동이 자신의 복리뿐만 아니라 상호작용하는 다른 사람의 복리(well being)에 어떤 영향을 미치는 것을 지속적으로 감독(monitoring)하면서 도덕적 감정을 발전시킨다(Sayer, 2004에서 재인용).[15] 이러한 감독은 상상적인 관찰자가 자신의 행동에 대한 판단과 행동의 결과를 감독한다고 상상하면서 진행한다.

김여가씨의 '상대방 존중하기', '칭찬하기', '호혜성 규범에 기초한 협동', '인격적 대우' 등과 같은 윤리적 기질들은 앞서 기술한 성격을 가진 여성가족부 내에서의 사회화와 김여가씨가 본성적으로 갖고 있는 도덕적 감정(자비, 동정, 감사, 정의, 분노 등)에 의존하는 실천적 학습과정의 산물일 수 있다. 김여가씨는 업무수행과 관련하여 조직 구성원들과 반복된 상호작용을 하는 가운데 다른 사람의 감정, 상황, 경험을 이해하고 반응하는 학습과 성찰과정을 거치면서 동료애라는 도덕적 감정에 대한 기질을 갖게 된 것인지 모른다(물론 이러한 도덕적 감정은 오류일 수도 있음). 특히 조직 맥락에서 구성원들 간의 신뢰는 '역할을 수행할 수 있는 기술적 역량'과 '자신의 이해관계에 앞서서 다른 사람의 이해관계를 배려하는 의무와 동기' 같은 기대가 반복적으로 충족될 때 구축된다고 할 수 있다. 이에 못지않게 지식과 권력이 특정한 이해관계를 위해 긍정적으로 혹은 부정적으로 사용되느냐에 따라 신뢰관계는 달라질 수 있다(Luhman, 2000). 김여가씨는 새로운 아이디어를 항상 구상하고, 실증적인 자료에 기초한 정책안이나 보고서를 작성하며, 자신의 안이 갖고 있는 문제에 대한 해결안과 검토한 다른 대안도 정책안이나 보고서에 담는다고 한다. 물론 업무와 관련된 사람과의 담화를 통해 보고서나 안을 만든다. 또한 외부 연구프로젝트와 관련해서도 연구보고서는 외부연구자와 같이 만든다는 생각으로 연구보고서를 꼼꼼하게 검토하고 외부 연구자와 의견교환을 적극적으로 하여 자신의 아이디어도 연구보고서에 담기게 하려고 노력한다. 그의 이러한 업무수행방식은 구성원들의 그에 대한 역할기대를 반복적으로 충족시킬 가능성이 많으며 이러한 과정을 통해 그와 구성원들 간에 신뢰관계가 구축된다. 그는 상사를 평가하는 규범, 공직자로서 지켜야할 규범으로 '사심

15) 로버트 제컬(Robert Jackall)은 도덕적 감정과 행동이 사회구조와 환경에 의해 어떻게 형성되는가를 기업경영자에 대한 연구를 통해 생생하게 보여주고 있다. 경영자에게는 인상관리, 도구주의(다른 사람을 자신의 목적의 수단으로 봄), 외부적인 선(external goods)의 축적, 약자의 회피, 강자에겐 비굴, 다른 사람 것의 신용을 전유하기, 책임성 회피, 공적인 약속 저버리기 등과 아래로는 지배, 위로는 불평, 옆으로는 경쟁, 자기이익 추구 등이 윤리를 압도하고 있다(Sayer, 2004에서 재인용). 세이어는 조직형태가 조직구성원의 윤리적 기질의 형성에 많은 영향을 미친다고 주장한다.

없음'을 제시한다. 이는 공공조직에서 주어진 권한(권력)과 지식을 자신의 이익을 위해서 사용해서는 안 된다는 것을 의미한다(권력의 사유화에 대한 반대). 그의 이러한 규범은 자신의 이익보다는 다른 사람의 이익을 배려하며 업무를 수행하는 태도로 나타나며, 결국 그는 다른 구성원의 기대를 실망시키지 않으면서 다른 구성원과의 신뢰관계를 형성한다고 할 수 있다.

조직 외부에 있는 업무관련자와의 신뢰관계형성은 친밀하지 않은 관계 및 각자의 제도적 논리에 친숙하지 않은 관계이기 때문에 조직 내부보다 어렵다. 즉 보다 큰 위험을 감수해야 한다는 것이다. 다문화가족지원센터장들과의 신뢰관계의 형성에 있어, 앞서 기술한 역량에 대한 기대, 의무에 대한 기대를 반복적으로 충족시키는 것도 중요하지만 도덕적 질서의 지속성(Luhmann, 2000)에 대한 상호기대를 충족시키는 것이 더 중요하다. 자율적이면서도 상호의존관계에 있는 기관과 조직들이 비전과 세계관, 그리고 자원들을 공유하면서, 공동의 아젠다와 프로젝트를 개발하고 집행하는 데 책임성을 공유하기 위해서는 담화와 대화를 통해 서로의 행동을 조정할 수밖에 없다. 소음감소와 소극적 조정 메커니즘을 통해서 네트워크로 엮여진 기관과 조직들 간의 상호학습과 상호역량강화가 실현되는 공진화가 일종의 도덕적 질서의 지속성이라고 할 수 있다. 김여가씨는 상대를 존중하고, 상대방의 말을 경청하며, 정보를 공유하며, 문제해결안에 대해 대화하는 반복적 실천을 통해, '자신의 부서가 인권을 보호하고 다문화가족문제해결에 깊은 관심을 갖고 있는 기관'이며, '다문화가족지원사업의 목표를 달성하기 위해 센터들의 협력이 필요'하다는 것과 '센터들의 사업을 적극 지원한다는 것' 등에 대한 센터장들의 인식을 구성하는 데 완전하지는 않지만 나름 성공한 것 같다(경험적 연구를 통해 확인을 해봐야 하는 주제). 그의 인터뷰만 보면, '다문화가족문제해결을 위해 상호 협력해야 하고 상호 역량강화를 통해 서로가 발전해야 한다'(호혜적 규범)는 도덕적 질서의 연속성에 대한 기대에 대해 서로 실망하지 않은 것 같다. 김여가씨의 이와 같은 센터장들과의 상호작용은 센터들의 사업운영의 자율성으로 인해 도덕적 질서의 연속성에 대한 기대가 실망스러운 결과를 가져올 위험이 큰 상황에서 신뢰관계를 형성하는 데 도움을 주었다.

사회자본이론가인 푸트남, 후쿠야마는 경제적 차원에서나 정치적 차원에서 호혜적 규범으로서 신뢰는 거래비용을 줄이고, 자원에 대한 접근을 개선할 수 있으며 민주주의를 활성화할 수 있다고 주장한다. 거버넌스 이론가들은 신뢰라는 사회적 자본은 자율적이면서 상호의존적인 기관이나 조직들이 상호이익을 주는 공동의 프로젝트를 개발하고 집행하며, 이러한 과정에 발생하는 모순과 딜레마를 상호 조정을 통해 관리하는 데 도움을 준다고 주장한다. 세이어(Sayer, 1999)의 말대로 김여가씨가 말하는 신뢰관계가 공공부문의 경쟁력 담론이나 성과압력에 굴복하는 도구적 성격을 갖는 것이 아니라면, 공적 가치(public value)를 창조하는 데 도움이 된다.

Ⅳ 혁신가 되기

김여가씨는 노무현 정부 때 거의 3년간 혁신업무를 담당하였다. 그리고 혁신과 관련하여 별도의 교육을 받았다. 그가 혁신에서 강조하는 것은 실질적으로 문제해결에 도움을 주는 것이어야 한다는 것이다. 실천적 적합성을 갖지 않는 혁신적 아이디어는 의미가 없다고 생각하고 있다. 또한 그는 혁신을 할 때 혁신으로 인해 발생하는 혜택이 누구에게 돌아가느냐를 항상 생각해야 하며, 무조건 새로운 것을 말하는 것이 아니라 일하는 방식을 조금만 개선해도 혁신이라고 주장한다. 특히 여성가족부는 미래지향적 부서이고, 인권을 중시하는 부서이며, 정책대상자과 같이 사업을 기획하고 집행해야 하는 부서이기 때문에, 규범적 질문에 대한 타당한 해답을 얻기 위해서는 새로운 아이디어의 구상과 이러한 아이디어를 관계자와의 논의를 통해 정책안으로 구체화하는 것이 중요하다. 이러한 숙의과정은 조직원들 사이에 질 좋고 새로운 정보를 공유할 수 있도록 하기 때문에 조직의 혁신에 큰 도움을 준다(Mintrom, 2003).

김여가씨는 위에서 과업을 정해주고 자신은 그 과업을 수동적으로 수행하는 것보다는 열정을 갖고 문제에 대해 주도적으로 접근해서 해결하는 것이 즐겁다는 입장을 갖고 있다. 즉 상사가 지시하기 전에 문제를 검토하고 해결안을 만드는 것을 즐겨한다. 부하직원에게도 특히 이를 강조한다.

> "일의 주도권을 뺏기지 마라, 문제는 항상 새로운 것이니 과거를 답습하지 마라, 새로운 아이디어를 갖고 접근해라. 저는 부하직원들 안에 대해 질문을 많이 던지는 편입니다."

그는 현장에서 느낀 문제들을 새롭게 풀어보려고 노력하는 모습을 보였다. 언젠가 대학교수인 센터장이 민원에 대해 감사한 것을 두고 담당 공무원들에게 불만을 표한 적이 있다. 김여가씨는 그 센터장을 만나 센터운영과 관련한 현실적인 많은 이야기를 주고받았다. 그 센터장은 센터직원의 관리지침이 있었으면 좋겠다는 말을 하였다. 그는 다문화가족지원센터 인사노무매뉴얼을 노무사와 상의하고 자문을 받아 안을 만들었고 그 매뉴얼 안을 그 센터장에게 보여주었다. 인사노무매뉴얼은 아직 만들고 있는 단계에 있다.

김여가씨는 제도를 실현하는 혁신적인 수단들을 고안하고 있다. 성인지예산에 대한 부서의 인식이 온전하지 않았던 초기에, 여성발전기본법에 의해 성별영향평가를 하도록 되어 있었는데 부서들이 이를 제대로 하지 않았던 적이 있었다. 성별영향평가에 대한 개념도 분명하게 확립되지 않았던 당시로서는 이러한 제도도입이 너무 일렀는지 모른다. 무슨 말인지 잘 모르겠다는 반응이었다. 그러한 상황에서도 그는 성별영향평가를 지방자치단체와 교육청까지 확대하였다. 이때 그는 소극적인 부서들이 어떻게 하면 성별영향평가를 적극적으로 할 수 있겠는가 생각을 하였다. 고안된 방법들은 컨설팅 팀을 구성하고 성별영향평가를 어렵게 느끼고 있던 부서와 기관을 찾아가서 교육을 하도록 한 것이다. 또한 행정안전부를 설득해서 성별영향평가를 잘한 부서에 포상을 하도록 하였다. 각 부서에 일일이 전화를 해서 성별영향평가를 독촉하기도 하였으며 부서별로 성별영향평가 실적 자료를 받아서 국무회의에 보고하겠다고도 하였다. 교육청이나 16개 시도별로 전문가들이 방문해서 교육하기도 하였다. 그는 타부서의 불만과 의견을 받아 성별영향평가가 잘 될 수 있도록, 즉 지표작성을 쉽게 체계화할 수 있도록 계속 보완 작업을 하고 있다.

그의 혁신가되기의 면모는 다음과 같은 이야기에서 알 수 있다.

"3년마다 실시하는 다문화가족실태조사를 2012년에 하는데 예산을 26억 원 신청하였습니다. 기재부는 2009년 전수 조사할 때 15억 원인데 이번에 표본조사를 하는데 어떻게 26억 원이 드냐면서 처음부터 부정적이었습니다. 기재부에서 정해준 대로 사업을 할 수도 있습니다. 그러나 일을 하려면 제대로 해야 한다고 생각했습니다. 기재부를 설득하기 위해 표본설계를 위한 TF팀을 구성하였습니다. TF팀은 다문화가족실태조사를 해본 경험이 있는 교수들과, 통계청의 표본조사 전문가 등으로 구성하였고 다문화가족 실태조사의 논리개발을 위한 프로젝트를, 즉 표본설계에 대한 연구를 수행하였습니다. 조사항목, 지표, 통계 등을 개선하는 방안을 제시하고 실태조사에 들어가는 경비를 항목별로 구체적으로 산출하였습니다. 일반적인 프로젝트를 수행하는 데 들어가는 경비를 산출하는 방식보다는 실제 제대로 실태조사를 할 때 필요한 경비를 산출하도록 TF팀에 요구하였습니다. 그리고 2009년도와 2012년도의 실태조사가 어떻게 다른지 비교 분석을 해달라고 요구하였습니다. 통계청에서 그러더군요. 실태조사를 하기 전에 표본설계를 한 적이 없다고. 실태조사사업과 예산이 정해지고 실제 조사에 들어갈 때 표본설계를 한다고 합니다. 우리는 기재부를 설득하기 위해 실태조사의 논리개발 차원에서 표본설계를 먼저 하였습니다. 내부에서도 예산이 어떻게 책정될지 모르는데 돈 들여서 표본설계를 먼저 할 필요가 있는지를 두고 논란이 있었습니다. 예산을 받고나서 하거나 주는 대로 하지. 그러나 저는 일을 하려면 제대로 하는 것이 중요하다고 생각했습니다. 다문화가족 정책에 필요한 정책 자료를 산출하는 실태조사를 해야 한다고 생각했어요. 통계청에 있는 분이 말하길 실태조사를 하기 전에 먼저 표본설계를 하는 것이 정석이라고 하더군요. 다문화가족실태조사는 언어가 다르기 때문에 일반 실태조사와는 성격이 아주 다릅니다. 여성가족부에서 실태조사의 틀을 만들고 통계청의 조사원을 활용하기로 했습니다. 예전에는 희망 근로하는 사람들을 조사원으로 활용했습니다. 이번에는 조사를 제대로 하는 것이 중요하다고 생각해 조사능력이 있는 통계청의 조사요원을 활용하기로 하였습니다. 조사원관리는 통계청이 하기로 하였습니다.

TF팀에서 표본설계를 할 때 2009년도 실태조사가 갖고 있는 문제가 무엇인지, 이 문제를 개선할 수 있는 방법이 무엇인지(통계를 개선하는 것) 등과 함께 표본설계를 어떻게 할 것인지를 같이 연구하였습니다. 결국 1차로 20억 원 예산을 확보하였습니다."

모건과 카스(Morgan & Kass)는 공공관리자의 도덕발전의 단계를 3단계로 구분하고 있다(강신택, 2011에서 재인용). 제1단계에서, 관리자들은 효과적인 정부가 있게 하기 위하여 "일이 되게 만들어야 한다"는 도덕적 의무감을 느낀다. 제2단계에서, 공공관리자들은 일이 되게 하기 위하여, 경쟁하는 이익집단과 갈등의 세계에서 "이해관계의 균형자"와 "합의의 촉진자"가 된다. 최종단계에서, 공공관리자들은 자유롭게 공공 또는 공동체의 이익집단이라는 언어를 끌어다 쓴다. 이러한 논의에 비추어 보면 김여가씨는 도덕발전의 2단계 정도에 있는 것 같다. 그는 "일을 하려면 제대로 해야 한다"는 것을 강조한다. 다문화가족실태조사로 얻는 자료는 다문화가족의 문제를 인지하고 정책을 만들 때 기본적인 자료이다. 그는 다문화가족지원사업과 관련한 적실한 기초자료가 중요하고 조사를 제대로 하기 위해서는 예산을 확보해야 한다고 생각했다. 그의 말대로 기재부가 주는 예산에 맞추어 실태조사를 할 수도 있다. 조직 내부에서도 적실한 예산을 배정받기 위해 자체예산을 사용하는 것에 달갑지 않은 반응을 보였다. 이러한 상황에서 전문가집단을 구성하고 실태조사와 관련한 통계방법의 개선과 함께 표본설계를 하였다. 이 사례는 그가 개혁의 끈을 놓지 않고 새로운 것을 추구하는 혁신가되기의 면모를 보여주는 것이다.

V 분 석

김여가씨는 여성가족부의 중간관리자로서 다문화가족지원사업 업무를 맡고 있다. 그를 복지 거버넌스의 조정자와 혁신가되기로 추상한 것은 완성된 형태의 조정자와 혁신가라기 보다는 현재진행형의 조정자와 혁신가의 모습을 보여주고 있기 때문이다. 다문화가족지원사업의 전달체계에서 그의 조정자되기는 관료제적 양식의 명령과 통제 방식으로 업무를 수행하기 보다는 교섭과 설득하기 방식으로 업무를 수행하는 측면을 보여주는 것이다. 신거버넌스는 공공의 문제를 풀어가고 공공의 목적을 실현하는 데 정부와 제3자와의 협동적 관계를 중시한다(Salamon, 2002). 협동적 관계를 구축하여 다문화가족지원사업의 효과성을 제고하기 위해서는 나름 자율성을 갖고 있는 조직과 기관들이 이 사업에 관한 비전과 목적을 공유하며 이를 위해 공통의 프로젝트를 개발하고, 이의 실현을 위해 자신들의 역량을 헌신적으로 발휘해야 한다. 더욱이 관련된 기관과 조직 간의 상호역량을 강화하는 방식의 호혜적인 협력관계를 구축하는 것이 중요하다.

김여가씨가 조정자로서의 역할을 나름 성공적으로 하게 한 요인들은 개인적인 차원과 조직맥락의 차원, 환경적 맥락의 차원으로 나누어 볼 수 있다. 첫째, 개인적 차원에서 보면 그의 인지구조,[16] 교섭과 설득 능력, 업무수행에서 신뢰가 중요하다는 신념 같은 것을 들 수 있다. 그의 업무수행과 관련된 인지구조형성에 영향을 미친 것은 신공공관리론과 거버넌스이론 및 참여정부에서의 정부혁신의 경험과 학습이다. 그는 다문화가족사업의 문제를 인지하는 데 있어 관료제적 기술합리적인 문제라기보다는 전달체계의 조정의 문제로 인식하고 있음을 보여 주고 있다. 그는 교섭과 설득하기를 통해 전달체계의 기관과 조직 간의 완전하지는 않지만 협력관계를 유지하고 있다. 교섭과 설득하기의 조건들을 창출하는 데 나름 노력하였다. 센터장들의 회의에 참석하는 것, 그들의 불만사항들을 경청해 주는 것, 센터장들의 이해를 대표할 수 있도록 자문단을 구성하는 것, 자문단과 업무에 관해 실질적으로 협의하는 것, 정보를 공유하는 것, 공동의 문제를 같이 고민하고 풀어가려는 태도와 열정, 문제를 풀어가는 데 필요한 자원(정치적, 제도적 자원, 물적 자원)의 동원 등의 조건들은 도덕적 설득을 가능하게 하는 조건이다. 그의 신뢰 쌓기의 열정은

16) 인지구조는 목표, 문제와 연관된 현실, 해결안에 대한 관점을 의미한다.

자신의 업무수행과 관련한 부하와 상사 간의 관계, 다른 부처와의 관계, 민간부문과의 관계에서 나타나고 있다. 사회적 자본인 신뢰가 거버넌스의 주요 매체라는 것은 잘 알려져 있다. 그의 신뢰 쌓기는 '상대방 존중하기', '칭찬하기', '호혜성 규범에 기초한 협동', '인격적 대우' 등과 같은 윤리적 기질에서 발현된 것일 수 있다. 신뢰 쌓기에서 중요한 것은 역할을 수행할 수 있는 기술적 역량'과 '자신의 이해관계 앞서서 다른 사람의 이해관계를 배려하는 의무와 동기' 같은 상호기대와 '도덕적 질서의 지속성'에 대한 상호기대의 반복적 충족이다. 김여가씨는 업무수행과정에서 이러한 면모를 보여주고 있다.

둘째, 조직맥락의 차원에서 보면 정부 간 권력관계에서의 여성가족부의 위치, 여성가족부의 문화, 여성가족부에서의 다문화가족과 위상과 장관의 다문화가족사업에 대한 관심 등이 김여가씨의 조정자되기에 영향을 미쳤다고 할 수 있다. 김여가씨는 여성가족부를 '다른 부서에 도움을 줄 수 있는 자원을 갖고 있지 않은 부서'로 인식하고 있다. 이는 여성가족부가 다문화가족사업과 관련한 여러 부처들의 업무와 기능을 조정하는 데 한계가 있음을 보여 주는 것이다. 감사연구원 「다문화가족지원정책 성과평가」 보고서(2011)에서도 이러한 문제를 지적하고 있다. 이 보고서의 지적은 체계이론가 루만의 권력개념에 따르면, 여성가족부의 의사결정이 다른 부서의 의사결정의 전제로 작용하지 못하고 있어 다문화가족사업과 관계된 부서들을 여성가족부가 조정할 수 있는 능력이 제한될 수 있음을 보여주고 있다. 다문화 가족의 문제가 주요 사회적 이슈로 부각되고 있는 상황에서 여성가족부의 주요업무인 다문화가족지원사업이 의도한 성과를 내려면, 여성가족부는 소통적 합리성과 도덕적인 설득을 통해 권력관계를 극복할 수밖에 없다. 이는 조직문화와도 연관된다. 여성가족부는 2001. 01. 29. 여성부(정원 102명)로 출범해서 2005. 06. 23. 여성가족부(정원178명)로 바뀌고 2008. 02. 29. 다시 여성부(정원 100명)로 바뀌었다. 2010. 03. 19.에는 청소년 · 가족업무가 보건복지가족부에서 여성부로 이관되면서 여성가족부(정원 211명)로 확대 개편되었다. 이명박 정권 출범 초기에는 정부조직개편과 관련하여 여성가족부 폐지론이 회자되기도 하였다. 2010년 기준으로 2,021억 예산과 221명 정원 정도로 정부 내에서 작은 부서에 속한다. 2010년에 보건복지부가 다문화가족사업을 여성가족부에 이관할 때 다문화가족지원센터장들은 '힘이 없는 부서가 다문화가족지원사업을 제대로 할 수 없을 것'이라는 의구심을 나타내기도 했을 만큼 여성가족부 내외의 인식은 '힘이 약한 부서'라는 것이다. 김여가씨는 여성가족부를 '인권을 중시하는 부서', '미래지향성이 강한 부서', '탈권위주의 문화', '다른 부서에 비해 민간부문과 인사교류에 앞선 부서', '민간부문과 협력 및 협동을 하여 일을 추진하는 부서', '힘이 세지 않은 부서', '다른 부서에 도움을 줄 수 있는 자원을 갖지 않은 부서' 등으로 개념작용(conception)을 하고 있다. 여성가족부는 '여성의 권익과 지위 향상'이라는 정책적 목적을 달성하기 위해 생겨난 부서이기 때문에 다른 부서에 비해 '인권'에 관해 감수성이 높고, 여성정책과 관련하여 '인권'차원에서 새로운 아이디어에 입각한 정책개발을 하지 않으면 안 되는 부서이기도 했다. 또한 여성가족부의 업무 성격상 민간부문과 협력할 수밖에 없고 타부서와 달리 민간부문과 인사교류가 활발한 조직이기에 타 부처와 같이 관료적인 권위주의 문화의 색깔이 약할 수밖에 없다. 김여가씨는 '혁신적이고 탈권위주의적 조직문화'의 특징으로 조직원들 간의 숙의 과정을 통해 정책개발이 이루어지는 것을 말하고 있다. 김여가씨는 다문화가족지원사업에 대해 장관이 깊은 관심을 가지고 있다고 말하고 있다. 2010년 이전에는 8개 부처에 다문화가족지원사업이 흩어져 있어 주관부서가 모호하였다. 2010. 6.부터 여성가족부가 다문화가족지원사업을 총괄하고 있다. 예산이 2010년에는 363억 원이었던 것이 2011년에는 508억 원으로 대폭 증가하였다. 이와 같이 다문화가족지원사업은 여성가족부의 주요업무라고 할 수 있다. 이러한 조직맥락의 특성이 김여가씨가 조정자되기에 깊은 관심을 갖도록 하는 데 기여했다고 할 수 있다.

셋째, 환경적 맥락은 다문화가족의 정책문제화와 정부에 앞선 민간단체의 다문화가족지원사업을 들 수 있다. 결혼이주여성들의 배우자 폭력에 의한 죽음, 다문화가족의 일상적 가정폭력, 사회부적응, 해체, 자녀들의 문제 등이 언론보도를 통해 사회적 문제로 부각되면서 다문화가족의 문제는 사회통합 차원에서 정부가 해결해야 할 정책문제가 되었다. 2008. 3. 21. 다문화가족지원법이 제정되었다. 다문화가족구성원은 성인 22만 명, 아동 14만 명 약 36만 명 정도가 된다. 2011. 4. 4. 다문화가족지원법이 일부 변경되어 다문화가족의 범위가 확대되어 다문화가족지원 대상은 약 25만 명 정도가 될 것으로 추산되고 있다. 2011. 7. 27. 노르웨이에서 발생한 총기 난사 참극이 반(反)다문화주의자의 소행으로 드러나면서 우리나라도 제노포비아, 이른바 이방인 혐오증을 가진 사람들에 의한 테러의 안전지대가 아니라는 지적이 나오고 있다. 우리나라에 거주하는 외국인은 국내 인구의 2.7%인 139만 명이고 이 가운데 합법체류자는 122만 명, 불법 체류자는 16만여 명에 달한다. 국내 임금 근로자의 4%인 60만 명이 외국인 노동자이고 다문화 가정도 18만 2,000가구에 이른다(2010. 7. 30. KTV). 이러한 맥락에서 정부의 다문화사업은 외국인과 한국인의 사회통합의 차원에서 주요한 사업으로 자리매김하게 되었다. 다문화가족지원사업의 전달은 다문화가족지원센터가 하고 있다. 다문화가족지원사업은 NGO나 종교단체에서 먼저 시작하였고 정부가 이들 기관들을 다문화가족센터로 지정해서 지원하는 형식을 갖추고 있다. 이들 기관들은 목표, 운영스타일, 세계관, 유인구조, 자동생산 코드에 따라 자신들을 생산하는 자생성을 갖고 있는 상대적으로 자율성을 갖고 있다. 이들 기관들의 적극적 협력을 얻기 위해서는 의사소통적 합리성에 의한 설득과 도덕적 설득을 통한 교섭이 명령과 통제보다는 합리적일 수 있다. 김여가씨는 '센터별 방문교육지도사 수를 표준화하는 작업'과 '이중언어교육예산'을 확보하는 과정 등에서 조정 역할을 성공적으로 하고 있다. 기재부가 이중언어교육에 대한 예산을 삭감하였을 때 그가 다문화가족지원센터와 협력을 통해 예산을 다시 확보한 것은 다문화가족의 문제가 사회통합차원에서 정부의 주요한 정책문제였기에 가능한 것이다.

김여가씨의 혁신가되기는 그의 개인적 품성, 조직문화 · 학습 · 실천의 나선형적 상호작용에 의해 형성된 가치체계에 기인한다. 김여가씨는 넉넉하지 않지만 성실하게 삶을 살아가는 부모님의 장남으로 성장하였다. 우리사회의 가족문화로 볼 때 장남의 책임의식을 설명하기는 어렵지만 이해는 할 수 있다. 그가 공직에 입문한 것도 가족경제에 보탬이 되어야 한다는 책임의식이었다. 이러한 책임의식이 공직생활을 하면서 '일을 하려면 제대로 해야 한다'는 신념으로 체화되었다고 할 수 있으며 이러한 신념과 창의적인 업무를 좋아하는 그의 업무가치와 결합이 혁신가로 변모하는 계기가 된 것 같다. 남녀차별금지 및 구제에 관한 법률 제정 시 우리나라에서 처음으로 '성희롱의 개념'을 법제화한 것이 그 한 예이다. 그는 공직자로서의 자부심을 '사회적 약자에 대한 보호'에 두고 있다. 여성가족부는 업무의 성격상 새로운 아이디어에 기초하여 정책개발을 하고 집행하지 않으면 안 되는 부서이다. 또한 정책 집행의 효과는 정책대상자의 행동의 변화 뿐만 아니라 일반 국민의 인식과 행동의 변화를 통해 나타나기 때문에 규범적 질문을 정책담론을 통해서 해소하여 정당성을 마련해야 하는 부서이기도 하다.

> "여성부는 인권을 중시하고 부처에서 하지 않는 사각지대를 보충해 주고, 미래지향적 측면이 강해 항상 새로운 일을 하지 않으면 안 됩니다. 다른 부처에 비해 덜 권위적입니다. 상사와 부하직원 간에 업무를 놓고 회의할 때 부하직원의 경우 하고 싶은 말을 다 하는 편입니다. 다른 부서처럼 상사는 말하고 부하는 가만히 듣고 따르는 문화와는 다릅니다. 부서의 성격이 사업추진의 파트너와 협력해서 사업의 목적을 달성해야 하기 때문에 다른 부서와 업무추진방식이 다를 수 있습니다(관료적 방식으로 일하기는 어려움). 정부 밖에 있는 파트너들 입장에서는 여성부를 다른 부처와 다르게 느낄 수도 있습니다."

따라서 새로운 아이디어를 창출하고 정책으로 구현하는 숙의과정이 탈권위주의적 인 조직문화로 제도화되었다고 할 수 있다. 그는 이러한 현상을 '미래지향성이 강한 부서', '탈권위주의 문화', '다른 부서에 비해 민간부문과 인사교류에 앞선 부서', '민간부문과 협력 및 협동을 하여 일을 추진하는 부서'로 표현하고 하고 있다. 이와 같은 혁신적인 조직문화는 김여가씨의 혁신가 되기를 조장하는 측면이 있다. 김여가씨는 노무현 정부 때 3년간 혁신업무를 담당하였다. 그리고 혁신과 관련하여 별도의 교육을 받았다. 혁신과 관련한 학습과 체험이 '혁신'에 긍정적인 의미를 부여하면서, 새로운 정책 수단들을 고안하는 노력으로 연결되고 있다. '성별영향평가'와 '다문화가족실태조사' 사례가 이를 잘 보여 주고 있다. '다문화가족지원정책 성과 평가' 보고서를 낸 감사연구원 김난영 박사도 이러한 사례를 적실한 '혁신'사례라고 평가하고 있다(서울대학교 한국정책지식센터 제593회 『정책&지식』 포럼(2011. 12. 6)의 토론에서).

Ⅵ 나오며

'공직사회의 낭중지추를 찾아서'라는 연구를 위해 여성가족부의 김여가씨를 선택하였다. 그는 주로 다문화가족지원사업과 관련하여 공직생활에 대해 구술하였다. 네트워크 거버넌스는 아니더라도 자율적인 여러 조직과 기관이 관련되어 공통의 목적을 수행해 가는 파트너십 형태의 거버넌스를 주로 이야기 하였다. 이러한 연유로 공직생활에서 업무수행의 역량을 '복지거버넌스의 조정자와 혁신가되기'로 추상해서 그의 행위 동기와 행위의 맥락을 이해하고 설명하고자 했다. 그의 이야기를 들으면서 스파이서(Spicer, 2004)가 말하는 국가에 대한 관념(idea), 즉 목적의식적 결사체로서의 국가(purposive association)와 시민 결사체로서의 국가(civil association)[17] 중에 그의 국가에 대한 관념은 목적의식적 결사체가 아닌가하는 생각이 들었다. 목적의식적 결사체는 개인들이 자신들을 일련의 일관되고 실질적인 목적 및 목표를 추구하기 위해 함께 묶여져 있는 것으로 인정하는 정치적 결사체이며, 이러한 국가 내에 개인들은 자신과 자신의 행위를 국가의 목적을 달성하

17) 시민 결사체는 사람들이 자신들을 자신의 특유한 이해와 가치를 자유롭게 추구하는 존재로 보는 결사체를 말한다. 그들을 정치집단으로 함께 묶는 것은 실질적인 공통적 목적이 아니라 공통으로 인정하는 어떤 행동규칙이다. 이러한 관념에 입각한 정부의 역할은 어떤 특정한 목적을 달성하는 것이 아니라, 기존 행동 규칙을 실행하고 개인과 집단들 간에 새롭게 발생하는 갈등을 적합하게 해결하기 위해 규칙을 바꾸는 것이다.

는 수단들로 인정한다. 국가에 대한 이러한 관념은 기술적이고 도구적 합리성이 지배하는 목적관료제(teleocracy), 기술관료제적(technocracy) 스타일의 정부와 행정으로 구현된다. 정부는 국가의 목적을 효율적이고 효과적으로 달성하기 위해 사람들과 사물에 단순히 권력을 행사하는 실체가 된다. 스파이서는 신공공관리도 이러한 유형의 거버넌스라고 특징짓고 있다. 우리가 일상적으로 경험하는 공직자들의 국가의 관념도 이와 크게 다르지 않을 것 같다.

앞으로 공직자는 공공행정이 부딪히는 문제의 복잡성을 이해하고 이를 풀어가기 위해서는 시민들과의 끊임없는 소통과정이 중요하다는 것을 인식해야 할 것 이다. 공공행정의 민주주의 결핍의 문제를 풀어서 공공행정의 정당성과 신뢰를 강화해 나가야 할 것이다. 그러기 위해서는 '시민적 결사체'로서의 국가라는 아이디어를 익혀야 한다.

김여가씨가 복지 거버넌스의 조정문제를 인식하는 데 있어서, 다문화가족지원법이라는 제도와 정책적 관점에서 사회통합의 해석 등이 다문화가족지원사업을 이해하는 데 주요하게 작용하고 다문화가족지원사업의 복잡성을 이해하는 공공행정모델로는 신공공관리와 신거버넌스모델인 것 같다. 교섭과 설득을 하는 행위는 그의 업무의 내생적 가치, 동료애 가치, 권력행사의 공평성의 가치 등과 참여정부시설 혁신업무를 담당하면서 학습한 신공공관리와 신거버넌스이론 등의 나선형적 상호작용에 의해 형성된 공공행정의 책임성이라는 믿음에 기초한 것 같다. 이는 협의를 통한 협동(협동을 통한 서비스와 재화의 공동생산), 공공의 신뢰의 강화, 지속적 평가를 통해 프로그램의 질을 개선하는 것도 공공행정의 책임성이라는 믿음을 말한다. 그의 업무수행방식에 작용하는 인식론은 논리적 실증주의에서 크게 벗어나지 않으며 관료제의 기술적 합리성을 중시하는 편이다.

그의 상호신뢰쌓기는 사회구성주의 관점의 '의미 만들기' 차원과 여성가족부 내에서의 사회화와 그의 본성적 도덕적 감정 간의 실천적 상호작용에서 구성된 윤리적 기질 차원에서 이해하고 설명할 수 있다.

이 글은 인물열전이나, 자서전씩 글쓰기를 피하려고 했다. 김여가씨의 행위동기를 이해하고 설명하고 그에게 도움이 될 수 있는 이야기를 덧 붙였다. 이러한 1인칭의 이야기와 연구자의 주관적 해석 틀에 기초한 부분적 담론분석을 통해 공직자 개인의 행위 동기를 이해하고 설명하고, 공직사회를 이해하는 데는 한계가 있을 수밖에 없다. 여성가족부의 낭중지추라는 제목으로 연구할 수 있는 공직자가 존재하고 있고 그와 같이 연구했다는 사실만으로도 즐겁다. 이 글이 그에게도 도움이 되었으면 좋겠다. 시민들이 공감하고 동의하는 공적 가치를 풍부하게 창출하는 그의 행복한 공직생활을 기원하며!

참고문헌

강신택(2011). "'경찰청의 낭중지추: 성과관리를 통해 경찰조직의 혁신을 꿈꾸다!'에 대한 사회자 소견용 자료. 이수영. '경찰청의 낭중지추: 성과관리를 통해 경찰조직을 꿈꾸다!'", 「정책&지식」 제578회, 한국정책지식센터.

김광웅(1986). 「관료와 발전」, 서울: 평민사.

김호섭(2009). "미국의 행정이념과 실용행정", 이민호 · 윤수재 · 채종헌 편저, 「한국의 행정이념과 실용행정」, 서울: 법문사.

신희영(2005). "민주적 로컬 거버넌스 구성과 지방정부", 「한국사회와 행정연구」 제16권 제3호.

이유선(2009). "실용주의의 이해", 이민호 · 윤수재 · 채종헌 편저. 「한국의 행정이념과 실용행정」, 서울: 법문사.

이창기 외 7인(2007). "새로운 공직가치 도출과 교수체제 개발을 위한 연구", 중앙인사위원회, 「CSC 정책연구보고서」 2007-20.

이혜승, 김난영(2011). 「다문화가족지원정책 성과평가」, 감사연구원.

Bevir, Mark and R.A.W. Rhodes and Patrick Weller(2003). Traditions of governance: interpreting the changing role of the public sector. *Public Administration*, vol 81(1).

Butcher, Tony(1995). *Delivering Welfare: The Governance of the Social Services in the 1990s*. Buckingham: Open University Press.

Hall, P.(1993). Policy Paradigms, Social Learning, and the State: The Case of Economic Policymaking in Britain. *Comparative Politics* 25(3).

Jeannotte, M. Sharon(2008). Promoting Social Integration-A Brief Examination of Concepts and Issues. Experts Group Meeting, Helsinki, Finland.

Jessop, Bob.(1999). The Governance and Complexity and the Complexity of Governance. http://www.comp.lancaster.ac.uk/sociology.

Keraudern and Mierlo(1998). Theories of Public Management Reform and Their Practical Implication. in Verheijen, T and Coomes, David. *Innovation in Public Management*. Edward Elgar.

Klyza, M. and Mlyn, E.(1995). Privileged Ideas and State Interests: Bombs, Trees, and State Autonomy. *Policy Studies Journal*. 23(2).

Luhmann, Niklas(2000). Familiarity, Confidence, Trust: Problems and Alternatives. in Gambetta, Diego(ed). *Trust: Making and Breaking Cooperative Relations*. electronic edition, Department of Sociology, University of Oxford. http://www.sociology.ox.ac.uk/papers/luhmann 94-107.pdf

Lyons, Sean T., Duxbury, Linda E. and Higgins, Christopher(2006). A Comparison of the Values and Commitment of Private Sector, Public Sector, and Parapublic Sector Employees. *PAR*, 66(4).

Mintrom, Michael(2003). Market Organizations and Deliberative Democracy: Choice and Voice in Public Service Delivery. *Administration & Society*. vol. 35(1).

Rohdes, R.A.W(2000). The Governance Narrative: Key Findings and Lessons from the ESRC's Whitehall Programme. *Public Administration*. 78.

Salamon, Lester M.(2002). The New Governance and the Tools of public action: An Introduction. *The tools of government: guide to the new governance*. edited by Lester M. Salamon: with the special assistance of Odus V. Elliott. Oxford: Oxford University Press.

Sayer, Andrew(1999). Market, Embeddedness, Trust: Problem of Polysemy and idealism. http://www.comp.lancaster.ac.uk/sociology

Sayer, Andrew(2003). Restoring the moral dimention in social scientific accounts: a qualitified ethical naturalist approach. published by the Dpartment of Sociology. Lancaster University.

Sayer, Andrew(2004). Moral Economy. http://www.comp.lancaster.ac.uk/sociology

Sims-Schouten, Wendy, and Riley, Sarah C. E. and Willig, Carla(2007). Critical Realism in Discourse Analysis: A Presentation of Systematic Method of Analysis Using Women's Talk of Motherhood, Chaildcare and Female Employment as Example. *Theory & Psychology* vol 17(1).

Spicer, Michael(2004). Public Administration, the History of Ideas, and the Reinventig Government Movement. *PAR*. vol. 64(3).

고창군의 아이디어맨, 경청(敬聽)의 리더십과 공정한 인사제도 위에서 꽃피다

양 재 진(연세대학교 행정학과 교수)

I 서 론

전라북도 고창군 공음면 총무업무를 담당하고 있는 6급 공무원 김○○ 계장은 자타가 공인하는 아이디어맨이다. 7급 공무원이었던 2004년, 예산 3,000만 원을 들여 무려 180억 원에 이르는 수익을 창출한 〈고창 청보리밭 축제〉를 만들어 낸 장본인이다. 이 공로를 인정받아 국무총리 모범공무원상을 받았다. 2006년에는 고창군에서 직영하는 선운사 유스호스텔의 소장으로 경영혁신을 주도해, 선운사 유스호스텔이 전라북도를 대표하는 경영행정 혁신기관으로 선정되기도 하였다. 자신을 '농촌상품 개발 전문가'로 기억해 주기를 바라는 김계장은, 복분자 냉면, 복분자 노래, 복분자 영화상표등록 등 고창 복분자의 상품화에도 크게 기여하였다. '180억 공무원'이라는 베스트셀러의 저자이며, 각종 언론의 스포트라이트를 받았고 2008년 한국지식인협회 '최고신지식인상'을 수상한 특출 난 지방공무원이다.

이 글은 바로 고창의 낭중지추, 김계장의 '성공신화'에 대한 글이다. 그러나 엄밀한 의미에서 이 글은 고창군의 성공신화에 대한 글이기도 하다. 필자는 언론을 통해 김계장의 '성공신화'를 접하고서, 김계장 개인에 대한 관심만큼이나 '어떻게 공무원 사회에서, 그것도 지방 말단 공무원이 기업가형 공무원의 전형이 될 수 있었는가?'하는 의문을 품게 되었다. 공무원은 영혼이 없다고 누가 그랬던가? 있는 영혼마저 잠재워야 하는 게 일반적인 상식인 우리 사회에서, 그리고 모난 돌이 정을 맞는 조직분위기가 팽배한 공직사회에서 어떻게 김계장 같은 공무원이 나와 주목받는 성과를 낼 수 있었는지 궁금했다.

이러한 궁금증을 해소하기 위해, 본 연구는 관련 문헌들을 미리 검토하고 장본인인 김계장은 물론 이강수 군수와 오○○, 김○○ 동료 공무원 그리고 청보리밭 축제 장소인 학원(鶴苑) 농장의 진영호 사장을 인터뷰하였다. 그러나 인터뷰가 순탄하지만은 않았다. 먼저 이 글의 주인공인 김계장이 인터뷰를 한사코 거절하였기 때문이다. 자신은 "일개 면서기 일 뿐"이라면서 낭중지추로 공무원의 표상이 되는 것에 대해 자신이 없어 했다. 그리고 직접적인 언급은 삼가였지만, 무엇보다 스포트라이트가 한 개인에게 집중되는 것에 대한 주변의 시선을 의식하는 게 역력했다. 따라서 먼저 고창군 비서실에 연락해 고창 군수에게 낭중지추 시리즈에 대해 이해를 구한 후, 비서실장이 인터뷰를 주선하여 이번 연구가 시작될 수 있었다. 인터뷰는 2011년 10월에 이틀에 걸쳐 고창 현지에서 실시되었으며, 이후 이메일과 전화를 통해 추가 질의응답의 기회를 가졌다.

연구결과, 고창군의 낭중지추 김계장과 그의 탁월한 성과는 다음의 세 가지 요인이 만난 결과로 분석된다. 첫째, 김계장의 타고난 '재능'을 꼽지 않을 수 없다. 우리가 흔히 '이재(理財)'에 밝다고 하는데 김계장의 눈에는 그동안 다른 이들은 거들떠보지도 않았던 농촌의 보리 싹이나 복분자가 관광 상품으로 보이고 판로가 그려졌던 것이다. 그리고 그는 단순히 아이디어가 반짝이는 데서 머물지 않는다. 그는 목표가 생기면 이를 달성하기 위해 밤낮은 물론 휴일도 반납하고 매달리는 몰입형 열혈공무원이다. 학원농장 진영호 사장의 평가대로, 천재는 1%의 영감과 99%의 노력으로 만들어진다는 에디슨의 명언에 어울리는 인간형이다. 둘째, 이강수 고창군수의 경청의 리더십이다. 이 군수는 공무원의 잠재된 우수성을 신뢰하기에 이들과 직급별, 직책별, 부서별로 끊임 없이 대화하고 이들의 아이디어를 경청하고 정책화하는 데 매진하고 있다. 매년 부서별로 5개 정도의 혁신 과제를 발굴하게 하고, 수시로 공무원 제안제도를 통해 정책아이디어를 수렴하는 것도 일상화 되어 있다. 셋째, 성과주의 인사제도의 정착이다. 2002년 군수 취임이후 인사청탁을 일소하고, 주요 보직에 대한 직위공모제와 다면평가제도를 도입하였다. 정치적 충성과 연줄이 아닌 동료들에게 인정받는 인품과 성과가 중시되는 인사관행이 만들어지고, 팀제를 일찌감치 도입하여 직급보다 능력을 우선시하는 조직문화가 정착되고 있다. 결론적으로 김계장의 타고난 기업가형 공무원의 재능은 공무원 입직 이후 10년간 묻혀 있다가 '말이 통하는' 군수를 만나고 새로운 인사제도에 의해 꽃피우게 된 것으로 분석된다.

Ⅱ 기업가형 정책창안자 김계장

1. 기업가형 지방공무원의 자질

기업가형 정책창안자 혹은 정책기업가(Policy Entrepreneur)는 "자신의 시간과 열정, 공식적 · 비공식적 권위, 인적 네트워크, 그리고 공공의 예산 등 모든 활용 가능한 자원을 동원하여 기존의 정책보다 더 큰 공공의 이익을 창출할 수 있는 혁신적인 정책 아이디어를 개발하고 이를 새로운 정책으로 채택될 수 있도록 선도하는 사람"을 뜻한다(Kingdon, 1984, 이원종, 유민봉, 2008: 277에서 재인용). 김계장은 기업가형에 가까운 공무원이다. 여기에 서론에서 지적했듯이, 새로운 정책의 성공적 집행을 위해 열과 성을 다하는 공무원이다. 비록 지방의 하위직 공무원이만, 상위직 책임자급에서 요구되는 중요한 기본 자질을 갖추고 있다(Flanders and Utterback, 1985). 즉 변화를 갈망하고 이끌어 내고(Leading Change), 주변 사람들을 변화에 동참시키고(Leading People), 성과 중심으로 사고하고(Results Driven), 사업가적으로 따지고(Business Acumen), 사업의 성취를 위해 연계망을 형성(Building Coalitions)하는 능력을 갖고 있다(U.S Office of Personnel Management, 2010).

김계장은 지방직 하위 공무원에게 일반적으로 기대되는 것, 예컨대 규정과 관례의 존중, 명령에 따른 일처리 등과는 다소 동떨어진 자질을 갖고 있다. 스스로 자신을 규정하듯이 다소 '기인(奇人)'스럽다. 김계장은 2km 길을 걸어다니던 초등학교 시절부터 남들이 다니는 길을 벗어나 새 길을 개척하는 게 취미였다고 한다. 겨울에 미끄러질까 봐 남들이 지나간 발자국을 밟아 따라 가라는 어머니 말씀에도, 그게 그렇게 싫어 항상 아무도 밟지 않은 길로 가서 새로운 발자국을 만들고, 남들이 그 길을 따라 걸어오는 데에 쾌감을 느꼈다. 경북에서 군 생활을 할 때도, 휴가를 받아 집에 올 때 보통 사람들이 다니는 노선(예컨대, 대구에서 경부선→대전역에서 버스→서대전에서 호남선 기차→고창)이 아니라, 매번 다른 코스를 선택했다고 한다. '김천→진안→전주→고창'으로 와서 돌아갈 때는 '순천→남원→함양→거창→대구' 하는 식으로, 또 다음 휴가를 나올 때는 '고령→합천→진주→구례→곡성→광주→고창' 코스 식으로 돌아 돌아 왔다고 한다. '피 같은' 휴가 기간을 길 위에 버리는 거로 보일지 몰랐지만, 색다른 코스를 발견하는 즐거움이 너무 좋았다고 한다. 새로운 경치를 구경하는 것도 좋았음은 물론이다. 공무원 생활을 시작하기 전 10년 가까이 매년 전국일주 여행을 한 것도 새로움에 대한 갈망 때문이었다.

김계장은 규정도 중시하지만 성과와 결과 중심으로 사고하는 게 몸에 밴 사람이다. 특히 사업성 평가에는 남다른 감각을 가지고 있다. 그리고 고집이 세다 할 정도로 밀고 나가는 스타일이다. 이해관계자의 이해를 구하려 끊임없이 노력하면서 말이다. 장고산농원의 인허가를 둘러싸고 민원인과 벌어진 일은 매우 예시적이다.

2001년 고창군 성송면 장고산에 '장고산 관광농원'을 만들어 수영장, 스키장, 그리고 수목원 등 다양한 레저 시설을 짓겠다는 신청서가 들어왔다. 환경타당성조사도 통과하고 법적 요건도 모두 갖춘 계획이었다. 그러나 김계장의 판단에는 상업적 타당성이 결여된 사업이었다. "따져보니, 광주 시민 전체가 1년에 한 번씩은 다녀가야 수지가 맞는 상황인데, 지형적인 문제와 다른 대규모 리조트와의 경쟁 등을 고려하면 성공가능성이 없는 사업"이었다. 김계장은 환경타당성조사와 법적 요건을 갖춘 사업승인 요청을 받아주지 않았고, 민원인은 "요건을 다 갖추고, 내 돈 갖고 내가 사업하겠다는데, 돈 바라고 그러느냐."는 식으로 거세게 반발하였다. 김계장도 고집을 꺾지 않고, 민원인을 설득하기 위해 수원 농촌진흥청에서 열린 '관광농원 담당자 공무원 교육'에 함께 참여해 객관적인 교육을 받게 하는 것은 물론, 당시 선풍적인 인기를 모은 '외도'를 포함해 2박 3일 동안 관광농원을 함께 시찰하였다. 이런 과정을 거치자 민원인은 사업타당성을 새로이 검토하고, 결국에는 스스로 무리했던 계획이었음을 깨닫고 관광농원 사업을 포기하였다. 그 민원인은 "오히려 사업 안하기를 백 번 잘했다고 고마워하며, 욕을 얻어먹을 각오로 뜯어 말린 덕에 호형호제하는 사이가 되었다."고 한다(필자와 인터뷰, 2011. 10. 28).

규정대로 움직이는 평범한 공무원은 아닌 김계장이 공직에 나서게 된 것은 특별한 이유가 있어서는 아니었다. 그가 10년간의 여행을 접고 느즈막이 서른 살에 고향으로 돌아와, 면서기로 공무원 생활을 시작하기 전까지 한 번도 공직을 꿈꿔보지는 않았다고 한다. 단지 "부모님이 원했고, 시골에서 가장 좋은 직업이 면서기"였기에 공무원 시험을 봤고 "운 좋게 붙었다."고 한다. 그때가 1989년의 일이다.

2. 10년의 동면 후 뒤늦은 개화

당시 고창군은 농업에 기반한 전라도의 평범한 지방이었다. 그러나 고창 고인돌 유적에서 보듯이 오래전부터 지역의 거점이었고, 백제 시기에는 모량부리현으로, 그리고 삼국통일 이후 신라 경덕왕 16면에 고창현으로 이름을 바꾸어 현재의 이름을 얻을 정도로 유서가 깊은 지역이다. 고인돌 유적은 물론 고창읍성, 신재효 생가가 증명하듯 판소리의 고장이기도 하다. 그러나 산업화의 물결 속에서 소외된 지역으로 그저 그런 전라도의 일부로 남아 있었다.

김계장이 면서기로 공직을 시작한 1989년, 고창군청의 분위기도 다른 지방과 크게 다르지 않았다. 김계장도 일은 남들만큼 열심히 하였지만, 앞장서 새로운 아이디어를 내고 뛰어다니지는 않았다. 군수부터 아무도 그런 사람을 원하지 않았다. 2002년 이강수 군수가 새로 취임하기 전까지는 그도 그저 그런 공무원 중에 하나였다. 김계장을 '180억 공무원'으로 불리우게 만든 히트작, 〈고창 청보리밭 축제〉 아이디어 같은 것은 "옛날 군수님한테는 말도 못했다. 보리생산량 늘인다며 공무원들이 논에 들어가서 피 뽑는 데 동원되고, 보리 하나라도 밟으면 큰일 나는 상황에서 말해 보았자 씨알도 안 먹혔을 것"이었다(필자와 인터뷰, 2011. 10. 28). 그렇게 10년을 보냈다.

김계장이 〈청보리밭 축제〉 아이디어를 떠올린 것은 2002년 6월 전주 월드컵 경기장에서 열린 스페인과 파라과이 경기를 관람하던 때였다. 양탄자처럼 펼쳐진 잔디밭의 영롱한 빛깔에 매료가 되었다. 어릴 적 뒷동산 푸른 초원에서 뒹굴던 생각, 또 지천으로 널린 보리밭 사잇길을 걷던 생각이 떠올랐다. 이른 봄 생명의 시작을 알리는 푸른빛의 마력을 보여줄 30만 평의 드넓은 보리밭이 고향 인근 농원(학원농장)에 있지 않은가? 남녀노소 누구나 좋아할 초록빛 들판이라는 자산이 있지 않은가? 어렵사리 반신반의하는 학원농장의 진영호 사장을 설득한 후, 군청에 청보리밭 축제를 구체화해 결제라인에 들어섰다. 이렇듯 10년간 동면 상태에 있던 김계장이 더 이상 잠자기를 거부하고 세상에 나오게 된 계기는, 새로운 군수에 대한 기대감 때문이었다. 김계장은 다음과 같이 회고했다(필자와 인터뷰, 2011. 10. 28).

> "전임 군수님은 관광 이런 것은 생각지도 않고, 무조건 쌀 생산이라던가, 이런 쪽으로 생각을 했어요. 그런데 새로 온 군수님은 이런 말씀을 하잖아요. 기존 방식대로는 아무리 소득증대 해봐야 두 배 이상 되기 힘들다. 1차 산업에 머물지 말고 2차, 3차 산업으로 만들면 6차 산업으로 발전할 수 있다. 농업을 단순히 식량산업으로 생각하지 말고 관광상품화 시키자. 이분으로 바뀌면서 나랑 생각이 맞겠다. 뭔가를 해낼 수 있겠다는 느낌이 왔어요. 그리고 신임 군수님이 항상 언제든지 하고 싶은 일은 얘기를 해라. 같이 근무하는 공무원들의 마음을 내가 알아야 뭔가를 같이하고 성과를 낼 수 있을 것 아니냐. 항상 문을 열어 놓겠다. 모든 공무원들을 100% 근무하고 싶은 곳에서 근무하게 할 수

는 없을 지라도 최대한 노력하겠다. 항상 이렇게 말씀하시는 거예요."

그래서 시작했다. 당시 군청의 7급 공무원이었던 김계장은 근무하던 산업경제과의 수장에서부터 문화관광과장, 농업기술센터소장, 공음면장(학원농장의 소재지), 기획실장, 부군수 그리고 군수에 이르는 결재라인과 협조 부서, 그리고 고창군의회 의원까지 〈청보리밭 축제〉 아이디어를 설득시키기 위해 노력했다. 휴일이면 자비를 털어 전국의 크고 작은 축제장을 찾아 다녔다. 봉평 효석 문화제, 경기도 이천 도자기 축제, 경북 봉화 송이 축제, 보령 머드 축제, 전남 무안 백연제, 김제 청하 백연 축제, 경남 창녕군 우포늪, 진안군 능길마을, 충남 홍성군 문당마을, 충남 서천의 한산모시 축제, 경남 하동 야생차 축제, 제주도 유채밭 등 안 가본 데가 없을 정도로 전국을 뒤졌다. 벤치마킹할 곳이 널려 있었다. '저렇게 하면 백 번 돈만 들지' 싶은 곳도 많았다(김계장, 2008: 38).

결재라인을 따라 올라가고 유관 기관의 이해를 도모하는 일이 쉽지는 않았다. "꽃이라면 몰라도 조상 대대로 심은 껄껄한 보리 가지고 뭐가 될까?", "이거 실패하면 예산 낭비 트집 잡혀서 나중에 시끄러워진다.", "이게 김○○ 씨 원래 업무입니까?"라는 소리를 들으며 여기저기 뛰어 다녔다. 지성이면 감천이라고 결국 부서 간 협조와 부군수 결재까지 끝냈다. 군수의 결재가 남았는데, 결재 시간에 찾아가면 분명히 구체적으로 설명드릴 시간이 없을 게 뻔했다. 고민 끝에 군수 비서실장을 찾아 가서 10분만 군수님을 따로 뵐 수 있게 해달라고 간청했다. 비서실장은 군수님이 30분을 할애해 주신다니, 하고 싶은 얘기 실컷 하고 나오라 하였다. 군수는 귀 기울여 이야기를 들어주더니 "그래 한번 해봐." 하고 시원하게 결재서류에 사인을 해 주었다. 애초의 기획의도와 방향을 유지하면서 애정을 갖고 일을 집행해 줄 사람을 찾는다는 게 어려워 보였다. 그래서 김계장은 군수에게 학원농장이 있는 공음면사무소로 발령을 내 달라고 좌천인사를 자청했다. 군청에서 근무하다 승진하여 면사무소로 내려가는 게 인사패턴인 상황에서 승진도 못하고 면사무소로 내려가면 승진이 늦어지는 게 불을 보듯 뻔한 상황이었다. 2003년 7월 말 인사에서 승진은 없이 공음면으로 발령이 났다. 승진을 못해 아쉬운 감이 없지는 않았으나, 김계장은 "당시 내가 하고 싶었던 일은 오직 면사무소로 가서 내년 축제를 준비하는 일" 그것 하나뿐이었다고 회고하였다(김○○, 2008: 37-39).

〈청보리밭 축제〉의 장(場)인 학원농장의 진영호 사장에 의하면, 넓디넓은 푸르른 청보리밭을 관광상품화하자는 아이디어는 김계장만의 것은 아니었다. 와서 보리밭을 본 사람들은 "관광상품화해도 좋겠다"는 막연한 생각을 갖고 있었다. 그런데 진 사장이 보기에 김계장은 남달랐다. 그것은 "수행, 실천 능력"이었다(필자와 인터뷰, 2011. 10. 28).

> "이 양반이 처해있는 입장에서 스스로 할 수 있는 일이 뭐였냐 하면은 군청에 여러 사람들을 설득하는 데 앞장을 서고, 자기 직급에 걸맞지 않은 일이지만, 그때는 계장도 못 됐을 때니까 말이지요. 그러니까 여기서 축제를 하면 좋겠다 하는 데서 끝난 게 아니었다는 게 중요하다고 봐요. 그걸 계속해서 밀어붙이고 자기가 할 수 있는 일을 했어요. 그래서 여러 사람에게 축제의 필요성을 역설을 해서 동의를 구하고 그렇게 했고, 막상 축제가 결정이 나니까 내가 제일 높게 평가하는 것은 그거에요. 면사무소로 자청해서 현장에서 직접 몸으로 뛰고 토요일, 일요일에는 서울 등 대도시는 물론 다른 지역 축제 장에 열심히 뛰어다니기도 했어요."

〈고창 청보리밭 축제〉 결과는 그야말로 '대박'이 터졌다. 첫해 28만 명의 관광객이 다녀갔고 이후에도 꾸준히 늘어 2009년에 전문기관(농촌관광 전문가 조록한 박사)의 용역결과, 그해 56만 명 방문에 최소 180억 원의 경제효과를 거둔 것으로 분석될 정도였다. 게다가 우리나라 최초의 '경관농업특구'로 지정되어 경관직불금을 수여 받고, 최근에는 고창이 보리의 주산지가 아님에도 불구하고 고창 청보리의 청정이미지로 인해 중앙정부로부터 '청보리 녹색산업 클러스터지원사업'에 선정되기도 하였다. 보리산업 발전의 선두주자로 올라서게 된 것이다. 그뿐인가, 우리나라 최고의 식품회사 CJ제일제당과 고창군이 MOU를 체결하고 지속적으로 고창보리를 납품하고 있을 뿐만 아니라 청보리밭의 아름다운 사진과 청정이미지는 선운사와 고창읍성 등의 관광명소와 시너지 효과를 내어 관광산업을 일으키고 휴양지개발의 성공으로 이어져, 전라도에서는 유일하게 인구가 증가하는 군으로 성장하고 있다(고창군 기획예산실, 2011).

3. 쉬어가기, 그리고 새로운 길의 모색

김계장은 〈고창 청보리밭 축제〉의 성공 이후, 계장으로 승진하고, 군수님과 포상 차원에서 해외시찰도 가고, 국무총리상도 받았다. 신바람을 내며 2006년 선운사 유스호스텔 소장으로 경영능력을 발휘하고 이후에는 고창마케팅과 계장으로 "겁 없이 도전하며 살았다." 선운사 유스호스텔 소장 때도 민간이 운영하는 호텔보다 친절하고 깨끗한 명소로 만들겠다는 목표를 세우고, 전략을 가다듬고 몸소 뛰었다. 지역 농가를 돕고 음식에 대한 신뢰를 높이기 위해 청정이미지의 고창산 농산물로만 식사를 만들었다. 서울, 대전, 광주 등 전국의 70여 개 여행사를 찾아다니며 선운사, 고창 고인돌, 고창읍성, 청보리밭 등과 연계된 관광상품을 개발하였다. 또 서울, 충남, 전남권의 30여 개 대학 총학생회를 찾아가 고창의 여행상품과 유스호스텔을 홍보했다. 소장 부임 첫해 전년 대비 이용객이 48% 증가하고 행자부의 경영행정혁신 우수사례로 선정되기도 했다(김○○, 2008: 169-172; 필자와의 인터뷰, 2011. 10. 28).

2010년 9월 고창군청에서 다시 공음면으로 내려왔다. 이후 주변의 평가는 김계장이 예전보다 조용하게 지낸다는 데 모아지고 있다. 군청 입직 18년차인 동료 공무원인 오○○ 씨도, 함께 〈고창 청보리밭 축제〉를 성공시킨 학원농장의 진영호 사장도, 이강수 군수도 요즘 김계장이 전과 달라졌다고 평한다. 왜 인가? 김계장은 나이 탓을 한다(필자와 인터뷰, 2011. 10. 28).

> "내가 나이가 50이 넘다 보니까 결국 전보다 활동적이지 못하다는 생각을 해요. 그전에는 일할 때 겁 없이 했는데. 예전에는 면사무소 직원들이 나보다 나이 많은 사람들이 많았어요. 지금은 나보다 더 먹은 사람이 별로 없어요."

나이 뿐일까? '튀는' 공무원에 대한 다소 부정적인 조직분위기와 일반적인 정서에 대해 나이가 들자 좌고우면하기 시작한 것도 한 이유로 보인다. 오○○ 주사보는 다음과 같이 분석한다(필자와 인터뷰, 2011. 10. 28).

> "근데 김계장의 경륜과 연륜이 더해져 오히려 전보다 편하게 어떤 일을 추진할 수 있고, 보는 시각도 넓어질 것이고, 근데 주변의 견제가 없다고는 볼 수 없겠죠. 어느 조직이든 내 업무가 아닌데 파고드는 것은 싫어하잖아요. 아이디어 낸 사람 입장에서는 좋지만 내 업무를 가지고 그것을 개선해야 한다든지 새로운 사업을 해야 한다든지, 다른 사람이 그 아이디어를 제공한다는 것 자체가 자존심이 상하기도 하니까요. 물론 그래도 다 같이 군정발전을 위해서 하는 것이니까 이해하고 함께 노력하기는 하면서도 말이지요."

이강수 군수도 비슷한 분석을 조심스레 내리며 속도조절 중임을 시사한다(필자와 인터뷰, 2011. 10. 28).

> "김계장은 아이디어가 참 많아요. 다른 분야도 상당히 아이디어가 많아서 조금 보편적인 공무원은 아니라고 봐야 되요. 우리가 생각하는 공무원의 형태는 좀 아닙니다. 그런 거 때문에 주변에서 조금 이야기도 있지요. 아무래도 새로운 사업을 구상하고 펼치게

되면 시간을 그쪽으로 뺏기게 되잖아요. 자리도 비우는 경우가 늘고. 그러면 다른 사람이 그 업무를 대신해 줘야 하고. 제 생각에는 그런 것들이 잘 조화를 이루고 나갔을 때 조직의 성과가 높아지니, 서로 불만이 있는 것에 대해 잘 조율도 하고 때로는 절제시키기도 하고. 어떤 것에 편중되지 않도록 하는 것이 군수의 역할이라고 생각을 해요."

아이디어맨이며 열혈 공무원인 김계장은 전보다 몸은 낮추고 있지만, 퇴직 이후 일에 대해 끊임없이 구상하고 있다. "저는 돈 되는 것이 눈에 보여요. 여기 고창뿐만 아니라 전국 어딜 가도 눈에 들어오지요. 그간의 경험도 살려서 농촌 상품화 컨설팅같은 거를 하고 싶습니다. 여기저기서 도움을 요청해 오기도 하구요." 다시 태어나면 무엇을 하고 싶냐는 마지막 인터뷰 질문에, 서슴없이 대답한다. "사업이요. 개인사업." 기업가형 공무원이 신나게 뛰어 놀 공간이 지방의 하위직에게 주어지기 쉽지 않음을 엿볼 수 있었다.

Ⅲ 開花의 터전, 경청 리더십과 공정한 성과주의 인사시스템

1. 공무원의 잠재력에 대한 믿음과 상향식 아이디어 수렴

김계장은 자신이 쓴 책의 서문에 다음과 같이 적고 있다. "한 가지 강조하고 싶은 것은, 일하고자 노력하는 공무원의 위에는 훌륭한 리더가 있다는 점이다. 내가 이제까지 할 수 있었던 모든 일의 바탕에는 이강수 고창군수님이 있었다. 그분의 가르침과 배려와 지지와 전폭적인 지원이 없었다면 불가능했을 일이다." 필자와의 인터뷰 중에도 내내 군수에 대한 믿음과 고마움을 표하였다. 이강수 군수는 조선대 의대 교수 출신으로 조상 대대로 400년간 고창에서 살아온, 몸부터 영혼까지 고창 사람이다. 고향분들이 농촌에 희망을 버리고, 체념하고 사는 게 너무나 안타까워 병원을 뒤로 하고 2002년 군수에 당선된 후 내리 3선을 하였다. 군수 취임과 더불어 외부에서 별정직으로 자기사람을 쓸 수 있음에도, 이 군수는 그러지 않고 홀홀단신 군청에 들어왔다고 한다. "비서실장도 군청 내부에서 공무원으로 선발했어요. 내부의 잠재력을 믿었지요. 처음에 부임했을 때 보니 30년 공무원을 해도 외국에 한 번도 못 가본 경우가 태반이고, 이런 표현이 좀 그렇긴 한데 좀 뒤떨어진 집단처럼 보이기는 했어요. 그러나 잠재력을 믿었기에, 교육도 하고 외국도 보내고 해외사례 벤치마킹하라고 배낭여행도 보내고. 생각을 바꿔보려고 노력을 많이 했어요. 이제는 잘 돌아갑니다(필자와의 인터뷰, 2011년 10월 28일)."

이 군수는 공무원 사회는 안정적이고 법과 규정을 준수하는 조직이지만, 평소 공무원들에게 혁신적이고 창의적인 사고를 가질 것을 강조하였다. "규정을 먼저 생각해 사고 자체가 막히고 쉽게 포기하는데, 역으로 지역주민과 지역발전을 위한 사업은 꼭 해야 한다는 전제하에 규정을 풀어가는 방법을 추진토록 요구하고 있습니다."(필자와의 인터뷰, 2011년 10월 28일). 따라서 김계장처럼 '톡톡 튀는 공무원'의 의견을 적극 수렴하고 있으며, 이를 시스템화하고 있다. 첫째, 공무원 제안제도를 적극 활용하고 있다. 기획예산실 정책기획담당을 수렴창구로 하여 누구든 새로운 정책 아이디어를 군정에 반영할 수 있도록 길을 열어 놓고 있다. 둘째, 상향식 혁신과제 선정과 추진이다. 부서별로 브레인스토밍 등을 통해 매년 부서별로 5개 정도의 창의적이고 혁신적인 과제를 창안하고 연말 보고회를 통해 대상사업을 정하며, 2월에는 최종적으로 핵심사업을 확정한다. 이후 매분기 실적점검 및 부진회의 보고회를 개최하고, 연말에 평가회를 통해 시상도 하며, 근무평정에 반영하는 제도이다. 셋째, 군청 조직개편을 통해, 혁신사업을 조직의 미션으로 삼는 '고창마케팅팀', '지역특화산업지원사업팀', 그리고 '살기좋은 고창만들기팀'을 설치하여 운영하고 있다.

이 결과, 제2, 제3의 '김계장'이 지속적으로 탄생하고 있다. 김계장은 "저 같은 기인(奇人)들이 계속해서 두각을 나타내고 있지요. 최근에서는 해양수산과의 나 모 계장이 돋보여요. 해양수산직인데, '람사르 습지'로 고창갯벌습지를 등록시키고 또다른 람사르 습지인 운곡습지와 해안사구 등을 생태관광자원으로 만들고 구시포항을 국가항으로 개발하는 등의 아이디어를 내어 열성적으로 일하고 있지요(필자와 인터뷰, 2011년 10월 28일)." 오○○ 주사보도 상향식 정책아이디어의 개발의 효과를 높이 평가하고 있다. "같은 지역구로 묶여 있는 부안군의 경우 부안 출신 국회의원이 있음에도 불구하고 저희 고창이 항상 2배 정도 중앙정부 공모사업을 유치하고 있어요. 우리 군 공무원들의 아이디어가 큰 몫을 차지하지요."

2. 공정한 성과주의 인사시스템

상향식 아이디어의 수렴과 창의적으로 일하는 분위기 조성은 공정한 성과주의 인사시스템과 결합되면서 시너지 효과를 내고 있다. 먼저 이강수 군수는 취임과 동시에, 인사청탁과 부정부패 일소에 최우선 가치를 두었다. 그 결과 국민권익위에서 시행하는 전국 지방자치단체 청렴도 평가 6년 연속 우수기관, 그리고 2010년에는 전국 1위에 등극하여 2011년에는 평가 자체를 면제받기도 하였다. 고창에서 필자가 실시한 인터뷰에 응한 입직 1년차 공무원(김○○ 서기보)에서 18년차 오○○ 주사보에 이르기까지, 그리고 학원농장 진영호 사장은 물론 식당 아주머니까지 '청렴한 고창'에 대한 자부심이 대단했다. "고창을 둘러싼 영광군, 장성군, 부안군, 그리고 정읍시까지 전부 재선거 또는 보궐선거 아니면 가족이 사법처리를 받기도 했어요. 여기만 아무 문제없이 쭉 온 거예요. 내리 3선은 전라도에서도 여기 밖에 없어요(진영호 사장, 필자와 인터뷰 2011년 10월 28일)."

부정부패나 인사 청탁이 단절되면서, 인사는 자연히 성과주의에 바탕을 두게 된다. "인사가 깨끗하니까 직원들이 로비보다는 업무실적 위주로 해서 자기 능력을 다 보여주려고 하죠(오○○ 주사보).", "이제 1년 밖에 안 되었지만, 인사는 진짜 공정한 거 같아요. 도에서 임명하는 부군수도 자기 사람 못 심어요. 군수님이 워낙 그런 거 싫어해서. 그렇다고 군수님이 인사권을 다 휘두르는 것도 아니예요. 스스로 인사권을 포기한 부분들이 크니까. 직위공모제가 대표적이지요(김○○ 주사보)." 고창군은 2005년부터 계장급 직위에 대해서 직위공모제를 운영하고 있다. 공석이 난 자리에 대해 자유롭게 신청자를 받고, 노조가 먼저 지원자 중에 기준 연수 등 기본 요건을 갖추었는지를 평가한 후, 해당자와 인적관계나 동일 부서가 아닌 사람들을 컴퓨터로 무작위로 뽑아서 다면평가를 실시한다. 다면평가 결과 1, 2위자를 군수에게 올린다. 군수는 이 중 1명을 낙점하는 것으로 자신의 인사권 행사를 한정하고 있다. 그러나 1명 낙점도 무척 공을 들인다. 김계장의 증언에 의하면,

> "군수님이 인사를 참 잘해요. 인사도 늦게 늦게 고르고 또 고르고. 대화도 공무원들 직급별, 직책별, 남녀별, 주민들 작목반별, 노인들, 부녀회 수도 없이 대화를 해요. 계속 듣고 해가지고 그러면 누가 잘 한다는 거 알 수 있고, 군수님이 보는 거하고 주민들이 보는 게 또 다르지 않습니까. 그래서 그런 것이 인사에 적용되는 거죠. 아까 말했듯이 공무원에 대한 평가도 다면평가로 9급이 보는 눈, 8급이 보는 눈, 7급이 보는 눈, 상급자가 보는 눈, 주민이 보는 눈 다 합쳐서 하기 때문에 인사에 대해서는 대한민국에서 제일 잘 하는 것 같아요. 그러면서 돈도 안 받고."

종합하면, 고창군은 청렴을 바탕으로 창의적이고 의욕적으로 일하는 사람들이 조직에서 인정받을 수 있는 시스템을 만들고, 이러한 분위기를 진작시키는 경청의 리더십이 발휘되고 있다. 공무원사회의 보수성 때문에 기업가형 정책 창안자들이 외로울 수도 있다.

하지만 공무원들이 열심히 일하고 성과 낸다고 따로 금전적 보상이 주어지는 게 아닌 상황에서, 공정한 인사만이 유일한 보상이라 할 수 있다. 묵묵히 자기일 열심히 하는 사람은 또 그 사람 나름대로 주변에서 좋은 평가를 받고, 톡톡 튀는 사람일지라도 지역사회 발전이라는 성과를 가져다 준다면 인사로서 당당히 인정받는 시스템, 그리고 그러한 인사결과에 누구나 수긍할 수밖에 없는 분위기를 만들어 놓았다. 기초지방자치단체의 임명직 공무원임에도 불구하고 기업가형 공무원으로 재탄생한 김계장, 그리고 제2, 제3의 '김○○'가 고창군에서 나오는 이유일 것이다.

Ⅳ 결 론

김○○ 씨는 지방직 6급 주사다. 그러나 기업가형 공무원으로 널리 인정을 받고 있다. 창의적이고 변화를 갈망하며, 성과중심으로 사고하면서 자기 몸을 먼저 날리고 주변 사람을 변화에 동참시킨다. 그리고 사업 성취를 위해 기관장의 권위에 의존하기 보다는 주변 관계자와 관계기관의 이해와 협조를 구하는 데 시간을 쏟는다. 〈고창 청보리밭 축제〉의 성공은 이런 기업가형 공무원의 존재 때문에 가능했다.

그러나, 개인의 타고난 잠재력을 최대한 끌어내고 업적과 성과로 승부하는 조직문화를 만들어 낸 기관장의 리더십과 이를 시스템적으로 제도화하지 않았다면, 김 씨는 그냥 사장되고 말았을 것이다. 공직사회가 모두 열혈 아이디어맨으로만 가득차 있어도 그 조직은 성공하지 못할 것이다. 그러나 공무원 사회의 다양한 인재들이 자기의 역량을 최대한 발휘할 수 있게 리더십을 발휘하고 시스템을 정비하는 게 얼마나 소중한 일인지 고창군은 보여주고 있다.

참고문헌

고창군(2011). 「아름다운 사람들이 만들어가는 행복도시 고창」.

고창군기획예산실(2011). 군수님 인터뷰계획, 고창군.

김가성(2008). 「180억 공무원」, 서울: 쌤앤파커스.

이원종, 유민봉(2008). 「공공정책과 기업가형 리더십」, 서울: 박영사.

Loretta R. Flanders, Dennis Utterback(1985). The Management Excellent Inventory: A Tool for Management Development, PUBLIC MANAGEMENT FORUM MAY/JUNE.

U.S. OFFICE OF PERSONNEL MANAGEMENT(2010). Recruitment & Section: Excutive Core Qualifications.http://www.opm.gov/ses/recruitment/overall_esq/asp [2010. 03. 01].

엘리트 공무원 김교육

- 전문성과 창의성, 그리고 토론을 통한 정책대안 마련 -

조 선 일(순천대학교 행정학과 교수)

Ⅰ 서　론

교육은 우리나라 부모들의 가장 큰 관심사 중의 하나이다. 이처럼 교육문제는 국민적 관심이 높을 뿐만 아니라 이해관계도 다양하여 어떤 정책방향을 제시하더라도 칭찬보다는 비판을 받기가 쉽다. 특히 정권마다 교육문제를 개혁의 최우선 순위에 두고 정책방향을 변화시켜왔기 때문에 교육부는 언제나 많은 비판을 받아왔고 교육관료 또한 칭찬보다는 주로 비난의 대상이 되었던 것이 사실이다.

이렇듯 주로 비판의 대상이 되는 교육부는 다른 부처와 비교해 볼 때 매우 특징적인 사실이 있는데 그것은 부처 설립 이후 아직까지 단 한 번도 내부 출신 장관을 배출하지 못했다는 점이다.[1] 이러한 교육부의 특이한 상황, 즉 정책의 비일관성으로 인한 국민적 비난과 성공적인 공무원상의 부재로 인하여 적절한 공무원상을 제시하기 힘들다는 한계가 있다. 그러나 이러한 한계에도 불구하고 교육부에도 자신의 위치에서 뛰어난 역량과 열정으로 탁월한 성과를 낸 공무원은 많을 것이다. 특히 변화하는 정치적 · 행정적 환경 속에서 정책가로서 장기적 안목을 지니고 교육정책의 중추역할을 수행한 인물에 대한 탐

1) 이러한 문제와 관련하여 교육부 산하기관이나 지방교육청, 국립대학 등의 주요직위를 내부 출신이 아닌 교육부 출신이 독점하는 문제를 균형적으로 고려할 필요가 있다. 즉 내외부 어느 한쪽 출신이 독점하는 구조는 모든 분야 및 각 계층에서 개선되어야 할 필요가 있을 것이다. 이는 공공기관의 경우도 마찬가지라고 판단된다.

구는 후배공무원들에 대한 하나의 공무원상의 제시라는 측면에서는 물론 리더십 연구의 기초자료로서의 의미도 있을 것이다.

본 연구는 '공직사회의 낭중지추를 찾아서'라는 기획연구의 하나로 진행되었는데, 동 연구의 기획의도가 '모범적인 공무원의 기준을 제시하기 보다는 면담과 연구를 통해서 그런 대상자와 그의 특징을 찾아내는 것'이라는 점을 고려하여 분석대상 공무원에 대한 분석을 시도하였다.

1. 연구대상자 선정과정

본 연구의 출발에서 가장 어려운 문제는 연구대상자의 선정이었다. 우선 정책지식센터에서 조사한 모범공무원 추천리스트를 살펴본 결과, 다양한 부처의 공무원이 추천되었으나 다양한 직급의 현직이 대부분이었다. 전직 공무원에 대한 연구도 필요할 것이라 판단되어 추천리스트 중에서 전직 공무원을 대상으로 하는 것이 좋겠다는 판단을 하고 있던 중 연구대상자 선정을 위한 회의에서 여러 경로를 통한 추천자에 대한 검토가 이루어졌고, 그중 김교육(가명)에 대한 대상자 선정여부 검토를 필자가 담당하게 되었다. 특히 회의 말미에 본 기획연구에 같이 참여한 다른 연구자가 '교육문외한인 자신도 알 정도로 교육부에서는 유명한 공무원'이라고 설명하면서 연구해 볼 것을 추천하였다. 또한 김교육이 퇴직공무원인데다 평소 개인적 관계가 없는 대상이라는 점에서 연구자가 선입견이 없이 객관적인 연구가 가능할 것이라는 기대로 연구를 시작하게 되었다.

그러나 김교육에 대한 연구는 처음부터 어려움에 봉착했는데, 그 이유는 김교육이 퇴직 후 국제기구의 책임자로 해외에 근무하고 있어서 근본적으로 면담이 불가능했기 때문이었다. 연구를 계속 진행해야 하는지에 대해 의문이 제기될 때 교육부 출신 지인을 통해 마침 김교육이 한국에 업무차 잠시 귀국해 있다는 전언을 받았고, 서로 얼굴을 모르는 상태에서 지방에서 막 상경한 김교육을 서울역에서 어렵게 만날 수 있었다. 장소를 이동하여 인터뷰를 진행하면서 김교육이 매우 독특한 이력을 지닌 엘리트 공무원으로서 왜 부내에서 유명했는지를 알 수 있었고, 정말 '만나야 할 사람을 제대로 만났구나' 라는 생각이 들어서 김교육이 근무하는 해외근무처에서 다시 한번 인터뷰를 진행하기로 약속하고 1차 면담을 마쳤다.

2. 인터뷰 및 연구과정

면담은 1대 1 심층면접(in-depth interview)을 통해서 2차에 걸쳐 진행되었는데, 1차 면담은 앞서 설명한대로 연구대상자가 잠시 귀국했을 때 3시간 정도에 걸쳐 이루어졌고, 2차 면담은 김교육이 근무하고 있는 해외사무실에서 4시간 정도에 걸쳐 심도 있게 진행되었다. 면담내용은 준비된 예시질문을 기초로 자유스러운 분위기 속에서 진행되었으며, 응답자의 의도, 신념, 태도, 느낌 등을 조사하기 위하여 면접장소 및 상황에 맞게 탄력적으로 운용하였다. 면담의 내용은 녹음한 후 컴퓨터를 이용하여 선택적 전사기록으로 남겼다.

면담은 분석대상자 뿐만 아니라 주변인물 및 상관, 부하직원 등에 대해서도 보조적으로 진행되었는데 주로 전화 인터뷰를 활용하였으며, 주요 내용은 당시의 정책상황에 대한 설명, 사실관계의 확인, 평판, 주요 업적 등이었다.

분석은 기존의 선행연구에서의 검토 내용을 기초로 대상자와의 인터뷰 결과 중 발견된 주요 특징 중 능력과 자질 요소와 정책의 수립 · 집행 과정에서 나타난 특징적인 부분을 중심으로 진행한 후, 기존의 리더십 이론들을 시론적으로 적용하여 시사점을 도출했다. 특히 리더십 이론 중에는 개인의 성격유형에 따른 분석을 시도하고, 상황적 리더십 이론과 더불어 카리스마적 리더십 이론과, 변혁적 리더십 이론 등을 중심으로 적용해 보았다.

Ⅱ 열정, 학습, 그리고 토론을 통한 문제해결

1. 청운의 푸른 꿈을 안고- 출세지향형 엘리트 공무원

김교육은 대학졸업 후 행정고시에 합격하여 서울시의 한 구청에서 수습기간을 보내고 첫 발령을 교육부 소속기관으로 받아서 2년간 근무하다 본부에 들어왔다. 이후 유학을 떠나 귀국했다가 서기관으로 승진한 후 다시 유학을 떠나 박사학위를 취득한 후, 지방과 국제업무 분야에 근무했다. 그 후에는 청와대 파견 및 본부의 고위직을 거친 후 차관보로 퇴직하여 대부분의 관료와 다르게 산하기관으로 가지 않고 현재는 국제기구의 본부장으로 재직중이다.

김교육은 명문대학을 졸업하고 행정고시에 합격한 엘리트 행정관료라는 기본적 특성 이외에, 한국에서 위명이 높은 하버드대학의 박사학위를 소유한 전문성을 겸비한 엘리트 행정관료라는 점이 눈에 띤다. 특히 '최초의 하버드출신', '최초 국제기구 진출(세계은행)' 등의 상징성은 그의 공직생활에 많은 영향을 미쳤으며, 부처 내에서도 경력과 성과 등의 모든 면에서 유명한 행정관료로 손꼽히고 있었다.

인터뷰 내내 김교육의 거침없고 솔직한 태도는 매우 인상적이었는데, 먼저 공직입문 동기에 대한 그의 설명부터가 아주 솔직하고 명쾌했다. 시골에서 태어나 출세하려고 고시를 봐서 고급공무원이 되었다는 지극히 세속적인, 그러나 매우 솔직한 그의 대답은 그의 일처리가 매우 시원시원했을 것 같다는 인상을 강하게 주었다.

"시골에서 농사짓고 살기가 너무 싫었고 논밭에서 일을 했는데 할아버지가 강요하지는 않으셨지만 책을 들면 열외시켜 주셨어요. 특히 초중고가 모두 동문인 고향선배가 계셨는데 이분이 아주 smart하고 공부 잘하고 사리분별이 정확해서 닮고 싶은 사람이었어요. 그래서 대학도 그분 따라 갔는데 본인은 학생운동을 하시면서 저에게 넌 출세해야 한다고 말해주셨고, 또 삼촌이 고시준비를 했는데 안 되서 지극히 세속적인 동기로 행정고시를 준비해서 공무원이 되었습니다."

2. 업적 달성요인

공무원들의 업적은 소속기관이 중앙정부냐 지방부냐의 차이와 정책과정의 다양성은 물론 각 직급에서의 기능과 역할의 차이 때문에, 여러 직급을 거친 공무원 개개인의 업적을 종합적으로 이야기하는 것은 매우 어려운 일이다. 특히 업적평가에서 창의성과 주도성에 초점을 둘 것인지 혹은 집행과 성과에 초점을 둘 것인지에 따라 차이가 나기 때문에, 어느 한 사람의 업적이 될 수도 있고 참여한 모든 사람의 업적이 될 수도 있다. 여기에서는 김교육이 중앙부처 공무원이라는 점을 감안하여 정책의 개발과 기획, 집행과정에서 창의성과 주도성을 보인 내용을 중심으로 대표적인 몇 가지를 제시하고 그러한 업적을 달성한 요인이 무엇인지를 분석해 보고자 한다.

김교육은 축적된 전문성을 기초로 우선 기획과 국제 분야에서 많은 업적을 쌓은 것으로 알려져 있다. 대표적인 것이 정책개발의 기초자료인 학생추계기법의 도입적용인데, 이전까지 주먹구구로 하던 것을 김교육이 최초로 수학적 모델과 컴퓨터를 활용하여 추계

결과의 정확성 등으로 인해 학계에서도 활발하게 인용되었다. 그리고 세계은행에 최초로 진출하여 연장근무를 요청받을 정도로 능력을 인정받아 한국공무원의 우수성을 널리 알렸으며, 현재도 경쟁으로 임명되는 국제기구 고위직에 근무중이다. 또한 현재의 교육개혁의 토대가 된 5.31 교육개혁작업의 실무T/F에 참여하였고, 한국장학재단, 글로벌인재포럼, 브레인코리아 등의 창의적인 많은 사업을 구상하여 구체화시켰다. 이후 김대중 정부와 노무현 정부시절에는 교육개혁의 집행책임자로서 정년단축, 교원노조 법제화 등 다양한 업무를 추진하였다.

1) 개인적 요인

(1) 공직관

김교육은 농촌에서 태어나 언제나 부지런히 일하고 근검절약하는 가정환경에서 자라나 끊임없이 일을 해야 하는 것으로 생각했으며, 당시의 '부모에 효도하고 나라에 충성'해야 한다는 교육을 충실히 받으며 성장했다. 특히 학창시절은 모범생의 범주에서 크게 벗어나지 않았으며, 이러한 가정환경과 교육은 그의 삶에 대한 태도에 중대한 영향을 미친 것으로 평가된다. 즉 호기심과 부지런함에 투철한 국가관이 더해져 국가를 위해 주어진 일뿐만 아니라 창의적인 일을 수행하는 전형적인 대한민국 엘리트 공무원으로 성장하게 되는 배경이 되었다.

> "부친은 책 읽는 것을 좋아하신 평범한 분이셨고, 항심을 잃지 않으셨으며, … 따라서 제일 좋은 교육은 행동으로 보이는 것이라고 생각됩니다. 특히 조부님께서는 잠시도 쉬지 않으시고 부지런히 일하셨기 때문에, 끊임없이 일을 하는 것이 당연 한 줄 알았습니다. …
>
> … 제가 다니던 학교는 선배들이 6.25때 학도병으로 나갔다가 한 기수가 몰살당했는데, 그 현충탑이 있었고 6년 동안 그 현충탑을 보고 등하교를 했습니다. 교과서 윤리, 도덕 교육보다 경험을 통해 부지불식간에 영향을 받은 이런 것이 중요하다고 생각해요. 학교 교육의 중요성을 실감합니다. 학교 교훈이 '신념은 굳게 아량은 넓게' 등 주로 근면, 성실, 정직을 강조하는 것이었는데 저에게 많은 영향을 미쳤어요."

대학시절에는 법대에서 행정학을 전공하여 법학과 행정학을 고루 공부했는데 특히 헌법 전공 지도교수로부터 인간의 존엄성과 가치의 중요성에 대해서 깊이 있게 생각해볼 기회를 가졌으며, 행정학 담당 교수로부터 일반주민들의 삶과 피부에 닿는 행정 및 일선

관료의 중요성 등을 느끼게 되었다.

"행정학과에서는 헌법전공 교수님이 지도교수셨는데 주로 기본권, 인간의 존엄과 가치를 강조하셨던 것 같고 행정학 강의 중에는 '행정학은 면서기 잘하는 것이 행정학'이라고 말씀하신 교수님의 강의가 기억에 남습니다. 즉 grassroot에서 제대로 되어야 한다는 생각이고, 백성들의 삶과 피부에 닿는 행정, 일선관료의 중요성 등을 느꼈는데 의사결정 이런 것 보다 더 기억에 남습니다."

공직에 임하는 자세는 '항상 공공선을 위해서 역량을 쌓으면서 순간순간 최선을 다하자'는 것이었으며, 윤리적 인식에서는 대민 접촉 시 언제나 '긴장을 늦추지 않고 이해관계에 매몰되지 말자', '정성껏 최선을 다하자' 등의 중립적이고도 민원인 지향적인 자세를 견지하려고 노력했다고 한다.

"좌우명이 道德經의 上善若水와 大學의 修己治人인데 항상 공공선을 위해서 역량을 쌓으면서 순간 순간 최선을 다했다라고 자부합니다.… 일처리를 할 때에는 언제나 '기본에 충실하자', '긴장 늦추지 않고 이해관계에 매몰되지 말자', '정성껏 최선을 다하자' 등의 자세로 임했습니다.…

… 내가 제일 좋아하는 것은 자기 일에 헌신적인 사람, 열심히 공부하는 사람, 무슨 일을 맡으면 그것만 하고, 시켜서 하는 것이 아니라 재미있게 하는 ……. 공무원은 그냥 월급 받는 직업이 아니라 세상이 아무리 바뀌어도 최고의 공무원은 나라에 헌신을 하는 사람입니다.

… 퇴직 후 관직을 최대한 멀리 벗어나고 싶었는데 갑자기 편안함을 느꼈습니다. 나도 모르게 긴장하고 있었던 듯, 공직사회 안에서 항상 긴장했었던 듯합니다. 이유가 뭘까 생각해 보니 계속적인 책임감이 있었는데 그런데서 해방되었다는 생각 때문인 듯합니다. 내가 속한 사회에 대한 Loyalty가 중요하죠."

(2) 호기심, 열정, 그리고 주인의식

김교육은 어린 시절부터 호기심이 많았고 지금도 다양한 분야에 호기심이 많다. 인터뷰 중에도 국제기구에 근무하면서 접하게 된 여러 사실과 관련하여 다양한 관심사를 보여 주었다. 특히 러시아의 고려인들이 한국어를 잊지 않기 위해 불렀던 한국어 노래가사집을 보여 주면서, 이런 가사들을 보면 옛날 우리조상들의 삶을 유추해 볼 수 있어 신기하지 않느냐면서 눈을 반짝거릴 때는 미지의 세계를 발견한 소년 같은 모습을 보여주기도 했다. 이렇듯 김교육은 호기심에서 출발하여 스스로 일을 찾아 열심히 일을 했을 뿐만 아니라, 주어진 일도 피할 수 없으면 즐겁게 일하자는 생각으로 일을 처리했다.

> "어린 시절부터 호기심, 특히 자연에 대한 호기심이 많았는데 현재도 호기심이 많고 심심한 것을 참지 못합니다. 그래서 일을 많이 벌이는 것으로 생각됩니다.
>
> … 어떤 상황에서든지 정성을 다하는 것이 중요하다고 생각하며, 이왕 할 일이면 즐겁게 하자는 것이 모토입니다."

김교육은 또한 헌신해야 할 가치가 있으면 일로 매진할 자세가 되어 있었고 실제 업무처리에 있어서도 집에도 안 들어갈 정도로 열심히 일한 것으로 이야기 하였다. 이러한 열정은 업무에 대한 헌신은 물론 주인의식으로 이어져 공무원으로서 중요한 덕목으로 작용하고 있다. 한편 이렇게 열심히 일을 하다 보니 별다른 사생활이 없이 긴장된 상태에서 생활하게 되었고 눈이 나빠져 안경까지 쓰게 되었지만 스스로 건강을 지키기 위해 틈틈이 공무원 조직 내에서의 취미활동을 통해 건강과 스트레스를 관리하기도 했다.

> "상사로부터 압력을 받은 업무가 있었는데, 이해관계가 많은 사안이어서 결국 장관실에서 모여서 규정을 설명하면서 '결론적으로 적절치 않습니다'라고 하자 제 얘기가 맞는 것으로 정리되었지만 엄청난 리스크였고 나중에 약간의 불이익은 있었던 거 같아요.
>
> … 정말 지난날을 회고해 보면 새벽별 보고 나와서 정신없이 일을 했습니다. 그래서 눈을 혹사하게 되어 2년 뒤에 안경을 쓰게 되었습니다. 특히 공직생활 마지막 10년은 집에 제대로 들어간 것이 50일도 안 됩니다."

물론 이렇게 호기심과 열정으로 추진한 일이 나중에 일부 변질되거나 문제가 발생하기도 했지만 당시에는 시기적으로 맞아떨어진 부분이 많았다고 자평하고 있다. 이러한 부분은 우리나라 정책담당자가 장기적 시각에서 긴 안목으로 정책을 수립하고 집행한 후에 환류까지 할 수 있는 시간적 기회를 갖지 못하는 한계에도 기인하는 것이지만, 일을 주로 벌이는 기획통에게는 별로 후회할 시간이 없다는 반증이라고 평가된다. 즉 후회도 많이 있다는 이야기는 기획단계 자체의 문제와 더불어 당시에는 생각지 못한 다양한 요소를 고려하지 못했다는 것을 의미하지만, 나중에 후회해 봐야 별 소용없는 일이 되어 버렸기에 후회하지 않는 것이 더 낫게 되는 기획인의 딜레마 때문이라고 생각된다.

“기획은 기획인데 어떤 일을 마무리 하는 것보다 벌리는 쪽에 있죠. 책임지지 못할 일도 많이 벌리는 쪽인데 벌리는 일이 좀, 시기적으로 맞아 떨어진 일이 많았습니다만 사실 후회되는 일도 많이 있습니다.”

(3) 남다른 전문성으로 기획통이자 국제통으로 성장

김교육은 외국에서 학위를 마친 후 귀국하여 주로 정책개발과 기획업무를 담당하며 기획통과 국제통으로서 성장해 간다. 특히 중앙 부처의 중요한 기능인 기획과 정책개발 업무에 주로 수행해 왔으며, 그 과정에서 미래지향적인 정책입안에 많이 참여하여 당시에 마련한 정책기조가 지금까지도 이어져 오고 있는 점에 대해 상당한 보람과 자부심을 느끼고 있다.

“미국에서 박사학위 받고 귀국 후 청와대 수석실 실무T/F에서 일했는데 정말 열심히 일했어요. 그때 당시 정책 중 구체화된 것은 GNP대비 5% 투자, 교육에 IT 접목 등 즉 평생교육, IT활용, 탈규제, 재원확충 등이었습니다.

… 공무원은 누구든지 자기가 안을 내서 기획해서 실행되는 그런 기쁨을 다 느끼죠. 특히 정책의 기본취지가 아직도 잘 유지되고 있어서 그게 굉장히 기분 좋은 일로 남아 있습니다. 화두를 던지고 좀 뭐 해보려고 했는데 성과가 있는.”

김교육은 특히 정책개발을 위한 기본 자료가 되는 장기예측이 부처마다 다르다는 점을 발견하고, 그러한 상황에서는 정책에 대한 신뢰는 물론 국민의 신뢰를 얻기 힘들다는 인식 하에 그동안 축적한 해당 분야의 전문성을 활용하여 직접 장기추계를 하기에 이른다. 추계결과의 정확성은 물론 추계기법도 높은 수준을 보이고 있어 이후 정책수립의 기초자료로 활용되었을 뿐만 아니라 학계에서도 활발하게 인용되었다.

“학생추계를 부처마다 달리하고 또 수기작업 하다시피 해서 …… 또 학생추계는 학교계획의 기본이어서 자발적으로 해본 것이었는데 2004년에 대학이 미달된다고 예측했습니다. 이러한 추계 후에 잉여시설을 어떻게 할 것인가에 대한 대안마련은 물론 해결책으로 유학생을 받자는 안을 제시했고 고등교육 적정규모에 관한 연구가 필요함을 제안했습니다. 유학생을 받으려면 우리말을 쓰는 유학생(해외동포)을 받자고 제시하기도 했으나 채택은 되지 않았습니다.”

김교육은 한국상학재단, 글로벌인재포럼, 브레인코리아 등의 창의적인 사업을 구상하여 필요성을 설득하고 지지를 끌어내 다양한 사업을 촉발시켰으며 그러한 사업들 중 상당수는 지금도 이어져 오고 있다. 물론 일부 사업은 당초의 의도가 일부 왜곡되어 집행되고 있기도 하지만, 이러한 새롭고 창의적인 일들이 필요하다는 생각에서 출발하여 실행까지 이어지게 하는 능력은 많은 사람들이 인정하는 그의 능력이었다. 이렇듯 전통적인 방식 이외에 어떤 일에 대한 필요성이나 중요성을 일깨워 가고 지지를 끌어내서 실행에 옮긴 사례는 많았다. 이와 더불어 행정의 역할을 기획하고 실행하고 다시 기획을 하는, 즉 조직을 만들고 예산과 인력을 동원하는 것으로 보고 그러한 과정에서 입법부와의 관계 등을 고려한 공무원의 역할변화와 그에 대한 대응의 필요성을 역설했다.

> "글로벌 인재포럼은 두 가지 취지로 시행했는데 첫째는 경제발전이든 모든 일이 결국 사람을 통해서 해야 되는데 여러 사람들을 모아서 전도하는 계기가 좀 있으면 좋겠다는 생각과 두 번째는 우리나라가 국제화가 되면서 이 스포츠나 각 방면에 성과를 많이 내고 눈에도 많이 띄는 일을 많이 했지만, 적어도 지식이나 학문이나 정책, 이런 분야에서도 세계인들에게 알릴 수 있는, 말하자면 다보스포럼처럼 세계에 내놓을 만한 명품포럼을 하나 만드는 것도 좋겠다고 생각해서 시작한 거지요.
>
> … 해외유학 자유화업무에 실무자로 참여했으며, 공산권국가에 유학생 보내기 등의 사업을 진행시켰습니다. 특히 국비유학생의 생활비가 실비에 못 미쳐 경비현실화 요인을 조사했습니다. 사실 별 이해관계가 없는 일임에도 계속 안을 올리자 오해도 받았지만 3-4년 퇴짜 맞다가 수용되기도 했습니다."

이러한 전문성은 나중에 세계은행 및 국제기구 진출로 이어진다. 요즈음에는 국내에서 근무하다 국제기구에 진출하는 것이 경력 경로 상 일반화가 되어 있지만 당시에는 그러한 경우가 없었는데 김교육은 세계은행에 최초로 진출했으며, 이러한 경력이 기초가 되어 퇴직 후에도 일반 퇴직관료들처럼 산하기관에 가지 않고 지인들의 도움으로 국제기구에 응모해 현재 장관급 직위에 재직 중이다.

전문성과 관련하여 김교육은 중앙부처의 꽃을 과장급으로 평가하고, 과장급자리가 전문성을 발휘하기에 가장 좋은 자리이며 정말 원 없이 일했다는 회고를 하고 있는 점이 눈길을 끈다. 이는 후술하는대로 국장급 이상의 자리는 통솔범위의 한계 이외에 다양한 고려를 해야 하는 자리인데 본인의 역량 중 정치적 기술이 다소 미흡하다고 판단하고 있기 때문인 것으로 추정되며, 정책판단 기준을 전문성으로 단순화할 때 업무처리가 용이하다

는 점을 시사해 주는 것으로 평가된다.[2)]

> "과장시절 정책 입안할 때 운신의 폭이 컸던 것으로 생각합니다. 제 생각은 전문성 발휘 면에서 중앙부처는 과장이 꽃인 듯합니다. 국장은 통솔범위가 넓어서 한계가 있고……."

(4) 판단력과 예측력에 기초한 방향 감각

대체로 정치권이나 외부에서 온 장관들은 의욕이 앞서기 때문에 현실을 고려하지 않고 밀어붙이려고 하는 경향이 강하다. 이러한 경우 관료는 정책의 여과기능이나 완충작용을 해줄 필요가 생기는데, 김교육의 경우 정치권 등이나 상관이 문제를 야기할 가능성이 있는 정책을 제시했을 때 완화시킨 사례는 상당히 많다. 즉 중간 중간의 체크포인트로서의 관료의 역할이 필요한데 이러한 역할은 판단력과 예측력에 기초한 방향감각이 있어야 한다.

물론 정책이나 개혁의 완화는 일부 사안의 경우 개혁에 대한 저항이기도 하지만, 일부 정책의 경우 예상되는 문제점에 대한 고려 없이 추진하다가 정책실패로 이어지는 경우도 상당히 있어 관료의 완충역할은 중요한 기능이라고 평가된다. 특히 교육정책의 경우 파급효과가 크고 장기간에 걸치므로 사전점검이 반드시 필요하다. 이러한 기능은 개혁에 대한 저항이라는 측면에서의 검토도 필요하지만 장기적 시계에서의 고려도 필요할 것으로 본다.

> "개혁안이 마련되면 중간과정에서 friendly advice가 필요합니다. 왜냐하면 교육은 몇 년간의 인터벌을 줘야 하기 때문에 토론을 통한 정책 변용의 필요성이 있습니다. 그런데 요즘은 토론 없이 위에서 정하면 따라가는 듯한 느낌을 받습니다.
>
> … 교육개혁을 일부가 주도해서 현실감이 결여되어 '프렌들리 어드바이스' 한다고 빨간 줄로 긋고 수정해서 갖다 주고 그랬던 기억이 나는데, 처음에는 싫어하셨는데 그 후에 그 분이 장관으로 오셔서는 잘했다고 하셨어요. 대학에 계시던 분들이 갑자기 큰일을 맡거나 하면 의욕이 넘쳐서 막 하는데, 일을 실행하는 관점에서 보면 너무 많이 하는

2) 이러한 김교육의 견해는 개방형직위제도와 관련하여 의미 있는 정책적 시사점을 주는 것으로 생각된다. 즉 정부는 '전문성' 신장을 위하여 '국장급'에 개방형직위제도를 도입했는데, 실제로 전문성을 기반으로 효율적인 업무처리를 할 수 있는 자리는 과장급 직위일 가능성이 더 크다는 점이다. 따라서 전문성 신장을 위해서는 오히려 과장급 직위에 대한 개방이 더 적합하며, 국장급 이상의 직위는 책무성이나 대응성을 강화하는 것이 더 바람직할 수 있다는 점을 시사한다.

것이 아닌가하는 생각이 듭니다. 이럴 경우 사람들이 감히 나서서 이야기를 잘 안 하는데, 저는 의견을 제시하곤 했는데 나를 쫓아내려고 했다고도 들었어요. 그런데 나중에는 오히려 더 잘해 주시기도……."

외부의 영향력에 대한 균형감각의 발휘와 관련하여, 김교육은 민주화의 진전에 의한 국회의 기능 변화에 따라 공직의 성격과 역할도 달라져야 한다고 강조한다. 또한 행정 환경 변화에 따라 공무원의 권한이나 역할이 축소되었지만 여전히 권한이 크기 때문에 책무성을 갖고 정책을 수행해야 한다고 역설한다. 구체적으로 정년단축과 교원노조 법제화 사례는 고위층과 국회 등의 사이에서 민주화 이후 공무원의 역할과 권한이 어떻게 변화했으며 공무원의 역할이 얼마나 중요한지를 알 수 있게 해준다.

"민주화로 가면서 공직의 성격과 역할이 달라지죠. 국회 등의 역할이 커지고 이러한 과정에서 공무원의 역할은 반비례적으로 훨씬 더 작아진 거죠. 그래도 관료의 권한이 옛날 보다 축소 됐지만 여전히 권한이 큽니다.

… 당시 정년단축과 노조법제화 두 가지 일을 했는데, 환란을 겪은 직후라 교원자격증 갱신제 등을 통해 유연하게 하려 했으나 교원단체에서 안 받아들였어요. 그러다 고위층의 의지로 교원정년을 65세에서 62세로 단축했는데 그 과정이 정말 힘들었습니다. 특히 손에 피를 묻히게 돼서 직원들이 사색이 되었습니다. 그래서 퇴로를 열어주기 위해 노력했고 정말 그때 죽도록 일했습니다. 그래서 명퇴금을 주고, 조기퇴직을 명퇴로 해서 퇴직자가 다시 가르칠 수 있게 했는데 ……."

(5) 학습과 토론, 그리고 후배들에 대한 배려

김교육은 언제나 배우고 공부하는 자세를 견지했는데 그 주된 방법은 토론이었다. 이렇듯 토론을 하면 중요한 문제점이 모두 걸러지고 장단점을 파악할 수 있으며, 그 과정에서 공부가 되고 또 무엇을 공부해야 할지를 알게 되기 때문이다. 물론 이러한 토론을 통한 학습은 김교육이 상관을 통해 배운 것이었지만, 이를 실천에 옮기고 항상 토론기회를 많이 가지려고 노력했다는 점은 본인은 물론 부하 직원들에게도 학습기회를 부여하려는 의도였다. 또한 후배들에게도 언제나 공부하고 준비하면서 미래를 기다리라는 충고를 게을리 하지 않았고, 고위층이 모인 자리나 회의 때에는 부하직원을 수행하게 하거나 배석시킴으로써 학습기회를 많이 제공하려고 노력했다.

"전문성 신장을 위한 학습 등이 필요한데 선배들이 안 해줘서 스스로 학습을 했고, 출장갈 때 보여주기 위해 부하들을 데리고 갑니다. 특히 토론을 위해 공부하고 과단위로 직원들과 토론을 많이 했습니다. 부하들에게는 학습기회를 주려고 노력하고, 특히 토론기회를 많이 가지려고 노력했습니다. 왜냐하면 토론과 학습이 정책으로 이어지기 때문이죠.

… 그게 되려면 내부토론을 많이 해야 되는데 토론을 하면서 이런저런 문제점이 드러나고 …… 어떻게 보면 실수 없이 일을 잘하려면 토론 없이 위에서 지시하는 대로 하면 문제가 생깁니다.

… 후배들에게 해주고 싶은 말은 '쉽게 포기하지 말라. 시간은 너희들 편이다. 시간이 흐를수록 좋아진다는 보장이 있다. 책임 있는 자리에 가니까 견디고 기다리고 준비하라. 내공쌓고 학습하고 고민하라'고 이야기 하고 싶어요."

김교육은 이러한 토론문화 정착 필요성을 강조하면서 적절한 토론의 단위와 단계를 제시한다. 이러한 토론은 내부토론 뿐만 아니라 외부토론으로 이어져야 하는데 특히 새로운 정책이나 중요한 정책은 몇 차례의 외부 토론을 거쳐야 한다는 것을 강조한다. 이러한 측면에서 김교육은 권위형보다는 민주형에 가까우며, 과업지향적 특성이 강하지만 관계지향형적인 특성도 갖추고 있다고 평가된다.

"적어도 하나의 정책에 중앙부서로 나뉘면 한 2-3단계를 거치는 게 제일 좋죠. 우선 과 단위가 최하 조직이니까 한 번 거르고 그 과정에서 대학 선생님들이나 좀 고수들, 이렇게 편하게 모셔서 토론도 하고 그 다음에 부처 차관정도 수준에서 국장, 과장 포함해서 정리하고 장관님이 한 번 더 걸러주고 이러면……."

2) 조직적 요인

김교육이 전문성과 창의성을 토대로 역량을 펼칠 수 있었던 결정적 요인 중의 하나는 당시 상관이었던 장관들의 리더십도 컸던 것으로 이야기 되고 있다. 즉 문제의 접근이나 해결방식에 있어서 장관과 인식을 공유하고 있어서 김교육은 일에 몰두할 수 있었고 또한 장관의 지지도 상당히 높았던 것으로 평가된다. 특히 어떤 날은 하루 종일 토론을 할 정도로 토론을 통한 문제의 검증과 대안마련을 중요시했던 정치인 출신 장관이나, 다양한 차원의 검토를 통한 합리적 의사결정을 강조했던 학자출신 장관의 리더십은 김교육처럼 전문성과 추진력을 갖춘 고위공무원이 능력을 발휘하기에 최적의 요건이어서 한마디로 '고기 물을 만나다'의 상황이었다고 표현할 수 있을 것으로 생각된다.

이와 더불어 학자출신 장관과는 학창시절부터 인연이 있었다는 점도 좋은 상황적 여건을 조성하는 데 도움을 주었을 것으로 보인다. 그러나 이러한 토론을 통해 대안을 모색하는 당시의 조직문화는 이후에 변화를 겪었고, 당시 일부 공무원들에게는 학습과 토론의 부담을 주기도 했다. 그래서 전문성이 떨어지거나 노력이 부족한 일부 공무원들은 많은 부담으로 느꼈으며, 그 결과 특히 비고시출신 등은 김교육과의 근무를 부담스러워한 것으로 전해진다. 이러한 내부의 평가는 김교육이 전형적인 엘리트 공무원의 모습을 보여주었기 때문인 것으로 평가된다.

3. 행정 및 행정학 교육

김교육은 행정학과 행정학 교육에 대해 상당히 유보적인 입장을 가지고 있었는데, 이처럼 행정학을 전공하고 행정 관료로서 다년간 근무한 인물이 행정학의 유용성에 의문을 제기한 점은 논의가 필요한 사항이라고 본다. 물론 김교육이 배운 행정학은 80년대 이전의 전통행정학으로 대학에서 정책학이 본격적으로 교수되기 이전이라는 점에서 반론의 여지는 있을 것이다. 김교육에게 행정학에 대한 기억은 정치행정일원론, 이원론, 조직인사재무, 의사결정론 등이었는데, 나중에 김교육이 실제로 관료로 근무하면서 필요한 지식들은 구체적인 정책개발이나 정책분석을 위한 수단들과 관련된 내용들이 더 많았다는 것이다. 즉 실제의 업무수행에 필요한 구체적인 지식을 가르쳐 주지 못해서 경쟁력이 없다는 이야기였다.

> "행정학이 경쟁력이 없습니다. 미안하지만 경제학이나 다른 학문들이 훨씬 더 스마트해서 그런 게 아니고 제가 봤을 때도 현실적으로도 도움이 되는 부분들은 다른데 행정학은 현실적으로 도움이 되는 부분이 솔직히 없습니다. 정치행정일원론, 이원론 이런 이야기해서는 별 실용성이 없을 것입니다.
>
> … 상대적으로 특히 여러 분야들이 커지고 전문화 되고 역할이 커지게 된 것 같습니다. 아주 큰 그림을 그리는 일종의 아주 미세한 테크니컬 부분, 마땅히 공무원들이 해야 할 부문에서도 학문으로서 행정학이 얼마나 기여를 하는지 다 같이 생각해 봐야 합니다."

이러한 논란과 관련하여 여러 가지 방향에서 반론이 제기될 수 있지만, 행정학 교육의 실용성을 어느 정도 강화할 것인가와 학교교육과 공무원의 교육이나 재교육을 어떻게 설계할 것인가는 여전한 숙제로 남는 것으로 생각된다. 특히 본인이 행정학을 전공했음에도 결국 도움을 준 것은 나중에 배운 다른 학문 영역이었고, 그로 인해 조직에서 인정을 받았을 뿐만 아니라 정책현장에서 큰 도움을 받았다는 점은 최소한 교육방법에 있어서 사례연구나 action learning 등의 필요성을 시사해 주는 바가 있다고 본다. 김교육도 이런 방향에서 일부 대안을 제시하고 있는데 교육과 공무원채용과 관련해서 다양성과 통합성을 강조하고 있다.

> "개인적으로 고시제도를 없애야 한다고 생각합니다. 대신에 고시제도와 비슷한 공채제도를 도입해서 경력직을 채용해서 루트를 다양화하고 그렇게 함으로서 공직사회가 일괄적인 그런 것 보다 다양한 인생관을 가진 사람들이 와서 한 분야에 같이 종사함으로서 내부토론 등을 통해 다원화된 우리사회의 관점을 반영하는 것이 바람직하다고 생각합니다.
>
> … 행정학이 행정기능인을 양성하는 데에는 좀 기여했을지 몰라도 그렇게 성공을 못했다는 게 현실인 것 같습니다. 우리 행정이 전부 전문화되고 있잖아요. 경찰행정이든, 교육행정이든, 경제행정이든 어느 분야 할 것 없이 하나 제대로 테크니컬 하게 가르치는 것이 맞다고 봅니다. 통합적으로 …….
>
> … 이 세상을 다양한 관점에서 볼 수 있는, 그걸 또 방법론적 관점에서 보는 훈련을 시키면 좋을 것이라고 생각합니다. 분야에 상관없이 통계나 데이터 분석, 사회조사분석은 물론 인류학, 역사학, 지리학 등이 필요합니다. 그럴 경우 양과 질 면에서 대상을 어떻게 정의하고, 행정서비스를 어떻게 제공할거냐 하는 것은 그렇지 않은 경우보다 훨씬 잘 할 수 있을 거라 생각합니다."

4. 몇 가지 아쉬움

김교육은 후회 없이 열심히 공직에 봉사했지만 몇 가지 아쉬운 점이 남는다고 했다. 정무직에 진출하지 못해서 서운했던 점, 지방근무를 얼마 하지 못해 현장의 집행과정의 현실을 많이 알지 못했던 점, 정치적 기술이 부족했던 점, 가족과 함께 한 시간이 많지 않았고, 특히 아이들과 함께한 시간이 적었던 점은 많은 아쉬움으로 남는다고 했다.

김교육은 퇴직 이후 잠시 학계에 머무르다 지금도 국제기구에서 왕성한 현역으로 활동하고 있다. 특히 재직 시의 전문성을 살려 여전한 호기심과 열정으로 제2의 인생을 살고 있는 그의 삶은 후배공무원들에게 퇴직공무원의 또 다른 모델로 활용될 수 있을 것으로 평가된다.

> "1급을 2년 한 후 명예스럽고 높은 자리에 가서 쌓은 지식경험을 활용해야겠다고 생각했습니다. 또 열심히 일했고 기대도 했는데 안 되서 서운했습니다. 그래서 '아, 안 알아주는구나'라고 생각하고 사표내고 나왔습니다."

> "지방 근무를 사무관 때와 사무국장할 때 등 얼마 하지 못했는데, 지방의 현장에 근무하면서 집행과정에서 보정의 기회를 갖고 피부에 와 닿는 행정을 했어야 했는데 아쉬움이 있습니다."

> "고위직으로 올라 갈수록 사회전반적인 부분을 많이 보고 고려해야 하고 그렇지 않으면 힘듭니다. 또한 고위직으로 올라갈수록 정치적인 기능을 더 많이 수행해야 하는데 그 점에서 별로 스킬이 없었던 점이……."

> "아들들에게 공부 열심히 해라 강요한 적은 없습니다. 지금 뭐 하느냐에 따라 10년 뒤에는 아주 달라진다는 점을 강조했는데 …… 유학중 왔다 갔다 해서 큰 애가 잘 적응하지 못했는데 잘 챙겨주지 못해 미안한 감이 있어 …… 군복무 때 한 번 찾아갔는데 제대하면 같이 하고 싶은 것을 물어 봤더니 '지리산을 같이 종주하고 싶다' 등의 이야기를 해요. 그래서 같이 한 시간이 많지 않았다는 것을 느껴 참 짠한 생각이 들었습니다."

Ⅲ 이론의 적용 및 분석종합

1. 행태이론

리더의 행태에 대한 분류는 다양하지만 가장 먼저 인용되는 것이 권위형, 민주형, 방임형으로의 구분인데 김교육은 토론과 학습을 강조하고 부하직원들에 대한 배려를 강조한 점 등을 보면 민주형 리더인 것으로 평가된다. 또한 Presthus는 조직의 권위 체계 및 질서에 대한 의도적인 동조(compliance)의 정도를 중심으로 구성원들의 행동을 설명하고 있는데, 이러한 유형 분류에 따르면 김교육은 조직의 질서를 적극 수용하면서 열정적으로 일해 승진을 해왔고 보다 더 상위직급으로 승진하기를 기대해 왔으므로 상승형에 가깝다고 볼 수 있다.[3)]

리더의 행동 특성을 과업 지향형과 관계 지향형으로 나눌 때 김교육은 상대적으로 강한 호기심과 열정으로 새로운 업무를 발굴하고 주어진 업무의 완수에 강한 관심을 보인 점을 보면 상대적으로 '업무지향적'인 성격이 더 강했던 인물로 평가된다. 물론 조직을 이끌어 가는 데 구성원들과의 끊임없는 대화 등을 통해서 그들 개개인의 욕구, 의사를 파악하고 적극적으로 고려하기도 했지만, 과업의 추진 계획을 통해 구체적으로 과업의 목표를 정하고, 일의 추진 방법, 그리고 조직구성원들 개개인의 역할과 책임을 정해서 부과하면서 조직의 업무를 철저히 수행했기 때문에 과업지향적 성격이 더 강한 것으로 분석된다. 특히 한국적 상황에서 업무 외적인 사항과 관련하여 공사석에서 허심탄회하게 이야기 할 수 있는 정도가 관계지향적 리더십으로 인식되고 있는 측면을 고려하면 김교육은 그 정도 수준에는 미치지 못 했던 것으로 평가된다.

한편 Nakamura와 Smallwood는 정책결정자와 집행자의 관계에서 정책목표와 정책수단의 선택에 관료가 어느 정도 재량권을 갖느냐에 따라 고전적 기술관료형(classical technocrats), 지시적 위임자형(instructed delegates), 협상자형(bargainers), 재량적 실험가형(discretionary experimenters), 관료적 창업가형(bureaucratic enterpreneur) 등의 다섯 가지 유형을 제시했는데, 김교육은 기획통으로서 고등교육재단, 글로벌인재포럼, 브레인코리아사업 등 많은 정책을 주도적으로 개발하고 구체적인 정책수단의 선택이나 정책집행에 있어서 창의적으로 재량을 행사한 점을 고려하면 재량적 실험가형에 가까운 관료라고 평가된다.[4)]

---

3) 조직의 권위 질서를 적극 수용하며 상위 계급으로의 지위 상승을 위해 상급자의 지시와 명령에 적극 동조하는 상승형(upwards), 자신의 내적 성취 욕구를 중시하는 반면에 조직 내에서 승진은 그다지 중요하게 생각하지 않아 조직의 위계질서에 최소한만 동조하는 무관심형(indifferent), 그리고 중심을 잃고 상황에 따라 비일관적으로 동조하기도 하고 동조하지 않기도 하는 모호형(ambivalent)으로 분류하고 있다(Presthus, 1987).

4) 고전적 기술관료형은 정책결정자가 결정한 정책내용을 정책집행자가 충실히 집행하는 유형이고, 관료적 창업가형은 정책집행자가 정책결정자의 결정권을 장악하고 정책과정 전반을 완전히 통제하는 유형이다. 이중 재량적 실험가형은 정책결정자가 막연하고 추상적인 정책목표를 결정하고 정책집행자에게 정책목표와 수단 등의 구체적인 내용 결정에서 광범위한 재량권을 위임하는 유형이다(Nakamura & Smallwood, 1980).

2. 상황이론

김교육의 경우 다양한 직위를 수행하면서 그때마다 다른 상황에 처했었지만 같은 부처나 부서에 근무했던 부하직원 등에 의한 간접 전언을 중심으로 분석하면, 구성원과의 관계는 주로 배려와 토론을 통한 리더십을 통해 인화를 해치거나 하는 일이 없는 것으로 보아 리더와 구성원과의 관계는 좋았던 것으로 평가된다. 또한 김교육은 위에서 주어진 업무를 수행하면서 토론 등을 통해 문제의 해결책을 찾으면서 명확한 업무배분과 지시는 물론 업무처리 지원으로 과업의 구조화 정도도 높았던 것으로 판단된다. 한편 직위권력은 리더가 하위자들을 지도평가하고 필요한 상과 벌을 제시할 수 있는 권한을 지니는 정도인데, 김교육은 전문성과 능력 면에서 부처 내에서 상당히 높은 평가를 받고 있었기 때문에 직위권력 외에 상당한 카리스마를 지니고 있었던 것으로 생각된다.

이와 더불어 김교육은 그 능력과 열정으로 능력 있는 공무원의 경우 같이 근무하고 싶어 하는 경우가 많은 편이어서 낮은 LPC 점수를 보인 것으로 생각된다. 따라서 상대적으로 유리한 상황이었던 것으로 추정할 수 있다. 특히 부처 최고책임자로부터 상당한 신임을 받고 있었던 점을 고려하면 상대적으로 매우 유리한 상황에서 리더십을 발휘할 기회를 가졌던 것으로 판단된다.[5)]

3. 카리스마적 리더십 이론

카리스마는 개인의 비범한 능력이라고 볼 수 있는데 김교육의 경우 개인적 능력 외에 자신감 있는 태도 및 학력 등에서 기인한 경외감 등으로 인하여 상당한 카리스마를 평가받았던 것으로 생각된다.[6)] 또한 토론을 통해 부하직원들이 자신들이 수행하는 업무에 대해 의미와 가치를 찾을 수 있도록 분위기를 조성한 점 등이 인정되기 때문에 카리스마적 효과를 나타내는 상황이 되었다고 평가된다.

특히 카리스마적 효과는 긴장이 높은 상황에서 발생할 가능성이 높은데, 김교육의 경우도 이해당사자나 외부의 반발이 매우 강했던 교육개혁과 관련한 일을 수행했던 상황은

5) 피들러(Fred E. Fiedler)가 제시한 상황적합모형에 의하면 리더의 LPC(Least Preferred Co-worker) 점수와 리더의 유효성(집단의 성과)과의 관계는 여러 요소로 구성된 상황적 조절변수에 의해 좌우된다. 이러한 상황변수는 리더와 구성원과의 관계, 과업구조, 직위권력 등의 세 가지이다(Fiedler, 1984).

6) 카리스마(charisma)란 원래 '신으로부터 받은 은총의 재능'이라는 신학적 개념이었으나 Max Weber는 카리스마적 리더를 위기 시에 사람들을 구원할 수 있는 해결책을 지니고 출현하는 신비스럽고, 자아도취적이며, 사람을 끌어들이는 흡인력을 지닌 사람이라고 보았다(Weber, 1947). Weber 이후 카리스마적 리더십은 주로 거시적 관점에서 연구되었으나 Etzioni, Orberg, Berlew 등에 의해서 조직 내 미시적 수준에서의 연구가 시작되었다(Etzioni, 1961: Orberg, 1972: Berlew, 1974).

일종의 위기나 긴장상황이었으므로 본인의 노력 외에 부하직원들에 대한 일의 의미와 가치부여를 통해 카리스마적 리더십을 발휘한 것으로 평가된다.[7)]

House는 카리스마적 리더가 우월성, 자신감, 자신의 신념이 도덕적으로 옳다는 확신, 강한 영향력행사 욕구 등의 특성을 보유하고 있다고 보았고, 카리스마적 리더의 특징적 행동으로서 역할모형화, 이미지 구축, 목표의 명확한 제시, 높은 기대감 전달 및 신뢰표출, 선별적인 동기자극(하위자들이 가지고 있는 동기 중에서 리더 자신이 제시한 사명을 완수하는데 관련된 동기만을 선별하여 자극) 등을 제시했는데 상당수의 요소는 김교육과 일치하는 측면이 있다.

이와 더불어 Conger와 Kanungo는 하위자가 리더의 행동에 대해 관찰한 내용을 근거로 리더에게 카리스마를 귀인(歸因)시킨다는 전제 하에 카리스마의 귀인을 가져오는 리더의 행동특성으로 하위자가 수용할만한 비전 제시, 인습에 얽매이지 않는 전략구사, 자기희행과 위험감수, 비전성취에 대한 자신감, 개인적 권력과 설득력 있는 호소에 의존하는 것 등을 들고 있는데(Conger & Kanungo, 1987), 이러한 요소 중 상당수를 김교육이 가지고 있는 것으로 보인다.

4. 변혁적 리더십 이론

김교육의 경우 학습과 토론을 통해 부하들과 문제를 공동으로 해결해 나가는 과정을 주로 택하면서 변혁적 리더십의 특성으로 지적되는 '서로의 동기유발수준을 높여주고 하위자뿐만 아니라 자신도 변혁을 경험하게 되는' 내용과 상당한 일치성을 보이고 있다.[8)]

또한 김교육의 경우도 전문성과 개인적 특성으로 인한 카리스마를 가지고 현안에 대한 지속적인 관심과 토론의 진행을 통해 부하직원들에게 지적인 자극과 이를 통한 분발

7) House에 따르면 리더가 하위자에게 카리스마적 효과를 가져오는 상황적 필요조건으로서 하위자의 역할을 이념적 형태(ideological terms)로 규정할 수 있는 상황을 제시하고 있다(House, 1977). 즉, 하위자가 자신의 역할을 수행함에 있어서 이념적 가치와 의미감을 느낄 수 있는 상황에서 카리스마적 효과가 발생한다고 보았다. 한편, 카리스마적 리더 하에서 일한 사람들은 배려적 리더나 구조주도적 리더 하에서 일했던 사람들보다 성과의 양과 질이 더 뛰어났으며, 과업만족이 높았고, 역할갈등과 역할모호성을 적게 경험한 것으로 밝혀졌다(Howell & Frost, 1989).

8) 거래적 리더십(transactional leadership)이란 리더와 하위자 간의 교환관계에 관련된 것으로서, 하위자의 이해관계를 자극하여 영향을 미치는 리더십으로 개인적 권력에 근거하여 영향력을 행사하기보다는 관료제적 권한에 바탕을 둔 영향력을 행사한다. 변혁적 리더십(transforming leadership)은 리더와 하위자가 서로의 동기유발 수준을 높여주며 보다 원대한 목표를 달성해야 한다는 의식을 고양시켜 주며, 이러한 원대한 목표는 리더와 하위자의 의지와 포부를 하나로 결집시켜 준다. 변혁적 리더십을 발휘하는 리더는 하위자를 완전한 인격을 지닌 사람으로 대하기 때문에 하위자의 상위수준 욕구를 자극하게 된다. 이러한 과정을 통해 하위자는 자신의 일상적인 모습에서 더 나은 모습으로 '변혁(transform)' 되며 하위자뿐만 아니라 리더 자신도 변혁을 경험하게 된다(Burns, 1978).

을 고취한 것으로 평가되므로 변혁적 리더십에 가깝다고 생각된다. 특히 위의 네 가지 요소 중 부하직원들에게 이러한 개별화된 배려 외에 카리스마, 지적자극, 분발고취는 상당한 일치를 보이고 있는 것으로 평가된다.[9)]

Ⅳ 결 론

이상에서 본 연구는 추천대상 공무원에 대한 면담자료를 기초로 면담대상자의 능력과 자질 중 특징적인 부분을 중심으로 분석하고 기존의 리더십 이론들을 시론적으로 적용해 보았다. 분석결과 김교육은 매우 특징적인 능력과 자질을 지녔을 뿐만 아니라 리더십 측면에 있어서도 새로운 리더십 이론으로 설명될 수 있는 부분을 많이 지닌 인물로 분석되었다.

공무원으로서 다른 공무원의 역할모델이 되는 데에는 다양한 요인들이 존재한다. 그 중에서도 김교육은 전문성과 추진력, 그리고 문제해결 능력에서 매우 뛰어났으며, 이러한 능력을 발현하기에 적절한 상관을 만나게 되면서 낭중지추로 탄생하게 된다. 김교육은 재직 당시 각 직급에서 창의적인 업무수행으로 많은 업적을 이뤄냈고 조직 발전에 큰 기여를 하였지만, 리더십 및 정치적 변화로 정무직에 진출하지는 못했다. 그러나 탁월한 전문성으로 토론을 통한 학습과 문제해결을 추구한 엘리트 관료의 전형적 유형으로 분류할 수 있을 것으로 평가된다.

그러나 본 연구는 아직은 한 인물에 대한 시론적 시도이므로 공무원상이나 유형으로 정립하기 위해서는 다양한 분야와 계층을 대상으로 사례연구를 확대할 필요가 있을 것으로 생각된다. 특히 본 연구의 기획 의도가 면담과 연구를 통해서 대상자들의 특징을 찾아내는 것이기 때문에 이러한 시도들이 축적되어 유형화의 기초자료로 활용되기를 기대한다.

9) Bass는 Burns의 변혁적 리더십 이론과 House의 카리스마적 리더십 이론을 토대로 하여 변혁저 리더십 이론을 정립하였는데 이러한 변혁적 리더십의 행동 차원으로 카리스마(charisma), 개별화된 배려(individualized consideration), 지적인 자극(intellectual stimulation), 분발의 고취(inspiration) 등의 네 가지를 들고 있다(Bass, 1985).

참고문헌

김재득(2008). 「리더십」, 서울: 대영문화사.

김호균(2004). 「21세기 성공 장관론」, 나남출판.

대한민국정부(2008). 성공적 국정운영을 위한 장관 직무 가이드, 중앙인사위 인재조사과.

박동서 외(2003). 「장관론」, 나남출판.

박통희 외(2004). 「편견의 문화와 여성리더십」, 대영문화사.

보건복지부(2007). 보건복지부 직급별 역할 매뉴얼, 보건복지부.

서울대학교 행정대학원(2002). 「지방정부의지도자 Ⅰ, Ⅱ, Ⅲ, Ⅳ」, 나남출판.

이종범(1994). 「전환시대의 행정가」, 나남출판.

조경호 · 진종순 · 박석희(2008). 「공무원의 역할 연구」, 대영문화사.

중앙인사위원회(2002). 「장관의 성공적인 업무수행을 위한 지침서」.

____________(2004). 「민간인출신 고위공직자의 성공적 공직적응 위한 가이드」.

____________(2006). 「참여정부 장관들의 직무수행에 대한 사례 연구」.

행정안전부(2008). 「고위관리자 직무가이드」.

_________(2008). 「장관직무편람」.

Agranoff, R. & McGuire, M. (2003). Collaborative Public Management: New Strategies for Local Government, Washington D.C.: Georgetown University Press.

Anderson, C.R. et. al. (2002). Every Manager's Desk Reference, Vol. 1 & Vol. 2. Indianapolis, IN: Alpha.

Bersin, Josh. (2008). The High-Impact Learning Organization. Executive Summary, Bersin & Associates Executive Summary, V.1.0.

Cohen, Steve. et. al. (2008). The Effective Public Manager, Jossy-Bass.

Conger, J. & Kanungo, R. (1987). "Toward a Behavioral Theory of Charismatic Leadership in Organizational Settings", Academy of Management Review, Vol. 12.

Cooper, Terry L. (2006). The Responsible Administrator, Jossy-Bass.

Gebelein, S. et. al. (2004). Successful Manager's Handbook: Develop Yourself Coach Others, 7th ed, Personnel Decisions International.

Howell & Frost. (1989). "A Laboratory Study of Charismatic Leadership", Organizational Behavior and Human Decision Processes, Vol. 43.

IBM(2005). LEADing@IBM: Leadership Enablement and Development, IBM

Corporation.

Morse, Ricardo & Buss, Terry F. (2008). Innovations in Public Sector, M.E.Sharpe.

Nakamura, Robert T. & Smallwood, Frank. (1980). The Politics of Policy Implementation, St. Martins Press.

Raffel, Jeffrey A. et. al. (2009). Public Sector Leadership, Edward Elgar Publishing.

Tapscott, D., & Williams, A.D. (2006). Wikinomics: How Mass Collaboration Changes Everything, New York: Portfolio.

U.S. Office of Personnel Management(2004. 6). Fostering Future Agency Leadership.

(2006). Guide To Senior Executive Service Qualifications.

Wart, Montgomery Van. & Dicke, Lisa A. (2008). Administrative Leadership in the Public Sector, M.E.Sharpe.

Weber, M. (1947). The Theory of Social and Economic Organization, Translated and Edited by T.Parsons, The Free Press.

삼성인력개발원. HRD Programs(http://hrd.samsung.co.kr/).

http://www.opm.gov/ses/references/SES_Quals_Guide_2006.pdf

U.S. Office of Personnel Management 홈페이지(www.opm.gov/ses/fedcdp/).

과정추적방법을 통한 공직봉사동기와 낭중지추*

- 보건복지부 L서기관의 사례를 중심으로 -

■ 배 귀 희(숭실대학교 행정학과 부교수)

Ⅰ 서 론

공직에 종사하려는 젊은이들이 지금도 시험에 합격하기 위해 열심히 공부하고 있다. 왜 그렇게 많은 젊은이들이 공직에 입직하려고 하는 것일까? 민간 기업에 취직하려는 젊은이들과 공직에 입직하려는 젊은이들의 동기에는 어떠한 차이가 있을까? 또한 다시금 공공부문과 민간부문의 어떠한 차이점은 무엇인가? 이러한 의문에 대해 공공-민간의 차이가 있다는 견해(public-private distinction) 혹은 차이가 있지만 미미해서 무시할만한 수준이고 오히려 유사성(public-private similarity)이 많다는 논의로 확대될 수 있다.

공직에 종사하려는 사람들의 동기와 민간부문 종사자의 동기가 다를 수 있다는 논의는 1990년에 처음으로 Perry and Wise(1990)의 논문에서 비롯된다. Perry and Wise는 공직봉사동기(public service motivation)를 "공공기관이나 공공조직에서 우선적으로 혹은 고유하게 내재된 동기에 부응하려는 개인의 성향"이라고 정의하고 있다. 이러한 연구의 배경으로는 왜 미국에서 외재적 보상이 높은 민간기업 대신 외재적 보상이 낮은 공공기관에 취직하려고 하는지에 대한 원인을 밝히고자 하는 문제의식에서 비롯되었다고 볼 수 있다. 즉, 공직에 종사하는 사람들은 민간부문에 있는 사람들보다 외재적 보상에 덜 민감

* 본 논문은 한국사회와 행정연구(2012)에 게재된 것입니다.

하고 오히려 내재적 보상을 더 중요시함을 의미한다.

인적자원관리를 포함한 공공관리에서 "공공부문과 민간부문의 차이(public-private distinction)"에 관한 논의들이 제기되고 있다. 공직봉사동기에 관한연구가 이러한 논의와 연결된다고 볼 수 있다. 공직봉사동기의 연구가 중요한 이유는 민간부문에 비해 경제적인 보상이 적음에도 사람들이 공공부문에 입직하여 효과적으로 일할 수 있는지에 대해 논리적인 근거를 제시할 수 있기 때문이다. 공직봉사동기가 존재하고 이것이 공공부문 종사자들의 행태연구에 중요한 요소라는 것은 공공부문과 민간부문은 서로 다르다는 것을 의미한다. 이것은 공공부문을 선택해 일하려고 하는 동기와 민간부문에 취업해 종사하려는 동기가 다르다는 것이다(Perry et al., 2010). 이러한 주장은 신공공관리의 기본 가정과는 다르다. 신공공관리의 핵심요소는 (신)관리주의와 시장주의라고 할 수 있다. 신공공관리는 공공부문과 민간부문이 서로 유사성이 높아 민간부문의 원리를 공공부문에 쉽게 이전할 수 있다는 것이다(Poister & Streib; 1989, 1994). 그래서 경쟁과 효율을 중시하는 민간부문의 기법을 공공부문에 도입할 수 있고 결과적으로 비효율적인 부분을 제거해 효율성 높은 경쟁력 있는 조직이 될 수 있음을 강조하고 있다. Drucker(1990) 또한 이러한 관점에서 민간부분의 경영 원리를 도입하면 정부가 효과적으로 운영될 것이라고 주장하였다.

공직입직에 관한 행정연구원에서 수행되었던 주목할 만한 설문조사가 있다. 1992년의 설문 조사에서 공직을 선택한 동기를 묻는 질문에 대해 신분보장 34%, 부모친지의 권유 18.8%, 국민에 봉사하는 역할과 사명 14.8%, 근무조건의 양호 10.7%로 나타난다. 이러한 결과는 그 후 1995년, 1998년, 2001년, 2004년의 결과에서도 유사하게 나타나고 있다(서원석 · 김광주, 1992; 조성한, 1996; 이헌수, 1998; 황성원 · 함종석, 2001; 황인수 외, 2004). 이와 같이 1990년대 이후로 공무원들이 공직에 입직하는 가장 커다란 동기는 공무원에 대한 신분보장이라는 이유이다. 공직입직 동기가 공직생활 전반에 영향을 미쳐 직무수행 및 조직 성과에도 중요한 역할을 하기 때문이다.

국민에 봉사하려는 동기는 공직에 입직하는 중요한 이유가 됨에도 불구하고 우리나라에서 그동안 공직입직 동기 혹은 공직봉사동기에 관한 연구가 동기부여에 관한 연구보다 상대적으로 적었다. 그러나 최근에 공직입직 동기 혹은 공직봉사동기에 대한 연구들이 많이 나타나고 있다(김상묵, 2005; 김서용, 2009, 2010; 손명구, 2006; 조태준 · 윤수재, 2009). 그럼에도 불구하고 공직봉사동기와 성과에 대해서는 조태준 · 윤수재(2009)의 연구 외에는 거의 없는 것이 현실이다. 이러한 맥락에서 본 연구의 목적은 공무원들의 공직봉사동기가 과연 존재하는지, 그렇다면 그것이 어떻게 형성되고 업무수행에서 어떠한 결과를 가져오는지를 보건복지부의 공무원의 사례연구를 통해서 살펴보려는 것이다.

Ⅱ 공직봉사동기에 관한 이론적 배경

Perry & Wise(1990)는 공공조직과 민간조직이 서로 다르기 때문에 공무원들을 민간조직 같이 대하는 것에 대한 위험을 지적하고 있다. 공직봉사동기 이론은 공공부문의 종사자인 공무원들이 민간부문 종사자들과 다른 동기부여 메커니즘에 의해 행동한다는 것을 의미한다. 다시 말하면 공무원들이 민간부문 종사자들과 달리 외재적 보상보다는 내재적 보상에 더 많은 가치와 의미를 부여한다는 것이다(Buelens & Van den Broeck, 2007; Crewson, 1997; Houston, 2000; Knapp & McLean, 2003). 이러한 맥락에서 성과급제도가 공공부문에서 제한된 성공을 거두었다는 주장이 제기되었다(Ingraham, 1993; Houston, 2006). 이와 유사하게 Brewer & Selden(2000)은 성과급과 같은 인사개혁은 공직 윤리를 저해할 수도 있음을 경고하고 있다.

Perry & Wise(1990)는 공직봉사동기(Public Service Motivation)를 "공공기관이나 공공조직에서 우선적으로 혹은 고유하게 내재된 동기에 부응하려는 개인의 성향"으로 정의하고 있다. 이어서 그들은 공직봉사동기를 합리적 동기(rational), 규범적 동기(norm-based), 정서적 동기(affective)의 세 가지 관점으로 이해한다(Perry & Wise, 1990). 합리적 동기는 개인의 효용극대화에 목적을 둔다. 규범적 동기는 규범에 순응하기 위해 공공의 이익을 위해서 봉사하려는 욕구이고 정서적 동기는 인간의 감정에 기반을 두고 타인을 돕겠다는 욕망과 의지로 이해된다(참고, 손명구, 2006; Baroukh & Kleiner, 2002). 이후 Perry(1996)는 위에서 언급한 세 가지 차원을 바탕으로 공직에의 호감도, 정책결정에 대한 몰입, 동정심, 자기희생의 네 가지 구성개념을 구체화하였다.

정책결정에서의 호감도는 효용극대화의 대상이 개인의 사적이익보다 시민을 위한 봉사에 있다는 것이다. 공익에 대한 몰입은 규범적 관점으로써 공무원들이 공익을 제공하기 위한 욕구를 가지고 있다는 것이다. 동정심은 정서적 관점에서 사회적 상황에 정서적으로 대응하는 것을 의미한다. 그리고 자기희생은 사회적 형평성을 강화하기 위해 빈곤층이나 소외된 집단과 같은 소수자들을 위한 삶의 질을 개선하는 것으로 이해할 수 있다. 공직봉사동기의 구성개념에 대한 정교화의 노력이 지속되는 가운데 Kim & Vandenabeele (2010)는 공직봉사동기는 자기희생이라는 토대 하에서 가치 중심적 동기, 동일시 동기, 도구적 동기라는 세 가지 동기로 구성된다고 주장하면서 자기희생이 공직봉사동기의 토대가 되고 매우 중요함을 강조하고 있다.

공직봉사동기와 관련된 연구들은 공직봉사동기의 측정도구에 관련된 연구, 결정요인, 직무만족, 조직몰입과 조직성과의 관계로 정리되어질 수 있다. 공직봉사동기의 측정도구와 관련된 논의들은 주로 공직봉사동기의 구성요인과 관련되어 논의 · 진행되었고 이러한 구성요인이 문화적 차이를 넘어서도 타당성이 있는지에 대해 논의 되었다(Perry, 1996; Kim, 2009).

공직봉사동기의 결정요인으로 Perry and Wise(1990)는 공무원들에게 발견되는 공직봉사동기는 공공조직에 종사하기 이전부터 보유된 기본적인 성향으로서 개인의 성장과정에서 이미 형성된다는 것을 지적하고 있다. 결정요인들로는 부모의 영향(Perry, 1997; Vandenabeele, 2011), 종교의 영향(Houston & Cartwright, 2007; Perry, 1997; Perry et al., 2008), 정치적 신념(Perry, 1997), 그리고 교육환경(Moynihan & Pandey, 2007; Vandenabeele, 2011) 등과 같은 것들이 제시되고 있다. 또한 Perry(2000)는 공직봉사동기가 미리 주어진 것이나 고정된 것이 아니고 개인의 선호와 환경적 변수와의 상호작용에 의해 개발될 수 있음을 보여주면서 공직봉사동기 과정이론을 제시함으로써 공직봉사동기의 형성 및 작동과정을 역동적으로 설명하고 있다.

공직봉사동기와 직무만족과 조직몰입과의 관계에 대해서 살펴보면, Naff & Crum(1999)은 공직봉사동기가 높을수록 직무만족과 성과가 높음을 실증적으로 밝히고 있다. 뿐만 아니라 공직봉사동기가 직무만족 외에 조직몰입에도 긍정적 영향을 미친다는 것이 실증적으로 검증되었다(Camilleri, 2007; Castaing, 2006; Crewson, 1997). Crewson(1997)은 공직봉사동기가 조직의 몰입도와 이직률을 낮추는 것을 발견하였다. 공직봉사동기는 또한 조직시민행동에도 긍정적으로 영향을 미치고 있음이 실증적으로 밝혀졌다(Pandey, et al, 2007). 김상묵(2005) 또한 공직봉사동기가 직무만족, 조직몰입도, 조직성과에 긍정적인 영향을 미침을 실증적으로 증명하였다. 결론적으로 공직봉사동기는 조직의 성과를 제고할 수 있는 중요한 요인임을 알 수 있다(조태준 · 윤수재, 2009; Moynihan & Pandey, 2007; Perry & Wise, 1990).

Ⅲ 연구 설계 및 사례 분석 방법

공직봉사동기와 성과와의 관계를 살피기 위해 본 연구는 사례연구 방법을 선택하였다. 그리고 사례연구 대상자는 무작위 추출에 의해서 선발한 것이 아니고 모범 공무원으로 추천한 대상 가운데 한 사람을 선택하였다(참고, Creswell, 2003). 따라서 L서기관을 통시적 사례연구를 통해 분석하였다. 사례연구는 크게 공직 입직 전과 전반기(2004.4-2006.12), 중반기(2006.1-2010.1), 후반기로 나누어 살펴볼 것이다. 사례연구는 기본적으로 사례를 기술하는 연구, 이론을 통해 사례를 설명하는 연구, 이론을 개발하는 사례연구, 이론을 탐색하고 다듬어가는 사례연구 이론을 검증하는 사례연구로 분류되어질 수 있다(김병섭, 2008; Lijphart, 1971). 본 연구는 가설 검증적인 연구라기보다는 가설을 창출하는 사례연구이다. 가설 창출적인 연구는 사례연구를 통해 잠정적인 자신의 가설을 수정하고 보완함으로써 연구자의 가설을 정교하게 하고 구체화하는 것이다. 본 사례연구는 가설창출적인 연구로서 단일 사례 내 과정추적(process tracing)[1] 사례연구 방법을 통해 인과관계를 살펴보려 한다.

과정추적 사례연구 분석은 특정한 현상을 초래한 원인을 역으로 추적함으로써 인과성을 규명하는데 유용하다(George & Bennett, 2005). 단일 사례 내 과정추적방법은 잠재적인 원인들과 관찰된 결과들 사이의 연결 과정을 추적하는 것이다. 즉, 특정한 변수들 혹은 조건들이 연결되고 결합되는 경로나 과정을 살펴 인과성을 추론하여 동일귀결성(equifinality)[2]의 인과적 복잡성을 설명할 수 있다(George & Bennett, 2004; 김승현, 2008). 즉, 과정추적방법은 단일사례에서 연구자들에게 특정결과에 대한 기존의 인과적 과정에 대한 대안적 경로를 생각하도록 하여 하나 혹은 그 이상의 잠재적 인과과정을 제공하는 것이다.

과정추적 사례연구 분석의 유용성은 다음과 같다(George & Bennett, 2004; 김병섭, 2008). 첫째, 어떤 특정한 인과 과정을 확인하기 위해 최초의 초기조건들이 어떻게 관찰

1) 과정추적의 장점은 다음과 같다. 첫째, 과정추적은 통제된 비교를 통한 인과적 추론이 어려울 때 효과적이다. 둘째, 특정한 변수 혹은 조건의 인과성뿐만 아니라 인과관계의 연결 과정을 살펴볼 수 있을 때 유용하다. 셋째, 희소하거나 독특한 개별 사례를 설명하는데 강점이 있다(김병섭, 2008; George & Bennett, 2004 Mahoney & Goertz, 2006).

2) 한 사례 내에서 동일한 결과에 이르는 다양한 경로들을 의미한다.

된 결과변수에 영향을 주었는지에 대한 인과 관계 과정을 확인할 수 있다. 둘째, 과정추적 사례연구는 2-3개의 독립변수들에 의한 종속변수에 대한 설명이 충분하지 못할 때 변수들 간의 다수의 상호작용 효과들을 확인할 수 있다. 셋째, 많은 통계분석은 독립변수와 종속변수들의 연결 혹은 매개변수 및 조절변수에 대한 충분한 설명을 제공하지 못하는 경우가 많지만 과정추적 사례연구는 복잡한 인과관계, 순환적 인과성 등에 활용할 수 있다. 마지막으로, 비교사례 분석은 시간에 대한 고려가 없는 반면에 과정추적 방법은 사건의 연대기적 기술을 통해 결정적인 국면(critical juncture)으로 전환되는 시점을 확인할 수 있다.

과정추적 사례연구의 특성은 단일 사례 내에서 발생하는 사건들의 인과적 관계에 의해 연결된 메커니즘을 확인하는 것으로서 초기조건 및 원인을 파악하고 일련의 사건들이 인과관계에 의해 어떻게 설정되어 있는지를 살펴보는 것이다. 일련의 사건들이 인과관계에 의해 연결된 과정을 살펴보는 것은 이론 혹은 관찰된 현상을 토대로 한 귀추법(abduction)에 의해 이루어진다(김병섭, 2008). 본 연구에서 과정추적 방법은 한 개인의 단일 사례 내 분석(within-case analysis of single case)에 근거하여 분석 개인의 성장과정, 대학 생활, 조직 문화, 리더십 등이 어떻게 한 공직자의 낭중지추 특성과 연결되는지를 개인사를 통한 통시적 분석을 통해 이루어지고 있다. 본 연구의 핵심은 낭중지추 특성을 보이는 과정추적 사례연구를 통하여 인과관계 경로를 발견하는 이론개발을 위한 가설을 창출하는 것이다.

사례연구가 과학적 연구이기 위해서는 사례연구가 과학적 연구 설계의 기준을 충족시켜야 한다. 사례연구의 타당성을 확보하기 위해서는 사례 선정시 선택편견(selection bias)을 배제하는 것이 중요하다. 일반적으로 사례연구는 의도적인 사례선택을 통해 통계적인 방법을 통한 일반화가 아니라 분석적 일반화를 시도하기에 사례선택 문제는 중요하다. 많이 활용되는 사례 선정 방법이 대표적인 사례(typical case)선택방법 이다. 이와 유사하게 결정적 사례(crucial case)연구가 있다(Eckstein 1975). 무작위 추출에 의한 사례 선정은 불가능하지만 의도적으로 사례를 선택할 때 사례연구의 대상을 주의 깊게 선정해야 한다. 낭중지추의 면모를 보인 공무원들을 선택해야 하기에 결정적 사례를 선택할 필요가 있다.

본 연구에서 사례의 선정은 19개 부처에서 우수성과자로서 추천받은 147명 중에서 다른 연구자들의 사례대상자의 부처와 겹치지 않도록 보건복지부를 먼저 선택하고 그 이후 여러 대상자들 중에서 L서기관을 선택하였다. 본 연구를 위해 필자는 L서기관을 3번 만났다. 1차 인터뷰는 L서기관의 요청에 따라 녹음을 하지 못하고 L서기관이 편안한 상태에서 자신의 공직으로의 입직 전의 성장배경, 가족생활, 신앙생활, 그리고 학교생활에 대해 이야기하도록 하였다. 2차 인터뷰는 1차 인터뷰 후 자료를 정리하면서 부족한 부분이 발견되어 공직생활을 시간적으로 분류하여 정리하면서 진행되었다. 인터뷰를 통해 공직생활의 초반기, 중반기, 후반기의 자료를 각각 정리하였다. 공직봉사동기가 어떻게 공직생활 전 과정에서 동태적으로 성숙되어 가는지를 관찰하면서, 또한 공직봉사동기가 어떻게 L서기관의 업무에 영향을 미쳐 개인의 성과를 만들어내는지에 주목하였다. 마지막 3차 인터뷰에는 그동안 인터뷰하는 과정 중에서 설명력이 적은 부분에 대한 설명을 더 요청하면서 다음과 같은 방법으로 사례연구를 수행하였다. 사례연구를 통한 질적 분석을 다음과 같은 방법으로 수행하면서 자료의 코딩 및 자료의 정리를 통해서 키워드 혹은 인터뷰 내용들 간의 규칙성, 패턴 인과적 흐름 등에 주목하였다(Miles & Huberman, 1994).

Ⅳ L서기관의 사례 연구

L서기관을 통시적 사례연구를 통해 분석하였다. 사례연구는 크게 공직 입직 전과 전반기(2004. 4~2005. 12), 중반기(2006. 1~2010. 1), 후반기로 나누어 살펴볼 것이다.

□ 공직입직 전

- S대학교 정치학과 졸업

□ 전반기(2004. 4 ~ 2005. 12)

- 근무부서
  - 복지자원정책과 / 기초생활보장팀
- 주요 업무
  - 사회복지사업법, 사회복지시설 총괄(복지자원정책과)
  - 긴급복지지원법 하위법령 마련, 시행 준비(기초생활보장팀)
  - 기초생활보장 예산 총괄(기초생활보장팀)
- 이 시기가 가지는 의미

- 공직의 의미와 보람 발견, 공무원 생활에 연착륙
- 사업의 ABC를 습득
  - 민간기관, 단체와 일하기(사회복지사업법, 시설 총괄)
  - 지자체와 함께 일하기(긴급복지지원법 시행 준비, 기초생활보장 사업)
  - 법령 및 지침 제 · 개정(사회복지사업법, 긴급복지지원법, 기초생활보장법령 및 관련 지침)
  - 예산 확보(기초생활보장 예비비 편성)
  - 기타: 행사 및 포상(이상 사회복지의 날)

◆ 주목할 만남: 첫 과(복지자원정책과)에서 만난 두 선배, 기초생활보장팀원이 되도록 한 팀장-팀원 매칭, 함께 고생하며 쌓은 끈끈한 동료애

□ 중반기(2006. 1 ~ 2010. 1)

◆ 근무부서

- 기초생활보장팀 / 사회정책과 / 보건의료정책과

◆ 주요 업무

- 기초생활보장 급여체계 개편 논의(기초생활보장팀)
- 사회정책 총괄(사회정책과)
- 보건의료정책 맛보기: 의료서비스 선진화, 각종 병원정책(보건의료정책과)

◆ 이 시기가 가지는 의미

- 보다 거시적 안목으로 정책을 고민하는 훈련
  - 빈곤정책의 방향성 논의
  - 「능동적 복지」란 무엇인가에 대한 고민
- 아시아 사회정책 발전의 선두주자로서 우리나라의 역할에 관심
  - ASEAN+3 빈곤경감 워크숍 참석(중국 2주간)
  - 동아시아 사회정책학회 참석(일본 2일간)
- 정책자원들과 협력하는 방법 훈련(보건의료파트)
  - 국회 보좌관, 정책의 이해당사자 등

◆ 주목할 만남: 존경하고 따르고 싶은 상사와의 만남

  - 수평적 리더십, 솔선수범 리더십, 마음이 따뜻한 리더십, 업무에 대한 열정을

가진 세 분 과장님과의 만남

□ 후반기(2010. 2 ~ 2011. 10)

- 근무부서: 사회정책 선진화 담당관실
- 주요 업무
  - 보건복지영역의 새로운 정책 개발, 비전 제시
- 이 시기가 가지는 의미
  - 통일 한국에 대한 소망의 부활
    - New Korea연구회 결성, 독일 베를린대 연수(독일통일과정 연구)
  - 협업하는 기쁨을 경험(VIP 업무보고 준비)
- 주목할 만남
    - New Korea 연구회: New Korea를 꿈꾸는 선배, 동료와의 만남
    - 탁월한 역량을 가진 상사, 동료와의 만남(사회정책선진화기획관)

L서기관은 경상도 성주에서 2남 1녀 중 둘째로 태어나, 부모님과 할아버지, 할머니, 오빠와 남동생이 있는 중산층 기독교 집안에서 성장하였다. 초등학교 5학년 때 대구로 이사하여 대구의 K여고를 졸업하였다. L서기관은 기자이신 아버지 밑에서 아들과 딸에 대한 차별 및 선호 없이 자랐다. 특히 어머님과 할머니의 신앙이 L서기관에게 커다란 영향을 미쳤고 지금도 중요한 결정을 할 때에는 어머님과 할머니에게 기도를 요청하고 있다. 이처럼 L서기관은 중산층 기독교가정에서 성장하면서 기독교 세계관 하에서 성장하였다.

L서기관은 S대 정치학과를 졸업한 후 2003년 행시에 합격하여 보건복지부에서 8년째 근무 중이며, 2010년 말 승진하여 서기관 생활을 하고 있다. L서기관은 대학 4학년 때인 2000년 여름부터 행정고시 시험을 준비하게 되었고 이후 2001년 1차 시험 응시를 했지만 불합격했다. 이후 2002년에 1차 시험에 합격 후 2003년 2 · 3차 시험에 합격하였다(47회 행정고등고시). L서기관이 보건복지부의 낭중지추의 면모를 보이게 되는 것은 단순히 공직봉사동기 만이 중요한 요인이 아니라 L서기관이 가지고 있는 능력 혹은 역량 때문이다. L서기관은 유수한 대학인 S대 정치학과를 졸업 후 상대적으로 짧은 기간에 행정고등고시를 합격한 것으로 보아 고위공직자로서의 기본 역량이 잘 갖추어진 것임을 알 수 있다.

L서기관은 당시 정치학과 선배와 동기들이 주로 고려하던 진로인 고시, 언론사, 대학

원 중에서 고시를 선택하였다. 대학시절 L서기관은 자신의 길에 대한 고민을 하던 중에 P교수의 "현대사회와 이데올로기"라는 과목의 수강을 의미있는 계기로 기억하고 있다. 그녀는 정치학과 내에 있는 '지평'이라는 '한국현대사 학회'에 속하여 활동하며 대학시절 내내 정의 등에 대해 관심이 있었는데, 2001년 1학기에 P교수의 강의를 들으면서 정의란 무엇인지에 대한 진지한 고민을 할 수 있었다고 말하고 있다. 흥미로운 사실은 "정의"라는 것은 마이클 샌델의 『정의란 무엇인가』라는 책이 유행하기 훨씬 전에 그녀가 개인적으로 한국 사회에 대해 고민하면서 가졌던 키워드였던 것이다. 특히 2001년 1차 시험을 떨어지고 난 후 '이 길이 내 길일까' 고민하다가 이 시기(2001년 1학기)에 현대사회와 이데올로기 수업을 듣고 난 이후 구약성경 이사야서 61장에 영향을 받아 "가난한 자에게 아름다운 소식을 전하기 위해" 보건복지부 공무원이 되어야겠다는 생각을 하게 되었고, 학부졸업논문으로 "정치: 하나님의 정의에 대한 인간의 응답"이라는 논문을 제출할 만큼 정의에 대해서 관심을 가지고 있었다. L서기관의 대학생활 및 공부에 대해 질문하였을 때 설명해 주었던 것처럼 대학에서의 삶과 수업 즉, 학교의 영향이 공직봉사동기에 영향을 미쳤다고 판단하였다.

행정고시에 합격한 후 중앙공무원교육원에서 신임관리자과정 교육을 받으면서 어느 부처를 선택할 것인지를 고민하게 되었는데 그 이유는 보건복지부는 업무량이 많아 일하기가 힘들다는 주위의 조언 때문이었다. 그 당시 또 다른 선택지로 고민하던 부처는 법제처였다. 왜냐하면 비교적 독립적인 업무를 전문성을 가지고 수행하면서도 일과 개인 생활을 조화시키기 쉬울 것이라는 기대 때문이었다. L서기관은 가난하고 소외된 사람들을 위해 봉사하려는 마음 때문에 공직을 선택하게 된 자신을 돌아보면서 결국 보건복지부를 선택하게 된다. 이 과정에서 Perry가 언급하였던 공직봉사동기의 구성요소인 정책입안 호감도, 동정심, 이타심, 공익에 대한 몰입 등이 나타남을 확인할 수 있다.

공직에 입직 후 초기에는 야근이 많고 자기 개인생활이 거의 없어 공무원 생활에 대한 회의가 들기도 하였지만 보건복지부를 선택한 것에 대해서는 후회가 없었다. L서기관은 모태신앙으로서 어머님과 할머님의 신앙에 커다란 영향을 받았고 이후 대학 3학년 때부터 신림동에 있는 S교회에 다니면서 지금까지 신앙생활을 계속하였다. 특히 L서기관의 삶에 미친 기독교의 영향력을 이해하지 않고는 L서기관의 가치관 및 세계관에 대해서 이해할 수 없을 것이다. L서기관의 인터뷰를 통해서 기독교 및 기독교 세계관이 그녀의 공직봉사동기에 큰 영향을 미친 또 다른 요인임을 쉽게 알 수 있게 된다.

"하나님을 믿는 사람들이 하나님을 처음으로 깊게 만나게 될 때 고민하는 부분이 한 가지 있는 것 같아요. 자기가 전임사역자가 되어야 되는가 하는 것이지요. 저 또한 하나님을 만나고 나서는 하나님을 위해 살아야겠다고 생각을 하게 되었는데 그 방법이 신학을 공부해 선교사를 하든 목회자를 하든 그러한 것을 해야 되지 않나 하는 생각을 얼마간 했던 것 같아요. 그러나 윌버포스나 링컨의 삶은 '꼭 그렇게 성직자로 살아가는 것만이 하나님의 일을 하는 게 아니구나. 성직자의 삶이 아니더라도 다른 일을 가지고도, 나의 직업을 가지고도 하나님을 위해 살아갈 수 있는 길들이 있구나' 하는 생각을 갖게 하는 데 많은 도움을 주었어요. 윌버포스의 경우는 '전능하신 하나님이 나에게 두 가지 목표를 주셨는데 그 하나가 노예무역의 폐지이고 다른 하나가 구관습의 개혁이다'라는 생각을 가지고 있던 사람이었어요. 링컨 같은 경우는 『백악관을 기도실로 만든 대통령 링컨』이라는 책에서 대통령직을 수행함에 있어서 지혜를 하나님께 얻고 목표와 비전을 하나님 안에서 발견했다고 하는 점이 격려가 되었습니다. 링컨이나 윌버포스의 삶을 보면서 일상생활과 신앙이 분리되는 것이 아니구나 하는 생각을 하는 계기가 되었던 것 같습니다."

L서기관의 독서생활 중에서 자신에게 가장 커다란 영향을 주었던 책도 기독교와 밀접하게 연결됨을 알 수 있다. L서기관은 자신이 감명 깊게 읽은 책 중 하나가 『영국의 양심 윌리엄 윌버포스의 생애』였음을 주저하지 않고 이야기 하고 있다. 윌리엄 윌버포스는 18세기 영국의 의회개혁과 노예제도 폐지에 결정적인 공헌을 한 인물로서 윌버포스 등의 노력으로 1807년 영국에서는 노예무역 폐지법이 통과되었다. 노예해방 문제로 인해 남북전쟁을 벌인 미국과 구별되는 일로서 당시 영국에서도 노예해방은 실현되기 어려운 일이었다. 그녀가 꼽은 또 하나의 책은 『백악관을 기도실로 만든 대통령 링컨』이었다. 이러한 책들은 그녀의 가치관에 커다란 영향을 미쳤다고 볼 수 있다.

L서기관의 공직봉사동기 형성에 영향을 미친 또 다른 중요한 요인은 다름 아닌 가족임을 알 수 있다. 그녀에 의하면, "아버지는 언론인이셨기에 아버지가 관심을 가지시는 영역이 정치와 행정의 영역이고 사회문제에 대한 관심이 대화에 자연스럽게 흘러나올 수밖에 없었다. 또 저희 할머니는 손자, 손녀들을 위해 기도할 때마다 손녀가 에스더처럼 살 수 있게 해달라는 기도를 많이 해주셨기 때문에 왕비라는 자신의 직책을 민족을 살리는 데 사용한 에스더에 대한 관심이 어쩌면 공직에 대한 관심으로 이어졌던 것 같다."고 언급하고 있다. 즉 L서기관의 이러한 사회에 대한 관심은 아버지 등 가족의 영향이었고 이것이 공직봉사동기로 성장함을 알 수 있었다.

L서기관은 우리사회의 게임의 룰이 공정치 못하다는 말에 공감하고 있으며 공정한 나라의 토대 구축에 보건복지부가 일정한 역할을 할 것을 기대하면서 본인도 보건복지부가 그러한 역할을 하는 과정에서 조금이나마 기여할 수 있기를 소망하고 있다.

L서기관의 공직봉사동기는 보건복지부에서 공직생활을 하면서 다양한 업무 성과로 나타나게 되고 나아가 그녀의 꿈으로 발전하는 것을 확인할 수 있었다. 공직봉사동기가 지속적으로 그녀의 태도에 영향을 주면서 그 공직봉사동기가 커져가는 것을 느낄 수 있었다. 2009년 교회수련회에서 강화도에 있는 북한이 보이는 평화전망대에 간적이 있었다고 말하면서 다음과 같이 언급하고 있다.

> "2009년 여름 교회수련회에서 강화도의 평화전망대에 갔었어요. 그곳에 소원을 써서 달아놓는 소원나무가 있었어요. 그곳은 북한이 보이는 곳이었고 그곳의 소원나무에 통일 한국에서 하나님의 정의와 공법이 강같이 흐르는 사회가 되도록 하는데 헌신하고 싶고 쓰임 받고 싶다고 적었어요."

또한 그녀는 또 다른 다음과 같은 소박한(?) 소망을 공개하였다.

> "사람을 세우고 격려하는 사람이 되고 싶다는 생각을 많이 합니다. 제가 전반기, 중반기, 후반기에 대해 약술하면서 '주목할 만한 만남'이 있다는 점을 언급한 이유는 그런 만남을 통해서 공직생활을 지속할 힘을 많이 얻었기 때문입니다. 단지 일 잘하고 싶은 사람이 되고 싶진 않아요. 물론 일을 잘해야 하는 것은 기본이지만요."

2011년 5월 독일 베를린자유대학에서 1주일 동안 "독일의 사회문화통일과정" 연수를 거치면서 통일 이후를 대비하여 보건복지분야에서 정책적 준비가 필요하며 이를 위해 일하고 싶은 소망으로 구체화되는 것을 보면서 공직봉사동기가 그녀의 삶속에서 지속적으로 공직자로서의 삶을 살아가는 원동력이 되는 것을 느낄 수 있었다. 전반기에 나타나는 공직봉사동기는 이타심과 공익에 대한 몰입이 강하게 나타나고 있다.

공직 전반기(2004. 4~2005. 12)의 생활은 보건복지부 복지자원정책과와 기초생활보장팀에서 주로 이루어진다. 복지부로 발령받은 후 처음으로 근무한 복지자원정책과에서는 주로 법령과 예산, 행사 등의 기본적인 업무를 경험하며 공직생활에 적응하는 시간을 가졌다. 이 시기에 공직생활 혹은 조직생활에 영향을 미쳤던 두 사람과의 만남을 언급하였다. 그녀는 만남을 중요시 여기며 동료 혹은 직장 선배와의 친밀한 관계 덕분에 공직생활에 잘 정착할 수 있었음을 강조하였다.

> “복지자원정책과에서 두 분의 선배님을 만났는데 고시 선배시죠. 저보다 각각 1년, 2년 선배이신 두 분의 사무관님은 초기 조직생활에 적응하게 도와준 되게 고마운 분들이라 할 수 있어요. 사실 조직생활도 처음이고 어떻게 일을 해나가야 할지 방법도 모르는 상황에서 업무적인 면에서 많은 도움을 주시고 조직에 적응할 수 있도록 도움을 많이 주셨죠. 그 중에서 한 분은 남자분이시고 한 분은 여자분 이신데 남자분은 저랑 같은 계에서 근무하셨기 때문에 업무적으로 많은 도움을 주셨고 여자분 같은 경우에는 저보다 한 살 언니였어요. 소도 누울 자리를 보고 다리를 뻗는다고 하잖아요. 저는 그분을 누울 자리라고 생각했었어요. 감사하다는 생각 지금도 많이 합니다.”

2005년 말 10월부터 보건복지부가 팀제로 개편하면서 소위 “사랑의 작대기”를 통해 국장과 과장을 서로 매칭하는 제도가 생겼다. L서기관은 이때 기초생활보장팀장으로부터 함께 일해보자는 제의를 받았다. 그러나 기초생활보장팀은 보건복지부에서도 3D에 해당하는 업무로 과연 이러한 힘든 업무를 해낼 수 있을지 또는 해야만 하는지에 대해 잠깐 고민하게 되었다. 당시 과천 2동 청사 옥상에서 어머니와 통화하면서 어떠한 결정이 최선의 결정인지 모르겠으니 기도 해달라는 요청을 하기도 하였다고 그 상황을 언급하고 있다.

> “내가 왜 보건복지부를 선택했는지를 생각해 보게 되었어요. 보건복지부를 선택했던 것은 가난한 사람에게 아름다운 소식을 전하기 위해서였다는 것을 기억하면서 제일 가난한 사람을 위한 정책을 펼치는 기초생활보장팀으로 가는 게 맞는다고 생각해 제안을 받은 당일 오후에 그 팀으로 가겠다고 팀장님께 말씀드렸습니다.”

위에서 언급한 인터뷰 내용에서 알 수 있듯이, L서기관의 공직생활 전반기에서 사무관으로서의 의사결정의 기준 가운데 하나가 바로 L서기관의 공직봉사동기임을 확인할 수 있었다. 전반기 업무를 종합하면서 L사무관은 다음과 같이 당시를 회고하고 있다.

> “사실은 전반기 복지자원정책과에서 일할 때는 제가 사실 뭐가 뭔지 몰랐구요. 그때는 두 분의 선배님과 같이 일하는 주무관님의 도움을 받아서 일을 꾸려나갈 수 있던 시기였습니다. 초짜 사무관을 만나면 베테랑 주무관님과 같이 일하는데, 저희 주무관님이 성실하시고 저의 빈자리를 메워주는 분이어서 공직생활에 잘 적응할 수 있다는 점에서

저는 행복한 사람이라는 생각이 듭니다. 동기들도 부러워했어요. 제가 사회복지 사업법을 맡고 있어서 그때 법을 개정해야 하는 일이 있었거든요. 개정안을 만들어 부처협의하고, 입법예고 하고, 법제처 심사를 거치고, 국회에 제출하는 등 법령관령 업무도 할 수 있었습니다. 또 사회복지 시설총괄을 했기 때문에 민간자원관련 업무도 맛보기도 했고 사회복지 행사도 담당했기 때문에 이벤트와 관련한 업무들, 장관님을 모시고 하는 업무도 해 볼 수 있었습니다. 짧은 시간이었지만 다양한 경험을 해서 나름대로 의미 있는 시간을 보냈다고 생각합니다. 그리고 기초생활보장팀에서는 긴급복지지원법 시행령 시행규칙을 제정하고 지침을 마련해서 지자체 공무원들을 교육하고 사업을 시작했다는 것이 저에게 큰 의미가 있는 것 같습니다."

L서기관은 긴급복지지원사업을 시작하던 시기에 관해 언급하면서 자신이 하는 업무가 남에게 구체적인 도움을 줄 수 있다는 사실로 인해 보건복지부에서의 일하는 만족감을 느끼는 시기였다고 이야기 하고 있다. 한편 이 시기에는 업무가 많아 무척 힘이 들었던 시기였고 그래서 이 시기에 육체적으로 정신적으로 힘이 들어 어머니에게 푸념조로 살고 싶은 마음이 없다고 말할 정도였다고 회고하고 있다. 공직 입직 후 적응시기인 전반기에 상사의 리더십이 L서기관의 공직생활 및 공직봉사동기에 영향을 미치면서 보건복지부의 공무원으로서의 업무수행 역량이 향상되는 계기임을 확인할 수 있었다.

L서기관의 공직생활 중반기의 근무부서는 기초생활보장팀, 사회정책과, 보건의료정책과였다. 이 시기에 L서기관이 담당했던 업무는 빈곤정책 개선방안 검토(기초생활보장제도 급여체계 개편 등), 제2차 사회보장장기발전방향 초안 수립, 전문병원 시범사업 등 중소병원 육성정책, 의료서비스 선진화정책 검토 등이다.

이 시기 기초생활보장팀에서 L서기관은 빈곤정책의 방향성에 대해 고민하면서 많은 학습을 하게 된다. L서기관은 전문가들과 Task Force Team을 구성해 교수님들과 빈곤정책의 방향성에 대해 의논하는 기회를 가지게 된다. 그녀는 공직생활을 하면서 정부에서 무엇을 하려고 하거나 정책에 관해 다양한 의견을 수렴하고자 할 때 이를 맡아 연구해 줄 분들을 찾는 데 어려움을 겪을 때가 있었지만 그녀는 이 시기에 고민했던 기초생활보장제도 개편과제에 많은 관심과 애정을 가진 전문가들이 많아 논의가 활발하게 진행될 수 있었던 점에 감사한다. 이 과정에서 기초생활보장제도 및 보건복지부 전반에 걸친 업무의 흐름을 이해하는 계기가 되었다고 생각하였다.

"기초생활보장팀에 있었던 것은 저에게 엄청 플러스가 된 일이었어요. 기초생활보장팀에 가겠다고 선택한 것은 나름대로의 결단이 필요하였지만 좋은 팀장과 동료들을 만나 일을 할 수 있었다는 게 감사한 일이고 우리나라 복지제도의 근간이 되는 제도를 배움으로서 다른 제도를 이해하는데 많은 도움이 되었어요. 이러한 점에서 기초생활 보장팀에 갔던 것이 저에게 플러스가 된 선택이 되었던 것 같습니다."

또한 이 시기에 사회복지정책 본부장(실장)과의 만남을 통해 학자들과의 네트워킹, 국제적인 시각 등에 대한 배움을 얻게 된다. 학구적이고 전문가들과의 네트워크를 중요시하는 특성을 보인 본부장이 L서기관에게 2007년 중국에서 개최한 ASEAN+3에 참가하도록 기회를 제공한다. 당시 보건복지부에서 2명이 참가하게 되었는데 그중에 한 사람이 L서기관이다. L서기관은 중국에서 개최하는 국제회의에 참가하면서 자극을 받게 된다.

"중국이 ASEAN 국가들을 대상으로 빈곤퇴치(완화) 노력을 공유하며 리더의 역할을 하는 것을 보면서 우리나라도 복지정책 분야에서 아시아의 리더가 되어 대한민국 복지정책 발전의 노하우를 저개발 국가들에게 전수하였으면 하는 꿈이 생겼어요. ASEAN 국가들의 수준이 70년대 새마을운동 수준이어서 우리나라는 사회복지의 선도국가이고 앞으로도 선도국가의 위치를 차지할 수 있을 것이라 생각합니다. 우리나라의 복지발전 경험을 아시아 국가들 및 다른 저개발 국가들에게 전수했으면 좋겠다는 생각과 우리나라의 복지정책 발전과정에서 형성된 한국형 복지모델을 발전시켜 볼 필요가 있음을 인식했어요. 사실 제 생각에 우리나라의 건강보험제도, 기초생활보장제도, 국민연금제도 등은 잘되어 있는 제도여서 ASEAN 국가를 포함한 저개발국가에 전파했으면 하는 생각을 하게 되었습니다."

또한 L서기관은 2007년 가을에 동경대에서 개최한 동아시아 사회정책 학회에 본부장이 기회를 제공해서 동아시아 국가들의 연구흐름을 알기 위해 혼자 출장을 다녀왔다. 그 출장에서도 역시 동아시아 지역에서 남의 것을 배우는 것도 중요하지만 우리나라가 가지고 있는 것을 잘 정리해 나누는 것도 중요한 것임을 깨닫는 계기가 되었다. 중반기의 공직생활에서 L서기관은 직장 상사의 리더십과 배려에 의해 국제적인 감각을 지닌 보건복지부 공무원으로서 성장하는 계기를 가지게 되었다.

이와 함께 L서기관은 2006년 8월 경에 초임팀장인 J팀장을 만나게 된다. 그녀는 '일 잘하는 천사'라는 별명을 소유한 과장이고 여러 가지 인간적인 매력이 있어 L서기관은 J

팀장을 존경하게 되었다. L서기관은 J팀장 역시 자신이 모셨던 다른 상사들 같이 "안 되는 이유를 찾는 사람이 아니라 어떻게 하면 되는지를 찾아내시는 분"이었다고 언급하였다. 일도 적극적으로 하면서 스트레스를 부하 직원에게 전가시키지 않는 강점을 가지고 있어 그러한 부분을 높이 평가하였다. 당시 초임팀장으로서 리더십에 대한 고민이 많았을 텐데 본인보다 나이가 많은 주무관들을 돌아보고 배려하면서 그 역할을 수행하는 것이 그녀에게는 상당히 인상적이었던 것으로 판단된다. 또한 "'너는 이것도 못하니'라는 인상을 주기보다는 끝까지 같이 고민하고 기다려 주시는 분이었어요. 저도 그러한 분이 되고 싶어요. 마치 언니 같은 분이어서 좋았어요."라고 표현하였다.

L서기관은 팀장의 조언이 공직생활을 해 나가는 데에 영향을 미친 다른 부분에 대해서도 설명한다. 기초생활보장팀에서 함께 일하다가 J팀장은 영국으로 유학을 가서 공부하고 돌아 왔다. "영국으로 유학을 다녀오기 전에 J팀장님은 바람직한 공직생활을 위해서는 '여성성'을 버려야 한다고 생각하셨던 것 같아요. 그러나 유학을 가서 공직생활을 돌아보시면서 '조직에서 원하는 내가 되기보다는 내 본래의 모습으로 사는 것이 중요함'을 생각해보게 되었다고 하셨어요."라고 이야기하면서 그러한 자세가 중요하다고 생각하는 것 같았다. L서기관은 사람들이 여성/남성으로 범주화시켜서 보는 것에 거부감이 있고 성에 대한 평등의식이 강한 편이라는 것을 느낄 수 있었다. 이어서 "여성공무원에게만 늦게까지 회식을 피하고 일찍 귀가하는 것이 요구되어져야 하는 것이 아니라 남성공무원에게도 요구되어져야 해요. 가족의 가치는 여성에게만 중요시되어져야 하는 것이 아니라 남성에게도 똑같이 중요한 가치로 여겨져야 하니까요."라고 자신의 가족관을 피력하였다. 참 재미있는 사실은 이때 만났던 J팀장이 현재 사회정책선진화 담당관실의 과장이라는 점이다. L서기관과의 면담과정에서 직장 상사와의 상호작용을 통해 공직에 대한 자신의 생각 및 여성 공무원으로서의 정체성이 확립되는 것을 확인할 수 있었다.

이후 사회정책과로 옮긴 2006년 말~2007년 초는 새로운 정부가 들어서는 시점이다. 이때 workfare와 유사한 개념인 '능동적 복지'라는 개념이 부각되었다. 이 기간에 L서기관은 '능동적 복지'를 복지정책에 반영하는 과정에서도 많이 공부할 수 있는 기회를 가지며, 학계 및 전문가들과의 네트워크의 중요성을 깨닫게 되었다. 이때의 논의들은 제2차 사회보장 장기발전방향에 반영되었다.

L서기관은 2009년 1월에 보건의료정책과로 옮기게 된다. 이때 함께 일한 과장님은 존경할 만한 분이라고 평가했다. L서기관의 표현에 따르면 "직제시행규칙에 있는 마지막 조항까지 파서 일하는 분"이었다. 모든 일에 전력을 기울이는 분이어서 존경할 수밖에 없

었다고 언급한다. L서기관은 이때 법을 제정하는 업무, 중소병원 육성정책, 전문병원 도입 관련 업무 등을 하고 있었다. 과장님이 최선을 다하는 분이어서 본인도 전력투구할 수밖에 없었음을 인정했다. "과장님은 국회의원 및 보좌관들을 개개인으로 만나고 그룹으로도 만나서 끊임없이 설득하고 바람직한 대안들을 고민하는 분이었다. 이러한 적극적인 태도로 이익단체, 시민단체 학계 등의 다양한 의견교환 및 소통하는 것을 두려워하지 않고 편견 없이 대안을 제시하였다."라고 표현하였다.

L서기관은 납득할 만한 상식적인 대안을 만들기 위해 적극적으로 일하는 상사(선배)의 영향을 받는다. 과장의 적극적인 업무스타일을 잘 볼 수 있었던 업무가 의료분쟁조정법을 제정하는 업무였다. 30년 동안 법제화(제도화)가 되지 못하는 상황에서도 '필요하다, 가능하다, 해보자'라고 하면서 추진하여 마침내 법이 국회에서 통과될 수 있도록 하는 모습을 바로 옆에서 보게 된다. '어차피 안 돼', '이미 다 해보았던 거야'라는 인식들이 주위에 있었는데 과장님은 '하면 된다', '필요하니 해야 한다'는 적극적이고 긍정적인 인식을 가지고 있었던 것이다. 이처럼 L서기관의 중반기 공직생활은 상사와의 상호작용 속에서 자신의 업무수행역량 및 국제화 감각이 여성으로서의 정체성 등이 공고화 되는 것을 알 수 있었다.

후반기(2010. 2~현재)는 사회정책선진화 담당관실에서 근무하는 시기이다. 이 시기는 사무관 후반기 및 서기관이 되어 지금까지 일하는 시기이다. L서기관의 주요업무는 보건복지영역의 새로운 정책을 개발하고 비전을 제시하는 것이다. L서기관에 의하면 "장관님이 하고자 하시는 일을 보좌하면서 구체적인 정책 대안을 제시하는 업무를 수행한다"고 한다. 사회정책선진화 담당관실에서 근무하는 총인원은 4명으로 과장, 서기관, 주무관 2명이다. L서기관은 본래 혼자 일할 때 일의 능률이 높아 혼자 일하는 것을 선호하고 더 쉽게 여기는 유형이라고 자신을 소개한다. L서기관은 사회정책선진화 담당관실에서 일하면서 함께 일하는 것을 배웠고 함께 일할 때 시너지가 발생해 일의 성과를 높일 수 있음을 경험하였다고 했다. "이 과에 오면서는 '뭔가를 같이 만들어가는 작업이 되게 재미있구나'라는 것을 알게 되었어요. 각자가 되게 다른 장점을 갖고 있잖아요. 조직에 있는 사람들이 어떤 사람들은 아이디어가 많고 어떤 사람들은 정리를 잘하고 어떤 사람은 사람이나 자원을 동원하는 능력이 있고 그 사람들이 각자의 장점으로 한 팀을 이루어서 일하는 게 되게 재밌는 일이구나를 알게 해줘서 그런 면에서 특별했던 경험인 것 같습니다."라고 그녀는 함께 일하는 것의 중요성에 대해 회고하였다.

이 시기에 L서기관은 세 분의 장관을 모시고 장관들의 핵심 관심사항을 정책화 하는 아이디어를 제공하였다. C장관은 '제2차 저출산고령사회 기본계획 아이디어 발굴' 및 '빈곤탈출을 위한 복지제도의 근로인센티브 검토' 등의 업무를 수행하였다. 친서민 전담 장관으로 자임했던 J장관은 서민희망본부라는 조직을 만들고(2010.09.16) 친서민 정책을 총괄토록 했고, 서민희망 10대 과제도 발굴하여 추진하였다. 다음은 서민희망 10대 과제이다. 1) 서민 의료서비스 개선, 2) 서민의료비 부담경감, 3) 나눔 활성화 종합대책, 4) 탈빈곤자립지원정책, 5) 장애인활동지원제도의 도입, 6) 저소득아동의 공평한 출발기회 보장, 7) 아이사랑 보육, 8) 독거노인 대책, 9) 보건 및 사회복지서비스 일자리 확충, 10) 제3섹터 활성화 방안 이다. L서기관은 "나눔 활성화 종합대책에 가장 많이 관여하였고, 다른 과제에 대해서는 과제 발굴 또는 아이디어 제시 정도의 역할을 하였다"고 회고한다. 이외에 C장관, J장관, 및 L장관의 지시 및 검토 요청사항은 민감한 사항이 많아 공개하기를 꺼려하여 더 이상 질문하지 않았다.

L서기관은 "기억에 남는 일은 2011년 연두업무보고를 총괄하면서 Smart Welfare를 제안했던 일이다"라고 말하였다. 이것은 경제와 복지, 성장과 분배의 선순환을 통해 지속가능한 국가발전에 기여하기 위한 한국형 복지의 구현방식(method)이자 기존 복지정책의 한계를 극복하기 위한 전략(strategy)의 차원에서 사회정책선진화 담당관실에서 Smart welfare를 제안한 것이었다. 주요 내용은 고령화 및 베이비붐 세대의 은퇴에 대비한 안정적 노후소득보장을 위해 공공형 역모기지를 도입하는 것, 국민연금 복지재단 설립을 통한 연금 사각지대 해소, 아이 양육부담 경감방안, 가정 내 양육의 품질 제고를 위한 가정보육교사제도의 도입 등이었다. L서기관의 후반기 공직생활은 L서기관이 보건복지부의 낭중지추로서 부각되는 시기라 판단되었다. 앞에서도 언급하였듯이 L서기관은 세 분의 장관을 모시고 보건복지영역의 새로운 정책을 개발하고 장관의 정책비전을 구체화하는 업무를 수행하고 있었기 때문이다.

L서기관이 말한 후반기에서 기억할 만한 만남중 하나는 New Korea 연구회 활동이었다. L서기관은 New Korea를 "New Korea라는 연구모임은 통일한국에서 보건복지부가 무엇을 할 수 있고 무엇을 해야 하는지를 고민하는 사람들의 모임이자 학습동아리입니다. 지금 한 10명 정도 되는 것 같아요 매번 10명이 다 모이지는 못하지만 기본적으로 그런 관심사를 보이고 있는 사람이 10명 정도 됩니다."라고 소개하고 있다.

인터뷰 말미에서 무엇보다 그녀에게 조직의 몰입도(헌신)와 조직봉사동기와의 관계에 대해 질문하였다. 즉, 조직의 가치와 개인의 가치사이에서의 역동적인 상호작용이 어떠한 결과를 만들어 내는지 궁금하였다. 이러한 질문에 대해 그녀의 대답은 다음과 같았다.

"짧지만 저의 공직생활 전체(전반기, 중반기, 후반기)를 통해서 살펴보면, 보건복지부에서 일하는 것 자체가 조직의 헌신도를 높여주는 것 같아요. 보건복지부에서 하는 일이라는 것이 기본적으로 국민의 삶의 질을 높여주는 것인데 보건복지부의 일이 일종의 조장행정이잖아요. 규제하는 행정이라기 보다는요. 그리고 보건복지부의 많은 업무영역이 중산층 혹은 그 이상으로까지 확대되지만 기초생활보장팀에서 일했을 때도 그랬었고 기본적으로 보건복지부의 기본업무가 어려운 사람을 돕는 업무이다 보니까 제가 지향하는 점이 조직의 정책방향과 같다는 점에서 보건복지부에서 일하는 것 자체가 저에게 동기부여가 되는 것 같습니다. 제가 기본적으로 되게 가난하고 어려운 사람을 긍휼하게 여기는 마음이 있는 그런 사람은 아니거든요. 그런데 그런 삶이 저에게 맞다고 생각하고 그런 삶을 살고 싶다고 생각하기 때문에 보건복지부에서 하는 업무들이 이러한 나의 생각을 구체화하여 실행하게 되니까 (보건복지부에) 있을 수 있는 것 같습니다. 복지가 가난한 사람을 대상으로만 하는 건 아니지만 어쨌든 어렵고 힘든 사람들이 주된 돕는 대상이 되니까 넓게 생각하면 공직이라는 것 자체가 동기부여가 되는 것 같습니다. 예를 들면 사기업에 다니는 분들 사기업은 사실 사익을 추구하는 집단이잖아요. 이윤을 추구한다거나 대기업의 CEO의 이익을 추구한다거나 그런 거는 저에게 동기부여가 안될 것 같아요. 저에게는. 현재 내가 하는 일이 사회적으로 의미 있고, 가치가 있는 일이다 하는 생각이 제가 업무를 계속하게 되는 동력인 것 같습니다. 반대로 생각하면 '아, 일을 그만두고 싶다' 생각이 들 때에도 '내가 갖고 있는 꿈이 이런 건데 이걸 실현시킬 다른 곳이 있을까' 생각이 들어요."

이러한 L서기관의 설명은 개인과 조직의 가치적합성(person-organization value fit)이 개인의 태도에 영향을 미치는 것을 발견할 수 있었다. 개인과 조직의 가치적합성은 Schneider(1987)의 유인-선발-이탈(attraction-selection-attrition) 모형과 일맥상통하다. 개인과 조직 간의 가치적합성은 조직 내의 개인들 간의 목표 일치를 유도하고 조직 내의 동질성을 높여 만족감과 조직의 몰입도를 높이는 효과를 나타낸다. 즉, 개인의 신념과 가치와 조직 가치의 조화는 조직몰입의 중요한 결정요인이 된다. L서기관의 경우에서 이러한 가설이 성립하는 것을 알 수 있었다.

Ⅴ 결론 및 정책적 함의

본 사례연구는 과정추적 방법을 활용해 L서기관이 가지고 있었던 공직봉사동기의 생성과 변화 및 성숙과정을 살펴 볼 수 있었다. 본 사례연구를 토대로 공직봉사동기가 어떠한 과정을 거쳐 성과로 연결되는지를 구체적으로 추적할 수 있었다. 과정추적 사례연구 방법을 통해서 공직봉사동기가 성과에 미치는 과정을 사건의 서사적 분석을 통하여 다음과 같이 정리할 수 있다.

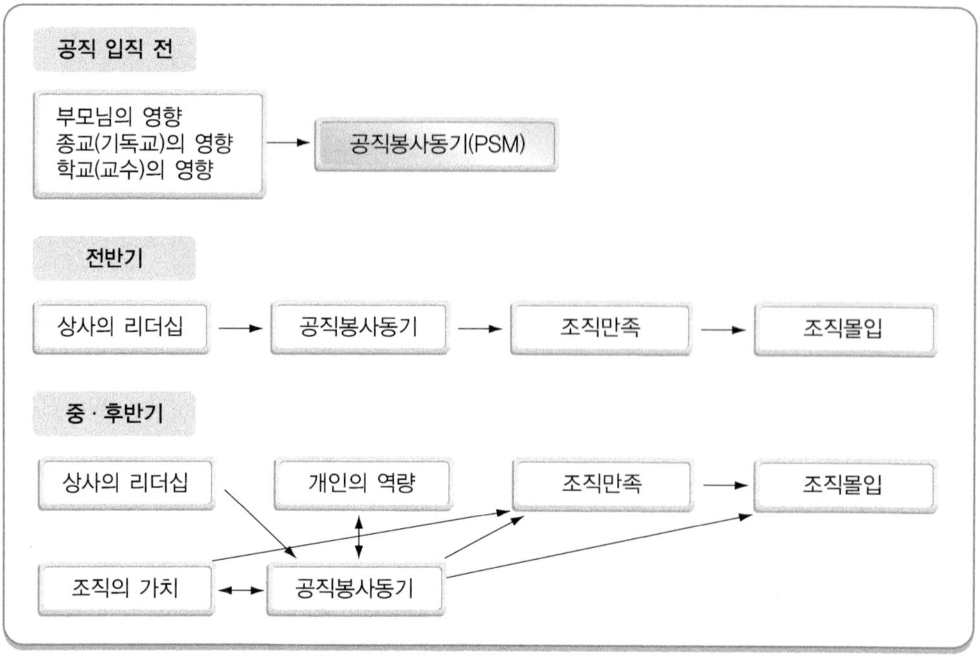

L서기관의 삶을 생애사적 관점으로 논의를 전개시키고 사건들을 재해석해 인과관계 및 상호관계에 의미를 부여하면서 다음 〈그림 1〉과 같이 도식화하였다. 본 사례연구는 Perry의 공직봉사동기 이론의 타당성을 확인할 수 있었다. 구체적으로 이론화되지 않았던 공직봉사동기가 성과에 영향을 주는 과정을 추적하여 인과관계를 살펴보았다.

◆ 〈그림 1〉 공직봉사동기가 개인의 성과에 미치는 과정

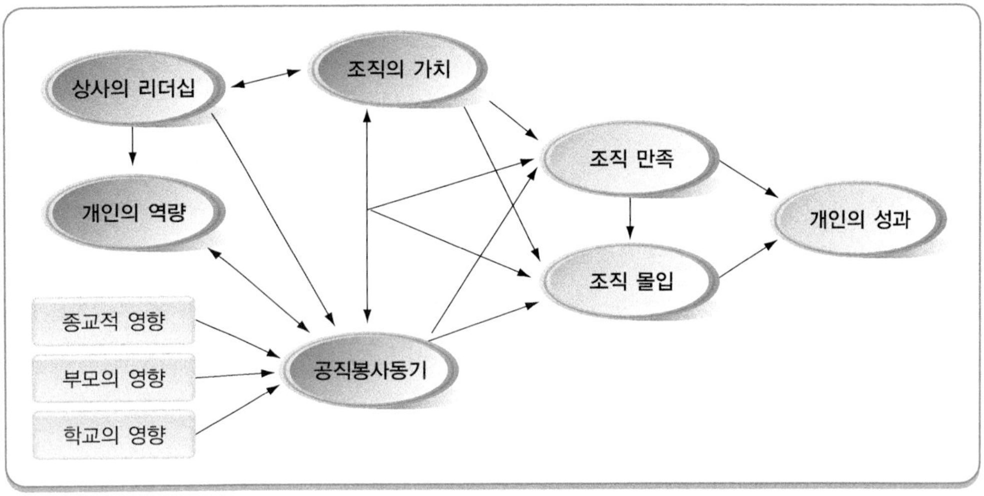

본 사례연구를 통해 밝혀진 것은 공직봉사동기가 낭중지추의 중요한 결정요인 중 하나라는 사실이고 이러한 결과는 기존의 선행연구와 동일한 결과이다(Brewer & Selden, 2000; Naff and Crum, 1999; Perry et al., 2009). 이와 같은 결과는 고길곤(2011)의 연구결과와는 다른 것이어서 이에 대한 연구가 좀 더 심도 있게 진행된다면 공직봉사동기에 대한 흥미 있는 결과들이 도출될 것이라 생각한다. 고길곤의 사례연구 결과에서는 공직의 입직이 개인적인 동기에서 출발하였고 공직에 들어와 자신의 업무를 수행하는 과정에서 공직봉사동기를 습득하고 이것을 개인적인 동기가 공공의 이익에 봉사하는 상위의 가치로 발전해 가는 형태로 이해하고 있다. 이와 다르게 과정추적 사례연구 방법을 통해 인과관계를 구성하여 표현한 〈그림 1〉에서 주목해야 할 것은 조직의 가치와 공직봉사동기가 상호작용하는 부분이다. 이것은 개인과 조직의 가치적합성을 의미하는데 그동안 행정학 관련 논문에서 많이 주목받지 못했던 주제이다. 하지만 본 연구를 통해 조직이 추구하는 가치에 상응하는 가치를 개인들은 조직에 매력을 느껴 다른 조직 구성원들보다 더 만족하고 몰입한다는 주장을 확인할 수 있었다(Schneider, 1987).

김승현(2008)은 사례연구가 이론의 개발과 가설 창출에 유용하다고 평가하면서 가설검증의 영역을 시도할 수 있음을 지적하고 있다. 본 연구는 사례연구를 통해 Perry(2000)의 공직봉사동기 과정이론의 토대 위에서 공직봉사동기가 어떻게 성과에 영향을 미치는지를 살펴보았다. 본 연구 결과에 의하면 다음과 같은 중요한 사실을 확인할 수 있다.

첫째, 상사의 리더십은 부하직원의 공직봉사동기를 유지 · 강화 하는데 중요한 영향을 미치는 것을 확인할 수 있었다. L서기관의 경우 공직생활 초반기, 중반기, 후반기에서 주목할 만한 만남이라는 표현을 사용하면서 상사 리더십의 중요성에 관하여 언급하고 있다. 둘째, L서기관의 공직봉사동기는 공직에 입직하기 전 그녀의 종교적 영향, 부모의 영향, 그리고 학교생활에서 커다란 영향을 받았던 것을 확인할 수 있었다. 그리고 주목할 만한 사실은 공직봉사동기가 정태적인 것이 아니라 동태적으로 성장해 구체화되고 성숙해가는 것을 알 수 있었다. 셋째, 개인-조직 적합성이 구성원들의 만족도와 몰입도를 높여 조직의 성과를 높인다는 것을 알 수 있다. 개인-조직 적합성은 조직과 개인이 서로 필요로 하는 것을 제공하거나 공유함으로써 서로 상응하거나 일치하는 것을 의미한다(Hoffman, & Woehr, 2006; Kristof-Brown et. al., 2005; Van Vianen, 2000). L서기관의 공직봉사동기와 보건복지부의 가난하거나 어려운 사람들을 돕는 부처의 특성이 서로 잘 조화를 이루어 조직의 만족도 및 몰입도를 제고하여 개인의 성과에 영향을 미치는 것을 확인하였다. 넷째, 공직봉사동기는 공직으로 입직 전의 종교적 영향, 부모의 영향 및 학교(교수)의 영향에 의해 오랜 기간 동안 형성되는 것을 확인할 수 있었다. 이와 함께 공직봉사동기가 정태적인 것이 아니라 동태적인 개념으로 구체화되고 시간이 지남에 따라 성숙해지는 것을 발견하였다. 또한 공직봉사동기가 개인과 조직의 가치적합성과 함께 상호작용을 이루어 한 개인의 성과에 중요한 역할을 하는 것을 알 수 있었다. 다섯째, 비록 사례연구를 통한 연구결과이지만 공직봉사동기가 높은 공무원일수록 외재적 보상보다 내재적 보상을 더 중시할 것이라는 것이 확인되었다. L서기관의 인터뷰를 통해 알 수 있듯이 L서기관은 비록 정확하게 이것을 표현한 적은 없었지만 “이윤을 추구한다거나 대기업의 CEO의 이익을 추구한다거나 그런 거는 저에게 동기부여가 안될 것 같아요”라는 부분 및 인터뷰 전체적인 맥락이 이와 같은 해석과 상응할 것이라 생각된다.

본 연구의 의의는 공직봉사동기가 공무원의 개인성과에 영향을 주는 주요한 요인으로서 어떻게 다른 변수들과 인과관계 및 상호관계를 형성하는지를 살펴본 것에 있다. 본 논문은 조태준 · 윤수재(2009)의 연구를 한 단계 진일보 시켜 공직봉사동기와 성과 사이의 블랙박스(blackbox)를 해독하려 노력하였다. 하지만 단일사례연구로서의 과정추적 사례연구가 가지는 한계가 있다. 첫째, 과정추적 사례연구는 연구자 자신이 수립한 가설을 확증하려는 확증편향을 보일 가능성이 높다(김병섭, 2008). 둘째, 본 논문에서 발견한 인과적 경로가 공직봉사동기의 역동적 과정을 충분히 보여주지 못할 수도 있다는 것이다. 즉, 사례연구 대상이 변화함에 따라 중요한 변수가 추가되거나 제외될 가능성도 있다. 마지막으로 일반화의 오류와 관련된 한계가 있다. 단일 사례를 통해 공직봉사동기가 성과에 영향을 미치는 과정을 일반화하기가 어렵기 때문이다. 이러한 한계를 초기부터 인식하여 본연구가 이론검증이 아닌 가설 설정에 초점을 맞추고 있음을 분명히 하고자 한다.

공직봉사동기가 한국적 상황에서 어떻게 형성되고 강화되며 어떠한 과정을 거쳐 성과에 영향을 주는지에 대해 연구들이 수행되지 못하고 있다. 이러한 문제의식이 본 연구의 토대가 되었듯이 앞으로 공직봉사동기의 결정요인 및 공직봉사동기의 강화 및 효과 등에 관한 구체적 연구들이 선행연구를 기초로 지속적으로 이루어 져야 할 것이다.

참고문헌

고길곤(2011). 전문가로서 공직가치를 찾아가는 한 여성 행정안전부 공무원의 성장에 대한 사례연구, 한국정책지식센터.

김병섭(2008).「편견과 오류 줄이기」, 법문사.

김상묵(2005). 공직 선택동기와 공무원의 행태,「한국행정연구」, 14(2): 297-325.

김서용(2010). 공직동기의 선행요인: 사회화 요인의 비교분석,「한국행정학보」, 44(1): 147-177.

______(2009). 공직동기의 결정요인에 대한 실증분석, 47(2): 181-208.

김승현(2008). 행정학분야의 실증적 사례연구에 관한 분석과 평가, 한국행정학회 하계학술대회 발표논문.

서원석 · 김광주(1992). 공무원의 의식과 행태에 관한 연구, 한국행정연구원 보고서.

손명구(2006). 한국에서의 공공봉사동기에 관한 연구: 서울시 서초구청 공무원들을 중심으로, 한국행정학회 동계학술대회 발표논문.

이헌수(1998). 행정에 관한 공무원의 인식과 태도, 한국행정연구원 보고서.

조성한(1996). 행정에 관한 국민과 공무원의 의식조사, 한국행정연구원 보고서.

조태준 · 윤수재(2009). 공공서비스동기(Public Service Motivation)와 성과간 관계에 대한 연구,「한구행정연구」, 18(1): 223-252.

황성원 · 함종석(2001). 행정에 관한 공무원의 인식과 태도, 한국행정연구원 보고서.

황인수 · 안상현 · 서성아(2004). 행정에 관한 공무원과 국민의 의식조사, 한국행정연구원 보고서.

Baroukh, N. & Kleiner, B. H.(2002). Recruitment and Training of Public Servants, *Management Research News*, 25(3): 28-43.

Buelens, M. & Van den Broeck, H.(2007). An Analysis of the Differences in Work Motivation between Public and Private Sector Organizations, *Public Administration Review*, 67(1): 65-74.

Camilleri, Emanuel(2007). Antecedents Affecting Public Service Motivation, *Personnel Review*, 36(3): 356-377.

Castaing, S.(2006). The Effects of Psychological Contract Fulfillment and Public Service Motivation on Organizational Commitment in the French Civil Service, *Public Policy and Administration* 21: 84-98.

Creswell, J. W.(2003). *Research design: Qualitative, Quantitative and Mixed Methods Approaches*(2nd ed.), Thousand Oaks: Sage.

Crewson, P.(1997). Public Service Motivation: Building Empirical Evidence of Incidence and Effect, *Journal of Public Administration Research and Theory*, 7(4): 499–518.

Drucker, P. F.(1990). *Managing the Nonprofit Organization: Practices and Principles*, New York: Harper Collins.

Eckstein, Harry(1975). Case Studies and Theory in Political Science, In Fred I. Greenstein and Nelson W. Polsby (Eds), *Handbook of Political Science*, Vol. 7. Reading: Addison–Wesley.

George, A. L., & Bennett, A.(2004). *Case Studies And Theory Development in the Social Sciences*, Cambridge: MIT Press.

Hoffman, B. J., & Woehr, D. J.(2006). A Quantitative Review of the Relationship between Person–Organization Fit and Behavioral Outcomes, *Journal of Vocational Behavior*, 68: 389–399.

Houston, D. J.(2000). Public–service motivation: A Multivariate Test, *Journal of Public Administration Research and Theory*, 10, 713–729.

Houston, D. J.(2006). Walking the Walk of Public Service Motivation: Public Employees and Charitable Gifts of Time, Blood and Money, *Journal of Public Administration Research and Theory*, 16(1), 67–86.

Houston, D. J. and Cartwright, K.(2007). Spirituality and Public Service, *Public Administration Review*, 67(1): 88–102.

Kim, S.(2005). Individual–Level Factors and Organizational Performance in Government Organizations, *Journal of Public Administration Research and Theory*, 15: 245–262.

________(2009). Testing the Structure of Public Service Motivation in Korea: A Research Note, *Journal of Public Administration Research and Theory*, 19(4): 839–851.

Kim, S. and Vandenabeele, W.(2010). A Strategy for Building Public Service Motivation Research Internationally, *Public Administration Review*, 70: 701–709.

Kristof–Brown, A. L., Zimmerman, R. D., & Johnson, E. C.(2005). Consequences of Individuals' Fit at Work: A Meta–Analysis of Person–Job, Person–Organization, Person–Group, and Person–Supervisor Fit, *Personnel Psychology*, 58: 281–342.

Lijphart, A.(1971). Comparative Politics and the Comparative Methods, *American*

Political Science Review, 65(3): 682–693.

Mahoney, J. & Goertz, G.(2006). A Tale of Two Cultures: Contrasting Quantitative and Qualitative Research, *Political Analysis*, 14: 227–249.

Miles, M. B. & Huberman, A. M.(1994). Qualitative Data Analysis (2nd ed.), Thousand Oaks: Sage.

Moynihan, D. and Pandey, S.(2007). The Role of Organizations in Fostering Public Service Motivation, *Public Administration Review*, 67(1): 40–53.

Naff, K. C. & Crum, J.(1999). Working for America: Does public service motivation make a difference? *Review of Public Personnel Administration*, 19(4): 20–35.

Perry, J. L.(1997). Antecedents of Public Service Motivation. *Journal of Public Administration Research and Theory*, 7(2): 181–197.

Perry, J. L., Brudney, J., Coursey, D., and Littlepage, L.(2008). What Drives Morally Committed Citizens? A Study of the Antecedents of Public Service Motivation, *Public Administration Review*, 68(3): 445–458.

Perry, J. L. and Wise, L. R.(1990). The Motivational Bases of Public Service. *Public Administration Review*, 50(3): 367–373.

Perry, J. L., Hondeghem, A. & Wise, L. R.(2010). Revisiting the Motivational Bases of Public Service: Twenty Years of Research and an Agenda for the Future, *Public Administration Review*, 70(5): 681–690.

Perry, J. L.(1996). Measuring Public Service Motivation: An Assessment of Construct Reliability and Validity, *Journal of Public Administration Research and Theory*, 6(1): 5–22.

________(2000). Bringing Society In: Toward a Theory of Public–Service Motivation. *Journal of Public Administration Research and Theory*, 10(2): 471–88.

Poister, T. & Streib, G.(1994). Municipal Management Tools from 1976 to 1993: An Overview and Update, *Public Productivity and Management Review*, 18(2): 115–125.

____________________(1989). Management Tools in Municipal Government: Trends over the Past Decade, *Public Administration Review*, 49(3): 240–248.

Schneider, B.(1987). The People Make the Place, *Personnel Psychology*: 40: 437–453.

Vandenabeele, W.(2011). Who Wants to Deliver Public Service? Do Institutional Antecedents of Public Service Motivation Provide an Answer? *Review of Public Personnel Administration*, 31(1): 87–107.

Van Vianen, A. E. M.(2000). Person–Organization Fit: The Match between

Newcomers and Recruiters Perceptions for Organizational Cultures, *Personal Psychology*, 53(1): 113–149.

전자정부 추진과정의 다양한 참여자와 지식을 연결하는 지식중개자*

엄 석 진(서울대학교 행정대학원 부교수)

I 서 론

지식과 정보의 생산과 활용, 그리고 확산이라는 관점에서 볼 때, 전자정부 추진과정은 행정 및 정보기술(IT)과 관련된 다양한 지식과 정보가 정책 과정의 참여자들을 통해 유입되고 확산되며, 활용되고 전환되는 과정으로 볼 수 있다. 정치인 및 공무원을 비롯하여 관련 분야의 대학교수, IT 기업의 전문기술자, 컨설턴트, 언론인, 전문가 단체의 회원, 그리고 일반 시민에 이르기까지 다양한 행위자들이 전자정부 추진과정에 개입할 뿐만 아니라, 각각의 단계에서 서로 상호작용하면서 그들이 가지고 있는 관련 지식과 정보를 제공하고, 공유하며, 종합하여, 정책목표 달성을 위해 활용한다(Fountain, 2007; Dunleavy et al., 2006; Yildiz, 2004).

한국의 전자정부 추진과정도 이와 같은 특성을 그대로 보여주고 있다. 전자정부 추진이 본격화된 김영삼 정부 이후의 전자정부 추진체계를 분석해 보면, 전자정부 과제 선정 등 주요 정책 결정은 대학 교수, 민간기업의 IT 전문가, 관계 부처의 국장들로 구성된 특별위원회가 담당하였다. 주요 정책과제에 대한 기술 지원, 정책 연구 및 사업 관리는 한

* 이 장은 저자의 논문 "전자정부 추진과정에서의 낭중지추(囊中之錐): 다양한 참여자와 지식을 연결하는 지식중개자"(「행정논총」 제49권 제4호, 2011. 12)의 내용 중 일부를 발췌한 것이다.

국정보화진흥원(과거 한국전산원) 등 산하기관의 전문연구 · 기술 인력이 담당하였다. 정보시스템의 구축과 운영은 IT 기업들이 정부로부터 외주를 받아 담당하였다(정부혁신지방분권위원회, 2008; 전자정부특별위원회, 2003). 위의 각 행위자들은 자신에게 부여된 과업을 수행하는 과정에서 세부적이고 기술적인(technical) 지식과 정보에서부터 복합적이고 추상성 높은 지식과 정보를 제공하고 이를 바탕으로 의사결정과 정보시스템 구축을 진행하였다.

그렇다면, 이와 같은 특성을 가진 전자정부 추진과정에서 실무를 담당한 5급 이하 공무원들은 어떤 역할을 수행하였는가? 특히 전자정부 구현에 기여한 것으로 평가받는 공무원은 어떤 역할을 수행하였고, 그 과정에서 활용한 도구와 자원은 무엇이었는가? 그리고 그가 좋은 성과를 거둘 수 있었던 조직적, 제도적 조건은 무엇이었는가?

이와 같은 문제들에 답하기 위해, 이 연구에서는 전자정부에 대한 열정과 전문성으로 전자정부 구현에 기여한 것으로 평가받는 행정안전부 K사무관의 역할을 '지식중개자(knowledge broker)' 이론을 적용하여 분석하고자 한다. 즉 K사무관이 전자정부 추진과정에서 어떠한 방식으로 정책참여자와 그들의 지식을 중개하였고, 그 과정에서 그가 활용한 자원과 도구는 무엇이었는지를 분석하려는 것이다.

연구방법은 다음과 같다. 첫째, 인터뷰이다. K사무관의 활동 등에 대해 총 3차례의 인터뷰가 진행되었다.[1)] 이와 함께, 그와 함께 일한 경험이 있는 동료와 관련기관의 연구원과도 인터뷰를 진행하였다. 이들과의 인터뷰를 통해 그들의 시각에서 본 K사무관의 활동과 평가를 들을 수 있었다. 둘째, 문헌자료 및 인터넷 자료 분석이다. 그간 K사무관의 활동에 대한 신문 및 잡지 기사와 함께, 그의 블로그나 페이스북(Facebook) 페이지도 방문하여 내용 등을 분석하였다.

1) 1차 인터뷰는 2011년 7월 19일, 2차는 7월 21일, 3차는 8월 4일에 이루어졌으며, 각각 3시간여에 걸쳐 진행되었다.

Ⅱ 왜 K사무관을 전자정부 추진과정에서의 '낭중지추'(囊中之錐)로 선정하였는가?

이 연구의 분석 대상은 행정안전부 소속 K사무관이다. 그는 1962년 강릉 출생으로 1989년 9급 전산직 특채로 강원도청으로 입직하였다. 그 후 1994년 주사보, 1998년 주사로 진급하였고, 2007년 3월 사무관으로 진급하였다. 그는 입직 후 1994년까지 강원도청에서 주민등록전산화 업무를 담당하다가 1994년 당시 내무부 지도과로 전입하였다. 그 후 행정자치부 자치지원국(주민과), 행정정보화담당관실, 민원제도과 등에서 주민등록전산화사업, 전자주민카드사업, 민원서비스혁신사업(G4C사업), 여권발급전산망사업, 정부부처 및 지방자치단체 홈페이지 평가사업, 민원서비스선진화 사업 등을 담당해 왔다. 2010년 11월에는 정보보호정책과로 전보되어, 전자정부 침해대응업무를 총괄하고 있으며 2011년 6월에는 전자정부 시스템의 정보보호를 강화하기 위한 '정보보호중기계획'을 작성하였다.

왜 K사무관을 전자정부 추진과정에서의 '낭중지추'(囊中之錐)로 선정하였는가? 첫째, 그는 주요 전자정부사업에 참여하고 공헌한 '모범 공무원'이기 때문이다. 그는 전두환 · 노태우 정부 시기의 주민등록전산화사업(1989~1995년), 김대중~노무현 정부 시기의 전자주민카드사업(1996~1999년)과 민원서비스혁신(G4C)사업(2001~2002년), 이명박 정부의 민원서비스선진화사업(2008~2010년) 등 전자정부 추진 초기부터 현재까지의 민원정보화 관련 주요 전자정부사업에 실무자로서 참여하였다.

그는 공식 · 비공식적으로 조직과 상관 및 주변 동료들로부터 업무성과를 인정받고 있다. 실제로 행정정보화 및 전자정부 추진에 기여한 공로를 인정받아 여러 차례 포상을 받은 바 있다. 4대 지방선거 실시에 따른 선거인명부 프로그램 개선, 여권발급 민원전산망과 주민등록시스템 연계 등으로 대통령 표창(1995. 12)을 수상한 바 있으며, 전자정부 구현에 기여한 공로로 국무총리 표창(2003. 1)을 수상한 바 있다. 그와 함께 일한 상관 및 동료들도 그의 업무 추진 능력과 일처리 방식에 대해 긍정적인 평가를 내리고 있다.[2)]

둘째, K사무관은 '지식정보화 시대에 걸맞는' 공무원이기 때문이다. 그는 '광화문남

2) 그와 같이 일했던 그의 동료는 K를 "정보시스템 운영 및 관리 업무와 관련해서 일단 맡은 일은 확실하게 끝내는 추진력 있는 사람으로 평가된다."고 언급하였다(동료 A와의 인터뷰 결과).

자'라는 별명으로 2001년부터 다양한 온라인 활동을 해왔다(<표 1> 참조). 예를 들면, 삼성경제연구소(www.seri.org)가 사이버 공간에 운영하는 사이버 포럼 지식 커뮤니티에 '전자정부이야기' 포럼을 개설하여 시삽을 맡고 있다.[3] 2002년 강릉 및 강원도 일원이 태풍 피해를 입자 온라인 카페를 개설하고 자원봉사자를 모집하여 수해복구봉사활동을 주도하기도 하였다.

<표 1> K사무관의 온라인 서비스 활용 현황(2011. 9. 16. 현재)

구 분	운영내용	개설시기	운영 규모 등 특이사항
구글+	(구글플러스 SNS) 전자정부 관련 정보 제공 등	2011. 7. 10	- 팔로워: 1,547명 - 팔로잉: 4,903명 - 포스트: 23
트위터	(개인 트위터) 전자정부 관련 정보 제공 등	2010. 2. 4	- 팔로워: 4,408명 - 트윗: 1,278개 - 리스트: 49
페이스북	(개인 프로필) 개인사항, 전자정부관련 정보 제공 등	2010. 7. 11	- 친구수: 3,614명
페이스북 페이지	(전자정부 국제교류 페이지) 전자정부 정보 국제교류	2010. 7. 16	- 회원수: 39명
페이스북 페이지	'02년 태풍 루사 이후 수해복구 등 수재민 돕기 자원봉사 모임 페이스북 페이지	2011. 1. 15	- 회원수: 36명
블로그 (네이버)	(광화문남자) 전자정부 관련 콘텐츠 및 생활 속의 십계명 7,000여 개 게재	2003. 12. 12	- 포스트: 7,320개 - 덧글 수: 2,034개 - 엮인 글: 268개 - 구독자: 1,333명
카페 (다음)	'02년 태풍 루사 이후 수해복구 등 수재민 돕기 카페	2002. 9. 3	- 회원수: 3,189원 - 30여 회 수해복구봉사
삼성경제연구소 사이버 Seri 포럼 (전자정부 이야기)	전자정부 토론 및 정보공유	2001. 12. 24	- 회원수: 3,753명 *디지털타임스 소개 등
개인홈페이지	(개인홈페이지) 활동내역 소개, 게시판	2003. 2. 9	- 개인활동내역 소개

아울러 개인 블로그를 개설하여 블로거로서 활동하고 있을 뿐만 아니라, 트위터(Twitter), 페이스북(Facebook), 링크나우(Linknow), 구글 플러스(Google+) 등 다양한 사회

3) '전자정부이야기' 포럼은 2001년 12월에 개설되었으며, 2011년 9월 24일 현재 3,754명의 회원이 가입되어 있다. 이 포럼은 삼성경제연구소의 IT부문 포럼 중 가장 인기 있는 포럼으로, 가장 활성화된 최상급 포럼에게 주어지는 '최상(supreme) 등급'으로 분류된다. 삼성경제연구소의 1,800여 포럼 중 40여 개만이 최상등급으로 분류되고 있으며, 특히 IT 주제로는 최상위 포럼에 해당한다.

연결망서비스(Social Network Service: SNS)도 적극적으로 활용하여 'SNS 활용 우수공무원 표창'(2011. 10)을 수상하기도 하였다. 결론적으로 전자정부 추진과정에서 축적된 그의 경험 및 전문성, 온라인 커뮤니티 및 SNS 활용과 같은 그의 독특한 행동양식을 고려할 때, 그의 역할에 대한 분석은 전자정부 추진과정에서의 실무 공무원의 역할뿐만 아니라, 그들이 필요로 하는 역량을 파악하는 데에도 기여할 것으로 기대된다.

Ⅲ 분 석

1. 지식중개자: 개념, 역할, 조건, 그리고 수단

1) 개념과 역할

K사무관의 역할을 본격적으로 분석하기에 앞서, 지식중개자 이론을 간략히 제시하고자 한다. 최근 지식중개자의 역할과 그에 따른 효과 등에 대해 다양한 관점의 연구가 제시되고 있다. 거시적으로는 지식중개자가 탈근대(postmodern)시대의 전문가의 역할 또는 하나의 특성으로 규정되기도 한다(Kakihara & Sorensen, 2002). 또한 IT를 비롯한 기술 분야에서 나타나는 조직 학습(organizational learning)과 그에 따른 혁신(innovation)을 설명하는 중요한 요인으로 제시되고 있을 뿐만 아니라, 문화 · 예술 및 과학기술 분야의 새로운 변화와 지식 확산을 촉발하는 요인으로서도 제시되고 있다(Mayor, 2010; Hargadon, 2002).

지식중개자(knowledge broker)는 다양한 지적, 실무적 집단들에 참여하면서, 한 집단의 지식이나 실무를 다른 집단에 전파하고, 조정, 연계하며 이를 통해 학습과 혁신을 위한 새로운 기회를 창출하는 개인이나 조직으로 정의된다(Wenger, 1998; Brown & Duguid, 1998).[4] 세부적으로 지식중개자의 활동은 (1) 지식 활동과 (2) 관계맺기 활동으로 구분될 수 있다(Mayor, 2010; Feldman & Khademian, 2007; Pawlowski & Robey, 2004). 첫째, 지식 활동은 정책 문제를 인식하고 그 해결을 위한 지식 및 정보의 습득과 확산을 목적으로 하는 활동이다. 지식 활동은 그 특성에 따라 다시 다음과 같이 세분화된다. 첫째, 매개 활동(mediator)이다. 지식중개자는 다양한 부문으로부터 창출되는 정책 관련 지식과

4) 광의로는 지식의 창출, 공유, 사용을 촉진하는 개인이나 조직으로 정의되기도 한다(Sverrisson, 2001).

정보에 접근해서 이를 학습하고 다시 자신이 속한 조직이나 부문으로 이전, 확산시킨다. 둘째, 번역 활동(translator)이다. 지식중개자는 다른 부문에서 창출된 지식을 자신의 조직 구성원들이 쉽게 이해할 수 있도록 해석 · 번역하여 제공한다. 반대로 자신이 속한 조직의 지식과 정보를 다른 부문의 구성원들이 쉽게 이해하고 받아들일 수 있도록 번역한다. 셋째, 통합 활동(synthesizer)이다. 지식중개자는 자신과 자신의 조직이 보유하던 지식과 새롭게 획득한 지식을 통합하여 새로운 정보와 지식을 창출하고 이를 정책 대안에 반영한다.

둘째, 관계맺기 활동은 함께 일할 필요가 있는 사람들을 이어주고 연결망을 유지하는 것을 목적으로 한다. 관계맺기 활동은 다시 다음과 같이 세분화할 수 있다. 첫째, 가교 활동(linker)이다. 서로 다른 정책 참여자들의 작업 집단에 직접 참여하여 집단 간의 의사소통을 촉진하고 각각의 의사결정을 연계하고 조정하는 활동이다. 둘째, 연결망구성 활동(networker)이다. 당장의 업무와는 관련이 없을지라도 향후에 업무 수행에 필요한 지식과 정보를 획득할 수 있는 행위자들과 연결망을 구축하고 유지한다. 잘 구성 · 유지된 연결망은 업무에 필요한 지식과 정보를 획득하는 데 드는 거래비용을 줄여줄 수 있다.

2) 조건과 수단

지식중개자의 활동은 아무런 제약 없이 이루어지지 않는다. 그들은 다음과 같은 제약 속에서 지식중개활동을 수행한다. 첫째, 인지적 제약이다. 정책과정에 참여하는 서로 다른 집단들은 정책문제를 바라보는 그들만의 관점과 정보처리 방식을 가지고 있다. 이와 같은 관점과 정보처리 방식은 오랜 시간을 두고 형성, 축적되어 온 것이며, 그들이 성장하는 과정에서 받은 교육과 관련되어 있기 때문에 쉽사리 극복되지 않는다(Feldman & Khademian, 2007; Hargadon, 2002; Carpenter, 2001: 290-325). 둘째, 조직적, 제도적 제약이다. 지식중개활동은 규정이나 역할 지침 또는 리더십, 조직 구조 등과 같은 조직적, 제도적 맥락 속에서 이루어진다. 이와 같은 제약 중 대표적인 것이 조직의 집 · 분권성이다. Pawlowski와 Robey(2004)는 조직 구조와 문화가 분권적일 때 지식중개활동이 활발하게 이루어진다고 주장한다. 한편으로는 분권화로 부서 간 의사소통과 협력이 잘 이루어지지 않기 때문에 지식중개활동을 필요로 하게 된다. 또 다른 한편으로는 분권적인 조직에서는 지식중개자의 개입과 재량의 여지가 커지게 되어 지식중개활동이 활발하게 이루어진다.

이와 같은 제약 속에서 지식중개자는 지식중개활동의 효과성과 효율성을 높이기 위해 다음과 같은 수단(tools)을 활용하기도 한다. 첫째, 매개 수단이다. 매개 수단은 서로 다른 집단들의 지식과 활동을 이어주고 효과적인 의사소통을 촉진하는 서류나 언어, 그림이나 그래프 등 시각 자료 및 상징물, 또는 기타 객관적인 구성물을 의미한다(Pawlowski & Robey, 2004). 매개수단은 시각화 또는 객관화를 통해 관련 집단이나 개인들이 논의 대상에 대한 공통적인 이해에 도달하고 지식중개자와의 의사소통 또는 서로 다른 집단 간 의사소통을 촉진할 수 있다.

둘째, 공동 활동이다. 공동 활동은 서로 다른 집단의 구성원들이 공동으로 참여하거나 공유하는 활동을 의미한다. 이와 같은 공동 활동은 서로 다른 집단들 간의 접촉을 확대함으로써 의사소통을 촉진하고 상대방의 사고방식이나 지식을 이해하고 공유하도록 만드는 계기가 될 수 있다. 나아가 서로 다른 조직에 속한 구성원들이 자신이 속한 집단의 경계를 뛰어 넘는 공동체 의식이나 소속감을 가지도록 하여, 새로운 지식을 좀 더 쉽게 받아들이도록 만든다(Feldman & Khademian, 2007).

2. 전자정부 추진과정에서의 K사무관의 지식중개활동

K사무관의 전자정부 추진과정에서의 활동을 분석하기 위해, 앞서 제시한 지식중개자 이론을 바탕으로 〈표 2〉와 같이 분석틀을 구성하였다. 즉, ① 지식중개활동의 유형(지식활동/관계맺기 활동)과 ② 지식중개활동의 대상(정부 내부의 정책결정조직-집행조직[5]/정부 내-외부 참여자)을 두 축으로 하여, ① 정부 내부의 정책결정-집행조직 간의 지식 업무, ② 정부 내부의 정책결정-집행조직 간의 관계맺기 업무, ③ 정부 내-외부 참여자 간의 지식 업무, ④ 정부 내-외부 참여자 간의 관계맺기 업무 등 네 가지 유형으로 구분하였다.[6]

5) 정책결정조직과 집행조직 간의 관계는 일반적으로 정부 조직 내에서 상-하위 계층 간의 관계와 일치하나, IT 기업에 의해 정보시스템 구축 및 운영업무가 외주(outsourcing)되는 전자정부 정책의 특성을 고려하여, 상-하위 계층으로 구분하기 보다는 정책결정-집행으로 구분하였다.

6) 그러나 K사무관의 지식중개활동을 분석함에 있어 위의 네 가지 유형이 상호 배타적이거나, 명확히 구분되는 것으로 보기보다는 상호 결합되고 병존적인 것으로 보아야 할 것이다. 즉 지식중개자의 지시 활동과 관계맺기 활동은 서로 연계되어 이루어지며, 정부 내-외부 참여자 간 중개와 정부 내 정책결정 및 집행조직 간 중개도 때로는 동시에 일어날 수 있다. 이 연구에서는 분석력을 제고하기 위해 각 유형을 구분하지만, 실제로는 네 유형이 적절한 상황 속에서 우선순위를 가지면서 총체적인 중개활동으로 나타나게 된다.

〈표 2〉 K사무관의 지식중개활동을 분석하기 위한 분석틀

<table>
<tr><th colspan="2" rowspan="2">구 분</th><th colspan="2">지식중개활동의 대상
(어떤 집단 또는 개인들 간을 중개하는가?)</th></tr>
<tr><th>정책결정–집행조직 간 중개</th><th>정부 내–외부 참여자 간 중개</th></tr>
<tr><td rowspan="2">지식중개활동의 유형
(지식중개활동의 내용은 무엇인가?)</td><td>지식 활동
(매개, 번역, 통합)</td><td>(1) 정책결정–집행조직 간 지식 업무</td><td>(3) 정부 내–외부 참여자 간 지식 업무</td></tr>
<tr><td>관계맺기 활동
(가교, 연결망 구성)</td><td>(2) 정책결정–집행조직 간 관계맺기 업무</td><td>(4) 정부 내–외부 참여자 간 관계맺기 업무</td></tr>
</table>

1) 정책결정–집행조직 간의 지식 업무

K사무관은 전자정부 추진과정에서 정책결정과 정책집행 조직 간에 지식과 정보를 매개하는 역할을 수행하였다. 예를 들면, 정부와 전자정부 시스템 구축 사업을 담당한 IT 기업 사이에서 전자정부 사업추진 방향 등 정부의 의사결정 내용을 IT 기업들에게 설명하고 그 의사결정내용이 정보시스템 구축사업에 반영되도록 하였다. 반대로, IT 기업들이 진행하고 있는 프로젝트의 현황과 내용을 정부 내 의사결정자에게 전달하였다. 전자정부 추진의 총괄책임을 맡고 있는 대통령위원회와 정부부처 간의 관계에서도 그는 매개 역할을 수행하였다. 예를 들면, 노무현 정부의 전자정부 31대과제를 선정하는 과정에서 그는 각 부처가 희망하는 전자정부 사업을 검토하는 행자부 · 정통부 · 한국전산원 합동으로 구성된 실무진으로 참여하였다. 다양한 토론과 검토를 거쳐 실무진 합동으로 추진과제의 초안을 작성하고 이를 전자정부전문위원회에서 확정할 수 있도록 지원하였고, 각 부처에서는 이를 전자정부 주요 정책으로 추진할 수 있었던 것이다.

이러한 매개 과정에서 때로는 기술관련 지식과 정보를 쉽게 번역해 국장과 과장에게 알려주어야 했다. 행정자치부 내의 주요 의사결정자들은 전자정부 추진과정에서의 전자정부 관련 제도와 "다른 제도들과의 충돌 문제, 예산 확보 문제", "타 부처와의 조정이나 NGO에 대한 대응", 그리고 "일반 국민들에 대한 홍보 문제" 등을 주로 다루었다. 대부분의 주요한 의사결정은 행정직인 고위 공무원에 의하여 이루어지는데 그들은 정보시스템의 구축과 관련된 기술적인 문제에 대해서는 구체적으로 모르는 경우가 많다. 그러나 때로는 정책결정자들이 기술적 지식을 구체적으로 알아야만 의사결정을 할 수 있는 경우가 있는데, 이럴 때는 전문적인 기술적 내용을 알기 쉽게 재구성하여 알려줬다는 것이다.

예를 들면, "인터넷 발급이 뭐야?" 라고 물으면, 어려운 기술적 용어로 설명하지 않고 "등 · 초본 같은 걸 집에서 뽑는 것입니다." 라고 대답한다든지, "EA(Enterprise

Architecture)는 과자로 치면 종합선물세트 같은 것입니다. 여러 개 과자 중에 맛있는 과자를 뽑아 넣어서 효율이 나오고 시스템이 이루어지는 것입니다."라고 설명하여 의사결정자들이 쉽게 이해할 수 있도록 도와줬다는 것이다.

전자정부 추진과정에서의 정책관련 지식과 기술관련 지식은 '기본계획'과 '실행계획'을 통해 종합된다. 즉, 관련 부처 및 위원회로부터의 결정 사항과 행정자치부 내에서의 결정 등을 종합하여 '기본계획'과 '실행계획'이 작성되는데, 이 계획들은 한편으로는 전자정부 추진과 관련된 주요 정책적 판단을 반영하면서도, 구체적인 정보시스템들이 구축될 수 있도록 기술적 요인들을 고려하여 작성된다. IT 기업들이 아무리 '화려한' 기술들을 제시해도 정책적 판단과 부합하지 않으면 시행계획에 반영될 수 없으며, 반영되지 않으면 정책으로 성립되지 못하고 사업화될 수 없다. 그런데 이 계획들을 작성하는 것이 K사무관의 몫이었다. 결국 그에 의해 작성되는 기본계획과 시행계획을 통해 정책관련 지식과 기술관련 지식이 종합되는 것이다. 주요 정책결정에 관련된 지식과 정보, 그리고 IT 기업으로부터 올라오는 기술정보와 지식은 그에 의해서 종합되어 문서화되지 않으면, 시행이 될 수 없는 것이다.

2) 정책결정-집행조직 간의 관계맺기 업무

정부업무는 회의의 연속이다. 전자정부 추진과 관련하여 정책결정에서 정책집행에 이르는 연쇄적인 회의를 통해 의사결정이 집행으로 연결되고 또 집행과 관련된 정보가 다시 의사결정으로 환류된다. K사무관은 각급 회의를 통해 정책결정과 집행을 이어주는 역할을 수행하였다. 예를 들면, 그는 전자정부 과제를 수주한 IT 기업의 프로젝트 회의에 참석하여 의견을 개진하고 방향을 잡아주었다. 그는 이 과정을 통해 자신이 중요하다고 생각하는 요소들이 정보시스템 설계에 반영되도록 노력했다. 그래서 그는 정보시스템 구축을 담당한 IT 기업들과 토론도 하고, 대안을 같이 검토하기도 하지만, 결국에는 최종 결정은 공무원의 몫이라고 강조하였다.

정부 내 상위 기관 및 타 부처와의 관계에서도 가교 활동을 수행하였다. 예를 들면, 그는 국가경쟁력강화위원회에 참석하여 민원서비스 선진화 사업 기본계획에 대해 보고하고 추진과정 상의 쟁점에 대해 협의하였다. 정부 내 다른 부처와도 가교활동을 수행했다. 예를 들면, 전자정부 추진과 관련된 기본 계획이 장관의 결재를 받으면 관련 기관에 배포되고, 업무 협조가 이루어진다. 예산이 필요하면 예산당국과 업무 협조를 진행해야 하고 전자정부 사업을 시행할 기관들에게는 기본계획상의 일정대로 추진하라고 통보한다.

K사무관은 이들 다른 부처와의 관계, 특히 다른 부처에 대한 설득작업이 가장 어려웠다고 토로하였다. G4C 사업의 경우, 기본계획을 작성하거나 사업이 진행되는 단계에서 다른 기관들이 자신의 관할업무임을 들어 협조해주지 않을 때가 가장 힘들었다고 한다. 예를 들면, 등기관련 정보화서비스를 G4C 시스템과 연계를 통하여 대국민 서비스를 하는 것에 대법원의 협조를 구하는 데 많은 어려움을 겪었다.

그는 자신이 과거에 모신 상관이나 선배 공무원들과 연결망을 구성 · 유지하려고 노력한다. 이들과의 연결망을 유지하는 주요한 방법은 회식이다. 전자정부의 추진방향이나 업무상 자문이 필요한 문제가 생길 때 선배 공무원 및 과거의 상관들과 함께 식사를 하면서 자문을 구하거나 상의한다. 이와 함께, 그는 행정안전부 내 '온라인행정연구회' 모임을 통해 전자정부에 관심이 많은 공무원들과 정기적인 모임을 갖는다. 이외에도 같은 전자정부 사업을 하면서 알게 된 산하기관의 연구원, IT 기업의 컨설턴트, 전문기술인력들과는 SNS를 활용하여 연결망을 유지하고 있다.

3) 정부 내-외부 참여자 간의 지식 업무

K사무관은 정부 외부의 전자정부 관련 지식과 정보를 받아들이고 학습하여 업무에 활용하기도 하고, 반대로 정부 내부의 전자정부 관련 지식과 정보를 외부로 알리기도 한다. 우선 그는 정부 외부의 전자정부 관련 지식과 정보를 받아들이려 노력했으며, 그 일환으로 '전자정부이야기'라는 사이버 포럼을 운영하였다. K사무관은 사이버 포럼을 운영하게 된 계기를 다음과 같이 밝혔다.

> "G4C를 만들면서 과연 전자정부라는 것을 어떻게 가져가야 될 것인가라는 문제를 고민하게 됐어요. 쉽게 말해서 사이버 정부를 하나 만들 것인가, 아니면 기존의 정부가 사이버를 이용하는 것을 만들 것인가. 미국에서는 이미 전자정부라는 개념을 기존 정부가 전자적인 도움을 받는 정부라고 정의를 내리고 있었어요. 그걸 우리가 차용을 한 것이었어요. 우리 쪽에서는 그렇다면 한국적인 전자정부를 어떻게 가져갈 것인가라는 고민을 하게 되었어요."

그는 곧 '이것은 나 혼자 고민해서 될 것이 절대 아니다'라는 생각을 하고 '전자정부이야기'라는 커뮤니티를 만들고 의견을 수렴하였다. 전자정부에 대한 국민의 생각을 알아보고 그것을 전자정부 정책에 반영하는 것이 가장 중요한 목표였다. 실제로 그는 사이버포럼을 통해 중요한 아이디어를 많이 얻었으며 이것이 전자정부 구현과정에 반영되었다고 자평한다. 이와 같은 그의 노력은 현재도 지속되고 있다. 특히, 최근에는 SNS를 통해 전자정부에 대한 전문가를 비롯한 일반 국민의 생각을 읽고자 노력하고 있다.

위와는 반대로, 정부의 전자정부 및 정보화 정책을 사이버 커뮤니티나 SNS를 통해 전문가나 일반인들에게 제공하기도 한다. 예를 들면 '전자정부 이야기' 포럼에 행정안전부 정보보호정책방향 발표자료를 게시한다든지 '공공부문의 성공적인 소셜미디어 도입 및 활용 전략' 등과 같은 자료를 게시한다. 페이스북(Facebook)을 통해서는 전자정부와 관련된 신문기사[7]나 속보 등을 게시하고 있다.

그렇다고, 그가 SNS의 긍정적 측면만을 강조하면서, SNS를 통해 정부 내부의 자료를 무분별하게 '퍼 나르는' 것은 아니다. 그는 정부의 SNS 관련 지침이나 정책이 아직 보완해야 할 부분이 많다고 지적하면서, 특히 정부기관에서 국민에게 전달하는 메시지의 경우, 홍보라는 개념이 짙으면 더욱 꺼려하는 것이 현실이라고 지적한다. 즉 국민은 정부가 일방적으로 전달하는 정책보다는 정책에 깔려있는 진정한 의도를 알고 싶어하며 그 의도를 기관보다는 공무원이 전해주기를 기대하고 있다고 판단하고 있다. 따라서 정부에서는 정책 전달의 혼선을 방지하기 위하여 일관되고 국민이 쉽게 알 수 있도록 하는 정책정보에 대한 소프트 콘텐츠를 지속적으로 생산하여야 하고 이를 공무원들이 국민에게 솔직담백하게 전달할 수 있도록 하여야 한다고 제안한다.

4) 정부 내-외부 참여자 간의 관계맺기 업무

위와 같은 정부 내-외부를 연결하는 지식활동이 단순히 온라인을 통해서만 이루어진 것은 아니다. 온라인 활동과 함께 일과 후에 실제로 토론 모임을 가지면서 전자정부 추진방향과 정책 등에 대해 논의하기도 했다. 아울러, 전자정부의 역기능 등과 같은 관련 주제에 관심이 있는 회원들을 모아 소모임을 구성하여 활동하기도 하였다. 이와 함께, 그는 외부 교육 또는 강연을 자주 한다. 이와 같은 외부 교육이나 강연이 전자정부 정책과정에 참여하는 다양한 참여자들과의 소통과 상호 이해에 도움이 된다고 믿기 때문이다. 그러나 자신의 본연의 업무에 지장이 없도록, 업무시간 외에 그리고 강의료를 받지 않는 조건하에 학교 또는 IT 기업 등을 방문하여 정부의 전자정부 정책과 관련된 주제로 강의를 한다.

이와 함께, K사무관은 업무 수행 과정에서 알게 된 전문가 및 일반인들과 연결망을 유

7) 예를 들면, 2011년 9월 27일에는 '클라우드 육성, 정부가 나선다'라는 전자신문의 기사를 페이스북에 게시했다. (2011. 10. 4일 접근)

지해 왔다. 예를 들면, 각종 온라인 포럼과 SNS를 활용하여 전자정부 추진과정에서 알게 된 대학교수, IT 기업의 컨설턴트, 기자, NGO 활동가 등과 연결망을 유지하고 있다. 지금 업무상 관계가 없어도, 이후에 업무 수행과정에서 그들에게 의견을 구할 필요가 있을 때 그들에게 문의할 수 있고, 또 실제로 그러한 경우가 많았기 때문이다. "SNS를 통해 인맥이 넓어지게 되면 내가 정보를 안 가지고 있더라도 어디에 무슨 정보가 있다는 채널들을 알 수 있게 되는 장점"이 있다는 것이다.

3. 자원과 수단, 그리고 제약

1) 자 원

K사무관이 지식중개자로서 위와 같은 활동을 할 수 있었던 데에는 그간의 교육훈련 및 실무경험이 중요한 자원으로 작용하였다. 그는 강원도청에 근무하면서, 직접 전산망을 운영하고, 일부 응용프로그램을 직접 개발한 바 있다. 아울러, 주민등록전산망시스템의 개발 및 유지 · 보수를 위해 당시 정보시스템을 개발한 한국데이콤주식회사에 상주하면서 약 7개월여에 걸쳐 교육 및 훈련을 받기도 했다. 이외에도 미국에서 수입된 주민등록전산망 시스템의 운영지침서(manual)를 번역하기도 하고, 행정전산망 도입을 위해 구매한 소프트웨어의 소스코드를 분석하면서 정보시스템 개발 및 운영을 위한 기본적 지식을 얻을 수 있었다.

그가 담당했던 업무도 연속성이 있었다. 그는 주민등록전산망부터 G4C 민원서비스 정보화사업, 그리고 현 정부의 민원서비스선진화사업까지 담당하였다. 이와 같은 그의 경험은 민원정보화사업의 과거부터 현재까지를 아우르는 것이다. 이 과정에서 민원정보화사업의 역사와 현황, 그리고 향후 발전방향에 대한 정보와 지식을 체화했을 것으로 판단된다.

2) 수 단

K사무관은 지식중개자의 역할을 하는 과정에서 다양한 수단을 활용하였다. 첫째, 그는 SNS를 비롯한 각종 인터넷 매체를 지식중개활동의 수단으로 활용하였다. 그는 다음 카페, 홈페이지, 블로그에 이어 트위터, 페이스북 등 온라인 트렌드에 맞게 거의 모든 매체를 사용하며 소통하고 있다. 일반 네티즌과는 블로그, 인터넷 카페, 트위터 등을 통해 전자정부의 목적 및 운영방법, 주요 성과 등을 알기 쉽고 자연스럽게 소통하고,[8] 전문가

를 대상으로는 포럼, 페이스북 페이지 등을 별도로 운영하여, 본인의 전문지식과 연계된 전문적인 정보를 제공하고자 노력해 왔다. 특히, 앞서 언급한 바와 같이 '전자정부 이야기' 등의 온라인 포럼은 한편으로는 전자정부 관련 지식을 획득하고 전달하는 주요한 수단이었을 뿐만 아니라, 오프라인(off-line) 모임도 병행하면서 그의 인맥을 넓힐 수 있었다.

둘째, 업무수행 중 발주하는 연구용역도 지식중개활동을 위한 수단 중 하나이다. 그는 한국정보화진흥원이나 대학교수들이 수행하는 연구용역을 통해 전문지식을 획득한다. 예를 들면, 민원서비스선진화 사업을 담당할 당시 행정학 교수들이 수행한 연구용역 결과를 바탕으로 민원서비스 선진화사업을 수행하였다. 또한 행정기관 홈페이지 평가사업 과정에서 도움을 준 모 교수와는 돈독한 친분관계를 지금까지 유지해 오고 있다.

셋째, 사무관 K는 명함을 연결망 구성과 유지를 위한 수단으로 활용한다. 우선 그 자신이 세 가지 종류의 명함을 가지고 있다. 하나는 소속기관인 행정안전부 명함이며, 또 하나는 개인 명함, 그리고 마지막은 트위터 명함이다. 그는 만나는 사람이나 상황에 따라 서로 다른 명함을 사용한다.[9] 그는 명함의 형식, 또는 명함을 주고받는 방식 등에 따라 상대방에 대한 기억 여부, 호감의 정도 등이 영향을 받는다고 생각한다. 그렇기 때문에 명함과 명함을 주고 받을 때의 에티켓이 매우 중요하다고 여러 차례 강조했다. 이와 함께 자신이 지속적으로 연결망을 유지하고 싶은 사람에 대해서는 직접 그 사람의 명함을 만들어 선물한다고 한다. 받는 사람 모두가 매우 흡족해 하며, 자신을 기억한다는 것이다.

3) 제 약

그러나, 그의 지식중개자로서의 활동이 언제나 자유로운 것은 아니었다. 그의 지식중개 활동은 조직적, 제도적 맥락 속에서 이루어지기 때문에 상관과의 신뢰관계, 조직의 집 · 분권성 정도, 조직 문화 등에 따라 달라진다. 우선 그 스스로가 밝혔듯이, 그의 활동은 상관의 신뢰와 위임 속에서 가능했다.[10] 예를 들면, G4C 사업 당시 그의 상관은 G4C의 구축방향과 사이트 설계 등의 문제에 대해 당시 주무관이었던 그에게 일임해 주었다. 이로 인해 자신의 구상이 전적으로 반영될 수 있었다.

---

8) 예를 들면, 그는 2010년 2월 4일에 트위터를 개설하였는데, 2011년 10월 현재, 팔로우한 사람(following)은 4,710명, 그를 팔로우한 사람(follower)은 4,502명에 이른다. 또한 자신의 트윗은 1,272개이며, 리스트는 49개이다.

9) 예를 들면, 그는 정부 업무 수행과정에서 만나는 사람에게는 행정안전부 명함을, 개인사로 만나는 사람에게는 개인 명함을, 트위터로 알게 된 사람에게는 트위터 명함을 사용한다.

10) K사무관 스스로도 상관들로부터 신뢰를 얻기 위해 많은 노력을 기울였다. 예를 들면, "상관이 하나를 요구하면 그에 대해 즉답을 하기 보다는 2개 내지 3개의 대안을 가지고 가는 식으로 일을 처리한다"는 것이다. 상관의 신뢰만 있으면 아무리 어려운 일도 해결해 낼 수 있다고 그는 강조했다.

반대로 재량의 폭이 넓지 않거나 상관과 충돌이 있으면 그의 활동이나 주장이 받아들여지지 않았다. 예를 들면, G4C 시스템의 낮은 성과로 인해 비판이 제기되면서, 정부는 민원서류의 인터넷 발급 추진을 결정하게 된다. 이 때 K사무관은 민원서류의 인터넷 발급을 서두르기 보다는 온라인화를 가속화 · 고도화한 후에 인터넷 발급을 해야 질적으로 고도화된 전자정부를 구축할 수 있다고 주장했다. 결국 민원서류의 인터넷 발급을 밀어붙인 상관과의 마찰로 K사무관은 담당업무를 그만두고 다른 부서로 "귀양"을 가야만 했다.

이 외에도 그는 자신이 업무와 온라인 활동을 할 때, 조직 분위기를 고려하지 않을 수 없다고 토로한다. 예를 들면, SNS를 활용하고 공무원으로서 온라인 포럼 활동을 하는 것을 인정하는 상사나 동료도 있지만, 겉으로 말리지는 않아도 좋게는 보지 않는 상사와 조직 분위기가 있다는 것이다. 이렇기 때문에 그 자신이 온라인 활동을 함에 있어 비밀유지나 민감한 사안에 있어서는 스스로 조심한다고 한다. 또한 전자정부 추진과 향후 발전방향을 모색하기 위해서는 SNS 등 온라인 서비스를 직접 경험하고 스스로 활용하면서 새로운 정책대안을 모색해야 한다는 논리로 동료들을 설득하기도 한다.

Ⅳ 결론: 요약과 함의

지금까지 전자정부 추진과정에서의 K사무관의 역할을 지식중개자 이론을 적용하여 분석하였다. 요약하면 그는 전자정부 추진과정에 참여하는 다양한 정책참여자들이 그들의 과업 수행과정에서 산출하는 정보와 지식을 흡수, 번역하여 다른 집단들에게 전달하는 역할을 수행하였다. 그리고 서로 다른 참여자들이 회의에 참석하는 방식으로 각 집단의 의사결정을 이어주고 정부 내 · 외부의 전문가 및 일반인들과 연결망을 구성 · 유지해왔다. 마지막으로는 다양한 집단들의 의사결정 내용과 지식을 종합하여 자신이 전자정부 사업과 관련된 시행계획을 작성함으로써 최종적인 정책결정에 참여하였다.

이 연구 결과는 다양한 사회구성원의 참여와 지식과 정보의 힘이 강조되는 지식정보화시대의 공무원의 역할과 역량에 대해 다음과 같은 시사점을 준다. 우선 공무원의 자기 분야에 대한 전문가적 역량이 강조되어야 할 것이다. 앞서 분석한 바와 같이, K사무관의 교육훈련 및 실무 경험은 그가 정보시스템 구축과 관련된 기술적 내용을 이해하고 지식중개자로서 활동하는 데 중요한 자원으로 활용되었다.

둘째, 다양한 전문지식을 매개하고 연결할 수 있는 역량 또한 필요하다. 자신의 정책 및 업무와 관련된 전문가들을 찾아내고 그들과 연결망을 구성, 유지할 수 있는 역량과 넓은 시야도 필요하다. 행정 및 정보기술과 관련된 지식과 정보의 다양성과 깊이를 고려할 때, 어느 한사람이 모든 것을 다 알기란 불가능하다. 오히려 전자정부 추진과정 전반에 대한 이해를 바탕으로 각 단계 및 과업에 필요한 지식을 식별하고 이를 보유한 전문가와의 연결망을 유지할 수 있는 역량과 노력 역시 중요하다.

셋째, 다양한 지식과 정보를 서로 다른 집단에게 알기 쉬우면서도 왜곡 없이 번역해 제공하는 윤리의식도 요구되어야 할 것이다. 다양한 지식과 집단을 매개하는 과정에서 사실의 왜곡이 일어나지 않도록 하기 위한 끊임없는 지적 역량의 습득과 함께, 다른 영역에서 생산된 지식에 생소할 수 있는 참여자의 입장을 배려하여 좀 더 쉽게 전달하고, 그 전달과정에서의 왜곡을 방지하고자 노력하는 윤리의식도 중요하다.

참고문헌

전자정부특별위원회(2003). 「전자정부백서」, 서울: 전자정부특별위원회.

정부혁신지방분권위원회(2008). 「참여정부의 전자정부」, 서울: 정부혁신지방분권위원회.

Brown, J. S., and Duguid, P.(1998). Organizing Knowledge. *California Management Review*, 40(3): 90–111.

Carpenter, Daniel P.(2001). *The Forging of Bureaucratic Autonomy*. Princeton: Princeton Univ. Press.

Dunleavy, Patrick, Helen Margetts, Simon Bastow, and Jane Tinkler.(2006). *Digital Era Governance: IT Corporations, The State, and E–Government*. Oxford: Oxford University Press.

Feldman, Martha S. and Anne M. Khademian(2007). The Role of the Public Manager in Inclusion: Creating Communities of Participation. Governance: An International *Journal of Policy, Administration, and Institutions*, 20(2): 305–324.

Fountain, Jane.(2007). Challenges to Organizational Change: Multi–Level Integrated Information Strucuture. In *Information Government*, ed. D. Lazer and V. Mayer–Schoenberger. Cambridge, MA: MIT Press.

Gibney, John.(2011). Knowledge in a shared and interdependent world: implications for a progressive leadership of cities and regions. *European Planning Studies*, 19(4): 613–627.

Hargadon, Andrew B.(2002). Brokering Knowledge: Linking Learning and Innovation. *Research in Organizational Behavior*, 24: 41–85.

Kakihara, M., & Sorensen, C.(2002). "Post–modern" professionals' work and mobile technology. new ways of working in is. Paper presented at the 25th Information Systems Research Seminar in Scandinavia, Copenhagen Business School, Frederiksberg, Denmark.

Meyer, Morgan.(2010). The Rise of the Knowledge Broker. *Science Communication*, 32(1): 118–127.

Pawlowski, Suzanne D. and Daniel Robey.(2004). Bridging User Organizations: Knowledge Brokering and the Work of Information Technology Professionals. *MIS Quarterly*, 28(4): 645–672.

Sverrisson, A.(2001). Translation networks, knowledge brokers and novelty construction: Pragmatic environmentalism in Sweden. *Acta Sociologica*, 44(4): 313-327.

Wenger, E.(1998). *Communities of Practice: Learning, Meaning and Identity*. Cambridge: Cambridge University Press.

Yildiz, M.(2004). *Peeking into the Black-Box of e-Government: Evidence from Turkey*. Ph. D Dissertation in Indiana University.

외교부의 낭중지추를 찾아서

- 공직동기, 비즈니스 마인드, 그리고 가족애의 삼위일체 -

구 민 교(서울대학교 행정대학원 부교수)

Ⅰ 들어가는 말

오늘날 세계 주요국들이 기존 국제정치의 패러다임인 경성권력(hard power)의 강화는 물론이고, 자국의 연성권력(soft power)을 확대하기 위해 앞 다투어 전방위적 공공외교(public diplomacy)를 펼치고 있는 상황에서 대내외적으로 글로벌 시대 외교인재의 확보가 최대의 화두가 되고 있다(Nye, 2004; 손열, 2007; 김상배, 2009). 지난 10년간 외교부는 대외 외교역량이 크게 증가한 반면 내교(內交)역량은 여전히 미흡하다는 평가를 받고 있다. 외교통상부는 지나친 폐쇄성을 극복하고 최대한의 역량을 발휘하기 위한 각종 개혁조치를 시행해 왔지만 외무 공무원들 개개인의 역량이 결집되기 어려운 구조적 한계가 있는 것도 사실이다. 때문에 그 동안 세계 방방곡곡에서 한국의 국위선양을 위해 자신을 희생한 많은 외무 공무원들도 국민들의 부정적 시선에서 자유롭지 못한 것이 현실이다. 이러한 한계를 극복하지 않고서는 결국 대외 외교역량 역시 극대화할 수 없고, 따라서 21세기 무한경쟁 외교 시대에서 뒤처질 수밖에 없을 것이다(문명재 · 구민교, 2009).

본 연구의 대상인 외교부의 낭중지추 공직자로 현재 주C국 한국대사관 경제공사로 근무하고 있는 외교부 K 공사가 선정되었다. K 공사는 경제협력과장, 국제경제국심의관, 국제경제국장 등을 역임한 외교부 내의 경제통으로 잘 알려져 있다. 주위에서 보기에 화려하지는 않지만 늘 온화한 성품과 친화력을 바탕으로 외교부 조직 내에서 상하급자로부터 신임이 두텁다는 점에서 외교부의 낭중지추 공직자로 판단되었다. 소통, 정보공유, 설득과 같은 외교부의 소프트 파워 제고를 위해서는 K 공사와 같은 낭중지추 공직자를 적극적으로 발굴하려는 노력이 필요하기 때문이다.

본 연구는 여러 차례에 걸친 K 공사와의 직접 및 서면 인터뷰를 바탕으로 했고, 그밖에 K 공사의 자녀들과 선후배 공직자들에 대한 심층 인터뷰 및 학술자료와 신문기사 등을 참고하였다. K 공사의 공직관을 형성해 온 3대 요소는 공직동기(public service motivation), 비즈니스 마인드(business mind), 그리고 가족애이다. 이들 요소들은 물론 평균 이상이긴 하지만 각각만을 놓고 보았을 때 K 공사의 공직동기가 특별히 투철한 것은 아니며, 비즈니스 마인드가 일반 기업인들 이상도 아니고, 가족관계 역시 대표적으로 화목한 것도 아니다. 그럼에도 불구하고 이 세 가지 요소들의 조화와 균형은 겉으로 화려하게 드러나지는 않지만 외유내강형 공직자로서의 K 공사의 오늘을 만들었다고 판단된다. 따라서 K 공사의 리더십은 카리스마적이고 주도적인 리더십(charismatic and initiating leadership)이라기보다는 배려적 리더십(considerate leadership)의 특징을 갖는다.

본 연구는 이러한 관점에서 다음과 같이 구성된다. 제2절에서는 K 공사의 성장기와 공직 입문기에 초점을 맞추어 그의 공직동기가 형성된 과정을 분석한 후 이러한 공직동기가 그의 공직생활을 통해 어떻게 구현되어 왔는지 설명한다. 제3절은 그의 비즈니스 마인드에 초점을 맞춘다. 최근 들어 특정 산업이나 기업을 고객집단(client group)으로 갖고 있지 않은 몇 안 되는 정부부처 중의 하나인 외교부 내에서도 비즈니스 또는 경제 마인드를 강조하는 경향이 강화되고 있다. K 공사의 사례는 이러한 측면에서 좋은 본보기가 될 수 있을 것이다. 제4절은 K 공사의 공직동기와 비즈니스 마인드를 이어주는 끈이자 힘이 되는 가족애를 소개한다. 우리나라의 많은 공직자들이 격무에 시달리다보면 자칫 소홀해질 수 있는 가족 간의 사랑을 K 공사는 어떻게 지킬 수 있었는지, 그리고 그 가족애를 통해 공직자로서 자신의 원칙을 어떻게 지켜왔는지 소개한다. 끝으로 제5절은 K 공사의 공직동기, 비즈니스 마인드, 그리고 가족애의 삼위일체를 그의 리더십과 비전 차원에서 재해석한 후 끝을 맺는다.

Ⅱ 공직동기

K 공사는 6남매 중 막내로 성장하였다. 그의 부친은 건설업체를 운영하였는데 성장기에 부친의 사업이 부침을 겪으면서 그의 진로선택이 많은 영향을 받게 되었다. 즉 사업 쪽에는 관심을 두지 않고 공직에 입문하게 되는 계기가 된 것이다. 1970년대 중후반 서울에서 중고등학교 시절을 보낸 K 공사는 1등을 해 본 일이 없는 평범한 학생이었다고 한다. 아래 K 공사의 말을 들어보자.

> "저는 머리가 비상한 편이 아니라서 나름대로 열심히 한다고 밤을 새워 공부를 하기도 했지만 톱 클래스에 끼어본 적이 없는 아이였지요. 과외는 하지 않았습니다. 집안 형편이 그런 뒷받침을 해줄 수 없기도 했고요. 저는 늘 조용하고 내성적인 편이었습니다. 사람들 앞에 나서기보다는 소극적인 편이었습니다. 좋게 말해서 점잖다, 예의바르다는 평을 주로 들은 것 같습니다. 나름대로 규칙이나 사회적인 룰을 나부터 몸소 철저히 지킨다는 생각을 아마도 초등학교 때부터 늘 갖고 살았던 것 같습니다. 그래서 떡볶이를 처음 사먹은 게 아마 대학생이 되어서 인 것 같습니다. 어릴 땐 선생님이 불량식품이라고 사먹으면 안 된다고 그래서 먹으면 큰일 나는 줄 알았거든요."

1983년 2월 한국외국어대학교 정치외교학과를 졸업한 K 공사는 제17회 외무고시에 합격하여 같은 해 6월 외무부에 입부하게 된다. K 공사는 처음 외무공무원 생활을 시작할 당시 공직자로서의 사명감이나 자부심이 남들에 비해 특히 뛰어난 것은 아니었다. 그러나 위의 인터뷰에서 보듯이 공공 마인드(public mind)가 강했다. 그는 지금도 원칙과 기준이 훼손되는 것을 참을 수 없다고 한다. 이는 공직자의 가장 중요한 덕목이 아닌가? 그에 따르면 극단적으로 불이익이라도 똑같이 적용되면 수용가능 하지만 그렇지 않다면 받아들이기 어렵다고 한다. 우리나라는 여전히 법치보다는 인치적인 측면이 강한 것이 사실이고, 원칙은 지켜야 하는 것이 아니라 깨야할 그 무엇으로 인식하고 있으며 사람들에 따라 원칙이 각각 다르게 해석되는 것이 안타깝다고 한다. 이처럼 30년 가까운 공직생활 중 초심과 원칙을 지키려는 마음이 곧 K 공사의 공공 서비스 정신으로 이어진 것은 아닐까?[1)]

---

1) 공식동기 또는 공직복무동기(PSM)는 공공의 이익에 기여하고 사회 전체의 복지를 향상시키려는 동기를 의미한다. Perry and Wise(1990)는 이를 주로 공공기관과 관련된 동기나 유인에 반응하는 개인들의 성향으로 정의 내린다.

그러나 그의 공공 서비스 정신이 처음부터 빛을 발한 것은 아니었다. 개인적인 곡절이 있었다. 1983년 외교부 입부 당시 상대적으로 소수였던 외대 출신으로서의 콤플렉스는 그가 공직생활을 천직으로 여기기까지 꽤나 오랜 기간 동안 그를 괴롭혔다. 그는 한동안 대학입시와 관련된 악몽에 시달리기도 했다고 한다. 외교부의 엘리트 의식과 조직문화에 적응하기 어려웠던 것이다.

그는 지금도 외교부 구성원들의 잠재력을 최대한 끌어내기 위한 인사관리체계의 수립이 절실하다는 생각에는 변함이 없다고 한다. 그가 외무 공무원 생활을 한 지 어언 30년 가까이 흐르는 동안 조직의 많은 문제점들이 개선되어 왔지만 인사문제는 여전히 해결을 요하는 과제라고 생각한다.

사실 외교부는 지난 2010년 9월 당시 유명환 장관 딸의 특채 파문으로 부처 설립 이래 최악의 인사파동을 겪으면서 무수한 여론의 질타를 받았다. 한 언론사의 눈에 비친 외교부의 인사난맥상이 어떠한지 아래 신문기사를 보자.

['인사난맥' 외교부] 외교관, 나라 걱정 대신 인사 걱정에 잠 설친다

외교부에선 인사철이 되면 장관실에 해외에서 근무하는 외교관들이 보낸 편지가 쌓인다. 장관의 안부를 묻는 내용으로 시작하지만 결국엔 자녀의 교육, 자신의 희망 근무처로 편지가 마무리되는 인사 민원이다. 편지를 읽다 보면 그 애절함에 눈물이 날 정도라고 한다. 이런 인사 민원 편지는 장관뿐 아니라 차관과 인사 담당 실 · 국장에게 다연발로 뿌려진다. 한 외교관은 "인사가 어떤 기준으로 이뤄지는지 알 수가 없기 때문에 인사권자에게 매달릴 수밖에 없다. 해외에 근무하다 보면 혹시 내가 잊히는 건 아닌가 하는 불안도 있다"고 말했다. 일부 외교관들이 해외에서 나라 걱정보다는 자신의 인사 걱정에 잠을 설치고 있다면 이를 납득할 국민은 별로 없다. 외교부 인사의 난맥상은 이번에 문제가 된 신규 채용보다는 외교부 내부의 인사 운용으로 들어갈수록 점입가경(漸入佳境)이다. 채용문제로 만신창이가 된 외교부 간부들에 대해 젊은 외교관들이 냉담한 반응을 보이는 것은 외교부 인사의 폐쇄성과 불투명성을 누구보다 잘 알기 때문이다. 외교부에는 입부

Brewer and Selden(1998)은 이를 더욱 확장하여 개인들로 하여금 의미 있는 공공 서비스를 수행하도록 하는 동기적 유인(motivational force)으로 정의한다. 이러한 동기나 행태는 공공부문 종사자들뿐만 아니라 비영리단체 활동가들이나 일반 시민들에게도 나타날 수 있다. 여러 경험적 연구들에 따르면 PSM은 부분적으로는 교육, 가족, 직장 등과 같은 제도적 선례들(institutional antecedents)로부터 기인한다. 이것은 그러한 제도들이 기초한 가치가 중요하다는 점을 시사한다. 다른 한편으로는 PSM은 성과, 직업만족, 고용주의 매력, 윤리적 행위 등과 같은 중요한 결과변수들(outcome variables)과 관련이 있다는 점이 밝혀졌다.

(入部)방식에 따라 크게 외시 출신과 특채나 경력직 등 비(非)외시 출신으로 나뉘고, '순혈주의'라는 비판을 받는 외시 출신 내부도 배경과 연줄에 의해 '귀족'과 '평민'(한 외교관의 표현)으로 계층이 또 나뉜다. 입부 7-8년차에 이뤄지는 첫 해외 공관 발령 인사는 외교관 경력에 중요한 갈림길이 된다. 예외적인 경우도 있지만 미국 워싱턴이나 뉴욕, 일본 도쿄 등 핵심 공관에서의 근무가 평생 경력으로 남아 출세에 영향을 미친다는 평가도 있다. 한 외교부 직원은 "워싱턴에서 보는 것과 후진국에서 보는 것은 근본적으로 다르다. 당연히 워싱턴에 가려 하지 않겠느냐"고 말했다. 실제 전직 외교장관의 자녀 두 명 모두 주미대사관에서 근무했고, 전직 고위직의 자제를 워싱턴에 보내기 위해 그해 주미대사관 정원을 늘렸다는 얘기도 있다. 한 · 미관계를 다루며 엘리트 코스로 평가받는 북미국 인원 26명 중 5명이 전 · 현직 고위 외교관의 자녀였다. 한 서기관급 외교관은 "납득할 만한 기준으로 인사를 한 뒤 그 결과를 공개해야 한다"고 말했다. 게다가 워싱턴과 도쿄 등 핵심 공관 출신들은 '워싱턴 스쿨', '재팬 스쿨'이란 파벌로 분류되고, 여기에 포함되지 못하는 외교관들은 이들을 '친미파', '친일파'로 부르며 피해의식을 갖고 있다. 또 장관이 나온 고등학교, 대학 후배들이 요직에 배치되는 일이 반복되면서 '학연'도 출세의 중요 요인으로 작용하는 악순환이 반복되고 있다. 서로 좋은 곳에 나가려 아귀다툼을 벌이는 와중에 작년 북미국에 근무하던 송모씨가 위험지역인 아프가니스탄 지방재건팀(PRT) 근무를 자원하자 화제가 됐다. 당시 부인이 임신 중이던 송씨는 "통일 이후 북한 재건을 위해서라도 배울 것이 많다"며 홀로 아프간으로 떠났지만 다른 한편에선 "올해는 워싱턴에 정원이 없어 내년에 가려고 꼼수를 쓴 것 아니냐"는 말까지 돌았다. 젊은 외교관의 용기 있는 선택을 칭찬하진 못할망정 또 다른 '꼼수'로 보며 서로를 불신하는 풍조마저 생긴 것이다. 인사 운용의 또 다른 복마전은 특채 계약직이 정규직으로 전환되는 과정에서 발생하고 있다. 소위 '배경' 좋은 특채 출신들이 3년 계약직 근무 뒤 정규직으로 전환되면서 여기서 탈락한 계약직들에게서 불만이 나오고 있다. 전직 대사들의 자녀와 친척 등 모두 4명이 올해와 작년 계약직에서 정규직으로 전환됐다. … (중략) … [외교부는] 내부 파벌주의를 타파하기 위해 국장급 이상 간부를 계약직으로 전환하고 외부 채용을 확대하는 것도 테이블에 올려놓고 있다. 그러나 한 외교부 관계자는 "순혈주의를 깨겠다고 도입한 특채가 순혈주의 강화로 왜곡된 과정을 보라"며 "위기만 넘기면 된다는 안이한 사고를 깨려면 내부적인 큰 수술이 필요하다"고 말했다. (조선일보 정우상 기자 2010.09.13.)

K 공사는 당시 외교부 인사에 대한 여론의 뭇매에 대해서는 말을 아꼈지만 논란이 되는 이슈에 대해서는 사견임을 전제로 다음과 같은 견해를 피력했다.

> "외교부의 특수성 상 글로벌 마인드가 중요한 것은 사실이지만 기존의 채용 방식에는 큰 문제가 없다고 생각합니다. 즉 고시제도 자체의 문제는 아니라는 것입니다. 외교아카데미의 경우 결국 개인의 주관적 판단이 들어가지 않겠습니까? 세간의 우려처럼 음서제도화될 가능성도 있다고 생각합니다. 국제외교의 추세는 세계시민(cosmopolitan)을 요구하고 있습니다. 무한경쟁의 시대에 국내외의 경계구분이 점차 없어지고 있는 것입니다. 그간 우리는 우리의 것만 챙기는 중상주의적, 국수주의적 사고를 가지고 있었던 것이 사실입니다. 이제 그러한 사고를 극복해야 하고, 그러한 의지와 능력을 가진 젊은 인재를 충원하는 것이 핵심이라고 생각합니다. (외교부 인사의 본질적인 문제는) 채용이 아닌 채용 후의 인사관리에 있다고 생각합니다. 가랑비에 옷 젖듯이 투명하지 못한 인사관리로 인해 조직 구성원들 간의 신뢰가 붕괴될 수 있습니다. 젊은 직원들 중에서도 그런 분위기에 편승하려는 사람들이 계속 생긴다는 것은 결국 개인의 문제가 아닌 제도적인 문제라고 볼 수 있습니다. 예를 들면 해외 근무자들의 마음가짐은 선진국, 그 중에서도 워싱턴 디시를 선호합니다. 하지만 워싱턴만 사람 사는 곳은 아닙니다. 지난 2011년 7월 에티오피아에 우리나라 대통령과 외교장관이 최초로 방문하였습니다. 늦은 감이 없지는 않지만 다행이라고 생각합니다. 사람 사는 곳은 어디나 다 의미가 있습니다. 지금까지의 가치기준이 다 미국 중심이고 선진국 중심이었습니다. 워싱턴에서 근무하는 우리 부 직원들이 모두 고부가가치의 일을 하고 있는 것은 아닐 겁니다. 정말 능력 있는 직원의 경우 후진국에 가면 더 큰 일을 할 수 있을 텐데 하는 생각을 하면 조금 안타깝습니다. 선진국의 경우 외교관들이 오히려 오지근무를 선호합니다. 그간 다들 (인사문제를) 조급하게 생각해 왔는데 그럴 필요 있겠습니까? 다행이 최근에는 동북아 1과나 북미국과 같이 소위 말하는 외교부 내의 요직에 대한 선호는 다소 줄어든 대신 ODA[2)]나 문화, 통상 분야 등으로 직원들의 관심이 많이 다양해지고 있습니다."[3)]

K 공사가 느낀 조직 및 인사관리 문제는 비단 외교부에만 국한되는 것은 아닐 것이다. 우리나라 공직사회 전반에 걸쳐 나타나는 문제라고 볼 수 있다. 유민봉(2011)에 따르면

2) Official Development Assistance (개발도상국에 대한 선진국의) 정부 개발 원조.

3) 같은 맥락에서 K 공사는 2013년 하반기에 출범할 예정인 외교아카데미(공식명칭은 국립외교원)에 대해 다음과 같은 추가 견해를 밝혔다.: "외교아카데미에는 각양각색의 능력 있는 사람들이 다 모였으면 좋겠습니다. 외교부에서는 모든 부처의 '국무(state affairs)'를 다루고 있습니다. 지역정세, ODA, 법률, 문화, 경제, 통상, 녹색성장 등등 없는 게 없으니까요. 그리고 점점 그 폭과 깊이가 더 해 갈 수 밖에 없겠지요. 따라서 다양한 인재가 필요하다고 생각합니다. 그리고 동시에 가장 중요한 것이 글로벌 마인드라고 생각합니다. 5천만 한국인이 지금은 세계경영을 하고 있으니까요."

거시적 차원에서의 한국사회의 문화적 특성과 미시적 차원에서의 한국인의 개인적 특성이 조합되어 우리나라 공직사회의 관리, 정책, 제도 차원에서의 현상이 나타난다. 문화적 특징의 주요 내용으로는 집단주의(vs. 개인주의), 특수주의(vs. 보편주의), 권위주의, 귀속주의(vs. 성취주의) 등이 거론되며, 개인적 특징으로는 관계적 자아(vs. 개체적 자아), 성선설(vs. 성악설), 통합적 사고(vs. 부분적 사고) 등이 거론된다. 따라서 우리나라 공직사회의 조직 및 인사관리는 일 중심이 아니라 사람 중심이라는 점과 한국성의 이해를 바탕으로 한보다 적실한 제도설계의 중요성을 역설한다. 이는 향후에 외교부뿐만 아니라 우리나라 전체 공직사회가 다 같이 고민해야 할 문제이다.[4)]

이러한 내재적 갈등에도 불구하고 K 공사의 직업 외교관으로서의 자부심은 세계 각지에서 공관생활을 하면서 형성되었다. 그는 직업 외교관으로서 국가가 부강해야 한다는 것을 절감하고 있다고 한다. 예전에는 선진국 외교관들을 만나면 위축되었는데 요즘은 전혀 그렇지 않다는 것이다. 또한 개도국 외교관들이 한국 외교관들에게 많은 호의와 관심을 보이고 있고 우리 외교관들의 발언에 경청하는 분위기라고 한다. K 공사는 우리 국민들이 세계 방방곡곡에서 뿌리를 내리고 있고, 그것이 다시 우리나라의 저력이 되고 있음을 피부로 느껴왔다. 그는 특히 해외에서 우리 동포와 국민들을 지원하면서 많은 보람을 느꼈다고 한다.

그는 최근 우리 정부가 공을 들이고 있는 ODA 문제도 단순한 금전적인 지원에 그칠 경우 다른 선진국들의 사례와 마찬가지로 실패할 가능성이 높다고 본다. 결국 중요한 것은 '사람'이고 개도국 국민들의 마음을 움직이는 것이라는 점이다. 따라서 K 공사는 우리나라의 우수한 인적자원을 최대한 활용할 필요가 있다는 점을 역설한다. 하드 파워보다는 소프트 파워가 중요하다는 것이다. 그가 현장에서 느낀 우리나라 제조업의 경쟁력은 개도국들에게는 부러움의 대상이 되고 있다. 이를 바탕으로 개도국의 개발 문제에 구체적인 솔루션을 제공하는 방식의 ODA 접근이 필요하다는 것이다. 우리나라의 국격 향상은 하루아침에 이루어진 것이 아니라 지난 반세기 동안 꾸준히 축적된 결과이며 해외 근무를 통해서 느끼는 것은 우리의 국격이 향상됨에 따라 재외공관의 업무는 더욱 많아지고 복잡해지는 경향이 있다는 사실이다. 힘들지만 많은 보람을 느끼게 된다고 한다. 최근 개도국 ODA 확대, 여러 국제행사 개최, 정치경제적 상호의존성 확대 등으로 외교부가

---

4) K 공사의 이러한 문제의식에도 불구하고 그는 조직과 인사문제와 관련된 정무 업무를 직접 담당한 적이 없어 그의 뜻을 구체적으로 펴지는 못했다. 이는 뒤에서 다시 밝히는 바와 같이 조직의 리더로서의 K 공사의 한계로 작용하기도 한다.

담당해야 하는 업무가 전방위적으로 확대되고 있는 추세임을 감안할 때 K 공사는 미국과 같이 외교부의 명칭을 '국무부'로 변경해야 한다고 주장하기도 한다.[5)]

K 공사는 국가의 역할에 대한 우리 국민들의 기대가 있기 때문에 국가의 물리적인 규모는 작아지더라도 정부는 강해야 한다고 생각한다. 물론 과거와 같이 민간분야를 선도하는 역할보다는 조정자, 심판자로서의 역할이 강화되어야 한다는 인식이다. 이와 관련하여 그는 정부의 정책이 '정치화'되는 것을 완벽하게 막을 수는 없지만 지나치게 '관'이 흔들리는 것은 바람직하지 않다고 본다. 이렇게 느끼는 것은 비단 K 공사 뿐만은 아닐 것이다. 사실 민주적 정부와 효율적 정부에 대한 요구가 양립 가능한 것인가라는 질문은 우리나라뿐만 아니라 서구 학자들 간에도 오랜 논쟁의 대상이 되어왔다. 19세기 후반 근대 미국 행정학의 창시자로 불리는 Woodrow Wilson도 양자에 대한 요구의 균형을 찾기 위해 애썼다고 한다.[6)] 하지만 20세기를 거쳐 21세기인 지금까지도 미국 행정학계 역시 양자 간의 본질적인 갈등관계를 극복하고 최적의 균형을 행정체계에 내재화하기 위한 노력을 기울이고 있다는 측면에서 볼 때 해결이 쉽지 않은 문제인 것만은 분명해 보인다.[7)]

Ⅲ 비즈니스 마인드

K 공사는 공직생활이 안정되기 시작할 무렵부터 사업 쪽에 관심이 많은 자신을 모습을 발견해 왔다. 어린 시절 부친의 사업 실패에 따른 반발심 때문에 멀리하려고 했던 비즈니스에 대한 관심은 여전히 마음 한 구석에서 끓고 있었던 것으로 보인다. K 공사가 정

5) 다소 파격적으로 들릴 수 있는 그의 국무부론을 보다 자세히 들어보자.: "먼저 국무부 얘기는 기존의 외교부를 거창하게 새로 꾸미자는 것이 아니고 우선 현재 외교부가 하고 있는 업무에 대한 인식을 달리하자는 의미입니다. 그리고 필요한 자원을 더 보강하자는 말입니다. 동네의 조그만 담배 가게에서도 세계 담배 브랜드의 치열한 경쟁이 일어나고 있는 게 현실입니다. 정부만이 아니라 회사에서도 국내업무와 국제업무를 구분하는 게 의미가 없어졌습니다. 예전에 내무부와 외무부의 명칭이 있던 시절은 이제 기억조차 없어진 지 오래 되었습니다. 외교부 업무는 거의 모든 부처의 업무와 연관이 있습니다. 업무가 국제화된 다른 부처와 함께 일하면서 외교부가 실제로 모든 '국무'를 다루고 있으므로 State Department와 같은 명칭이 현실을 더 정확하게 반영하는 시대가 되었다는 생각입니다. 그러한 현실 인식을 갖고 외교업무에 대한 인적 및 물적 자원투입을 크게 늘려야 한다고 생각합니다. 외교부뿐만 아니라 국제 업무를 처리하는 관계부처에 자원투입을 늘려서 총체적인 역량이 강화되어야 한다고 봅니다." 이러한 주장에 관해 본 저자도 매우 동감하는 바이다(문명재 · 구민교(2009) 참조).

6) Wilson은 정치와 행정을 철저히 분리시키려는 의도에서 행정관료가 전문성을 통해 가지는 권력과 행정재량의 행사를 억제하기 위해서는 좀 더 신중하고 정밀한 법이 필요하다고 주장하면서 법을 관료에 대한 효과적인 통제수단으로 인식하였다고 한다.

7) 자세한 것은 Cook(2002, 2007) 참조.

무분야 보다는 경제분야에 관심을 갖게 된 것도 이와 무관하지 않다. 이는 K 공사가 애기하는 공직에 대한 회의감과도 관련이 있다. 아래 애기를 들어보자.

> "제가 하는 업무에 대한 회의는 지금도 가끔씩 든다고 하는 게 정확할 것 같습니다. 제가 느끼는 공직에 대한 회의는 자신이 하는 일이 별로 생산적이지 못하다고 느낄 때입니다. 공무원은 신분이 보장되고 임금체불을 걱정할 필요도 없어서 철밥통이라고 불리듯이 세상 편한 직업이지요. 하지만 기업인들과 같이 외화를 1달러라도 직접 벌어들이는 일을 하는 건 아니지요. 그래서 때로는 공무원이 하는 일이 피상적이고 탁상공론 수준에서 벗어나지 못하는 경우도 적지 않다고 봅니다. 어떨 때는 그다지 하는 일에 보람을 느끼지 못할 경우가 있고 그럴 땐 밥값을 제대로 하지 못한다는 생각에 업무에 대한 회의가 들지요. 또 하나는 제 자신이 아는 세계가 매일 대하는 서류의 크기인 A4 사이즈에 불과하다는 생각이 듭니다. 사무실에 앉아서 서류를 보고 있는 순간 바깥에서는 제가 전혀 알지 못하는 많은 일이 일어나고 있는데 제가 공직이라는 세상에 갇혀서 매우 좁은 시야를 갖고 있다고 생각합니다. 적지 않은 일이 반복적으로 일어나는 일입니다. 그것이 나름대로 경력으로 불리기도 하지만 더 넓은 세상을 향한 도전을 포기하는 대가이기도 합니다."

K 공사는 경제를 이끌어가는 것은 산업역군들이기 때문에 이들을 존경한다고 한다. 추상적이기 보다는 아주 구체적인 것에 관심을 갖는 그의 성향이 엿보이는 대목이다. 벨기에 공관 재직 시 잠시 인연을 맺었던 이희범 전 산자부 장관, 현 STX 그룹 에너지중공업 총괄 회장을 존경하는 이유도 바로 그 때문이다. 그는 이 전 장관을 탈권위주의적이고 유연한 사고를 가진 공무원의 전형이라고 생각한다. 공직에서의 성공과 비즈니스에서의 성공이 일맥상통한다는 것을 잘 보여주기 때문이다.[8)]

8) "'장관출신 맞아?' 발로 뛰는 이희범 STX 회장"(머니투데이, 우경희 기자, 2010년 3월 11일): 전직 산업자원부 장관이 기업인이 됐다. 대 정부 관계 업무를 맡는 명예직 정도를 생각했다. 장관까지 지낸 정부 고위 관료가 기업으로 갈 경우 역할이 대부분 그랬다. 하지만 그가 직접 해외 영업 현장을 뛰며 수주까지 따내기 시작했다. 예상을 뛰어넘는 왕성한 활동에 그를 뽑은 회사측도 놀랄 정도다. 산업자원부 장관과 한국무역협회장을 지내고 지난해 3월 민간 기업으로 온 이희범 STX 그룹 에너지중공업 총괄 회장 애기다. 11일 STX 등에 따르면 이 회장은 올 들어서만 이라크와 두바이 등 세 차례 해외 출장을 떠났다. 지난해에도 아부다비 등 중동지역과 남아공 등을 구두가 닳도록 순방했다. 그룹 오너인 강덕수 회장과 더불어 그야말로 지구촌을 누볐다. 올 들어 가시적인 성과가 잇따르고 있다. STX는 올해 이 회장이 직접 현지에서 계약서에 서명한 이라크 석유화학플랜트 등 총 70억 달러 어치의 계약 수주에 성공했다. 그룹 수주목표로 설정한 33조 원 중 21%를 플랜트로 단 70여 일 만에 달성한 것이다. 이 회장의 한 측근은 "장관직에 이르기까지 기업 지원업무를 맡으면서 기업의 생리에 대해 깊은 이해를 갖고 있는 것으로 보인다"며 "평소 '사회공헌도 돈이 있어야 한다'는 말을 할 만큼 비즈니스 면에서 승부사적 기질을 보이는 편"이라고 말했다.…(중략)…사석에서 종종 "갑 하다가 을 하려니 힘들다"는 농담을 던지는 이 회장이지만 주변의 평가는 '물을 만난 고기'다. 영업사원처럼 현장을 오가는 모습에서 과거 명예직 정도를 맡던 고위 관료 출신 기업인에 대한 '고정 관념'마저 바꿔놓고 있다는 평가다. STX 관계자는 "이 회장은 탁상공론형(形)이 아닌 현장형 리더"라며 "인

무엇보다도 K 공사의 공직동기와 비즈니스에 대한 열정을 이어주는 징검다리는 사람에 대한 애정이다. 그가 외무 공무원으로서, 직업 외교관으로서 사람과의 관계를 얼마나 중시하는지 그의 첫 번째 부임지였던 P국에서의 일화를 통해 들여다 볼 수 있다.

> "생활형편이 열악하거나, 자녀교육이 용이하지 않다거나, 풍토병이 있다거나 하는 것이 모두 해외근무를 어렵게 하지만 제 기억에 가장 힘든 건 내가 근무하는 나라 사람이 싫은 것이 가장 힘든 일이었다고 생각됩니다. 맨 처음 공관에 나가서 일이년 지나면서 나름대로 그 나라 사람을 알게 되고서 점점 싫어하게 되었지요. 영악한 사람들이라 말은 잘하지만 그 말을 신뢰할 수 없다고 여겨지고, 한국 사람을 오히려 우습게 보는 것을 알게 되면서 더욱더 그 나라 사람들을 싫어하게 되었지요. 하지만 지금 같은 상황에 처하여 진다면 전보다는 여유를 가질 수 있을 것입니다. 맨 처음 공관생활이라 아무 경험이 없는 때였고 어릴 때였지요. 그래서 조그만 것에서도 감정적으로 대했던 것 같습니다."[9)]

K 공사는 지금도 외교관으로서 해외에 주재하면서 가장 불행한 것은 그 나라 사람을 사랑할 수 없다는 것이라고 한다. 만일 한국 외교관으로 주재하는 나라 사람들을 이해할 수 없고 그 사람들을 가슴에 품을 수 없다면 하루라도 빨리 그곳 근무를 종료하는 것이 개인적으로나 국가적으로나 이익이라고 생각하는 것도 그러한 이유에서이다. 근무하기 싫은데 억지로 있으면 자신에게도 주위사람에게도 모두 불행한 일이니까.

경제 분야와 사람에 관심이 많았던 K 공사는 본부나 해외공관에서 근무할 때 우리나라 기업들의 활동에 도움을 준다거나 일반 국민에게 실질적인 혜택을 주는 일 등이 가장 보람 있었다고 한다. 예를 들어 경제협력과장으로 재임하던 시절 국토부와 함께 항공업무를 하면서 김포-하네다 직항편을 연결시켜서 모든 여행객의 편의를 높인 일이며,[10)] 사

생의 2막에도 넘치는 열정을 갖고 있는 모습이 놀랍기만 하다"고 말했다.

9) P국에서의 생활이 어려웠던 또 다른 이유도 있었다고 한다.: "외교관으로 해외 처음 나가면 대개 공관 총무를 맡습니다. 예산, 공관차량, 고용원인사, 모든 공관원의 후생복지 관련 사항 등등 살림살이를 도맡아 하지요. 그러면서 다른 조직도 마찬가지 이지만 총무업무가 잘하면 그냥 그렇고, 다 잘하다가 어느 하나라도 다른 공관원에게 조그만 불이익이라도 있으면 모든 불평을 총무에게 향하게 되지요. 특히 총무는 공관장의 뜻을 받들어서 일을 처리해야 하는데 때로는 공관장의 결정이 불합리하다고 생각될 때도 있지요. 어느 공관에서는 공관장의 지시에 따라 한국인 고용원을 해고시키면서 마치 드라마에 나오는 옛날 어느 고을에 나쁜 일을 도맡아하는 이방과 같은 역할을 하고 있다는 자괴감에 빠져 고민이 되었던 적이 있었습니다."

10) 이는 결과적으로 김포공항을 살리고 일본 관광객을 획기적으로 유치시킨 계기가 되었다. 당시 인천공항이 생겨서 모든 국제선을 인천으로 일원화한다는 원칙에 반한다는 이유로 김포국제선 재개에 반대하던 관계부처를 지속적으로 설득하여 합의를 도출하였다고 한다. K 공사는 당시의 상황에 대해 이렇게 회고했다.: "국내선 전용으로 하기로 한 김포공항을 다시 국제선 용도로 사용하는 것이어서 관계부처와 의견이 차이가 컸었지요. 그러한 상황에 처했을 때 제가 지키고자 하는 것은 실무선에서 합의를 도출하도록 끝까지 노력한다는 것입니다. 흔히는 윗사람이나

회보장협정을 맺어서 가령 한국-프랑스 간에 지상사 주재원들이 이중으로 국민연금을 납부하지 않아도 되도록 해서 기업의 비용을 절감시킨 일[11] 등이 대표적인 케이스이다. 최근에는 인도와 원자력협정이 서명되었는데 우리의 대 인도 원전진출을 위해서 지난 2010년에 수석대표로 뭄바이에 가서 직접 협정교섭을 해서 신속하게 협정문안을 합의한 기억이 새롭다고 한다. 또한 지난 2001년 주뉴질랜드 공관에서 참사관으로 재직할 당시 소년소녀관현악단을 웰링턴에 조직하여 2,700석 규모의 공연장에서 성대한 공연을 기획하였다고 한다. 다문화를 존중하는 뉴질랜드였기에 더욱 큰 호응을 얻을 수 있었던 것에 지금도 큰 보람을 느낀다고 한다. 아울러 이 행사가 국내기업들의 인지도를 향상시켜 이들의 사업 확장에도 많은 도움을 준 것에 대해서도 큰 자부심을 느꼈다고 한다.

K 공사는 뉴질랜드의 평등주의와 소박한 문화가 대단히 인상적이었다고 여러 차례 강조했다. 지난 2000년경 K 공사의 부인이 한 블로그에 게시한 글을 보면 그의 생각도 간접적으로 엿볼 수 있다.

> "이곳에서 생활한 지 이제 일 년이 조금 넘었지만, 자주 키위들(저자 주: 원래 뉴질랜드에만 서식하는 Kiwi 새를 말하는데 뉴질랜드인들을 지칭하는 말로 쓰이기도 함, 과일 키위는 원래 Chinese gooseberry라 불리던 과일인데 브라운색 털이 복슬복슬한 것이, 웅크리고 있는 키위새의 모습과 흡사하다 하여 붙여진 이름)은 참 외유내강한 사람들이라는 생각을 하게 된다. 자신의 영토에 침입한 다른 키위새를 보면 죽음을 각오한 듯 사투를 벌이는 키위새 처럼, 평소에는 부드럽고 순박하게만 보이는 사람들이 자기의 해야 할 일에 대해서는 철두철미한 행동을 취하는 것을 보게 된다. 모든 일의 절차가 투명하고(가끔 성미 급한 내가 보기에 느리긴 해도), 누구나 다 평등해야 한다는 생각이 뿌리 깊다. 피부 색깔 때문에 불이익을 받는 경우가 가장 적은 나라인 듯싶고, 특히 원주민 마오리에 대해 굉장한 배려를 하는 모습이 인상적인 나라이며, 남녀차별이 없는 나라 같다. 여성의 투표권을 세계에서 가장 먼저 인정해 준 곳이 바로 이곳이고, 지금 현재 총리와 야당의 당수, 심지어 대법원장까지도 여자인 나라가 여기 말고 또 있을까. 누구나 동등하므로 이곳은 외교관에 대한 특별한 대우마저도 거의 없다. 많은 사람들, 아니 이곳을 방문한 모두가 한결같이 깨끗한 무공해의 환경에 감탄한다. 그러나 아름다운 이곳의 자연환경도 처음부터 이렇게 깨끗하고 정돈된 아름다움은 결코 아니었다고 한다. 지저

상부기관을 통해서 영향력을 행사하도록 하는 방안을 찾지만 제 경험에 비추어 볼 때 상대방 실무자가 동의를 안 하는데 제3자를 동원한다고 문제가 해결되지는 않는다는 것입니다. 김포-하네다 건은 논의 끝에 같은 방향으로 추진하기로 합의가 된 케이스였습니다."

11) 가령 우리나라 회사의 주재원이 외국에 근무할 때 우리나라의 국민연금을 내면서 동시에 주재하는 외국의 연금도 납부해야 하는데 이는 기업차원에서 연금 이중납부의 부담이 되므로 협정을 체결하여 외국의 연금납부의무를 면제시켜 준 것이다.

분했던 호수와 더러워졌던 해안을 엄청난 투자와 국민 모두의 협조로 정화시켜, 연간 평균 160만 명이나 되는 관광객들이 감탄하고 가는 나라로 일구어 낸 것이다. 이곳에 오면 누구나 느끼듯 성실하고 소박한 사람들, 자기를 내세우지 않고 부끄럼 많은 시골뜨기 같은 이 사람들에게 '뉴질랜더'라는 화란어에서 온 긴 이름보다 간결하고 상징적인 이름 '키위'는 작지만 마음은 큰 나라 뉴질랜드를 상징하기에 정말 적격이라는 생각이 든다."[12]

외교부 직원들은 특히 해외에 나가면 모두 최전방에서 근무한다는 생각을 한다고 한다. 그러나 재외동포와 해외여행객들이 큰 폭으로 늘어나면서 영사업무에 따르는 어려움도 갈수록 늘어나는 것도 사실이다. 때문에 외교부 직원들 중에서는 영사업무를 기피하는 이들도 있는 것으로 알려져 있다. 그러나 K 공사는 오히려 영사업무를 할 때 보람을 느낄 때가 많았다고 한다. 아래 얘기를 들어보자.

"해외공관에서 근무할 때 형무소에 수감되어 있는 우리나라 국민을 찾아가 만나주는 것으로도 그 분들에게는 큰 위안이 되기도 하고 혹 부당한 대우를 받고 있다면 이를 시정하도록 하기도 하지요. 그런 분들에게는 영사를 통해서 곧 내 조국 대한민국이 나를 돌봐준다는 느낌을 갖게 합니다. 오사카 총영사관에 근무할 때는 한동안 언론에서도 많이 다루었던 '우토로' 문제[13]를 담당해서 나름대로 해결책을 마련하는 데 일조를 하였습니다. 워낙 다양한 이해가 얽혀 있어 쉽게 해결되기 어려운 사안이어서, 그러한 과정에 공관에서는 분명한 원칙에 입각해서 일을 처리하지 않으면 안 됩니다. 우토로 마을을 자

12) 출처: http://blog.naver.com/PostView.nhn?blogId=cozylim&logNo=130012525869.

13) 우토로 마을 문제가 한일 양국에서 관심을 끌기 시작한 것은 지난 1989년, 이 땅을 사들인 부동산 회사(서일본식산)가 주민 전원에게 퇴거를 요구하며 교토지방재판소에 '건물 수거 토지 명도' 소송을 내면서 부터였다. 소송은 기업 측의 일방적인 승리로 끝났지만 재일동포가 이 땅에 뿌리를 내리게 된 역사를 생각하면 어이없는 일이었다. 우토로 마을이 생긴 것은 일제강점기인 1940년대 교토 군(軍) 비행장을 짓는 공사에 동원된 조선인 근로자 1,300여 명이 거주하면서부터다. 이들은 일본이 패전한 뒤 비행장 건설이 중단되면서 실업자로 전락했고, 이들이 세운 학교는 일본 정부의 탄압으로 폐쇄됐다. 사태가 이쯤 되자 1989년 양심적인 일본인들을 중심으로 '우토로를 지키는 모임'이 결성됐고, 우토로 문제가 부각되기 시작했다. 2005년에는 한국 시민단체인 지구촌동포청년연대(KIN)와 한국 국회의원들이 실태 조사에 나섰고, 유엔 인권위원회 인종차별특별보고관이 우토로를 돌아보기도 했다. 일본 정부가 외면하는 가운데 한일 양국에서 활발한 모금 활동이 이뤄졌고, 주민들은 이를 기반으로 2007년 일부 토지 매입계약을 체결했다. 국회는 2007년 말 우토로 토지 매입에 필요한 돈 30억 원을 지원하기로 결정했지만, 문제 해결까지는 3년에 가까운 시간이 더 걸렸다. 오사카 총영사관에 따르면 서일본식산이 세금을 체납해, 우지시와 일본 정리회수기구(RCC)가 해당 토지에 압류권과 저당권을 설정해 놓은 게 걸림돌이었다. 주민들이 세운 '우토로 민간기금재단'은 지난해에야 토지 2,753㎡(약 833평)에 대해 소유권 이전등기를 끝낼 수 있었고, 최근에야 저당권과 압류권 문제가 해결돼 정부가 세운 우토로 재단법인이 3,808.40㎡(약 1,152평) 구입 계약과 소유권 이전등기를 앞두게 된 것이다(출처: "정부, '차별의 상징' 우토로 토지매입," 2011년 3월 3일, http://cafe419.daum.net/_c21_/bbs_search_read?grpid=109ea&fldid=O7Xm&contentval=0001nzzzzzzzzzzzzzzzzzzzzzzzzz&nenc=&fenc=&q=%BD%C3%B1%D7%B8%B66&nil_profile=cafetop&nil_menu=sch_updw).

주 방문하고 얘기를 나누어서 공관의 활동에 대해 주민들이 호의적인 태도를 갖게 되었고, 우리 시민단체들도 공관의 존재내지 역할을 평가해서, 언론 등에서 우토로 문제를 둘러싸고 현지 공관에 대한 비난의 목소리는 거의 없었던 것으로 기억 합니다."

지난 반세기 동안 국내의 대국민 서비스는 획기적으로 향상된 반면 재외공관의 영사 업무는 인프라 등의 부족으로 여전히 낙후된 상태이다. 국민들의 기대수준은 갈수록 높아지지만 인력이나 인프라 등이 이에 좇아가지 못하기 때문에 지체현상이 생기기도 한다. 그럼에도 불구하고 K 공사는 우리나라와 같이 24시간 대기하면서 최대의 영사 서비스를 제공하는 국가는 우리나라밖에 없다는 점을 강조하였다. 사람과 현장에 대한 그의 열정이 느껴지는 대목이다.

Ⅳ 가족애

K 공사의 공직관, 비즈니스 마인드, 그리고 가족애를 이어주는 끈은 1995년 작고한 그의 부친이다. 어린 시절 그에게 있어서 아버지는 자랑스럽고 든든한 그 무엇이라기보다는 그로 말미암아 가족관계가 힘들어졌던 기억만이 남아 있었다. 그러나 결국 나이를 먹으면서 아버지의 모습을 많이 닮아가는 자신의 모습을 발견하고 있다고 한다. 그가 다니는 교회에서 하는 아버지 학교 프로그램에서 편지를 쓰는데 자식이나 부인들에게 쓰는 편지보다 아버지에게 쓰는 편지가 가장 감동적이었다고 한다. 그래서 K 공사도 자신의 아버지에게 편지를 썼다. 가장으로서 남자들이 안고 살아가야 하는 막중한 책임감과 외로움을 묵묵하게 받아들인 아버지의 모습을 이제는 이해할 수 있다고 한다.

아버지가 저희 곁을 떠나가신지 이제 며칠 있으면 11년째가 됩니다. 이렇게 편지를 쓰는 것은 고등학교 시절 이후로 처음이 아닌가 싶습니다. 하늘나라에서 가족들을 위해 주시는 아버님 염려 덕분에 온 가족 모두 평안하게 지내고 있습니다. 무엇보다도 아버지가 가장 사랑하고 아끼시는 어머님이 재작년 11월 제가 서울에 가서 뵈었을 땐 이제 곧 사랑하는 남편 품으로 가시려는구나 할 정도로 몸이 안 좋으셨는데 요즘은 담즙을 몸 밖으로 관을 통해 빼내고 생활하시면서도 얼굴 혈색도 좋으시고 밥도 잘 드시고 해서 얼마나 예쁘신지 모릅니다. 제가 하나님한테 두 가지를 기도 드렸습니다. 어머님이 돌아가시더라도 예쁘고 곱게 돌아가시게 (왜냐하면 2년 전에 아프실 때는 얼굴색이 너무 안 좋으셨거든요), 그리고 또 하나는 아프지 않게 하늘나라에 가시게 해달라고 했습니다. 요즘 어머님 목소리를 전화로 들으면서는 그저 하나님께 감사한 마음밖에 없습니다. 제가 비교적 일찍 초등학교 때 철이 들고 나서는 늘 어머님이 고생하시는 게 안타까워서 무능력한 아버님을 원망했고, 미워했고 고등학생, 대학생이 되면서는 아버님을 무시했지요. 사회에 나와 돈을 벌고부터는 늘 빚에 쫓기며 사는 아버님을 더 이상 어떻게 할 수 없는 존재로 밖에는 여기지 않았습니다. 초등학교 때 가장 곤혹스러웠던 것이 가정환경 조사서에 아버지 직업, 그리고 부모 학력을 적는 것이었지요. 외형적으로 내세울게 없으니 아버지가 수치스러운 존재였습니다. 아버지를 처음 이해하게 된 건 생전에 마지막으로 수술을 받으실 때 제가 귀국해서 아버님 병상에서 며칠을 함께하며 아버님이 어려서부터 지내온 일들을 듣고 아버지를 한 사람으로서 동정하는 마음이 생기면서부터입니다. 제 자식을 키워보아야 애비 마음을 안다고 하듯이 영민, 정민 두 놈을 키우면서 예전에 그저 일상적으로 아버님, 어머님이 차 조심해라, 밥 많이 먹어라 하시던 말씀이 듣는 저는 아무 생각 없이 흘려버렸지만 내 새끼를 사랑하는 아버지는 혹여 사랑스런 내 자식이 다치기라도 할까 안 좋은 일이라도 신변에 일어날까 걱정이 되어서 하신 말씀이란 걸 나중에 알게 되었습니다. 한참 자랄 때 맛있는 것 제대로 사주지 못해서 마음이 많이 아프셨지요? 중3 때 연합고사를 보고 나올 때 초라한 모습으로 교문 앞에서 기다리시다가 중국집에 데려가 사주신 짜장면이 가장 기억에 남는 군요. 가격은 기억이 안 나지만 그게 아버지로서는 아들을 위해 사줄 수 있는 한계이셨겠지요. 유난히 뜨거워서 호호 불어 식혀먹었던 기억이 지금도 생생합니다. 아버지와 저는 다른 줄 알았는데, 저는 아버지와는 딴 사람이 되어야 한다고 생각해 왔는데 저도 30대, 40대를 보내면서 언젠가 신체에 일어나는 변화를 보면서 내 몸이 아버지 몸과 같구나, 아버지 모습이 내 안에 고스란히 전달되어 있구나 하는 걸 깨달았습니다. 무능력한 아버지 때문에 여섯 형제자매가 늘 주눅들어 지내고 경제적으로 쪼들리며 커왔는데 이제는 자식들이 다 성장해서 안정적 생활을 하고 손주가 또 증손주가 태어났습니다. 이제는 자식들이 경제적인 여유로움을 즐기며 지내고 있는데, 아버지와 함께했던 그 가난하고 어려웠던 때를 생각하면 왜 눈물이 앞서는지요. 아버지한테 못되게 한 것이 마음이 아파서 참회의 눈물밖에는 드릴게 없습니다. 아버지가 불쌍하고 가엾어서 눈물을 흘리지만 제 자신이 진정, 얼마나 참회를 했는지는 저도 자신이 없습니다. 그저 표면적이고 가식적인 눈물에 지나지 않는 것 같습니다. 아버지! 계속해서 지켜봐주세요. 아버지께 진 빚을 영민이, 정민이에게, 그리고 이웃에 갚으며 지내렵니다. 한 성령 안에서 우리 가족 모두가 육신을 입고 있든 천국에 있든 늘 하나라는 것을 느끼며 지내고 있습니다. 29일 날에는 잠시 서울에 가서 아버님 비암리 묘소로 찾아뵐게요.

2006. 9. 16 동경에서 K 올림

K 공사는 대학생인 장남과 고등학생인 차남의 모습을 통해서도 자신의 모습을 발견한다고 한다. '나'라고 하는 존재가 혼자 떨어져 있는 것이 아니라 아버지-아들로 이어진다고 느끼는 것이다. 그렇다면 K 공사의 아들들에게 비친 아버지의 모습은 어떤 것일까?

우선 장남인 영민 군은 백일 때 아버지의 첫 부임지였던 P국에 갔는데 물론 그 때의 기억은 전혀 없다고 한다. 아버지의 두 번째 부임지였던 서유럽의 B국에서는 어린이집을 다녔는데 당시 유일한 동양인으로서 그때의 트라우마가 지금도 남아 있다고 한다. 백인 어린이들 속에서 따돌림까지는 아니지만 무시를 당했던 기억이 생생하다고 한다. 한 구석에서 혼자 놀고, 며칠 동안 울기도 하고, 그 후 어린이집과 유치원 가는 것을 두려워하기도 했다. 영민 군은 이후 한국에 잠깐 귀국하여 초등학교 1, 2학년을 마친 후 다시 뉴질랜드로 이사를 하게 되었을 때 처음으로 아버지를 원망하기 시작했다고 한다. 본인의 의지와는 관계없이 늘 새로운 환경에 적응해야 하는 것이 힘들었던 것이다.

차남인 정민 군은 좀 더 일찍 외교관인 아버지를 둔 사실을 받아들이고 적응하려고 노력했다. 그는 다양한 경험을 하는 대가로 적응이라는 희생을 치르는 데 어느 정도 익숙해졌다고 한다. 후회나 원망 같은 생각도 없다고 한다. 비교적 열린 마음으로 새로운 환경에 적응하려는 자세가 되어 있었던 것이다. 본인의 의지와는 관계없었지만 어릴 때부터 여러 나라에서 살면서 얻은 것 중에 가장 중요한 것은 문화적, 인종적 편견을 없앨 수 있었다는 점이라고 한다. 특히 '왜'라는 질문을 많이 하게 되었고, 토론문화에도 익숙해 진 것이 외교관 자녀로서 얻을 수 있는 가장 큰 소득이었단다.

이들은 아버지의 외교관 생활을 보면서 자연스레 사람과 사람 관계를 중시하는 것을 보고 배운 듯하다. 자식의 눈으로 볼 때도 아버지는 정말 모범적인 공무원이고 외교관이라고 한다. 아버지의 성격에 잘 맞는 것 같다고 한다. 자식들을 대할 때도 늘 서로 존중하는 문화가 있다고 한다. 두 아들 모두 남의 의견을 존중하는 개방적인 사고방식을 가진 아버지가 존경스럽다고 한다. 두 아들은 이구동성으로 아버지의 그런 모습이 깊은 신앙심에서 오는 힘이라고 했다.

장남은 아버지로부터 비즈니스 마인드를 물려받은 것 같다. 그는 고등학교 1학년 때까지는 외교관이 되고 싶었다고 한다. 그러나 어느 순간 공공부문의 일처리 방식이 답답하게 느껴졌고 그런 환경에서 일하는 게 싫어졌다고 한다. 그래서 아버지의 권유로 경제학 공부를 시작하게 되었고 대학에서도 경제학을 전공하게 되었단다. 차남은 아버지로부터 공공 마인드를 물려받은 듯하다. 물론 현재로서는 아버지의 대를 잇게 될지는 알 수 없는 노릇이다. 한 가지 확실한 것은 어떤 방식과 형태로든 이들에게 아버지의 모습이 투영되어 나타날 것이라는 점이다.

Ⅴ K 공사의 리더십과 비전에 대한 평가

K 공사에게 퇴직 후의 비전에 대해 물었다. 의외로 소박한 답변이 돌아왔다. 그는 퇴직 후에는 기계류에 대한 소질을 살려 트레일러 기사 자격증, 중장비 기사 자격증 등을 따서 조그마한 사업을 하고 싶다고 했다. A4 용지 사이즈만큼 작은 공간에 갇혀온 것에서 벗어나 직접 현장에서 뛰고 싶다고 했다. 그는 지난해 C국으로 부임하기 전까지도 교회 봉사활동으로 2주에 한 번씩 아현동 달동네에서 노인들을 위해 봉고차 운전을 하면서 마을버스 기사 역할을 하고 있는데 많은 보람을 느꼈다고 한다. 그만큼 현장을 사랑하는 것이다.

이제 K 공사의 리더십과 비전에 대해 종합적으로 평가해 보자. '리더십'과 '비전'은 조직 내부에서 고위공직자를 평가하는 중요한 잣대가 된다. 특히 조직의 미래에 대한 비전은 조직 통솔은 물론 업무 수행에 있어서 매우 중요하다. 서론에서 언급하고 본문을 통해 보여주려고 했던 것과 같이 그는 전형적인 배려형 리더이다. 이는 그의 가족들은 물론이고 그와 같이 일했던 외교부 직원들이 이구동성으로 전하는 말이기도 했다. 물론 외교부의 독특한 문화 자체가 카리스마적 또는 주도적 리더십에 덜 적합한 환경을 제공했기 때문이기도 하겠지만 K 공사는 타고난 성실함과 사람과 조직에 대한 애정을 통해 개인적으로 어려운 여건 속에서도 그만의 리더십 스타일을 개발해 온 것이다. 그와 같이 일했던 한 하급자는 "(K 공사님은) 외교부 내에서 '성골'이 되기 위한 여러 비공식적인 요소들(예를 들면 학연, 지연 등)을 갖추지 못했음에도 불구하고 성실히 노력하여 고위 공직자 위치에 올라갔기 때문에 귀감이 된다"고 했다.

국내외의 여러 연구들에 따르면 배려적 리더는 직원들과 의사소통이 활발하고 직원들의 복지에 많은 관심을 나타낸다. 다른 말로는 관계지향적(relationship-oriented), 사람지향적(people-oriented), 그리고 사람에 대한 관심(concern for people) 등으로 표현할 수 있다.[14] 이러한 배려에는 지원적 · 우호적이고 개방적인 자세로 부하를 생각해 주고 대변

14) Fiedler(1967)는 리더십 스타일을 과업지향형(task-oriented)과 관계지향형(relationship-oriented)으로 분류하고 있다. 과업지향형이 리더십 행사의 초점을 과업 자체의 진척과 성취에 맞추고, 여기에 방해되는 일탈행위를 예

해 주는 리더의 행동과 부하의 이해관계를 대변하는 행동 등이 포함된다(이창원 · 박희봉 · Adler 2005). 한편 Nye(2011)는 관계지향적 리더는 그들 추종자와 우호적인 개인적 관계를 유지하는 것으로부터 자부심을 느끼며, 주로 영감을 주는 기술과 소프트 파워에 의존한다고 한다. 이때 소프트 파워란 친화나 협동을 기본으로 하며, 카리스마 같은 본성과 설득 · 수사학 · 솔선수범 등과 같은 커뮤니케이션을 그 원천으로 한다. 즉, 배려적 리더십이 꽃을 피우기 위해서는 주도적 리더십의 속성을 어느 정도 갖추어야 한다는 것이다.

바로 이 대목에서 K 공사의 리더십의 장점이자 단점을 파악할 수 있다. 즉, 그가 조직 내에서 존경받는 선후배 공직자인 것은 분명하지만, 그는 자신의 비전을 보다 구체적으로 실천하기 위한 리더십을 아직까지는 구체적으로 행사하지 않은 것으로 보인다. 그를 잘 아는 한 부하직원에 따르면 K 공사가 그의 비전을 정열적으로 주장하는 경우는 거의 없기 때문에 (부하직원의 입장에서는) 때로는 무엇을 어떻게 해야 하는지 불분명한 경우가 있다고 한다. 예를 들면 "외교부의 명칭을 미국과 같이 국무부로 변경해야 한다"는 K 공사의 견해에 대한 조직 내부의 수용도는 아직 낮은 것으로 판단된다.

물론 K 공사가 아직 외교부 최고의 리더십에 오른 것이 아니기 때문에 위와 같은 평가는 그에게 조금은 가혹한 것이 될 수 있다. 현재 외교부 내에서의 그의 지위를 고려하면 그의 배려적 리더십은 분명 단점보다는 장점이 많을 것이다. 특히 세계화 시대를 맞아 국제관계의 중요성이 더욱 부각되는 추세이며, 여러 대내외적인 도전에도 불구하고 외교부의 기능과 역할은 앞으로 계속 늘어나고 강화될 것으로 전망되는 상황에서는 더욱 그러하다. 무역 1조 달러 돌파에 따른 세계 제9위 무역국으로의 도약, 한류의 확산에 따른 국가 인지도 향상, 국제사회 무대에서의 적극적인 활동 등에 따라 오늘날 우리나라는 단군 이래 가장 높은 수준의 국격을 향유하고 있으며, 앞으로도 우리나라의 외교 공간은 지속적으로 확대될 전망이다. 외교부 업무의 특성 상 다른 국가들과의 성공적인 협상을 위해 비밀을 엄수해야 할 필요가 있으나 최근 북핵외교, 한미동맹, 한미 FTA 협상 및 비준과정 등에서 보듯이 국민들에 대한 적극적 홍보, 즉 내교도 중요한 변수로 등장하고 있다. 민주화 및 정보통신 혁명의 확산에 따라 외교부의 일거수일투족은 국민들의 따가운 감시의 눈을 벗어날 수 없게 되었으므로 이러한 변화를 능동적으로 받아들이는 인식의 전환이 요구되는 것이다. 이러한 상황 속에서 K 공사의 배려적 리더십은 더욱 빛을 발할 것으로 보인다.

방하거나 차단하는데 주력하는 통제형 리더십(controlling leadership) 스타일이라면, 관계지향형은 통솔 하에 있는 부하직원들과의 원만한 관계형성을 통해 과업의 성취를 이끌어 내려는 배려형 리더십 스타일을 의미한다.

끝으로 본 연구의 초고를 마무리하던 지난해 가을에 아래의 기사가 본 저자의 눈에 들어왔다.

> 공무원 공채경쟁률 10년 새 2배 높아져
> 2001년 40대1서 올해 93대1로
>
> 청년층 취업난이 심화하면서 공무원 공채 경쟁률이 10년 사이에 2배 이상 높아진 것으로 나타났다. 행정안전부가 10일 국회 행정안전위 진영(한나라당) 의원에게 제출한 자료에 따르면 올해 시행된 공무원 채용시험 경쟁률은 평균 93대1로 집계됐다. 10년 전인 2001년 40대1의 2.3배 수준이다. 연도별 경쟁률은 2002년 45대1, 2003년 68대1, 2004년 85대1, 2005년 81대1, 2006년 64대1, 2007년 51대1, 2008년 48대1, 2009년 62대1, 지난해 83대1로 상승 추세에 있다. 올해의 경우 유형별로 7급 공채 경쟁률이 123대1로 가장 높았고, 9급 공채(93대1), 5급 외무 공채(55대1), 5급 공채(50대1) 순이었다. 진 의원은 이처럼 공무원 공채 경쟁률이 급상승한 것에 대해 경제불안에 따라 민간 영역의 신규 채용시장이 좀처럼 회복되지 못하는 상황에서 상대적으로 '안정 직장'으로 분류되는 공무원 시험 응시가 크게 늘었기 때문이라고 분석했다. (아주경제, 이지은 기자, 2011년 9월 10일)

이들과 같은 미래의 공직(후보)자들의 공직동기, 비즈니스 마인드, 가족애는 어떤 모습일까? 그저 안정된 직장을 찾는 이들로 인해 저만치 공채 경쟁률이 높아진 것이 아니길 바란다. 아울러 K 공사와 같은 낭중지추 외교관들이 앞으로도 계속 나오기를 바라며 본 사례연구를 맺는다.

참고문헌

김상배 엮음(2009). 「소프트 파워와 21세기 권력: 네트워크 권력론의 모색」, 서울: 한울.

문명재 · 구민교(2009). 「외교통상부의 네트워크 역량과 유관기관과의 네트워크 구축방안」, 외교통상부 과제 최종 보고서.

손열 엮음(2007). 「매력으로 엮는 동아시아」, 서울: 지식마당.

유민봉(2011). "한국문화와 조직 · 인사관리", 제570회 정책&지식포럼 발표문, 서울대학교 행정대학원, 9월 5일.

이창원 · 박희봉 · Ralph W. Adler(2005). "리더십유형이 조직효과성에 미치는 영향에 있어 집단효능감의 매개역할: 한국과 뉴질랜드 단체장 리더십의 비교", 「한국정책과학학회보」 9(4): 25-45.

Brewer, Gene A. and Sally C. Selden. (1998). "Whistle-blowers in the Federal Civil Service: New Evidence of the Public Service Ethic", *Journal of Public Administration Research and Theory* 8(3): 413-439.

Cook, Brian J. (2002). "Expertise, Discretion, and Definite Law: Public Administration in Woodrow Wilson's Presidential Campaign Speeches of 1912", *Administrative Theory & Praxis*. 24(3): 487-506.

__________. (2007). *Democracy and Administration: Woodrow Wilson's Ideas and the Challenges of Public Management*, Baltimore: Johns Hopkins University Press.

Fiedler, Fred E. (1967). *A Theory of Leadership Effectiveness*, New York: McGraw-Hill.

Nye, Jr., Joseph S. (2004). *Soft Power: The Means To Success in World Politics*, New York: Public Affairs.

__________. (2011). *The Future of Power*, New York: Public Affairs.

Perry, James and Lois R. Wise. (1990). "The Motivational Bases of Public Service", *Public Administration Review* 50: 367-373.

성과관리를 통해 경찰 조직의 혁신을 꿈꾸다

이 수 영(서울대학교 행정대학원 교수)

Ⅰ 들어가며

1. 연구대상자의 선정에 대하여

누구나 어느 정도는 그 뜻을 잘 알고 있는 낭중지추(囊中之錐)라는 고사성어는 우리가 흔히 알고 있는 '능력과 재주가 뛰어난 사람은 주머니 속의 송곳처럼 가만히 두어도 두각을 나타내게 된다'라는 일반적인 의미로 잘 알려져 있다. 하지만 아무리 낭중지추와 같은 출중한 능력과 재주를 가진 사람이라 할지라도 그 재능을 알아주는 리더나 부하들을 제때에 적절히 만나야 만개(滿開)할 수 있을 것이고 그렇지 못한 경우에는 아쉽지만 그 재능을 발휘하지 못하고 말 것이라는 의미도 동시에 담고 있다. 물론 스스로 주머니를 뚫고 튀어나올 수 있는 때와 기회를 만들기 위해 험난한 장애와 난관을 극복하려는 각고의 노력을 해야 한다는 것은 기본적으로 전제가 되어야 하겠지만, 관료제라는 경직된 위계 구조에 익숙한 공무원 조직에서 이것은 쉽지 않은 과정임에 틀림이 없을 것이다.

본 연구에서 경찰청의 낭중지추로 소개하려는 분은 현직 경찰 공무원인 김○○ 총경[1)]

1) 총경은 군인으로 말하면 대령에 상응하는 계급이고, 각 지역 경찰서장에 해당하는 계급이다. 참고로 총경 바로 위의 계급은 경무관으로 군인으로 말하면 준장에 해당한다. 또한 본인의 프라이버시 보호 차원에서 가명을 사용하기로 한다.

이다. 이분을 연구대상으로 선정하기 위해서 사전에 몇 단계의 과정을 거쳤다. 우선 가능하면 다양한 행정 조직의 실무 공무원을 면접 대상으로 해야 한다는 취지에 따라 경찰청을 대상으로 선정했다. 하지만, 경찰 조직 내의 낭중지추에 해당하는 분에 대한 기준이나 정보가 전혀 없었으므로 경찰청에서 인사 관련 업무를 담당하는 분을 통해 출중한 능력과 재주를 보이신 현직 경찰 공무원들을 추천받았다. 그 결과 두 가지 정도로 연구대상이 크게 나누어졌는데, 하나는 문자 그대로 혁혁한 범인 검거 성과나 대민 서비스 공적으로 청룡봉사상 같은 대외적으로 명망 있는 상을 수상하신 모범 경찰 공무원 그룹이었고, 다른 하나는 내부적으로 신망 받는 성실하고 유능한 경찰 공무원 그룹이었다. 전자에 속하는 분들은 이미 행정안전부에서 발간한 책자[2)]나 신문 기사 등으로 많이 소개가 된 것으로 파악되어 후자인 묵묵히 성실하게 본연의 임무를 수행하는 그룹에 속하는 분을 이번 기회에 재조명해 보기로 결정하였다. 다음 단계로 후자에 속하는 분들 중에서 어떤 분을 선정할 것인가의 문제와 관련해서는 보다 거시적인 시각에서 경찰 조직과 그 서비스의 수혜자인 국민을 위해서 어떤 소명의식을 갖고 어떤 일(비록 그것이 지금 현재 빛을 발하지 못하고 있다 하더라도)을 추진했고, 또 현재 추진하고 있느냐를 기준으로 삼았다.

이러한 기준에 의하면 본 연구의 대상자인 김총경은 경찰 조직과 그 구성원이 성과에 대한 학습과 긍정적인 자기 변화를 통해서 국민에게 신뢰받고 사랑받는 조직으로 탈바꿈할 수 있다고 믿으며 그 일을 실천하기 위해 노력해 온 사람이라고 할 것이다. 우리나라 경찰은 일제 강점기와 군사정권을 거치면서 원했든 원하지 않았든 쌓아 온 부정적인 이미지가 국민에게 강하게 각인되어 있어서 이러한 이미지를 벗고 국민에게 사랑받는 조직으로 거듭나기 위해 다양한 시도를 해 오고 있는 실정이다. 하지만, 경찰에 대한 국민의 인식은 아직도 차가운 편이어서 2010년 국무총리실에서 실시한 민원만족도평가에서 20개 외청 중 16위에 머무르고 있는 것으로 나타났고, 2010년에 국민권익위원회가 국민들을 대상으로 38개 중앙행정기관의 청렴도에 대해 설문조사를 실시한 결과에 의하면 경찰청은 청렴도 최하위 3개 행정기관 중의 하나로 나타났다. 물론 다행스럽게도 2010년 국민권익위원회의 청렴도 조사에서 경찰청은 강도 높은 반부패 · 청렴시책의 실시로 전년('09년도 조사 결과 7.48점, '매우 미흡')에 비해 0.72점 정도가 호전된 8.30점을 받은 것으로 발표되었다. 이렇듯 국민의 신뢰를 받기 위한 경찰 조직의 변화 노력에도 불구하고 이러

2) 「긍정과 열정으로 세상을 바꾼 공직자들」

한 변화는 생각보다 쉽지 않아서 대다수의 성실한 경찰 공무원들이 묵묵히 주어진 임무를 수행함에도 불구하고 여전히 경찰하면 부정부패, 폭력, 유전무죄/무전유죄 등의 인상을 떠올리는 국민이 상당히 많은 상황이다.

이러한 경찰 조직의 근본적인 문제를 해결하기 위해서 김총경은 자신과 자신의 업무에 대해 긍정적인 마인드를 가지도록 구성원을 변화 및 학습시켜야 하고, 이와 동시에 경찰 조직 전체에 공정한 성과관리 시스템을 구축하여야 한다고 주장한다. 이러한 구성원의 긍정적인 자세와 공정한 성과 시스템은 본인과 같이 아무런 출신 배경이나 특별한 연고를 가지지 못한 평범한 경찰 공무원에게 최선을 다해서 맡은 바 임무를 묵묵히 수행하기만 하면 보수나 승진 등에 있어 본인의 노력에 상응하는 공정한 보상을 받을 수 있다는 확신을 심어 주게 되고, 이러한 믿음은 결국에는 국민에 대한 더 나은 치안 서비스 제공으로 이어져 경찰 조직 전체가 국민에게 신뢰받는 조직으로 거듭나는 데 도움을 줄 것이라고 믿고 있다. 실현되기만 하면 너무나 바람직한 이야기이지만, 현실에서의 상황은 이러한 이상적인 청사진의 구현을 쉽게 허락하지 않고 있다. 자신의 젊음을 바친 사랑하는 경찰 조직의 미래를 위한 송곳을 열심히 뾰족하게 갈아 놓았지만, 아직은 주머니 속에 들어갈 기회를 갖지 못한[3] 김총경의 삶을 반추해 보면서 그의 공직 인생을 살펴보고자 한다.

2. 연구방법에 대하여

본 연구는 연구대상과의 심층 인터뷰 방법에 의해 이루어졌다. 김총경이 현직 경찰 공무원이므로 업무에 지장을 주지 않기 위해 업무 시간이 끝나면 인터뷰를 진행하였다. 1회에 2시간 반 정도 걸린 인터뷰가 4회 이루어져서 총 10시간에 걸친 인터뷰를 통해 자료가 수집되었다. 2번의 인터뷰는 업무가 끝난 후 회의실에서 약간의 공식적인 분위기 속에서, 나머지 2번은 저녁식사를 하면서 좀 더 부드러운 분위기 속에서 진행되었다. 연구대상자의 허락을 받고 인터뷰 내용을 녹취하였는데, 총 100페이지가 넘는 인터뷰 자료가 수집되었다. 또한 연구대상자의 이야기에만 의존하며 연구의 객관성이 떨어질 가능성이 있으므로 김총경을 잘 아는 다른 경찰 공무원 두 명과 전화 인터뷰를 실시하여 분석결과가 균형적인 시각을 가질 수 있도록 보완하였다.

3) 물론 보는 시각에 따라 김총경은 이미 낭중지추로 능력을 빌휘할 충분한 기회를 가졌다고 볼 수도 있을 것이다. 하지만, 경찰 조직에 본인이 생각하는 제대로 된 성과관리 시스템을 구축하고자 하는 최종 꿈을 실현하기 위한 기회는 아직 갖지 못했다는 점에서 이런 표현이 가능하다고 생각한다.

Ⅱ 선생님이셨던 아버지와 오형제

김총경은 경찰 조직에서 많은 상징적인 의미를 가지는 경찰대학 1기 출신이다. 1985년 이후 매년 120명씩 배출되어 온 경찰대학 출신은 이제 우리 경찰 조직의 중추적인 그룹으로 성장했다. 김총경은 1962년 충남 논산 근처의 시골에서 오형제 중의 셋째로 태어났는데, 아버지는 초등학교 선생님이셨고 어머니는 전업 주부로 가사를 돌보셨다. 선생님이셨던 아버지는 엄한 원칙주의자셨고, 자식의 공부를 위해 본인도 엄격하게 절제하는 생활을 하시며 살아 온 분이셨다. 자식들 교육 문제 때문에 대전으로 이사를 결심하셔서 김총경은 초등학교 2학년 때 대전으로 전학한 후 고교 졸업 때까지 줄곧 대전에서 성장하였다. 아버지는 교사였던 본인보다 자식들이 더 안정적인 직업을 갖고 더 나은 삶을 살기를 원하셨고, 그에 따라 자식들의 공부와 진학에 많은 신경을 써 주신 분이었다. 일례로 큰 형을 의대에 보내야겠다고 하시면서 큰 형이 고등학교 3학년 2학기 때 이과로 전과시켜버리셨다. 그 덕분인지 몰라도 위의 형님 두 분은 의사로 자리를 잡았고 김총경은 고위 경찰 공무원으로 국가를 위해 봉사하고 있으며, 아버지는 그런 아들들을 자랑스럽게 생각하고 계신다. 한두 살 터울의 다섯 명의 형제들은 서로 싸우기 보다는 우애가 남달랐다고 하는데, 엄한 아버지 때문에 방청소, 설거지, 밥, 마당 청소 등을 오형제가 돌아가며 나누어 담당하게 되면서 자연스럽게 형제간의 위계질서 형성이나 단체생활에 대한 적응 등을 학습하게 되었다. 따라서 경찰 같이 위계질서가 강조되는 조직생활에 대한 경험은 어려서부터 자연스럽게 형성될 수 있었다.

초등학교 시절의 김총경은 동네에서 상당히 개구쟁이였지만 학교에서는 선생님 말씀을 잘 듣는 조용한 어린이였다. 김총경은 어려서부터 뒷짐을 지고 헛기침을 많이 하고 다녔다고 하는데, 이를 본 주변의 어른들은 “저 놈은 나중에 뭔가를 해도 할 거야”라고 이야기하곤 했다. 황무지 한 마지기를 하루에 개간하셨던 할아버지의 건강 유전자 덕분인지 모르지만 김총경은 체력과 체격이 상당히 좋은 어린이였다. 중학교 때 키가 168cm나 되어서 선도부 활동을 했고 공부는 상위권을 유지했으며, 문제아 및 모범생 모두와 잘 지내는 유쾌하고 성실한 학생이었다. 김총경은 중학교를 졸업하면서 대전 고등학교 입학시험을 보았다. 평소 실력으로만 보면 선생님들께서 “너 아니면 누가 들어가겠니?”라고 하셨던 것처럼 당연히 합격할 수 있는 학교였지만 막상 시험을 보았는데 떨어지고 말았다. 그런데 시험에 떨어지고 나니 "공부 잘한다, 잘한다"하셨던 몇몇 선생님들께서 "네가 평소에 좀 덤벙거리더니 그럴 줄 알았다"라고 하시는 것을 보고 충격을 받았다. 믿을 사람은 나 자신밖에 없고 내 인생은 내가 혼자 판단하고 결정해야 한다는 것을 배웠다. 고등학교 생활도 중학교 시절과는 크게 다르지 않았는데, 공부도 곧잘 하면서 친구들과도 원만하게 지내는 모범적인 학생이었다. 이제 와서 고등학교 시절을 돌아볼 때 좀 아쉬웠던 점은 문학 활동이나 취미 활동 같은 것을 적극적으로 하지 못했다는 것이다. 고등학교 3학년 때 아버지께서 갑자기 "육사 갈래 아니면 경찰대 갈래?"라고 물으셔서 "나 그런 학교에 관심 없습니다"라고 대답하고 돌아서는데, 연 · 고대 의대는 충분히 갈 실력이 있었던 큰형을 설득해서 충남대 의대에 진학시켜버린 아버지의 완고함을 생각하니 본인에게는 육사나 경찰대 말고 다른 대학에 진학할 선택권이 없다는 것을 깨닫게 되었다. 그래서 어린 나이였지만, 두 학교를 졸업했을 때의 미래가치에 대해 심각하게 고민을 했고, 사회가 발전할수록 경찰에 대한 수요가 많아질 것이고 사회적 인지도도 높아질 것인데 반해 경찰의 현재 상태는 열악한 편이니 본인이 가서 무언가 일조를 하고 두각을 나타낼 수 있을 것이라고 판단을 했다. '내가 경찰대학에 진학해서 경찰 조직에 헌신하면서 우리나라 경찰의 수준을 한 단계 더 높이는 역할을 해야겠다'라고 결심을 하고 경찰대학에 진학하기로 결정했다.

현재 김총경 슬하에는 아들 한 명과 딸 두 명이 있는데, 건강한 집안 내력 덕택에 모두 건강하게 잘 자라왔다. 하지만, 자식들을 위해 엄격하고 체계적인 진로 관리를 선호하셨던 아버지의 교육 방식에 대한 약간의 반발과 공직자로서의 바쁜 업무 때문에 자식들 교육을 열심히 챙기지 못한 것이 요즘은 아주 조금 아쉽기도 한 상황이라고 했다.

Ⅲ 경찰대학 시절

김총경은 경찰대학 재학시절 인생에 대한 본인의 생각을 완전히 새롭게 변화시킬 만큼 중요한 두 가지 사건을 경험하게 되었다. 현재 그가 앞에서 언급한 '구성원 스스로의 자기 변화를 통한 경찰 조직 전체의 변화'를 강조하는 것은 이 두 가지 사건을 경험한 뒤 개인의 자발적 자기 변화가 얼마나 중요한지를 깨닫게 되었기 때문이라고 하였다.

1. 대학 시절의 큰 사고

경찰대학에서의 생활은 김총경에게는 늘 집에서 해 오던 생활의 연속이었다. 오형제가 청소, 설거지, 빨래 등을 분담해서 늘 담당해 왔기 때문에 규율과 질서를 강조하는 경찰대학 시스템은 오히려 적응하기 쉬운 편이었다. 하지만 같이 입학한 동기생들 중에는 처음 경험하는 경직된 환경에 제대로 적응하지 못하는 경우도 빈번하게 나타났다. 김총경은 경찰대학에서 행정학을 전공했는데, 아주 솔직하게 이야기하면 전공 공부에는 아주 열심히 한 것은 아니라고 했다. 그러나 그때 배운 행정학 지식은 경찰 생활을 하면서 요소요소에 유용하게 사용하고 있고, 가끔은 '그때 더 열심히 공부해 둘 걸' 하는 아쉬움이 남기도 한다고 했다.

그러던 중, 인생의 전환을 가져다 준 큰 사고가 생기는데, 경찰대학에 입학한 해 7월에 수업을 마치고 운동장에서 평행봉을 하다가 추락해서 목이 부러지는 중상을 당하게 되었다. 땅에 떨어져서 정신이 몽롱한 상태에서 죽음과 유사한 체험을 하게 되었는데, 파노라마 같이 기억나는 과거의 일들 중에서 사소한 잘못들(예를 들면, 친구에게 욕하면 안 되는 상황이었는데 욕을 했던 기억)이 특히나 많이 생각났다고 한다. 양심의 근원에 남아있는 잔재 같은 것이 생과 사를 가르는 긴박한 상황에서 되살아나는 경험을 한 것이다. 이와 동시에 땅에 떨어진 순간 목이 부러진 것 같다는 느낌이 들었다고 했다. 그리고 '목이 부러져 평생 불구로 살면서 부모형제에게 짐이 되느니 죽는 게 낫겠다'라고 생각을 하고 혀를 깨물었는데 너무 아파서 차마 실행할 수는 없었다고 했다. 경찰대학 병원으로 후송되어 대수술을 받고 두 달간 입원을 했다. 다행히 그 시기가 방학 기간이라 학업에는 큰 문제가 없었다. 수술을 받고 입원해 있으면서 죽었다 살아났으니까 제대로 바르게 살아야겠다고 굳은 결심을 하게 되었다. 그 동안은 공부 잘하고 덩치 큰 것 때문에 잘난 척하면서 살아왔지만, 이제는 덤으로 다시 사는 인생이니 겸손하게 정말 이 사회에서 쓸모 있는 사람이 되도록 노력하겠다고 생각하고, 어떻게 하면 쓸모 있는 사람이 될 것인가에 대하여 고민을 하였다. 다행히 수술이 잘 되었고 치료 경과도 좋아서 유도와 합기도 유단자가 될 정도로 큰 후유증 없이 회복되었다. 지금도 목 뒤에는 그때의 사건을 보여주는 수술 자국이 남아있었다.

2. 불교와 수련

김총경의 인생을 바꾼 두 번째 사건은 불교와의 인연이었다. 경찰대학 1학년 때 써클

활동이 자율화되면서 기독교 학생회가 활발히 활동해 나가는 것을 보면서 불교재단 고등학교 출신 학생 6명이 모여 불교 학생회를 조직하게 되었다. 김총경 본인도 발기인으로 참여하기는 했지만, 불교 재단 고등학교를 나왔다는 이유와 친구들의 권유로 가입한 것이었고 초창기에는 열성적으로 활동하지는 않았다고 한다. 그러던 중, 3학년 때 용주사 주지 스님을 법사 스님으로 모시면서 그분의 설법과 생활을 경험하게 되었고 그 결과 본인에게 본격적으로 변화가 생기기 시작했다. 마음과 행동이 바뀌면서 전에 사고를 당하면서 생각했던 결심들을 잘 실천하고 있는지에 대하여 본격적으로 고민하게 되었는데, 훌륭한 경찰이 되기 위해 '나 자신부터 바르게 살도록 노력해야 한다'라는 것을 깨닫고 어떻게 하면 나 자신이 변화할 수 있을 것인가에 대하여 진지하게 자문하였다. 그래서 하루는 '반야심경'을 써보자고 결심을 하고 매일 한 번씩 '반야심경'을 적어보기도 했는데, 신기하게도 백여 일이 지나자 마음이 안정되면서 자신을 돌아보며 반성을 하고 새롭게 실천해 나갈 힘이 생겼다고 했다. 그 당시 지도교관이었던 분(현재는 경찰을 떠나 사기업으로 옮기신 분)을 최근에 만날 기회가 있었는데, 그분이 김총경을 보시고는 "학생 때는 무서운 놈으로 보였는데 지금은 많이 부드러워졌다"라고 하셨다고 한다. 그 만큼 학생 때, 즉 불교에 심취하여 자기성찰을 많이 했던 그때는 다른 사람이 보기에 무서울 정도로 자신에게 엄격하고 자기통제가 철저한 그런 학생이었던 것이다. 이때 같이 불법을 공부하던 사람들이 모임을 만들어 아직까지도 일 년에 2~3번 모여서, 그 당시 법사 스님을 모시고 법회를 가지고 있다고 한다. 이러한 불교와의 인연은 나중에 고위 경찰 공무원으로서 경찰관 자신의 변화와 성찰이 전제가 되어야만 경찰 조직의 변화가 가능하다는 확고한 믿음의 기반이 되었다. 지금도 김총경은 본인이 '도'를 닦고 있다고 이야기하면서 늘 반성하고 자신을 살펴보는 수행을 게을리 하지 않는다고 하였다. 불교의 수행이 조금 소극적이라는 생각이 들어서 5년 전 대구 근무 시절부터 부인과 함께 단학 수련을 하기 시작했는데, 천배 수련 혹은 삼천배 수련 등을 통해 늘 자신을 돌아보고 있다고 한다.

Ⅳ 공직 생활의 목표와 추진 수단

1. 공직 생활의 목표 설정

김총경은 본인의 경찰 생활의 목표가 '자신과 같은 밥 한 끼 안 사고 아부할 줄 모르는 평범한 경찰관이 묵묵히 열심히 일하면 성공할 수 있는 공정한 경찰 조직 구현'이라고 이야기한다. 이런 조직이 구현된다면 경찰의 가장 중요한 현안인 국민의 사랑과 신뢰를 받는 기관으로 거듭나는 것은 자연스럽게 이루어질 것이라고 믿기 때문이다. 이런 목표를 가지게 된 연유에 대해 다음과 같이 이야기했다.

"경찰대학을 졸업하고 지방 전경 기동대에 배치 받았는데, 그 당시 사회적으로 민주화를 위한 데모가 너무 심해 지방 전경 기동대들이 1년간 서울로 지원 근무를 하게 되었어요. 그런데 운전 요원들하고 행정 요원들은 서울에서 왔어요. 그러니 운전 요원들하고 행정 요원들과 근 하루에 15~16시간을 같이 있는 거예요. 그런데 이 사람들 하는 이야기가 술 먹은 이야기, 돈 먹은 이야기 뭐 이런 것…… 그래서 제가 그 당시에 그렇게 생각을 한 거예요. '이런 조직에 내가 10년이나 버틸 수 있을까? 나와 같은 사람이 이 조직에 받아들여질까?' 그러면서 또 한편으로 어떤 생각을 했냐면 '나와 같은 사람이 이 조직에서 생존하려면 어떻게 해야 될까? 근무성적평정시스템을 어떻게 고쳐야 할까? 지금 근무성적평정 가지고 나같이 밥 한 끼도 안 사고 아부할 줄 모르는 사람이 어떻게 근무성적을 잘 받을까? 이것을 어떻게 고치면 나 같은 놈이 우위에 설 수 있을까?' 이런 고민을 저는 그때부터 한 거예요. 졸업하면서부터."

처음에는 '이런 조직에서 나 같이 술이나 돈 등에 관심 없는 사람이 얼마나 버텨낼 수 있을까? 아니면 내가 이런 조직문화에 동화되어야 하나?'라는 생각이 들었는데, 이와 동시에 다른 한편으로는 '그렇다면 정면으로 부딪혀서 나 같은 사람이 성공할 수 있는 조직을 한번 만들어 보는 건 어떨까? 그리고 어떤 시스템을 어떻게 고치면 그것이 가능할까?'라는 오기 같은 것이 생겼다고 한다. 이러한 본인의 목표를 달성하기 위해서 김총경은 다음과 같은 두 가지 수단에 관심을 갖고 정성을 들여 변화를 계획해 왔고 또 계획하고 있다.

2. 목표 달성 수단

1) 경찰 교육 혁신

김총경이 생각하는 첫 번째 조직 변화 수단은 교육 혁신이었다. 1996년도에 ○○면허시험장장으로 발령이 나서 1년간 근무하게 되었을 때 교육이 중요하다는 생각을 처음으로 하게 되었다고 한다. 하루는 사무실에서 경찰백서를 보고 있었는데 10만 경찰 인력 중 경정 이상이 경정 계급인 자신을 포함해서 1,600여 명 밖에 안 되는 것을 보고는 깜짝 놀랐다고 한다. 경정이라는 계급이 권리보다는 의무가 더 중요한 고위 계급이라는 것을 깨달았고 자신의 행동과 사명에 대하여 다시 한번 생각하게 되는 계기가 되었으며 한 발 더 나아가 우리 경찰 가족들이 자신의 자리(계급)가 주는 의미와 사명에 대하여 정확하게 이해한다면 개인은 물론 우리 조직이 발전하는 데 도움이 될 것이라고 확신했다. 이를 실현하기 위해 무엇을 어떻게 해야 하는지에 대해 생각한 끝에 한 해에 20,000명 정도가 와서 교육받는 경찰종합학교로 가서 단기간에 많은 경찰관들에게 자신의 역할과 임무에 대해 교육을 해야겠다고 결론을 내렸다. 그리고 나서 경찰청 본청에 있던 동기생들에게 우리 조직을 위해 정말 중차대한 일을 해야 한다고 이야기하면서 그쪽으로 보직을 옮길 수 있게 도와달라고 설득하고 부탁을 한 끝에 결국에는 경찰종합학교로 옮기게 되었다고 한다.

보직을 옮기고 얼마 후 이무영 경찰청장이 취임하면서 본격적인 경찰 교육 개혁이 이루어졌고, 이런 조직 내 분위기와 더불어 경찰종합학교에서도 토론식 자율수업을 포함한 많은 교육 개혁 작업들을 진행시켰다고 한다. 이런 교육개혁 조치들 중의 하나로, 승진시에만 받게 되는 기본 교육을 감소시키고 승진 안하는 사람도 받을 수 있는 전문 교육을 강화하는 방향으로 교과과정을 개편하려는 계획을 입안하여 청장님께 결재를 올렸는데 결재과정에서 기본교육이 다시 늘어나는 일이 발생했다. 이것은 보좌진의 잘못된 조언 때문이라고 생각하고 경찰청 본청 교육계장으로 보직을 옮겨서 본격적으로 교육개혁을 시도해야겠다고 마음먹고 동기생들을 통해 이런 생각을 이야기했는데, 너무나 우연히도 일주일 후 교육계장이 장관 비서실로 옮기면서 공석이 생겼고 김총경 본인은 발령 전날까지 후보군에 없다는 이야기를 들었는데 막상 발령 당일이 되어 보니 본청 교육계장으로 본인이 임명되는 신기한 일이 일어났다고 했다. 본청 교육계장이 된 후 2개월 동안 직속상관인 인사교육과장을 그림자 같이 따라다니면서 교육과정의 개혁 필요성을 설득했다고 한다. 현재의 교육 시스템으로는 최장 17년 동안 교육을 한 번도 안 받는 경찰관이 생길 수가 있으니 최소 3~5년에 한 번씩은 교육을 받게 되는 전문 교육 강화 체제로 바꾸어야 하고, 막상 교육받으러 오면 비록 교육 자체에서 배우는 것이 없더라도 같이 교육받는 동료들과의 교류나 대화 등을 통해 어느 하나라도 배워 갈 것이므로 분명히 우리 경찰 조직이 달라질 것이라고 이야기했다. 그러던 중 하루는 과장이 그렇다면 자기에게 교육 개혁 계획을 제대로 보고해 보라고 기회를 주었고, 보고를 받고 나서 좋다고 하면서 다음 날 바로 청장님께 결재를 올려 OK 사인을 받아주어서 현재와 같은 경찰 교육 시스템이 구축되었다고 한다.

2) 경찰 성과관리 시스템 혁신

평범한 경찰관이 소신껏 일할 수 있는 공정한 경찰 시스템의 구축이라는 목표를 실현하기 위한 다른 하나의 수단으로 김총경은 공정한 성과관리 시스템의 구축에 관심을 갖게 되었는데, 그 과정은 다음과 같다.

본청에서 교육계장, 상훈계장, 인사계장 등의 요직을 두루 거치면서 총경으로 승진한 후 1년이 지난 2006년에 김총경은 충남 ○○경찰서장으로 발령을 받게 된다. 당시는 노무현 대통령 재임 시절이었는데, 공정한 인사 및 성과에 의한 인사 등이 강력하게 추진되고 있을 때였다. ○○경찰서장으로 재직할 때 본청에서 내려온 성과관리시행계획이라는 책자를 처음 접하게 되었다. 그 계획서를 보는 순간 이것을 제대로 추진해야 본인이 생각해 온 공정한 조직으로 경찰 조직이 거듭날 수 있을 것이라는 느낌이 들었고, 거기에 나와 있는 경찰의 미션, 비전, 전략과제, 세부과제, 지표 등을 바탕으로 성과관리 시스템 전문 서적 등에 대한 추가적인 공부를 통해 ○○서에 맞는 성과관리시행계획을 작성하였으며, 그 후 약 1년 동안 ○○경찰서 관내의 경찰 공무원들에게 홍보를 하고 교육을 하는 작업을 실시했다. 지구대나 파출소를 매일 방문하였고, 그 다음으로 경찰서 각 과의 과장 및 계장을 만났으며, 그 다음에 형사외근자, 교통외근자, 정보외근자 등을 만나가면서 1년 내내 성과관리에 대하여 교육을 실시하였다. 물론 이 과정에서 당연히 직원들의 저항에 부딪히기도 했다. 해야 할 일이 산더미 같은데 성과관리라는 생소한 이야기를 가지고 와서 더 바쁘고 골치 아프게 만든다는 불평을 듣기도 했다. 하지만, 그때마다 시간을 할애해 가며 설득하고 또 설득했다. 제대로 된 성과관리만이 우리 경찰 전체가 국민에게 사랑받는 조직으로 변신할 유일한 방법이고, 경찰관으로서의 자부심과 자신감을 회복시켜 줄 유일한 수단이라고 교육하고 이야기했다.

그러던 중 본청 재정과장으로 발령이 나서 다시 서울로 올라오게 된다. 재정과장으로 재직하면서 재정과 내에서 이 성과관리 시스템을 구축하려는 노력을 다시 시작하였다. 재정과 업무에 대한 직무분석을 자체적으로 실시한 후 성과관리 시스템으로 개편하였다. 이런 노력 덕분에 재정과는 2007년 성과관리 평가에서 S등급을 받게 되었다. 2009년도에 다시 일선 서장으로 발령받아 나가야 할 상황에서 '이 성과관리 시스템을 제대로 구축해 놓고 나가야겠다'라는 생각을 하고 본청 내 혁신단으로 자리를 옮겼다.

혁신단에서 일하면서 당시 성과관리/성과경영으로 유명한 강사였던 류량도 라는 사람을 알게 되었고, 본인의 성과관리에 대한 지식이 부족하다는 것을 느끼게 됨에 따라 혁신단 부하직원 4명과 함께 사비로 각자 2백만 원씩 등록비를 내고 6개월 과정을 수강하기도 하였다. 이 과정에서 류량도 씨와 친분을 쌓게 되었고, 자문을 받아 경찰 조직의 미션, 비전, 전략, 목표, 과제, 지표 등을 더욱 정밀하게 분석하는 작업을 실시하던 중 서울 ○○경찰서장으로 발령을 받았다. 목표와 과제에 대한 분석은 끝났으나 이를 기반으로 한 새로운 지표의 설정이 이루어지지 못하였으므로 이 시도는 미완으로 끝나고 말았다.

서울 ○○경찰서 서장으로 자리를 옮긴 후 김총경은 ○○경찰서만을 대상으로 한 자율 성과관리 시스템을 구축하고자 노력하였는데, 〈그림 1〉은 ○○경찰서의 성과관리 시스템의 일부를 보여주고 있다. 이에 따르면 2012년까지의 ○○경찰서의 조직 비전은 '주민의 행복하고 편안한 삶'이고 이것이 구체화된 중기 목표가 국민과 경찰의 협력 관계를 나타내는 치안 파트너십의 전국적인 표준(standard)이 되고자 하는 것이다. 파트너십은 경찰이 제공한 서비스를 주민이 일방적으로 받는 개념이 아니라 치안이라고 하는 가치를 경찰과 주민이 같이 생산해 내도록 하는 쌍방향적인 의미에서의 개념이다. 이에 따라, 이 치안 파트너십의 표준이라는 개념이 어떻게 구체화되느냐가 중요한데, 여기에서는 관내 주민 10%와의 파트너십 구축, 관내 침입절도 발생 50% 감소, 그리고 청렴도 전국 1위로 정의되어 있다. 그리고 이와 같은 비전과 중기 목표를 달성하기 위한 23개의 전략 과제가 〈그림 1〉에 제시되어 있고, 또한 이를 보다 구체화한 72개의 성과지표(실행과제)가 그 하위에 존재한다.

〈그림 1〉 ○○경찰서의 성과관리 시스템

그리고 이 성과관리 시스템에서 김총경이 강조하는 것이 두 가지 있는데, 하나는 가능하면 긍정적인 성과 지표의 개발을 통해 경찰 구성원과 조직을 긍정적 마인드가 충만한 조직으로 변화시켜야 한다는 것이다. 기존의 성과 지표들의 대다수는 단속 건수나 스티커 발부 건수 같은 규제 위주의 지표들로 구성되어 있어서 실제 그 업무를 수행하는 경찰 공무원은 물론이고 치안 서비스를 공급받는 국민에게 열심히 일하고도 부정적인 인상을 주는 경우가 많았다. 즉, 앞서 언급한 것처럼 2006년에 충남 ○○경찰서장으로 근무할 때 본청으로부터 성과관리시행계획을 하달 받아서 열심히 전파했지만 그 당시 성과지표들은 단속이나 규제 위주의 부정적 지표들로 구성되어 있어서 국민을 위해서 치안 성과를 향상시킨다고 하면서 실제로는 국민을 괴롭히는 경우가 되는 상황이 자주 발생했다.

국민에게 사랑받는 경찰이 되기 위해서는 국민에게 도움이 되는 활동(즉, 조장 활동)을 주로 한다는 긍정적인 이미지를 각인시킬 필요가 있는데, 예를 들어 지표를 신호위반 단속 건수 보다는 교통사고 감소율로, 또한 스티커 발부 건수 보다는 법 준수 향상도로 설정하면 상대적으로 이전 보다 훨씬 국민을 위한 역할을 한다는 인상을 줄 수 있다는 것이다. 다른 하나는 구성원이 스스로에 대한 동기부여를 통해 자발적으로 성과관리 시스템에 참여할 수 있도록 해야 한다는 것인데, 혁신이나 변화가 어려운 이유가 '그 혁신이 나의 일이다'라고만 생각하면 문제가 안 되는데 자기가 끊임없이 지금 현재상태가 개선되기를 원하고 불평불만을 하고 있으면서도 그것의 출발점이 자기라는 것을 모르기 때문이다. 즉, 자기가 지금 불평불만하고 있는 이슈를 해결하기 위해서는 자신이 먼저 변화해야 한다는 것을 인식 못하고 있다는 것이 가장 큰 문제이므로, 경찰관이 수동적으로 성과시스템에 끌려가서는 안 되고 주인 의식을 가지고 성과관리 시스템을 적극적으로 끌고 나가야 한다고 주장한다. 그래서 김총경은 각 과의 미션과 비전을 만드는 데 있어서도 직원들과의 협의와 논의의 과정을 충분히 거쳐 각 개인이 어떤 임무를 맡고 있는 사람인지 미션을 명확히 하고 비전을 구체화 하는 등 스스로가 주인 의식을 가지고 능동적으로 변화해 나갈 수 있도록 하는 데 가장 중점을 두었다. 또한 김총경은 이러한 능동적이고 긍정적인 성과관리 시스템이 제대로 잘 작동하기 위해서는 구성원들이 동기 부여가 잘 되어서 스스로 일을 하게 만들어야 하고, 이것을 위한 핵심으로 역량 축적과 역량 개발을 꼽는다. 예를 들어 국민 중심 순찰 활동을 할 때 경찰의 행동과 판단의 근간은 치안 서비스 수혜자인 국민이 되어야 하는데, 경찰이 상대방인 국민의 생각을 파악해 낼 수 있어야 하고 국민의 요구사항을 정확하게 수용해서 구현해 내어야 하는 것이 병행되어야 하지만 국민들에게 귀를 기울이는 훈련도 잘 안 되어 있고 말하는 훈련도 잘 안 되어 있으니 대국민 접점에서 충돌이 생기게 되어 있다는 것이다. 또 듣는 훈련이 되어 있어도 자신의 전문적인 지식이 부족하기 때문에 상대방에 대해 자문을 해 줄 수가 없고 그런 부분들에 대한 역량이 충분히 갖추어져 있지 않으면 국민에게 사랑받는 조직이 될 수 없다고 주장한다. 이것은 앞서 언급한 교육 시스템의 개선과 훈련을 통해 경찰관 개인의 역량을 개발하고 축적함으로써 해결할 수 있고 이것은 결국 성과관리 시스템의 원활한 작동을 가능하게 한다는 것이다.

◆ 〈그림 2〉 해양경찰청의 성과관리 시스템

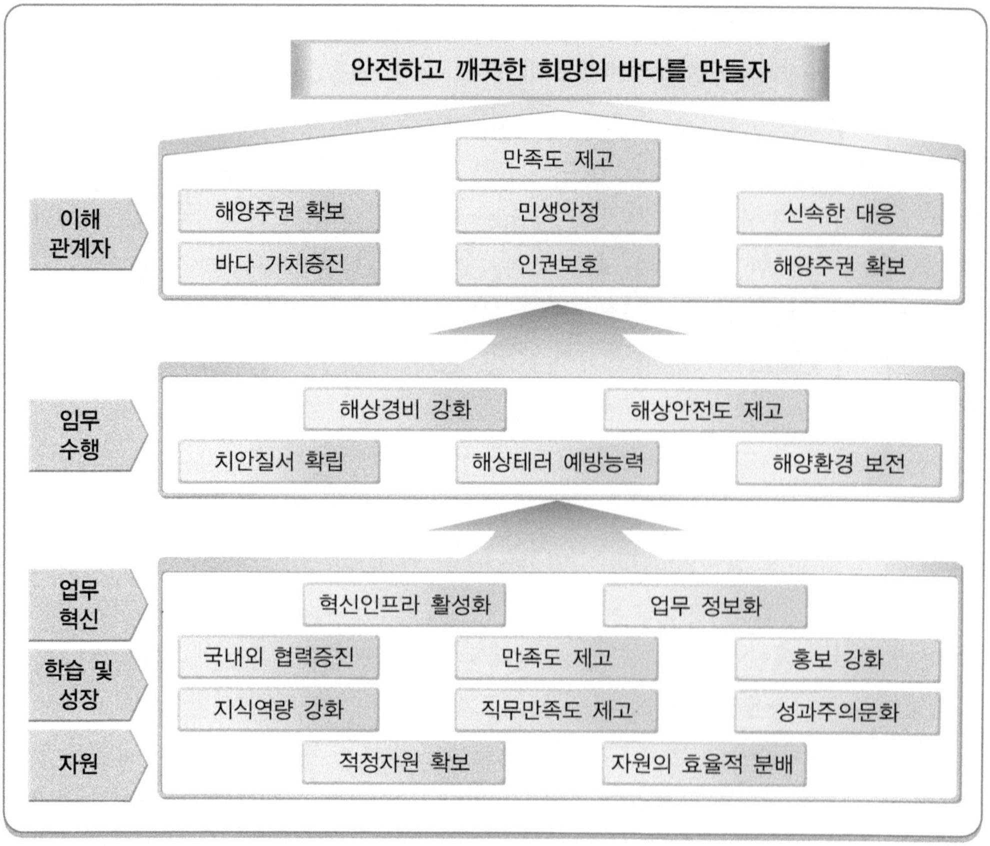

〈그림 2〉처럼 해양경찰청은 행정기관 중에서 균형성과지표(Balanced Score Card)를 잘 설정하여 실시하고 있는 조직으로 인정받고 있는데, 김총경은 이것은 제대로 된 성과관리 시스템이 아니라고 주장한다. 왜냐하면 해양경찰청의 미래의 비전인 '안전하고 깨끗한 희망의 바다를 만들자'라는 것이 너무 추상적으로 설정되어 있고 보다 구체화된 미래 상태에 대한 이야기나 중기 목표 같은 것이 없다는 이유 때문이다.

Ⅴ 분석의 종합

2011년부터 현재까지 김총경은 경찰청 본청에서 근무하면서 본인 소속 부서에 다시

성과관리 시스템을 구축하려고 애쓰고 있다. 본인의 경찰 생활에서 가장 자부심을 갖는 결과물은 현 경찰 교육 체계의 틀을 구축했다는 것이다. 이것은 어느 정도 잘 실현되었다고 볼 수 있는데 반해, 또 다른 관심사인 경찰 자율 성과관리 시스템의 구축 문제는 여전히 미완의 숙제로 남아 있다. 부분적으로 ○○경찰서 혹은 현재 소속된 부서를 대상으로 자율 성과관리 시스템을 나름대로 구축하여 실시했고 또 하고 있으나, 경찰 조직 전반을 아우르는 제대로 된 성과관리 시스템의 구축은 아직 요원한 상황이라고 설명한다.

경찰 교육 제도의 정립에 김총경이 기여를 할 수 있었던 이유는 한 마디로 부단한 노력과 우연의 절묘한 조화라고 이야기할 수 있을 것 같다. 경찰 교육 과정 개편의 경우 본인의 뜻을 실현하기 위해서는 경찰 종합 학교로 보직을 이동해야 한다는 판단하에 이곳저곳으로 뛰어다니며 관련된 사람들을 열심히 설득해서 결국에는 담당 직위로 옮겨가는 노력과 추진력이 상당한 역할을 한 것으로 보인다. 그리고 본청 교육계장으로 보직을 옮기게 된 것은 본인 표현에 의하면 '아무도 기대하지 말라고 한 일이 너무나 신기하고 우연하게도 벌어진' 경우였는데, 기대가 스스로 실현되는 속성을 가진 것처럼 자신의 내면에서 너무나 갈망했던 일이었기 때문에 이루어지지 않았을까 생각한다고 말한다.

이에 반해, 경찰 조직 혁신 방안인 자율 성과관리 시스템 구축 문제는 아직도 진행 중인 사항이다. 경찰 조직이 국민에게 사랑받고 신뢰받는 조직으로 거듭나기 위해서는 경찰 구성원 개개인이 자신의 일에 주인의식을 갖고 보다 자기 주도적으로 접근하도록 동기유발을 해야 하고, 이를 위해서는 보다 구체적인 미래 비전과 긍정적인 지표들로 구성된 성과관리 시스템의 구축이 필요하다는 김총경의 생각은 국민의 불신을 상대적으로 많이 받고 있는 경찰 조직의 문제를 근본에서 부터 해결하려는 시도로 보인다. 이러한 근본적이고 대대적인 시스템의 변화가 수반되는 혁신의 경우 조직의 최고 리더의 결단이 결정적으로 중요한 요소인데 아직은 완벽한 준비가 되지 못해 이 이슈로 경찰청장에게 까지는 접근할 기회를 가지지 못한 것으로 보인다. 성과관리 시스템 혁신 같은 조직의 학습 및 성장에 관계되는 이슈는 원래 일거에 이루어지기 보다는 장기적인 관점에서 시행착오와 시간 및 자원 투자를 거쳐 이루어지는 것이 일반적이다. 하지만 현실의 벽은 이러한 장기적인 시각과 투자를 기다려 줄 만큼 여유가 없는 경우가 보통이므로 제도 도입을 위한 본격적이면서 제대로 된 준비조차 쉽지는 않은 실정이다. 그리고 교육 혁신의 경우 그 업무를 담당하는 직위로의 이동이 김총경 본인의 노력과 우연히 동반되면서 이루어졌는데 반해, 성과관리 시스템 혁신의 경우 본인이 노력함에도 불구하고 혁신단에서 그 일을 마무리하지 못하고 다른 보직으로 이동하게 되었고 본청에 복귀해서도 담당 직위인 미래

발전과나 기획조정과로의 이동이 성사되지 않고 있는 상황이다.

낭중지추라는 사자성어와 관련된 고사에 비유해 보면, 김총경은 경찰 전반에 자율적 성과관리 시스템을 도입하기 위해 준비를 체계적으로 한 모수라는 식객에 비유될 수 있는데 안타깝게도 아직은 자신의 재능을 제대로 발휘할 기회, 즉 주머니 속에 들어갈 기회를 갖지 못하고 있는 것으로 판단된다. 경찰 교육 개혁 업무는 해당 직위로의 우연적인 이동을 통해 재능과 뜻을 펼칠 기회를 가짐으로써 낭중지추로 소기의 성과를 거둘 수 있었던 것인데 반해, 성과관리 시스템 구축 이슈는 아직 그러한 기회를 갖지 못한 상황이다. 주머니 속의 송곳이 스스로 밖으로 튀어나오는 것도 조직의 발전을 위해 중요하지만, 이와 동시에 인재를 알아보고 적재적소에 배치하고 능력을 발휘할 기회라는 주머니에 넣어 주는 것도 조직의 지속과 성장을 위해 중요한 일이라고 판단된다.

Ⅵ 맺는말

필자는 이 글을 쓰기 위해 김총경을 4번 인터뷰하였다. 경찰 관련 다른 연구용역을 수행하면서 필자는 우리 경찰의 안타까운 현실에 대해 많이 느끼게 되었다. 평범한 보통의 경찰 공무원들은 열악한 근무 환경하에서도 열과 성을 다해 국민에게 최선의 치안 서비스를 제공하고 있는데, 소수의 문제 있는 경찰들이 언론의 조명을 많이 받는 바람에 다수의 성실한 경찰들은 국민으로 부터 정작 수고했다는 따뜻한 격려 한마디 듣지 못하고 싸잡아 문제 집단으로 매도당하는 상황에 처해 있다. 어떤 학자들[4)]은 조직을 지속적으로 발전시키는 데에는 아주 우수한 A급 인재(A player)도 필요하지만, 오히려 묵묵히 조연의 역할을 수행해 줄 B급 인재(B player)가 더 중요하다고 지적하기도 한다. 보통의 경찰관이 열심히 일하면 성공할 수 있는 경찰 조직을 김총경이 생각하는 자율 성과관리 시스템을 통해서 구현할 수 있다면 구성원의 긍정적인 변화가 가능해져 치안 서비스 공급의 질이 좋아질 것이고, 종국에는 국민의 경찰에 대한 긍정적 인식 변화까지도 유발할 수 있는 선순환의 단초가 되지 않을까 생각해 본다.

김총경에 대한 주위의 평가를 알아보기 위해 몇 분을 접촉해 봤지만, 그분들 모두 필

4) Thomas J. DeLong and Vineeta Vijayaraghavan. 2003. Let's Hear It for B Players. Harvard Business Review, June.

자에게 조차 본인을 드러내면서 김총경에 대한 평가를 하는 것은 부담스러워 하였다. 그래서 궁여지책으로 소개를 통해 두 분을 섭외한 후 필자에게 걸려오는 전화를 받는 식으로 아주 잠깐 평가를 듣는 기회를 가질 수 있었다. 김총경에 대한 그분들의 평가는 대체로 그가 지향하는 방향이 바람직하다는 데에는 일치가 되었다. 그러나 너무나 이상적인 아이디어이므로 늘 발생하는 현안에 휩쓸려 다니는 경찰의 특수성을 고려할 때 현실에서 구체화되는 것은 쉽지 않을 것이라고 지적하였다. 그리고 한 분은 김총경이 직원들에게 자신이 생각하는 자율 성과관리 시스템에 대하여 설명할 때 조금만 더 부드럽게 접근했으면 좋겠다고 제안했다. 김총경 본인은 오랜 기간 구상을 한 것이라서 잘 이해하고 있지만 처음 설명을 듣는 사람은 이해하기가 쉽지 않다는 것을 알아주었으면 좋겠다고 하였다.

직접 인터뷰를 한 필자는 김총경이 참 반듯한 생각을 하는, 경찰 조직에 애정이 많은 사람이라고 느꼈다. 하지만, 단 하나 아쉬웠던 점은 인터뷰 내내 '성과경영'이라는 용어를 사용하였다는 점이다. 행정학자로서 필자는 경영이라는 용어가 사익이 아닌 공익을 추구하는 경찰 같은 공공 조직에는 적합하지 않다고 생각한다. 그래서 성과경영 이라는 단어는 행정조직에는 어울리지 않는 것 같다고 이야기했더니 김총경은 경영이라는 단어가 구성원 스스로가 자발적으로 동기부여 되어 성과 지향적으로 변해야 한다는 의미를 가지므로 그 단어가 가장 적합한 단어라고 반박했다. 아마도 본인의 성과관리 시스템 구축에 영향을 준 사람이 경영 컨설턴트라서 그렇지 않을까라고 필자는 생각해 본다.

그는 미래의 언젠가 그의 이상을 구현할 기회를 가질 수 있을 것이라 믿으며 오늘도 준비를 한다고 했다. 마지막으로, 후임 경찰관들과 공무원들을 위해 그와의 인터뷰 내용 하나를 소개하면서 글을 마무리하고자 한다. 김총경과 같이 국민, 국가, 조직을 위한 큰 꿈을 갖고 공직에 임하기를 기대하면서…….

> "이게 이상론이라고 보는 거죠. 그런데 국민들은 간절히 바라고 있는 거죠. 따라서 우리가, 내가 준비가 안 되었고 또 하기 어렵다고 해서 이상론으로 치부하면 안 된다는 거죠. 이런 이유로 제가 지금 마음이 급한 거예요. 달리 급한 게 아니라 '이걸 어떻게 하면 잘 알려줄 수 있을까?' 해서. 그래서 현재 우리 과에서부터, 완벽한 것은 아니지만, 일단 과제와 지표와 목표를 가지고 성과관리를 해 나가는 프로세스들을 지금 계속 학습을 시키고 있어요. 이것이 잘 학습되어 어떤 결과가 도출이 된다고 하면 그것을 가지고 언젠가 청장님께 브리핑을 할 수 있는 모델이 만들어 진다는 거죠. 경찰청에서 한 개 과의 모델이 형성이 되면 경찰청 전체의 모델은 구축이 가능하다는 거죠."

참고문헌

김병섭(2008). 「편견과 오류 줄이기」, 법문사.

김병섭 · 박광국 · 조경호(2008). 「휴먼 조직론」, 대영문화사.

행정안전부(2011). 「긍정과 열정으로 세상을 바꾼 공직자들」.

Delong, T. J. and Vijayaraghavan, V.(2003). "Let's Hear It for B Players", *Harvard Business Review*, June.

돋보기에서 나침반으로

- 감사설계도 변화를 위한 사명감과 열정 -

정 진 우(인제대학교 행정학과 부교수)

Ⅰ 서 론

본 연구에서 감사원의 낭중지추로 소개하려는 분은 현직 감사원 공무원인 문○○ 국장이다. 이 분을 연구대상으로 선정하기 위해서 사전에 2단계의 과정을 거쳤다. 첫째, 서울대학교 행정대학원 정책지식센터에서 실시한 외부전문가를 대상으로 한 추천인물 풀(pool) 중에서 추천사유가 자세하고 구체적인 공무원을 선정하려고 하였다. 여러 명의 추천대상 공무원 중에서 감사원에 재직중인 문○○ 국장에 대한 추천사유가 눈에 먼저 들어 왔다. 당시 문○○ 국장에 대해서 이메일로 접수된 외부인사의 추천사유는 아래와 같았다.

> "감사원, 국세청을 비롯한 주요 기관의 핵심적인 감사관으로 국가와 해당 기관의 창의적 혁신 및 발전을 위해 헌신적 활동을 수행, 국세청 감사관으로서 지방청 간의 교차감사를 실시하여 해당 조직의 투명성과 윤리 경영에 큰 기여를 함(위 사례는 2010년 국민권익위원회 반부패정책 우수 사례로 선정됨), 국제성과감사센터 설립운영, 모범적인 삶 등."

그 이후 감사원에 근무하는 대학원 동문 2분께 '공무원의 낭중지추' 취지를 설명하고 문○○ 국장이 이러한 기획포럼 취지에 대해서 적합한지를 문의한 결과 매우 긍정적인 답변을 받았다. 문○○ 국장은 감사를 받아보기도 하고, 감사를 해보기도 했으며, 감사원에서도 감사부서와 지원부서에서 두루 근무를 하였고, 감사부서 중에서도 회계감사를 총괄하는 부서와 직무감찰을 총괄하는 부서에서 근무했으며, 회계감사 중에도 세출부문과 세입부문 감사까지 골고루 경험한 균형 잡힌 시각의 경력을 지닌 몇 명 안 되는 인물 중의 한 분이라고 한다. 한편, 감사원에서 탁월하다고 평가 받는 공무원들의 경우 직무감찰 및 회계검사 등 현장 감사업무에서 혁혁한 성과를 이룬 야전형 실무자 그룹과 전통적인 합법성 감사에서 성과감사로 감사정책을 변환시키는 데 기여를 해 온 정책전문가 그룹으로 구분할 수 있는데, 문○○ 국장은 후자에 속한다는 평가를 받았다.

본인은 현장의 감사업무를 통한 미시적 성과달성 보다는 우리나라의 감사정책을 전통적 방식에서 현대적 방식으로 전환시킨 거시적 역할을 수행해 온 문○○ 국장의 업적이 장기적인 시계에서 감사원 조직의 발전은 물론 국민생활의 편의제고, 국가발전에 기여할 수 있다는 판단하에 문○○ 국장을 감사원의 낭중지추라고 판단하였고 이 분의 공직관, 경력, 업적 등을 조사 · 정리하고 이를 통한 시사점을 도출하기로 결정하였다. 본 연구의 제목 중 '돋보기'란 전통적인 합법성 중심의 감사를, '나침반'이란 보다 거시적인 접근을 중요시하는 성과감사로의 변화를 의미한다.

본 연구를 위해서 자료수집은 주로 인터뷰와 토론을 통해 이루어졌으며, 인터뷰는 문○○ 국장과 3회, 감사원 직원 2명과 각 1회를 실시하였다. 한편, 2011년 12월 12일에 한국정책지식센터에서 본 원고초안을 가지고 발표를 한 후 토론에서 지적된 내용을 본 연구에 반영하였다. 그 외 감사원 조직 특성을 기술하기 위해 감사원 홈페이지 자료를 인용하였으며, 문○○ 국장이 쓴 논문, 언론보도 자료, 관련 서적 등을 수집하여 자료로 활용하였다.

Ⅱ 본 론

본론에서는 감사원 조직의 특성, 문○○ 국장의 개인적 특성, 문○○국장이 낭중지추라고 판단한 근거로서 그가 이룬 업적을 주요 사례 중심으로 설명하고자 한다.

1. 감사원 조직의 특성

감사원은 헌법 제97조와 감사원법 제20조의 규정에 따라 국가의 세입 · 세출의 결산을 검사하고, 국가기관과 법률이 정한 단체의 회계를 상시 검사 · 감독하여 그 집행에 적정을 기하며 행정기관의 사무와 공무원의 직무를 감찰하여 행정운영의 개선 · 향상을 도모하는 조직이다. 이러한 감사원의 권한 또는 직무범위는 함부로 침해하지 않도록 헌법에 그 설치 근거를 두고 있으며, 대통령 소속 기구로 되어 있으나 직무에 관하여는 독립된 지위를 가지고 있다. 감사원은 감사위원회의와 사무총장 밑에 여러 실, 국으로 구성된 조직이다. 감사위원회는 감사정책, 주요 감사계획과 감사결과에 대해 최종 결론을 내리는 감사원의 최고 의사결정기구이다. 감사위원회는 헌법 제98조 및 감사원법 제3조의 규정에 따라 감사원장을 포함한 7인의 감사위원으로 구성되어 있다.

감사원의 주요 임무와 기능은 결산의 확인, 회계검사, 직무감찰 등이다.

첫째, 결산의 확인(헌법 제99조, 감사원법 제21조)으로 감사원은 국가의 세입 · 세출의 결산을 해마다 검사하여 확인하고 그 결과를 대통령과 다음 연도 국회에 보고한다.

둘째, 회계검사(감사원법 제22조/제23조)로 회계검사는 국가, 지방자치단체, 정부투자기관 등의 회계를 검사하여 그 집행에 적정을 기하게 하는 것이다. 회계검사대상은 필요적 검사사항과 선택적 검사사항으로 구분되고, 필요적 검사대상은 감사원에서 반드시 검사하여야 하는 사항으로서 국가 및 지방자치단체 등 38,700여 개 기관의 회계업무가 이에 해당한다. 선택적 검사사항은 감사원이 필요하다고 인정하거나 국무총리의 요구가 있을 때 검사할 수 있는 사항으로서 국고수납대리점(금융기관) 등 29,300여 개 기관의 회계업무가 이에 해당한다.

셋째, 직무감찰(감사원법 제24조)로 직무감찰은 행정기관 등의 사무와 그 소속 직원의 직무에 관한 감찰을 할 수 있는 권한을 가지고 있다. 직무감찰은 공무원의 비위적발을 위한 비위감찰뿐만 아니라 법령 · 제도 또는 행정관리상의 모순이나 문제점의 개선 등에 관한 기능이 포함된다.

그 외 감사결과의 처리를 위해 변상책임의 판정(제31조), 징계 또는 문책 등의 요구(제32조와 제51조), 시정 등의 요구(제33조), 개선 요구(제34조), 권고 · 통보(제34조의 2), 고발 또는 수사요청(제35조, 감사원사무처리규칙 제19조)을 할 수 있으며, 재심의 청구의 처리(감사원법 제36조~40조), 심사청구의 심리 결정(감사원법 제43조~48조), 민원사무와 188신고 등 처리, 의견표시 등(감사원법 제49조)의 임무를 수행하고 있다.

감사원과 행정조직의 관계라는 측면에서 볼 때, 감사원의 권한은 모든 부처들의 모든 직원에게 미친다. 한편, 그 영향은 직접적으로 뿐만 아니라 각 부처가 산하에 두고 여러 가지 모양으로 감독하고 있는 기관들과 단체들을 통해 우회적으로 미치게 된다. 한편, 감사원이 가지고 있는 권력은 모든 부처에 근무하는 공무원들이 가지고 있는 자리와 명예를 잃게 할 수도 있는 막강한 권력이다. 이러한 권력은 헌법과 국민들의 공감대를 뒷받침으로 하는 정통성이 있는 권력이다. 그렇기 때문에 정부의 권력구조면에서 볼 때 감사원은 다른 행정조직에 비하여 월등히 우월한 지위에 있다고 볼 수 있다(조석준, 1997).

2. 성장배경 및 감사원 지원동기

문○○ 국장의 인생관, 공직관 등을 알아보기 위해서 유년기, 청소년기, 대학생활과 관련된 성장 배경과 공직입문 및 감사원 지원동기를 알아보기로 하자.

1) 성장배경

문○○ 국장은 서울에서 초등학교, 중 · 고등학교를 다녔다. 수송초등학교, 동도중학교, 경신고등학교에서 수학한 전형적인 서울출신 사람이다. 학창시절에는 주로 공부에 열중하고 주말을 거의 대부분 도서관에서 보냈던 좋게 말하면 '모범생', 나쁘게 말하면 '범생이'였다고 한다. 유년 및 청소년 시절에 특별한 사고나 사회적으로 표창을 받을 만한 사건은 없었다. 문○○ 국장의 아버님은 체신부에서 30여 년을 공무원으로 근무하셨다. 공무원이셨던 아버님에 대한 기억을 물어보니 두 가지로 요약하여 답변하였다. 첫째, 공익을 위해서 일하셨다는 느낌을 받았다. 둘째, 조금은 무능해 보일지라도 청렴하셨다. 그래서 어머님께서는 부업으로 수예점을 하셨다고 한다.

문○○ 국장은 1977년 연세대학교 정치외교학과에 입학하면서 사회문제에 눈을 뜨기 시작했다. 당시는 유신정권 말기로 정치적 문제로 인해 사회가 혼란스러웠고, 여기저기서 반정부 시위가 많이 벌어지는 상황이었다. 문○○ 국장은 당시 나름대로 우리나라를 국민이 진정한 주인으로 대접받는 사회로 변화시켜야겠다는 소신을 갖고 있었으나, 공직자였던 부친의 입장을 고려하여 운동권 학생들처럼 시위를 주도적으로 하지는 않았다고 한다. 이후 대학교 3학년을 마치고 군에 입대하여 2년 반 동안 복무하였으며, 제대 이후 제28회 행정고시에 합격하였다.

문○○ 국장이 행정고시에 응시한 동기는 '대학교에 입학한 이후 나름대로 사회가 바뀌어야 한다는 생각을 갖고 있었고, 사회를 변화시키기 위해 국민을 대신하여 정부의 문제를 비판하였지만 시위장의 함성과 거친 돌팔매의 몸부림만으로 정부와 사회를 뜻대로 바꾸는 데는 한계가 있어 보였고, 차라리 본인이 공직에 들어가서 사회를 바꾸는 계기를 마련하는 것이 효과적이라고 생각했다'고 한다. 문○○ 국장은, '당시에 자신은 무엇이 되려고 하기 보다는, 무엇을 하려고 하는 동기가 강했다'고 설명했다.

2) 감사원 지원동기[1)]

문○○ 국장은 공직생활을 감사원에서 시작하고 싶은 생각이 있었지만 당시 감사원의 인사방침에 따라 처음부터 감사원에 들어갈 수가 없었다. 과거 감사원에서는 초임공무원을 곧바로 받아들이지 않고 공직 유경험자 중에서 감사원 직원을 뽑았기 때문이었다. 문○○ 국장은 1989년 10월 총무처 근무시절 국비장기해외훈련 자격시험에 합격했다는 통보를 받고서 유학을 갈 나라와 학교를 알아보고 있던 중에 감사원으로부터 근무의사를 타진 받았다.

일찍부터 감사원에 근무하고 싶었지만 국비유학을 앞두고 있었기 때문에 선뜻 결정을 내릴 수 없어서 주위의 여러 사람들과 며칠 동안 의논을 한 뒤 결정을 내리게 되었다. 문○○ 국장은 당시에 사회변화를 위해서 어느 한 기관을 바꾸는 것보다는 전체를 바꿀 수 있는 기관에 근무했으면 하는 생각이 강하게 들었었고 이것이 감사원 지원동기가 되었다고 한다.

공무원으로서 어느 부처에서 일하든지 공익을 위하여 일하는 것이지만, 그 중에서도 행정통제기능을 수행하는 감사원에서는 좀 더 국민의 편에서 생각하고 일할 수 있기 때문에 열심히 일하는 만큼의 보람을 느낄 수 있으리라 생각했고, 감사원에서 해야 하고 또한 할 수 있는 일이 많이 있으리라 판단하여 최종적으로 감사원 근무를 결심하게 되었다.

문○○ 국장은 감사원에 근무하기 전에 당시에 감사원 밖에서의 감사원에 대한 인상에 대해서 다음과 같이 말하였다. 회계업무를 담당했을 때는 말할 것도 없거니와 그 외의 업무를 할 때에도 언제나 감사를 의식하고 일했으며, 또한 주위의 선배나 동료 공무원들도 모두 그러한 것을 보면서 감사원 감사의 권위와 필요성을 실감하고 있었다. 하지만 주위에서 '열심히 일하는 사람일수록 감사에 지적을 더 많이 받는다.'라든지, '나만 그런 게 아닌데 재수 없이 걸렸다.'라는 이야기를 들을 때면, 감사원이 수행하는 행정통제 기능에 대해서 어느 정도는 회의적으로 생각하기도 하였다고 한다.

1) 이 부분은 문○○ 국장이 쓴 '3초의 인내-감사원 전입 소감-'(계간감사, 1990)을 인용하여 작성함.

감사원에 처음 부임하던 해에 감사를 하면서 느꼈던 점은 '털어서 먼지 안 나는 사람 없다.'는 말이 있듯이, 인간이란 본디 불완전한 존재이고, 감사를 할 때 척도로 사용하는 각종 규정은 완전하고 이상적인 상태를 지향하는 속성을 지닌 것이기 때문에 공무원들이 각자의 업무를 수행하는 과정에서 원칙대로만 하기가 힘든 경우가 많아서인지 잘못을 지적해 내는 것이 내심 걱정했던 것 보다 쉽다는 생각이 들었다고 한다. 반면, 감사기간 내내 표면적으로 드러난 몇몇 사건을 지적하는 데서 그치지 않고 제도상의 문제점까지 지적하여 대안을 제시하는 일이 매우 어렵다고 느껴졌으며, 공직기강을 확립하는 것이 감사의 주요 목표라고 할 때 공직사회의 비위나 부조리의 원인 중 하나가 공무원이나 국민들의 의식에 있음에도 불구하고, 감사로서는 서류상으로 증명할 수 있는 부분만을 다룰 수 있다고 생각하니 무력감에 빠지기도 했다고 한다.

한편, 잘못의 의심이 있어서 일단 조사를 시작한 후에 담당자가 '업무집행 당시로서는 그렇게 할 수밖에 없었다.'라는 식으로 사건의 배경을 얘기할 때에는 준비했던 논리가 약해져서 애먹기도 했고, 개인적인 처지를 강조하면서 인간적 측면에 호소해 올 때는 마음이 약해짐을 어찌할 수 없었다고 한다. 그리고 조사하던 사건이 도중에 아무런 문제점 없이 정당하게 처리된 것이 밝혀지는 순간 이는 감사원이 궁극적으로 추구하는 목표상황이 확인된 것이므로 만족스러워져야 할 텐데도 오히려 일말의 아쉬움과 실망을 느끼는 자신의 모습을 보고 몹시 당혹해 하기도 했으며, 감사를 받는 분들이 문○○의 날카로운 시각과 놀라운 통찰력에 감탄했다는 말을 할 때 처음에는 정말 그런 줄 알고 우쭐했던 적도 있었다고 한다.

한편, 출장을 가는 기차 안에서 차창 밖을 바라볼 때나 퇴근 후 집으로 가는 길에서 감사와 관련된 장면만 눈에 보이고, 친구와 만나 이야기 하면서 감사와 관련된 이야기가 더 크게 들리는 습성이 생겼고, 심지어는 매일 밤 사건 해결을 위해 씨름하는 꿈을 꾸는 등 사생활까지 공무에 의해 점령당한 것 같아서 걱정이 되기도 하였다고 한다.

당시에 감사원 건물에 있는 엘리베이터를 타면 '3초만 기다리시면 자동으로 닫힙니다.'라는 안내문을 발견할 수 있었는데, 3초의 인내를 남은 공직생활 30년에 적용하려고 결심했다고 한다. '단기적 실적에 급급한 나머지 무리한 감사를 하여 선배 감사인들의 노력으로 쌓아온 감사원 감사의 권위를 손상시키는 일이 없도록, 충분한 조사와 연구를 통해 실질적인 감사가 될 수 있도록 애쓰겠으며, 본인이 맡은 업무에서 1인자가 되기 위해서, 감사원은 물론 국가와 국민이 꼭 필요로 하는 공무원이 되기 위해 30년간 꾸준히 노력할 것을 결심했다.'고 한다.

3) 그 이후 주요 경력

문○○ 국장은 연세대학교 정치외교학과를 졸업하였으며, 그 이후 홍익대학교 세무대학원에서 경영학 석사학위를 취득하고, 영국 센트럴 잉글랜드 대학에서 행정학 박사학위를 취득하였다. 학력을 보면 회계감사에 대한 지식과 감사정책에 대한 지식을 겸비하였다고 볼 수 있다. 주요 경력으로는 1984년 제28회 행정고시에 합격하여 4년간 총무처(현 행정안전부)에 근무하다가, 1989년 12월 감사원에 전입하여 국제협력, 원장비서, 중앙부처 · 공기업 감사를 담당하였으며, 주요 보직으로 혁신담당관, 특별조사본부 총괄과장, 청와대 공직기강비서실 행정관으로 근무하였다. 2008년 시작된 해외파견 기간 중에는 미국 국제성과감사센터(ICPA) 소장, 2009년 9월부터 2011년 6월까지 국세청 감사관을 역임하였고, 감사원으로 복귀한 후에는 공공감사운영단장, 감사원 심의실장을 거쳐 현재는 감사연구원장으로 재임 중이다.

3. 기존 감사업무가 넘을 수 없었던 한계에 도전하다

문○○ 국장이 공직에 입문하고 그 이후 감사원에 지원하게 된 동기였던 '사회를 바꾸기 위해서', '한 기관보다는 공공부문 전체의 업무를 바꾸기 위해서' 그가 공직생활 내내 추진하였던 감사업무 개혁과 관련된 일들을 살펴보고자 한다.

1) 문답서 형식의 전입소감을 통해 감사인에게 던진 메시지

문○○ 국장의 감사의 패러다임을 바꾸기 위한 노력은 감사원 전입 직후에 작성하여 감사지에 발표한 '감사원 전입소감'에서부터 발견할 수 있다. 1990년 초 감사원 전입 직후 감사지 편집실로부터 감사원 전입소감에 대한 원고를 요청받고서 감사지의 독자인 공공부문 감사인들에게 의미 있는 메시지를 전달하기 위해 여러 날을 고민한 끝에 문답서 형식에 전입소감을 담아내는 파격을 행하였다. 문답서란 본래 '감사결과 지적된 사안이 판정 또는 징계(문책)사유에 해당하거나 그 밖에 중요한 사안(인사자료통보사항 등)에 관련된 관계자의 책임의 소재와 한계를 규명하고 행위의 동기, 배경 또는 변명을 듣기 위해 필요할 때 작성하는 것이다. 따라서 통상 감사자가 '문', 징계 등 처벌대상자가 '답'의 입장에서 작성하는 것이 원칙이지만 당시 문○○ 국장이 쓴 원고는 반대로 국민대표가 문○○ 국장의 감사원 전입사건에 대해 지원동기, 감사경험, 앞으로의 각오 등에 대해 물어보고 문○○ 국장이 답변하는 형식으로 작성되었다. 감사를 위한 감사가 되지 않도록 주의하면서 국민이 주인이라는 사실을 언제나 잊지 말자는 것이다.

2) 감사원 상징물 변화에 주도적 역할 수행

문○○ 국장은 감사원 내부의 자발적 연구모임인 공공감사연구회에서 감사원이 전통적으로 사용해오던 상징물인 마패는 현대 감사원의 역할과는 거리가 있음을 주장하여,[2] 감사원 설립 50주년이 되는 1998년에 감사원의 상징물을 '마패'에서 '국민의 눈과 귀'를 형상화한 상징으로 변경하는 데 주도적 역할을 수행하였다. 전통적 상징은 말이 그려진 마패로 과거 암행어사들이 암행감찰에 나설 때 소지하였던 마패와 같았으며, 특히 말이 5마리나 그려져 있어서 과거로 쳐도 상당한 권력이 있었음을 보여주는 상징물 이었다.[3] 1998년에 제정한 상징은 국민의 눈, 귀를 형상화한 것으로 국민을 대신하여 회계감사와 직무감찰을 수행한다는 의미를 상징한다.[4]

〈그림 1〉 감사원 상징물의 변화

3) 감사보고서 전면공개제도 도입을 촉진

문○○ 국장은 2002년부터 감사원이 감사결과의 전문을 공개하는 쪽으로 방향을 전환하도록 촉진함으로써 행정의 투명성과 함께 감사의 투명성 제고에 기여하였다.

---

2) '고객만족 측면에서 본 공공감사 개선방안–수요자중심의 감사를 중심으로'(공공감사연구회, 1997) 참조.

3) 마패는 조선시대 관리들이 공무상 출장 등으로 역참(마패와 옛 감사원 상징중앙의 명령 전달, 관리에게 역마 및 숙소제공)에서 말을 징발할 수 있는 권한을 입증하는 증표이다. 마패는 앞면에는 말의 두수를 뒷면에는 연호와 주조년월일, 발급관청이 표시되어 있으며 역마징발의 권한은 물론, 왕명을 수행하는 관리신분의 입증, 암행어사 출두, 창고의 봉인, 날인 등 여러 용도로 사용하였다. 삼국시대로부터 사정부(司正府), 어사대(御史臺), 사헌부(司憲府)의 전통을 이어 받은 감사원은 민간의 억울함을 풀어주고 탐오한 관리들을 징치한 암행어사의 신분 증표였던 마패를 원의 주요 상징물 중 하나로 사용하였다.

4) 감사원의 상징은 눈과 귀를 조합한 것으로 국민의 눈으로 냉철하게 보고, 국민의 귀로 바르게 듣는 마음가짐으로 국가예산의 올바른 집행과 공직자의 올바른 기강과 행정행위를 유도함으로써 국민의 사랑을 받는 기관이 되려는 의지를 표현하고 있다. 또한 귀, 눈썹, 눈동자는 감사원의 첫 글자인 "ㄱ"과 "ㅅ" 및 "ㅇ"을 나타냄과 동시에 한자로 사정기관의 사(司)자를 형상화하고 국민의 사랑을 받는 기관으로서의 이미지가 연상되도록 하트 형태로도 표현하였다. 색상은 전체적으로 청색과 적색을 활용하여 국가기관으로서의 이미지를 표현하고, 보는 눈과 듣는 귀를 청색으로 처리하여 올바르고 청렴 강직한 이미지를 표현하였다(감사원홈페이지).

과거 감사원의 감사결과는 공개되지 않았다. 1996년 '공공기관의 정보공개에 관한 법률'이 제정되고, 1997년에 감사원 홈페이지에 보도자료(환경부 일반감사 결과)를 최초로 공개하였고, 1999년 감사결과공개의 법적 근거를 마련(공공감사기준 '가급적 공개' 권장)하였으나, 그 사이에도 감사결과를 공개하지 않았다가, 2002년에 감사결과 보고서 전문을 최초로 공개하였다. 그리고 2003년에 감사원 감사결과 공개지침을 제정하였다.

그동안 감사결과를 공개하는 데 대해서 찬반양론이 존재하였다. 감사결과 공개에 대한 반대의 이유는 다음과 같았다. 첫째, 감사결과를 공개하면 정부에 대한 국민들의 신뢰를 오히려 저해할 수 있다. 둘째, 감사대상 기관이 감사로 인해 피해를 받았는데, 감사보고서 공개로 인해 피감기관을 두 번 죽일 수도 있다. 셋째, 감사보고서 공개시 시민, 언론, 연구기관 등에서 다 볼 수 있는데 이에 대비하여 감사보고서 작성에 들어가는 업무부담이 과거에 비해 훨씬 커진다는 것이었다. 그런데 영국유학을 마치고 2001년 8월에 귀국한 문○○ 국장은 이러한 감사결과 공개에 대한 반대논리에 맞서 2002년 감사논집에서 감사결과를 외부에 비공개해 오던 관행은 '감사의 본질'에 배치되는 문제가 있음을 최초로 공개적으로 주장하였다.[5] 문○○ 국장은 2002년말에 본인이 주관하였던 '국가통계작성 및 관리실태'에 관한 감사보고서를 공개하느냐 여부를 놓고 고민하던 중에 이를 감사위원회에 상정하였고, 난상토론 끝에 최초로 공개를 결정하였던 것이다. 감사보고서 공개 이전에는 감사보고서의 이용자가 피감기관에 한정되었으나, 그 이후로는 감사고객의 범위가 대폭 확대되었다.[6] 2011년 9월 기준으로 14년 동안 2천여 건의 감사결과가 공개되어 평균 약 1,600회 조회 수를 기록하였고, 최고 조회건수는 14,000회로 2009년 8월에 공개한 '주택공사 기관운영감사'였다. 문○○ 국장은 감사보고서 공개의 효과를 다음과 같이 얘기한다. 첫째, 국민의 알권리 충족, 둘째, 업무추진시 긴장과 경각심을 높임, 셋째, 감사품질을 향상시킴, 넷째, 타 기관에 대한 파급효과 등이다.

문○○ 국장과 같은 변화추진자에 대하여 감사원조직 내의 시각이 모두 긍정적인 것만은 아니었다.[7]

---

5) '감사원의 역할에 대한 연구'(감사논집, 2002) 참조.

6) 문○○ 국장에 따르면 감사결과보고서의 주된 이용자들로는 일반국민(taxpayers), 특정 사안에 대해 감사를 청구한 감사청구자(audit requesters), 법률안 제정 · 예산 · 결산안을 심의 · 확정하고 국정을 감사 · 조사하는 국회, 국회외의 대표적 외부통제 기관인 언론과 시민단체 종사자, 감사결과 이행책임이 있는 대상기관의 관리자(managers in audited entity), 공개된 감사대상기관 내부종사자(auditees in audited entities), 공개된 감사대상 업무의 유사한 부문 종사자(auditees in related entities), 감사업무 종사자(auditors), 행정학이나 정책학 전반 또는 특정 정책 분야를 연구하는 학자, 감사기능 자체를 연구하는 학계 종사자 등이다.

7) 2011년 12월 12일 제594회『정책&지식』포럼에서 김○○ 부감사관이 토론으로 지적한 사항.

"지속적인 변화 아이디어의 고안과 창출, 추진은 기존의 관행에 익숙한 조직구성원들에게 번거로움과 스트레스로 작용할 수 있었다. 특히 직무감찰 및 회계검사 등 현장 감사업무에서 탁월한 성과를 거두어 온 야전실무형 직원들 중에서는 문○○ 국장과 같은 정책전문가 그룹의 개혁적인 활동을 부정적으로 바라보는 시각이 다수 존재했었다. 그렇지만 2003년에 감사원 감사결과 공개지침의 제정으로 인해 감사보고서의 온라인 공개는 제도화가 되어 현재는 정착화 되었다."

감사원의 상징물 변화와 감사보고서의 전면적 공개는 별것 아닌 것 같지만, 장기적으로 적지 않은 변화를 초래할 것이라고 생각한다. 첫째, 대외적으로 감사원의 역할이 과거에는 암행어사의 마패처럼 권력을 바탕으로 몰래 숨어서 적발하는 기능으로부터, 앞으로 권위를 가지되 국민의 눈과 귀의 역할로 중심이 바뀔 수 있고, 둘째, 대내적으로 감사보고서의 전면공개 때문에 감사기법 자체가 발전함은 물론 국민을 가장 염두에 두고 업무추진을 할 수밖에 없는 조직문화로 전환되어 가고 있으며, 셋째, 감사보고서의 질적 향상은 과거에 피감기관에 대한 처벌근거가 아닌 앞으로는 귀중한 정보를 제공하는 분석보고서의 역할을 할 수 있게 되어 감사 패러다임 자체를 변화시킬 수 있다.

4) 감사원을 학습조직으로 만들기 위한 노력

1996년에는 1년간 감사원 아이디어개발팀으로 활동하면서 감사사항 개발, 감사기법 연구 및 전파, 감사원 운영 개선방안 제시 등의 활동을 통해 감사품질을 제고하기 위해 전념하였고, 1997년에는 감사원 내 자발적 연구모임인 공공감사연구회를 창설하여 감사제도, 감사기법 등에 대한 연구를 수행하였으며, 2006년에는 참가범위를 법조계, 학계로 넓힌 감사포럼을 창설하여 주요 현안사항에 대해 외부와 소통하는 장치를 만들어서 현재까지 운영하고 있다. 또한 2005년 혁신담당관으로 근무하던 시절에는 감사관이 개인적으로만 보유하고 있던 감사기법, 착안배경, 감사과정 중 어려운 점을 극복한 이야기, 감사실패 사례 등 감사경험담을 감사원 내 지식관리시스템을 통해 공유하게 함으로써 감사원을 학습조직으로 만드는 데 초석을 제공하였다.

5) 감사설계도 변화를 위한 성과감사제도의 초석 마련

문○○ 국장은 2004년에 기존의 적발, 처벌위주의 미시적 · 사후적인 감사업무에서 벗어나 거시적 · 예방적인 감사제도로의 변화를 위해서 감사원 최초의 성과감사 매뉴얼인 '정책 · 사업의 평가를 위한 성과감사 운영 매뉴얼' TF 팀장으로서 제작을 지휘함으로써 성과감사를 체계적으로 수행할 수 있는 발판을 마련하였다. 한편 2005년에는 미국 감사원에서의 두 차례 연수와 영국에서의 유학을 통해 습득한 감사의 국제표준(Global Standards)을 기초로 '시스템감사'의 이론적 토대를 마련 · 전파하였다.[8] 2006년에는 감사원에 BSC[9]를 최초로 도입하여 현재의 전략적 성과관리시스템의 기초를 마련하였다. 또한 기관별로 자체감사의 질적 수준에 큰 차이가 있음에 착안하여, 2008년에 자체감사 운영의 가이드라인인 '자체감사 표준모델'을 개발하여 각급 공공부문에 전파하였으며, 추후 '공공감사에 관한 법률'의 초안마련에 기여하였다.

성과감사제도는 미국 감사원(GAO, Government Accountability Office) 등 선진국의 사례를 수용한 것으로 투입(input)의 경제성(economy)과 과정(process)의 합법성(regularity) 외에도 산출물(output)의 능률성(efficiency)과 결과(outcome)의 효과성(effectiveness)의 측면에서 문제를 찾아내고, 문제의 원인을 사람보다는 시스템에서 분석하며, 감사결과보고서에 관계기관의 견해와 감사원의 의견을 명시적으로 수록하고, 개별사례의 시정과 관련자 처벌 외에 재발방지책을 종합결론으로 제시한다.

성과감사제도는 우리나라에 도입되기는 하였으나, 본격적으로 확산되지는 못하고, 실시 당위성에 대한 공감대가 형성된 단계이다.[10]

"감사원에서 성과감사제도의 도입은 정부정책에 대한 평가가 중요시되었던 2000년대 중반의 외적 환경과 문○○ 국장과 같은 지지그룹의 노력을 통해 이루어진 것으로 볼 수 있다. 그러나 이러한 형태의 감사방법은 정부의 주요 정책과 사업의 전체적인 적정성에 대하여 의견을 표시해야 한다는 부담과 보수적인 조직문화, 정책분석 · 평가를 위한 전문성의 부족 등 여러 가지 제약으로 인해 현재는 활발히 실시되지 못하는 상황이다. 특히 2000년대 말에 들어서면서 감사원의 주요 기능으로 합법성 감사가 다시 강조되면서 이러한 경향이 더욱 두드러지고 있다. 그러나 일단 도입된 성과감사제도는 본격적인 시행을 요구하는 지지그룹을 지속적으로 만들어 내고 있으며 이를 통해 합법성을 기준으로 한 비리적발 위주의 감사에 치중해 온 전통적인 감사방법과 능률성, 효과성, 경제성을 기준으로 위한 성과위주의 감사방법과의 균형적인 발전이 화두로 제시되고 있다."

8) '감사원 시스템감사의 발전방향 모색-미국 GAO의 감사품질관리 혁신경험을 중심으로'(2005 한국행정학회 동계학술대회) 참조.

9) 균형성과평가제도(BSC; Balanced Score Card): 재무적인 측면과 더불어 고객, 내부 프로세스, 학습과 성장 등 기업의 성과를 종합적으로 평가하는 균형 잡힌 성과측정기록표이다. 현재의 기업 상황을 평가하는 것뿐만 아니라 미래에 대한 경고등 역할을 하며 사업전략을 세울 때 중요한 정보로서 역할을 수행한다.

10) 김○○ 부감사관이 토론에서 지적한 사항.

6) 국세청 감사관으로 근무: 교차감사 도입을 통한 자체감사의 독립성 제고

문○○ 국장은 2009년 9월부터 2011년 6월까지 국세청에서 최초의 외부출신 감사관으로 재직하면서, 자체감사의 취약부분인 독립성을 보완하기 위하여 지방 국세청 간의 '교차감사'를 도입함으로서, 기존에 문제점으로 지적되어 오던 온정주의 감사를 탈피하고, 토착비리를 예방 · 적발하는 데 큰 효과를 보았다.

문○○ 국장이 국세청 감사관에 지원하게 된 동기는 '국세청을 변화시켜야 한다는 시대적 과제에 동참하고 싶어서'였다고 한다. 특히, 국세청이 우리나라 기업 및 경제에 미치는 영향이 크기 때문에 먼저, 감사원의 변화를 통해 공공부문의 변화를 촉진하고, 이어서 국세청의 변화를 통해 우리나라 기업 및 민간부문의 변화를 유도할 수 있을 것이라고 생각했다고 한다.[11)]

당시 국세청은 전임 국세청장의 잇따른 비리 혐의로 인해서 외부로부터 많은 비판을 받고 있어서 민간인 출신인 신임 국세청장은 잇따른 개혁조치를 취하고 있을 때였다.

문○○ 국장이 취임한 날 서울 종로구 국세청 본청 기자실에서 연 회견에서 가장 힘주어 한 말은 '나는 국세청에 진 빚이 없다.'라는 말이었다. 이는 그만큼 기존의 국세청 내부 관행이나 폐쇄적인 문화에서 자유롭다는 것을 강조한 것이며, 이어서 '신뢰의 위기에 빠져 있는 국세청을 변화시키는 데 중점적으로 노력하겠다.'고 취임사에서 강조 했다.

> "국세청이 감사관 직위를 개방한 이유는 눈치를 보지 말고 도덕성을 높이라는 측면인 것으로 이해하고 있으며, 그러한 취지를 달성하기 위해서 원칙을 지키는 것이 중요하다. 개별적인 비리에 대해선 독립적이고, 엄정하게 처리할 것이며, 비리예방을 위한 내부통제 시스템을 강화해 나갈 것이다."

문○○ 국장이 외부기관 출신으로 국세청 감사관으로 취임한지 10개월이 되어 갈 무렵에 적지 않은 성과가 발생한 것으로 나타났다. 2010년 7월 7일 국세청이 국회에 제출한 국세공무원 징계현황 자료에 따르면 문○○ 감사관 부임 이후(2009년 9월 7일~2010년 4월 30일 현재) 금품비리, 기강해이 등의 사유로 징계를 받은 국세공무원은 87명 이었던 것으로 집계되었다.

문○○ 감사관 부임이전(2008년 9월 7일~2009년 4월 30일) 징계를 받은 국세공무원이 35명이었다는 점을 감안하면 2배 이상 증가한 수치였다. 문○○ 감사관 부임 이후 금품

11) 인터뷰 내용과 한겨레(2009. 9. 7), 오마이뉴스(2009. 9. 7), 조세일보(2009. 9. 7)를 토대로 재작성 함.

비리 적발로 징계를 받은 경우는 총 22건, 특히, '검은 돈'을 받아 챙겨 공직에서 추방(파면, 면직)된 케이스가 문○○ 감사관 부임 이후 10건(파면 8건, 면직 2건)으로 부임 이전 2건(파면 1건, 면직 1건)에 비해 늘었다. 나머지 12건은 각각 정직(6건)과 감봉(3건), 견책(3건)의 징계가 이루어졌다. 전체적으로 문○○ 감사관 부임 이후 금품비리 적발건수도 늘고(5건→22건), 부임 이전에 파면 1건, 면직 1건, 감봉 2건, 견책 1건에 불과했던 금품비리 '징계수위' 또한 높아진 것이다. 음주운전 등 기강해이로 징계를 받은 건수는 문○○ 감사관 부임 이전 21건 적발에서 58건 적발로 3배 가까이 상승했다. 국세청은 이들 기강해이자 전원에게 강등(2건), 정직(10건), 감봉(10건), 견책(36건) 등 징계처분을 내렸다.

〈표 1〉 외부출신 감사관 부임 전·후 국세공무원 징계현황 비교

기간	구분	계	공직추방			기타 징계				
			소계	파면	면직	소계	강등	정직	감봉	견책
09.09.07 ~ 10.04.30	계	87	10	8	2	77	2	17	15	43
	금품	22	10	8	2	12	–	6	3	3
	기강	58	–	–	–	58	2	10	10	36
	업무	7	–	–	–	7	–	1	2	4
08.09.07 ~ 09.04.30	계	35	4	1	3	31	–	2	9	20
	금품	5	2	1	1	3	–	–	2	1
	기강	21	2	–	2	19	–	2	6	11
	업무	9	–	–	–	9	–	–	1	8

출처: 국세청 자료 및 조세일보, 2010. 7. 7 내용을 토대로 재작성.

국세청 관계자는 이와 관련하여 백○○ 국세청장이 2009년 취임 이후 국세청 개혁 차원에서 정부부처 최초로 감사관이라는 요직을 내부출신이 아닌 외부출신 공무원으로 선발·임명한 것은 온정주의에 치우쳐 비리를 눈감아주고, 솜방망이 징계를 반복하는 악습을 잘라내기 위한 차원이었다고 설명했다. 이는 외부출신 감사관 부임 이후 그만큼 공직기강 감찰 활동이 강화되는 등 영입효과가 나타나고 있다는 것으로 해석할 수 있다고 말했다.

특히, 문○○ 감사관이 국세청에 도입을 제안한 것으로 알려진 '지방 국세청 간 교차감사'를 통해 국세청은 부과처분 오류(785억 원, 이전 감사의 1.5배)를 시정하는 한편, 부당한 업무처리에 관여한 국세공무원 10명(이전 감사의 3배)을 적발하여 전원 징계처분을 내렸다. 지방조직 간 교차감사는 동일한 기관장하의 수 개의 지방청 감사조직이 서로 다른

관할을 감사하되 맞교환하여 감사하지는 않는 유형으로, 수감기관 또는 본청 기관장 명의로 감사결과를 통보하나, 귀청보고, 양정에 이르기까지 실질적으로 감사실시 감사반장이 업무를 주도하는 방식의 감사를 말한다. 교차감사제도는 2010년 국민권익위원회의 반부패정책 우수사례로 선정되었고, 현재 국세청에서 계속 실시하고 있으며 교육과학기술부, 지방자치단체, 코레일, 철도시설공단 등 여러 공공기관에서 도입하여 운영 중에 있다.

7) 감사설계도 변화를 위한 지속적 연구와 전파 노력

문○○ 국장은 감사원 변화를 통한 공공부문의 변화 촉진은 물론 우리사회의 변화를 위해서 지속적인 연구를 해 오고 있고, 이러한 연구 성과 및 본인의 신념을 외부강연, 외국과의 교류 등을 통해 지속적으로 전파하고 있다.

문○○ 국장은 2010년에 한국행정학회 산하 공공감사연구회와 함께 중앙행정기관, 자치단체, 공공기관 등 6개 기관을 대상으로 자체감사 사례를 심층적으로 연구하여 발표함으로써 자체감사연구 활성화에 기여하였다.[12] 한편, 서울대 경영대학원, 고려대 국제대학원, 성균관대 국정관리대학원, 서강대 경영대학원 등에서 자체감사책임자 및 감사실무요원들을 대상으로 감사의 본질, 자체감사의 역할, 리스크(risk) 관리, 내부통제시스템, 청렴도 제고방안 등에 대해 교육함으로써 자체감사의 전문성 제고에 기여하고 있다.

문○○ 국장은 2001년에 서울에서 감사원이 개최한 세계감사원장회의 준비단에서 회의팀장 역할을 성공적으로 수행하였다. 한편, 2008년부터 2009년까지 미국 캔자스시청 감사실에 파견근무 중 미국의 자치단체 자체감사실무를 경험하였고, 2009년에는 미국에서 기관연수 중, 성과감사에 대한 연구, 교육, 컨설팅 등을 주임무로 하는 '국제성과감사센터(ICPA: International Center for Performance Audit)'를 설립하여 운영해 본 경험을 국내에 전파하였다.[13]

감사에 대한 문○○ 국장의 견해를 들어보면 감사원의 전통적인 역할에서부터 변화된 역할과 향후 나아가야 할 방향을 알 수 있었다. 문○○ 국장은 감사에 대한 주제로 특강을 나가게 되면, 감사의 새로운 비전을 설명하기 위해 흔히 갭(GAP) 후드를 찍은 사진을 학생들에게 보여주곤 한다고 한다. 그 숨은 뜻을 물어보니 다음과 같은 해석을 해주었다.

12) 자체감사 사례연구(공공감사연구회, 2010) 참조.
13) 국제성과감사센터의 역할(계간감사, 2009) 참조.

"첫째, 감사의 미션은 법과 현실의 갭(GAP), 이상과 현실의 갭, 지시와 이행의 갭, 계획과 실적의 갭을 찾아서 겉돌고 헛돌고 맴도는 부분을 줄여나가야 하며, 둘째, 감사자가 갑(甲)이라고 착각해서는 안되고 국민이 갑이라는 생각을 항상 해야 하며, 셋째, 국민이 감사에 거는 기대와 감사의 현 실태 간의 갭을 줄이기 위해 언제나 노력해야 한다는 것이다."

한편, 문○○ 국장은 감사인의 역할 및 자세에 관해서 주인-대리인 이론을 새롭게 해석하고 있다.

"주인인 국민이 대리인인 공직자 업무를 직접 감시하기 어렵게 되자 주인이 별도의 비용을 감수하면서 감사인을 둔 것이고 감사인에게 '대리인이 시키는 대로 일을 하는지, 일한 결과를 주인에게 제대로 보고하는지'를 살펴보고 주인에게 보고해 줄 것을 요구한 것이다. 따라서 감사자의 역할 중 공공기관을 감사하는 일은 감사자에게 부여된 임무 중 반쪽에 불과한 것이고, 감사결과를 주인에게 적시에 정확히 보고해야 마지막 반의 임무를 다하는 것이다. 이런 측면에서 감사결과의 외부공개는 중요한 의미를 갖는 것이다."

Ⅲ 이론의 적용 및 분석종합

문○○ 국장의 27년간 공직생활과 그가 추진해 온 업적과 관련하여 이론적으로 어떻게 설명할 수 있을지에 관해 몇 가지 쟁점을 중심으로 논의하고자 한다.

1. 자질론 대 상황론

문○○ 국장의 공직생활과 그의 업적은 그의 자질에서 비롯된 것인가, 아니면 주변의 상황이 그렇게 만든 것인가에 대한 의문이다.

본인이 생각하기에는 문○○ 국장의 정책전문가로서의 역량은 타고났다고 생각된다. 인터뷰를 하면서 느낀 점은 이분은 공무원이라기보다는 오히려 정책학을 전공하는 선배 교수처럼 느껴졌으며, 문제상황에 대해서 접근하는 방식이 미시적인 접근보다는, 문제의 근본 원인을 따지고 그에 대한 궁극적인 해결책을 이론적으로 모색하는 학자로서의 자질이 몸에 배어 있다고 판단되었다.

한편, 문○○ 국장이 공직에 입문했던 1980년대는 군사정권하에서 적발 및 처벌 위주의 합법성 감사가 강조되었던 시기였지만, 문민정부가 들어선 1990년대 이후 민주화, 세계화, 개방화의 물결이 우리나라에 들이닥쳐 공직사회에서도 신공공관리 운동 등 성과중심의 새로운 패러다임이 소개되어, 기존의 업무방식과는 다른 새로운 방식들이 도입되고 권장되던 시기였다. 특히, 참여정부 때 감사원에 대한 개혁요구가 크게 일어서 성과주의 감사에 대한 초석마련, 학습조직 확산 등에 관한 문○○ 국장의 노력이 빛을 발할 수 있었다고 생각된다.

2. 가치관, 태도, 성격

문○○ 국장은 항상 무엇이 되기보다는 무엇을 하는 것이 중요하다는 가치관을 가지고 살아왔다고 한다. 특히, 우리사회를 바꿀 필요가 있는데, 이를 위해서 공직에 들어왔고 감사원의 업무변화가 궁극적으로 공직과 우리사회의 변화에 가장 큰 영향을 미칠 수 있다는 소신을 가지고 살아왔다.

한편, 그는 자신의 가치관을 실현하기 위해 평생을 일관되고, 묵묵하게 걸어가는 우직한 성격을 가졌다고 판단된다.

그가 젊은 시절에 미국 감사원에 연수를 간적이 있었는데, 당시 14개국의 중견감사관을 모아놓고 미국 감사원장이 특강을 했다고 한다. 당시, 특강내용 중 가장 기억에 남는 내용은 감사현장에서 가장 많이 쓰이는 2개의 거짓말이란 내용이었다고 한다.

> "첫째 거짓말은 감사관이 감사대상자에게 '나는 당신을 도와주기 위해 여기에 왔다(I am here to help you.)'라는 것이고, 둘째 거짓말은 감사대상자가 감사가 끝나고 나서 감사관에게 '고맙다(Thank you)'라는 것이다."

이 내용은 자신에게 당시 감사업무가 넘을 수 없는 한계를 의미했다고 한다. 문○○ 국장은 감사업무의 한계를 넘어서 진정으로 도와주고(help), 감사(thank)할 수 있는 감사(audit and inspection)는 불가능 한가라는 의구심이 들었고, 이후 감사업무가 진정으로 무엇인지 알고 싶어서 영국에 유학을 가서 공부했으며, '공공책임성(accountability)과 감사원 성과감사 모델에 대한 연구'를 주제로 박사학위를 취득하였다. 그 후에도 그는 지금까지 공공책임성 향상과 성과감사 모델을 전파하기 위해 감사원 내외에서 일관되게 활동하고 있다.

3. 변화촉진자

문○○ 국장이 감사원에서 해 온 역할은 기존의 관행을 시정하고 변화하는 시대 흐름에 맞춘 조직혁신을 이끌어 온 변화촉진자(change agent)라고 할 수 있다.

감사보고서의 전면공개제도 도입의 촉진은 60여 년의 감사원 역사에 남을 획기적인 사건으로 볼 수 있다. 감사원은 사정기관의 특성상 다른 일반적인 행정기관에 비하여 상대적으로 보수적이고 비공개적인 조직문화를 가지고 있다. 이러한 환경에서 감사보고서를 온라인을 통해 전면 공개한다는 것은 감사계획의 수립, 감사진행 등 감사활동의 전 과정에 중요한 영향을 미친 사건이라고 할 수 있다. 이를 통해 국민의 알 권리가 충족되었고, 직원들이 감사업무를 수행할 때 신중함과 경각심을 크게 높여 감사품질을 향상시키는 효과를 유도하였다. 이외에도 감사원 상징물 변화를 위한 주도적 역할 수행, 학습조직을 만들기 위한 노력 등도 변화촉진자로서의 특성을 보여주는 사례라고 할 수 있다.

4. 낙천주의자

그는 자신의 공직생활, 특히 감사원에서 자신이 생각해 왔고, 추진했던 일에 대해서 큰 자부심을 가지고 있었다. 우리나라에서 보수적인 공공부문 중에서 가장 보수적이라 평가를 받고 있는 감사원에서 그는 시대를 앞서가는 변화를 주창했고, 자신의 소신에 따라 지속적으로 연구하고, 해외에 유학을 가서 새로운 이론 및 제도를 학습하고 이를 한국의 공공부문에 이식 · 전파하기 위해 27년간을 노력해 왔다.

감사원의 부하직원에 따르면 감사원조직은 합법성 위주의 적발, 처벌에 강한 야전실무형 리더그룹과 문○○ 국장처럼 이론에 강한 정책전문가 그룹이 있는데, 야전실무형 리더가 아직까지는 인정을 더 받는 분위기라고 한다.

이러한 측면에서 문○○ 국장은 몇 년간의 해외유학, 해외근무 경험 등이 그의 선구자적인 업무추진의 원동력으로 작용했겠지만, 나름대로 어려운 점도 있었을 것으로 생각된다. 그렇지만 문○○ 국장은 자신이 걸어온 길에 대해서 만족하고 있으며, 앞으로도 같은 길을 즐겁게 걸어갈 것이라고 확신한다. 다만, 문○○ 국장이 공직생활을 하면서 아쉬웠던 점은 남편으로서 일만 하고 집안일에 별로 관심을 안 가져서 부인에게 미안했던 점과 자식들과 많은 대화를 나누지 못했던 점이라고 한다.

Ⅳ 결 론

본 연구결과의 시사점을 정리해 본다면 감사원의 낭중지추로 집필한 인물은 첫째, 사회를 변화시키려는 생각에서 공직에 입문하였고, 둘째, 사회를 변화시키기 위해서 고객이 누구인지, 무엇을 바라는지에 대해 끊임없이 고민하였고, 셋째, 그 과정에서 무엇이 되느냐 하는 것도 변화를 위해 중요하지만, 무엇을 하느냐가 더욱 중요하다는 생각으로 살아왔으며, 넷째, 그 결과 처벌위주의 합법성 감사로부터 법과 현실의 갭(gap)을 메울 수 있는 제도개선을 중요시 하는 성과감사로의 패러다임의 변화에 대한 공감대를 확산시켰다.

문○○ 국장의 공직입문 및 감사원지원동기, 그의 주요경력과 그가 지난 27년간 추진해 온 업무를 살펴본 결과, 그는 과거에 권력의 상징이었으며 적발과 처벌위주의 미시적인 감사업무 관행을, 제도와 현실의 갭(gap)을 파악하고 이를 국민의 입장에서 개선할 수 있는 나침반 역할을 할 수 있도록 감사업무 패러다임의 변화를 위해 지속적으로 노력해 왔음을 알 수 있다. 이러한 지속적 노력과 열정은 감사원 상징물이 과거 권력의 상징이었던 마패에서 국민을 섬기는 이미지인 국민의 눈과 귀로 바뀌는 계기를 마련하였고, 감사보고서의 전면공개 촉진은 감사원의 원래의 고객이면서도 제대로 평가받지 못했던 국민을 진정한 고객으로 자리 잡게 하는 데 기여하였으며, 감사원의 주된 기능이 과거 적발과 처벌위주에서 분석정보제공과 제도개선으로 변화될 수 있도록 공감대를 형성하는 데 초석을 닦았다. 한편, 2년간 국세청에서 최초의 외부기관 출신 감사관으로 근무하면서 실시한 지방 국세청 간 교차감사는 현재 많은 공공기관으로 전파되어 부정부패를 효과적으로 막는 새로운 제도로 정착하고 있는 단계이다. 그는 현재도 새로운 감사 패러다임과 감사비전을 전파하기 위해 끊임없이 연구하고, 실천하며, 강연을 다닌다.

이와 같이 문○○ 국장은 27년에 걸친 공직생활 내내 자신이 처한 위치와 역할마다 감사원의 새로운 역할을 끊임없이 연구하고, 감사현장에서 이를 적용하여, 외국과 교류를 하며, 다른 기관에 나가 새로운 제도를 도입하는 등 새로운 감사 패러다임을 만들어 가는 과정에서 일가(一家)를 이루었다고 생각된다.

문○○ 국장의 사례를 살펴본 결과, 공직입문 당시의 가치관, 변하지 않는 소신과 실천, 이론학습과 현장에 접목노력, 자기를 지원하는 세력을 만들 수 있는 네트워크 능력, 당시의 정세를 활용할 수 있는 능력 등이 공직에서 낭중지추로 성장할 수 있는 조건이라고 판단된다.

본인은 문○○ 국장을 인터뷰하면서 지금까지 우리나라 공무원에 대해서 가져왔던 편견, 즉 지나치게 자질구레한 규정에 집착하여 목적과 수단을 전도시키는 사람, 출세를 위해 정치적인 행보를 보이는 사람을 조금이나마 떨쳐버릴 수 있어서 다행이라는 생각을 한다.

한편, 대학생활 때 사회를 변화시켜보기 위한 조그만 소망을 가지고 공직에 입문하여 이를 공직운영 패러다임의 변화로 승화시키기 위해 노력해 온 그를 생각하면서 우리나라 공직에 숨은 고수들이 적지 않음을 알게 되어 행정학을 전공하는 사람으로서 기쁨과 안도감을 느꼈다.

참고문헌

김광웅(1991). 「한국의 관료제 연구」, 대영문화사.

문호승(1990). "3초의 인내–감사원 전입 소감–", 계간감사.

______(1997). "고객만족 측면에서 본 공공감사 개선방안–수요자중심의 감사를 중심으로–", 공공감사연구회.

______(2002). "감사원의 역할에 관한 연구", 감사논집.

______(2005). "감사원 시스템감사의 발전방향 모색–미국 GAO의 감사품질관리 혁신경험을 중심으로–", 2005한국행정학회 동계학술대회논문집.

______(2009). "국제성과감사센터의 역할", 계간감사.

______(2010). "자체감사 사례연구", 공공감사연구회.

박광국 외(2006). 「대한민국 시스템 UP」, 중앙M&B.

박동서 외(2003). 「장관론」, 나남출판.

서울대학교 행정대학원 한국정책지식센터(2003). 「지방정부의 러더십 ①도지사 · 시장」, 나남출판.

오석홍(2008). 「행정개혁론」, 박영사.

이종범(1993). 「국민과 정부관료제」, 고려대학교 출판부.

임도빈(1997). 「지방조직론」, 박영사.

조석준(1997). 「한국행정조직론」, 법문사.

오마이뉴스. 2009. 9. 7.

조세일보. 2009. 9. 7.

________. 2010. 7. 7.

한겨레. 2009. 9. 7.

새로운 성장동력 발굴을 위한 끊임없는 도전

- 산업통상자원부 W국장의 일에 대한 열정, 그 과거와 오늘 -

■ **오 영 균**(수원대학교 행정학과 교수)

Ⅰ 들어가며 - 동반성장으로 새로운 도약을 꿈꾸다

> 2010년 9월 9일 오전, 청와대에서 관계인사 약 50여 명이 참석한 가운데, 고속 전기차 블루온(BlueOn) 제1호 출범식을 가졌다. 소형해치백 모델인 i10을 기반으로 개발한 블루온은 약 1년의 연구기간 동안 총 400억 원의 개발비를 투입해 완성됐다. 최고속도 130km/h, 정지 상태부터 100km/h까지 도달 시간도 13.1초로 동급 가솔린 차량보다 가속 성능이 우수하다. (한국일보 2009년 9월 10일자)

최근 우리나라 자동차산업은 괄목할 만한 발전을 보이고 있다. 올해 연간 자동차 수출이 300만 대를 넘어설 전망이며 품질 면에서 외국의 명차들과 어깨를 나란히 하게 되었다. 그러나 이러한 성과는 어느 특정업계만의 성과가 아니다. 정부의 지속적인 정책과 지원 아래 여러 기업의 노력과 변화의 흐름을 앞서 인식하고 이를 추진한 담당 공무원들의 노력이 더해져 가능했던 것이다. 어떠한 정책의 성공 뒤에 이를 위해 헌신하고 열정을 다한 공무원이 있었음은 부인할 수 없다. 그들 중 대표적인 인물이 W국장이다. 그는 미래를 내다보고 새로운 성상동력으로 전기차를 주목하며 시장을 선도하기 위해 끊임없이 도전하고 있다. W국장은, 전기차는 아직까지 지배적인 선도 기업이 없어 기존 내연기관 차량을 대체할 수 있는 양산형 전기차를 개발하는 나라가 시장을 주도하게 될 것이라며 이같이 말한다.

"우리나라가 기존 자동차 시장에서는 후발주자지만 전기차 시장은 충분히 선도할 수 있습니다. 세계 시장 4위가 목표입니다."

산업통상자원부에서는 2009년 차세대 선도기술개발사업으로 고속전기차 개발을 선정하고 1년 동안 R&D자금을 참여기업들에게 지원했다. 전기자동차는 부품소재가 경쟁력을 결정하기 때문에 어느 기업이 단독으로 이를 모두 개발할 수 없기 때문이다. 이번 블루온 프로젝트에서도 현대차와 더불어 44개 기업이 참여했고, 그 중에는 중소 · 중견기업이 34개에 달한다. 당시 산업통상자원부는 관계부처들의 시기상조론을 설득하고 협의하여, 전기차 개발예산을 확보하는 데 성공했고, 기술개발과제를 설계하는 역할을 담당했다. W국장은 "전기차 개발이야말로 동반성장이 있어야 성공할 수 있는 대표적인 사업"이라고 설명하고 있다. 사실 W국장은 중형급 전기차 개발에 중소업체가 많이 참여한 컨소시엄에 가점을 주는 방식으로 중소업체 참여를 적극 유도하였다.

"우리는 더 이상 후발주자가 아닙니다. 대기업의 적극적인 투자와 더 많은 중소기업들의 참여가 이뤄진다면 분명 세계 전기차 시장을 선도할 수 있을 것입니다."

산업통상자원부는 전기차 개발뿐만 아니라, 우리 경제가 산업경제, 정보경제를 거쳐 지식경제로 도약해 나가도록 먹거리를 창출하고 미래를 설계하는 프로모션과 컨트롤 타워로 기능해 왔다. 오늘날 세계에서 9번째로 무역 1조불의 시대를 이룬 산업통상자원부의 과거를 돌아보면, 새로운 성장동력 발굴을 위한 끊임없는 도전과 넘쳐나는 의지를 느낄 수 있다. 물론 주위로부터 비판도 많이 받았지만, 국가경제 발전을 위해 주어진 책임을 충분히 수행하였다는 점은 누구도 부인하기 어렵다. 산업통상자원부의 이러한 성과에는 많은 내부 공직자들의 공로가 숨어있다. 혁신을 두려워하지 않고 불철주야 매진한 공무원들이 있었기에 가능했던 것이다. 새로운 정책이 성공을 거두기 위해서는 지식과 열정, 뚜렷한 신념으로 조직 내외부의 제약조건에 맞설 수 있는 역량이 필요하다.

본 연구는 국가발전을 선도하기 위해 공무원이 갖추어야 할 열정과 역량이 무엇인지를 조명해 보고자 한다. 이를 위해 다수의 표본을 추출하여 설문조사를 수행하는 전통적인 방법을 적용할 수도 있겠으나, 공무원의 모습을 보다 실제적으로 묘사하기 위해서는 하나의 사례를 심도 있게 분석함으로써 그 함의를 도출해 내는 방법이 더욱 유용할 수 있다고 판단된다. 이에 본 연구는 산업통상자원부의 W국장을 그 대상으로 하였다. W국장을 선택한 이유는 첫째, W국장은 오랜 기간 산업통상자원부 혁신의 선두에 서 있던 인물이며, 가시적인 성과를 통해 국가와 조직의 발전을 견인한 인물이라는 점이다. 둘째, 연구자와의 개인적인 친분이 아닌 공식적인 추천과정을 통해 추천을 받은 인물이라는 점이다. 이는 W국장의 업무능력이 일정부분 검증되었다는 것을 뜻하고, 대상에 대해 객관성을 유지할 수 있다는 장점을 더하기도 한다.

이러한 이유로 연구자는 본 프로젝트의 취지를 설명하고 연구에의 참여를 부탁하였다. W국장의 일정상 인터뷰는 3회의 만남으로 진행되었다. 또한 객관성을 유지하기 위해 주변에서 W국장을 바라보는 시각에 대해서도 관찰할 필요가 있어 부하직원이었던 M과장을 추가적으로 인터뷰하였다. 인터뷰는 가이드 라인에 따르되, 연구대상자의 일화를 중심으로 보다 자유롭게 진행하였다.

이하에서는 W국장이 공직에 입문하게 된 경로와 공직생활에 있어서의 신념을 먼저 살펴보도록 한다. 그리고 W국장의 업무수행과정에서의 좌절과 성공을 통해 공무원이 갖추어야 할 역량과 자세에 대한 시사점을 얻고자 한다.

Ⅱ 공직에의 입문, 갈등과 극복

1. 공직에의 입문

W국장의 아버지는 이북출신으로 한국은행에 취직하게 되면서 역시 한국은행에 근무하던 어머니와 결혼했고 그 사이에서 W국장이 태어났다. W국장은 영어가 대단히 유창한데, 아버지가 홍콩지점에 근무하게 되면서 영국학교를 졸업한 것이 배경이 되고 있다. 이러한 어학능력은 이후 W국장의 대외업무의 성과창출에 크게 기여하게 된다.

W국장이 대입을 준비하던 시절에는 계열별 모집이어서 다양한 경로를 모색할 수 있었다. 진로를 두고 고민하였지만 무엇보다 국가산업발전에 기여하기를 원했고, 이는 6 · 25를 겪고 피폐해진 나라를 걱정하던 부모님의 영향이 컸다. 또한 이미 발전한 국가에서 어린 시절을 보냈기 때문에 자연히 그렇게 잘 사는 나라, 힘 있는 나라가 되기를 꿈꾸게

되었다. W국장은 우리나라가 잘 사는 길은 해외로 뻗어나가는 것이라는 확신이 있었기 때문에 처음에는 외교관이 되고 싶었다. 그러나 보다 직접적으로 실체를 다룰 수 있는 역할을 위해 행정고시를 선택하게 되었고, 행정학의 조직, 인사, 재무, 특히 정책학을 공부하면서 국가발전과 공공성 확보를 위한 기본지식을 습득하였다. 시험 준비에 최선을 다한 W국장은 제27회 행정고등고시에 수석으로 합격하고 자신의 꿈을 펼칠 수 있는 상공부를 선택하게 된다.

2. 좌절과 갈등

국가발전에 이바지한다는 사명감으로 입문하였지만 이론과 현실은 똑같지 않았다. 국민을 위한 정책을 개발하고 집행하는 실제적인 업무에 집중하고 싶었지만 일하는 상당부분을 부처 간 갈등해소에 소진하게 되었기 때문이다. 부처 간 갈등과 관련하여 당시에 W국장이 주로 했던 고민은 다음과 같다.

> "환경보호가 중요한 것은 인정하나 제조산업의 육성을 도모해 가면서 하여야 하는 것 아닌가? 분배도 먼저 나눌 것이 있어야 가능한 것이 아닌가? 제조업기반이 무너지면 향후 일자리와 먹거리는 어떻게 확보할 것인가?"

한편, W국장은 우리나라 경제 상황에 대한 분석, 국가경쟁력을 높일 수 있는 정책 기획 및 집행에 있어서의 전문적 역할을 인정받고 싶었다. 그러나 현실에 있어, 단순히 수출기업, 특히 대기업의 옹호자로 매도되기도 하였다. 그때가 공직생활에서 가장 큰 절망감을 느꼈던 시기라고 한다.

W국장이 직면한 또 다른 문제는 인사에 대한 것이었다. 이는 공직생활에 대해 회의감을 가져다 줄 만큼 W국장에게는 힘든 순간이었던 것 같다. 지금도 이러한 문제는 여전히 W국장을 괴롭힌다. 능력 있고 열정적으로 일한 부하직원을 승진시키거나, 더 좋은 곳으로 보직을 변경해 주고 싶은데 본인이 어떻게 할 수 없는 상황, 또는 예컨대, 무책임하고 부정확한 언론보도로 본인이 결정한 것도, 집행한 것도 아닌데 현재의 담당자이기에 책임을 지는 경우, 모시던 윗분이 역시 억울한 일로 승진하지 못하고, 결국 퇴직을 선택할 때 공직자로서 깊은 회의감을 가졌다고 한다. 이러한 W국장의 동료애는 업무를 추진함에 있어서 모두를 설득하고 한마음으로 같은 목표를 향해 나아갈 수 있는 원동력을 만들어 주었을 것으로 판단된다.

업무에 대한 지나친 몰입으로 인해 W국장은 가정에 충실하지 못했다. 일요일은 기본적으로 출근했고 토요일도 대부분 출근하기 때문이다. 시간을 낼 수 없으니 자녀양육 등 모든 가정일은 언제나 부인의 몫이었고, 자녀가 기숙사에서 생활하는 요즘은, 부인이 심지어 특별한 기념일에도 혼자 식사하는 데 익숙해졌다고 한다. W국장이 가장 미안해 하는 부분이다. 그러면서도 예컨대, 전력 등 국가 전체적으로 관리가 필요한 상황에 장관과 실국장들이 휴일에도 상황을 점검하고 대책을 강구하는 것은 단순히 국민을 안심시키는 것 이상의 중요한 의미가 있다고 여전히 주장하고 있다.

3. 갈등의 극복, 공직생활의 확신과 신념

1) 공직생활의 멘토, P국장과의 만남

W국장이 내적 갈등에 시달리고, 타 부서와의 마찰 속에서 방황하고 있었을 때 항상 떠올리며 힘을 얻는 멘토가 있다. 그는 P국장(전 통상산업부 차관)인데 P국장은 항상 "진돗개처럼 일하자."고 강조하였다고 한다. 일을 하거나 의견이 대립될 때 "국가발전을 위해 내가 옳다면 끝까지 물고 놓지 말라."고 강조하며, 업무에 매진할 수 있도록 믿음과 지지를 보여주었던 것이다. 이러한 업무환경 속에서 W국장은 어려운 상황을 극복할 힘을 얻었고 상공부에서 성장하기 위해 필요한 추진력을 갖추기 시작하였다.

P국장으로 인해 당시의 W사무관에게는 중요한 정책문제에 대해서 평소 책을 쌓아놓고 공부하고 자료를 모아놓는 습관이 생기게 되었는데, 이와 관련된 일화가 있다. 어느 날 저녁 7시쯤 P국장은 W사무관을 불러 당시 건설교통관련 문제에 대해 다음날 아침까지 10~20 페이지 분량의 보고서를 작성하도록 지시하고 퇴근했다고 한다. 평소 담당업무도 아니었고, 모두 퇴근한 뒤라 없는 통계자료를 채울 방법도 없어 W사무관은 적당히 허위의 숫자를 사용하여 보고서를 완성했다고 한다. 다음 날 P국장은 출근하자마자 보고서를 찾았고 기분 좋게 종이 넘기는 소리를 내며 보다가 허위 숫자에서 체크, 그리고 다시 체크하며 정확히 잡아냈다고 한다. 오랜 경륜과 평상시 학습으로 단련된 P국장이 이를 그대로 넘겼을 리 없었던 것이다. 결국 사실을 실토하고 용서를 구한 그 사건 이후로 W사무관에게는 중요한 정책문제에 대해서는 미리 공부하는 습관이 생겼는데 공부목표는 2시간 이내에 10장의 정확한 보고서를 제출할 수 있게 준비해 놓는 것이었다. 또한 항상 관련 자료를 함께 챙겨두는 습관을 들이게 되었다고 한다. 이러한 사극과 노력들은 W국장이 정책 전문가로 성장하는 데에 큰 밑거름이 되었다.

2) 공직생활에 대한 확신

어려운 상황에서 W국장을 붙잡아 준 것은 결국 일이었다. 산업통상자원부는 부의 문화가 성과를 강조하여 직무만족감이 대단히 높다고 한다. 특히 열정을 쏟아 정책을 성공적으로 이끌고 공직생활에 대한 자긍심을 가져다 준 사례에 대해 W국장은 다음과 같이 회고하였다.

"대외협상에서 처음으로 성공했던 것이 기억에 남지요. 섬유쿼터 따는 업무를 맡은 적이 있었는데 당시에 쿼터는 현금과 같은 의미를 지니고 있었기 때문에 국가적으로도 관심이 상당했습니다. 그런데 쿼터증가율을 두고 한미 양국은 그 합의점을 찾지 못했고 섬유회담은 수차례 결렬되었습니다. 미국은 자국 내의 경제상황 등을 이유로 협정물량과 관련, 장기간에 걸쳐 소진율이 낮은 품목에 대해 쿼터 삭감을 강력하게 요구하면서, 이에 응하지 않을 경우 다음해로 예정된 우선협상대상국 지정문제에서 한국을 제외시킬 가능성을 언급하며 강하게 압박하였습니다. 그러나 우리나라 역시 주 수출 상품인 섬유류 수출량 증대를 포기할 수 없는 상황이었습니다. 당시 섬유쿼터는 우리에게 너무도 절실한 문제였기 때문에 물러설 수가 없었지요. 또한 우리 입장에서 물량삭감은 당시 섬유류 국제무역에 관한 약정인 다자간섬유협정(MFA)과 양국 간 협정내용에 위배되는 부당한 요구라고 판단한 터였습니다. 이 때문에 섬유협상에서 만큼은 미국측이 아무리 요구해도 양보할 수 없다는 원칙 아래, 우리는 강한 불만과 함께 우리의 입장을 전달해서 개선된 제안을 가져올 것을 요구하고 미국측 협상팀을 압박했습니다. 결국 우리측의 주장을 미국이 인정하게 되었고 결과적으로 미 수출 섬유쿼터를 확대하는 것에 합의하게 되었습니다. 이렇게 협상을 마무리 하고 돌아왔을 때 업계사람들이 환호하는 것을 보고 이 길에 대한 자긍심과 보람을 가질 수 있었어요."

"수도권 무등록 공장을 양성화한 것 역시 그렇습니다. 79년부터 공업배치법으로 서울에 공장 신설이 금지되었는데, 법을 개정하면서 개정이전 불법공장들을 공해문제 등이 없을 경우에는 양성화 해주자는 문제가 제기되었지요. 불법공장을 양성화하기 위한 법 제정시기였던 89년 당시 이와 관련되어 기획원 법 1개, 상공부 법 1개, 국토부 법 3개 등 6개의 법률이 있었는데 이를 공업배치 및 공장설립에 관한 법으로 통합하는 작업이었습니다. 당시 국토건설부는 조건부 반대였고, 환경부는 결사적인 반대 입장이었습니다. 86년부터 협의하기 시작했지만 조금도 진전이 없었습니다. 그때 제가 그 임무를 맡은 지 6개월 만에 합의에 도달하게 되었는데, 방법은 제가 국토부와 환경부 입장에서, 국토부가 상공부 입장에서 논리를 제기해 보자고 주장한 것이었습니다. 역지사지로 설득한 거지요. 결국 논리로 멱살잡이를 피할 수 있었고, 작업이 끝나고는 서로들 친해졌어요. 분명한 것은 모두 국가이익과 주어진 임무를 추구하는 것이었고 국토부 역시 너무 많은 기업이 양성화되어 수도권 정책이 훼손될까봐 우려한 거였습니다. 합의점을 도출하면서 각 부의 입장을 넘어서는 보다 큰 틀에서 대승적인 부처 간 정책협의가 이루어질 수 있는 제도적 장치가 필요하다고 생각했습니다. 결과적으로는 3만 개 정도의 기업을 양성화 시켰습니다. 소위 팬레터를 참 많이 받았어요. 무등록 공장 양성화를 통해 기업과 근로자에게 큰 기여를 했다고 스스로도 자부할 수 있습니다."

이렇게 W국장은 업무에 매진하고 그 성과에서 오는 만족감을 통해 오히려 재충전할 수 있었다고 한다. 결국 하나의 정책성공은 그것으로 끝나는 것이 아닌 것이다. 다음의 일을 구상하고 시작하게 만드는 원동력이 된다는 것이다. 많은 공무원들이 헌신하고 있지만 그 가운데에도 W국장이 많은 성과를 이룬 것은 국가발전에 대한 확신과 열정 그리고 성과에 대한 자부심이었다. 향후 담당공무원들이 담당업무에서 자긍심을 느끼도록 행정환경을 조성할 분명한 이유인 것이다.

4. 치열한 자기개발

W국장은 산업정책과장, IMF대책반장과 원자력발전과장으로서의 업무를 착실히 마무리하고 미국으로 유학을 떠난다. 위기의 순간에서 스스로를 재정비하고자 하는 결심 때문이었다. 당시에도 외환위기가 지속되고 있었기 때문에 학비가 가장 싼 공립대학인 UC 버클리대학을 선택해서 공공정책학 석사과정에 입학했다. 미국의 R&D 제도의 핵심을 연구하기 위해 연구주제를 중소기업 R&D로 잡고, 미국 연방 중소기업청이 1983년부터 운영 중인 중소기업 혁신연구제도(SBIR: Small Business Innovation Research)에 대해 집중적으로 연구했다. 특히 제도의 공평한 운영을 위한 제도적 메커니즘에 대한 연구에 집중해서 2년 뒤에는 이 대학에서 주는 최고 논문상을 수상하는 영예도 안았다.

미국 버클리대 정책대학원에 유학중인 산업자원부 공무원이 이 대학에 유학 온 외국인으로는 처음으로 최고논문상을 받았다. 22일 버클리대는 지난 20일(현지 시각) 열린 정책대학원 졸업식에서 공공정책학 석사과정 졸업생 65명 가운데 한국 산업자원부 W(38)과장이 최고논문상을 받았다고 밝혔다. 이 대학원은 미 전체 대학 순위에서 1~2위를 다투고 있다. 대학 관계자는 "정책대학원 30여 년 역사에서 외국인이 이 상을 받은 것은 처음"이라고 전했다. W과장이 쓴 논문은 '미국 중소기업 기술지원제도의 중복 수혜기업 분석'이라는 제목이다. 연방정부가 18년 동안 운영해 온 중소기업 기술지원제도의 문제점과 발전방향을 제시한 내용으로, 캘리포니아에 있는 300여 개 첨단 중소기업을 설문조사해 계량 분석했다. 이 논문은 앞으로 미국 정부가 기술지원 때 제품의 상품화보다는 신기술의 전파에 좀 더 중점을 두어야 한다고 강조하고 있다. 유학중인 한 동포 학생은 "연수 온 상당수 공무원들이 공부에는 관심 없이 골프나 여행에 정신이 팔려 있는 현실에서 신선한 자극"이라고 말했다. (한겨레, 2000년 5월 23일자)

최근까지도 W국장은 학업을 계속해 왔다. 업무와 관련해서 필요하거나, 스스로가 부족하다고 느껴지는 분야에 대해서는 계속 보완해야 한다고 생각하기 때문이다. 그는 산업통상자원부가 주목하고 있는 친환경 녹색성장에 관심을 가지고 에너지 목표관리제에 대한 기업의 순응을 극대화하기 위한 모형개발에 몰두한 결과, "온실가스 에너지 목표관리에 대응하기 위한 기업의 전략"이라는 주제로 2011년 경희대학교에서 박사학위를 취득하기도 했다.

Ⅲ 성장동력 발굴을 위한 끊임없는 노력

산업통상자원부가 80년대까지는 산업별, 기능별 지원정책과 수출, 중소기업 정책을 통해 국내 산업정책의 기본 틀을 완성하였다면 90년대부터는 개방화, 자유화를 통해 우리나라 산업정책의 국제화를 시도하였다. 1994년 WTO체제가 출범하면서 기업의 국제경쟁력강화가 산업정책의 화두로 등장하였고, 국제적 경쟁력을 갖추지 못한 국가, 기업은 도태될 수밖에 없다는 생각이 우리를 지배하던 시기로 경제전쟁에서 살아남기 위한 절실함이 있었다. 이러한 인식은 1991년 제조업경쟁력 강화대책을 발표하면서 규제완화, 폭넓은 시장개방조치, 공기업 민영화 추진으로 연결되었다. 또한, 1993년 기업집단 업종전문화시책을 추진하여 30대 기업집단이 자율적으로 선정한 2~3개 주력업종에 대해 여신한도, 출자총액제한 등의 규제를 일부 완화하여 투자자원이 주력업종에 집중되도록 유도하였다. 한편, WTO 체제의 출범을 전후하여 기업이 감내할 수 있는 수준에서 경쟁환경을 조성하여 기업이 국제적 경쟁력을 갖추어 나갈 수 있도록 적절한 시장개방정책을 추진해 나갔다. 이러한 정책적 노력들이 주효하면서 당시 통상산업부는 1995년 수출 1,000억 불 달성이라는 금자탑을 쌓게 된다.

하지만 이러한 성과도 아시아를 휩쓸고 간 외환위기 앞에서는 무력했다. 수출 1,000억 불 달성에도 불구하고 외환위기는 국내 경제에 커다란 타격이었다. 그리고 이러한 위기의 순간에 W국장은 빛을 발하게 된다. 당시 통상산업부는 기업의 과도한 부채를 줄이는 것만이 우리 경제의 살 길이라고 판단하고 과감한 기업구조조정 정책을 추진했다. 당시 어린 나이에 주무과장인 산업정책과장으로 발탁되었던 W국장은 과거 7~80년대 정부주도의 산업정책 냄새가 나는 '산업구조조정' 대신 '기업구조조정' 정책을 적극 추진해 갔다. 기업이 부채를 줄이려고 해도 과도한 세금과 규제 때문에 망설이고 있으므로 과감한 세제 개편과 인센티브를 제공해야 한다고 당시 재정경제원을 적극 설득했다. 1999년 기존의 공업발전법이 산업발전법으로 변경되어 정부주도의 산업합리화정책에서 시장중심의 구조조정정책으로 전환된 정책적 환경변화를 잘 활용하였던 것이다. 또한, 민간자율경쟁을 촉진하고 인프라 개선, 산업경쟁력 강화와 산업구조고도화를 주창하며, 기업구조조정 전문회사(CRC)를 도입하고, 기업구조조정 관련 제도를 보완하여 외환위기를 극복하는 데 최선의 노력을 기울였다.

2000년대 이후 산업통상자원부는 시장친화적인 기업정책을 추진하면서 세계적인 혁신 조류에 부합하는 산업기술개발에 중점을 두었다. W국장은 여러 산업분야 발전의 선두에 섰지만, 어느 특정 분야보다는 산업 전반이 함께 성장할 수 있도록 그 발판을 만드는 데 역점을 두었다.

W국장이 주력산업국장으로서 가장 심혈을 기울여 추진한 과제가 10대 핵심소재 개발과제이다. 한국경제가 비약적인 발전에도 불구하고, 대일적자 규모가 해마다 커지는 이유는 바로 소재경쟁력의 취약성에 있었기 때문이다. 소재 개발에는 워낙 막대한 예산이 소요되므로 중소기업으로서는 엄두도 내지 못한다. 따라서 정부 · 대기업 · 중소기업이 합심하여 과제개발, 기술개발, 생산에 이르는 전 과정에서 협력해야만 승산이 있다고 믿었고, 결국 동반성장모델을 적용한 10대 핵심소재 사업단을 결성하여 초경량 강판, 유연성을 극대화한 디스플레이 등 꿈의 소재개발을 추진하게 된다.

산업통상자원부가 세계시장을 선점할 10대 핵심소재(WPM · World Premier Materials) 개발과제를 선정하여 지난 8월 30일 서울 르네상스 호텔에서 WPM 사업단 발대식을 가졌다. WPM 사업은 우리나라가 세계 최초로 상용화하거나 시장을 창출하고 지속적인 시장지배력을 갖는 세계 최고 수준의 10대 핵심소재를 상용화함으로써 2018년까지 일자리 3만 개를 창출하고 매출 40조 원을 달성하는 것을 목표로 한 프로젝트다. 정부는 2018년 세계 4대 부품소재산업 강국 도약을 비전으로 내걸었다. 부품소재 수출을 2018년 5,000억 달러로 확대하고 소재기술 수준은 선진국 대비 60%에서 분야별 80%, 90%로 단계적으로 끌어올린다는 전략이다. W 산업통상자원부 주력산업정책관은 "지금까지는 R&D 예산을 고루 나누는 데 치중했다면 WPM은 성장잠재력이 뛰어난 분야에 집중적으로 지원하는 것"이라며 "이번 사업에 많은 중소기업이 참여해서 대기업과 바람직한 동반성장 모델을 만들어 간다."고 말했다. (매일경제 2010년 9월 30일자)

W국장이 주력산업국장으로서 추진한 또 다른 분야는 융 · 복합 산업육성이었다. 한국경제는 글로벌 관점에서 볼 때 소규모 경제이지만 섬유, 철강, 자동차, 반도체, 석유화학 등 다양한 스펙트럼의 산업을 경영하고 있는바 여기에 세계 최고 수준의 IT 역량을 기존의 주력산업 등과 결합하고 자동차, 반도체, 디스플레이, 철강, 화학, 조선 등 산업 간 기술적 융합을 통해 강력한 경쟁력을 확보할 수 있다고 판단하였기 때문이다. 특히, 산업 전반에서 융 · 복합화가 가속화되면서 산업 간 기술교류를 통한 새로운 프론티어산업 개발은 우리나라에서 제일 두드러지고 있다는 것이 W국장의 설명이다.

그러나 이러한 융 · 복합 산업을 육성하는 과정에서도 위기가 있었다. 그 대표적인 예로, W국장은 조선산업을 들었다. 우리 조선산업은 2009년 금융위기 여파로 글로벌 해운업과 조선업이 침체되어 건조량과 수주량 면에서 세계 1위 자리를 중국에게 양보한 적이 있다고 한다. 세계 조선산업은 2003년부터 2008년 여름까지 초호황을 보여서 한국경제에는 수출효자산업의 역할을 톡톡히 해 왔고 당시 우리나라는 컨테이너선과 LNG선 수주에 만족하지 않고, 유럽 국가들의 전유물로 여겨져 왔던 크루즈 선에까지 진출하여 우리 조선산업의 경쟁력을 마음껏 뽐냈었다고 한다. 그러나 세계 조선시장은 불황을 겪게 되었고, W국장은 불황기에 생존하기 위해서는 조선업계의 상호협력이 그 어느 때보다도 절실하다고 판단하였다. W국장은 조선산업의 자체 경쟁력을 높이기 위해 자율적인 구조조정을 촉진하고, 금융위원회와 협조해서 채권은행협의회를 중심으로 재무구조 개선을 지원해 나갔다. 이와 동시에 동반성장을 통해 조선업계의 대기업, 중견기업과 중소기자재 업체들이 함께 출자해서 협력기금을 마련하고 협력업체의 신기술 개발과 대출이자를 지원하는 사업에 활용토록 했다. 결과적으로 우리 업계의 치열한 기술경쟁 노력을 바탕으로 2010년부터 한국 조선산업은 수주량 세계 1위 자리를 재탈환할 수 있었다고 한다.

민 · 관 공동의 기술개발펀드를 조성해 조선기자재 협력업체의 기술개발을 지원하고, 대형조선사의 경영기술을 협력사에 전수하는 방안이 추진된다. 이 방안에 따르면 현대중공업과 중기청은 각각 150억 원씩 출자해 '민관공동 기술개발펀드'를 조성, 협력업체의 신기술 개발을 지원하고 대형조선사가 운영 중인 동반성장펀드의 대출이자를 인하하는 방안을 추진한다. 조선업 동반성장협의회는 매년 우수 조선기자재업체를 평가해 인정서를 수여할 예정이다. 산업통상자원부는 조선산업계의 동반성장을 지원하기 위해 조선기자재글로벌 지원센터를 설립하고, 크루즈선과 대형플랜트 등 고부가가치 분야의 핵심기술 개발을 위해 구매조건부 기술개발사업을 활용할 방침이다. W 산업통상자원부 주력산업정책관은 "조선산업은 다수의 조선사가 다수의 기자재업체와 동시에 거래하는 개방형 구조를 갖춰 납품질서가 상대적으로 양호하다"며 "동반성장을 통해 대 · 중소기업 모두 세계 최고의 산업 경쟁력을 확보해야 한다."고 말했다. (연합뉴스, 2010년 10월 30일자)

W국장이 주력산업국장으로서 세 번째로 노력을 경주한 것이 항공산업발전과 T-50의 수출이었다. 우리 항공산업은 막대한 군수수요에도 불구하고 외주발주나 정비(MRO) 등을 통한 국방물자조달에 치중하다 보니 제대로 발전하지 못했다. 특히, 중형항공기(70~80인승)의 개발은 90년대 초반 중국과 함께 추진했던 공동개발사업이 무산된 이후 적합한 파트너를 찾지 못해 계속 애를 태웠다. 이러한 와중에서 틈새시장인 훈련기 개발에서 록히드마틴과 합작하여 최초로 음속 비행이 가능한 고등훈련기 T-50을 개발해 낸 것이다. 그러나 마케팅 능력의 부진으로 UAE, 싱가포르 수주사업에서 번번이 이탈리아에게 밀려 첫 번째 론칭국가(Launching Country)를 찾는 것이 시급한 과제가 되었다. 다음 수주에 실패할 경우 우리 항공산업이 뒷걸음할 것이라는 우려의 목소리도 컸던 것이다.

W국장은 2010년 2월 주력산업국장으로 부임하면서 다양한 산업협력사업을 패키지로 제시하고, 한국우주항공(KAI)이 인도네시아 정부와 직접 협상하는 데 유리한 여건을 마련하는 데 주력했다. 마침 인도네시아 정부가 한국의 경제발전을 벤치마킹하고 경제개

발계획(NDP)을 수립하는 과정이어서, 지식공유사업(KSP) 등을 통해 우리의 발전경험을 컨설팅 한 것이 크게 주효했다. 지성이면 감천이라고 결국 2년을 끌어온 인도네시아 고등훈련기 수주사업은 우리나라가 처음으로 이탈리아를 제치고 우선협상대상국으로 지정되면서 세계 13대 항공국가로서의 면모를 과시할 수 있었다. 이를 계기로 T-50은 폴란드, 이스라엘, 미국 등지로 추가 수출할 수 있는 가능성이 더 높아졌다. T-50의 추가수출과 중형항공기 개발에 성공한다면 앞으로 항공산업은 우리 경제의 미래 먹거리 산업이 될 것이다.

국산 초음속훈련기 T-50이 마침내 해외수출에 성공했다. 국내 유일의 완제기 제작업체인 한국항공우주산업(주)은 25일 인도네시아와 총 16대 4억불 규모의 T-50 수출계약에 최종 서명했다고 밝혔다. 이로써 우리나라는 미국, 러시아, 영국, 프랑스, 스웨덴에 이어 세계 6번째 초음속 항공기 수출국 진입에 성공했다. 지난 해 3월 인도네시아 국방부의 RFP 발행으로 본격 시작된 이번 사업은 T-50의 최대 경쟁 기종인 이탈리아의 M-346이 1차 평가에서 이미 후보기종에서 탈락한 가운데 진행되었으며 T-50은 러시아 YAK-130, 체코 L-159와 최종 경합을 벌였었다. 이번 계약을 위해 KAI는 지난달 19일 20여 명의 협상단을 현지로 급파했으며 인도네시아 공군과의 기술협상을 시작으로 국방부와는 계약조건 협상을 진행하였으며 계약에 따라 KAI는 대한민국 공군이 운영하여 성능이 입증된 T-50 16대를 2013년까지 납품하게 되며, 수리부속 일부와 기술교범도 포함된 것으로 알려졌다. 이번 계약은 지난 4월 12일 국산 초음속 고등훈련기 T-50이 인도네시아 고등훈련기 교체사업의 우선협상 대상기종으로 선정된 후 50여 일 만에 성사되었으며 국가 간 무기체계 획득사업의 국제관례에 비춰볼 때 매우 파격적인 사례로서 이는 한-인니 양국 정상 간 깊은 신뢰 속에 최근 조성되고 있는 우호적인 협력관계가 큰 영향을 미친 것으로 알려졌다. 이번 인니 수출성공은 국방부, 산업통상자원부, 외교통상부, 방위사업청, 방산 물자교역지원센터, 공군과 KAI 등 민·관·군이 혼연일체가 되어 이탈리아, 러시아, 체코 등 전통적인 항공 강국을 압도한 수출시장 개척 성공사례로 평가받고 있다. 이번 수출은 그동안 러시아 항공 무기체계를 선호해 왔던 인도네시아에서 거둔 성과로서 서방뿐만 아니라 구동구권 국가에 대한 수출 가능성을 열었다는 데 큰 의미가 있으며 세계 고등훈련기 시장에 T-50의 우수성과 KAI의 사업수행 능력에 대한 신뢰를 높이는 계기가 될 것으로 보인다. (연합뉴스, 2011년 5월 26일자)

W국장이 주력산업국장으로서 마지막으로 최선을 다한 것은 뿌리산업의 육성이다. W국장은 평소 우리 제조업이 경쟁력을 갖기 위해서는 도금, 주물, 금형, 용접, 열처리, 단조 등 생산기반산업이 튼튼해야 한다는 신념을 가지고 있다.

"지금 아무도 거들 떠 보지 않는 이들 영세산업이 만약 중국에게 덜미가 잡힌다면 우리 제조업의 미래는 어둡게 될 것입니다. 전자제품을 아무리 잘 만들어도 도금과 주물 기술이 뒷받침되지 않으면 세계일류상품이 될 수 없기 때문이지요. 젊은 생산인력이 유입되지 않는 상황에서 외국 인력에 계속 의존할 경우 기술유출은 물론 이들 산업에 기반을 둔 새로운 성장동력 창출도 불가능합니다."

그래서 W국장은 수도권 일대에 산재한 도금, 주물공장의 애로사항을 듣고 건의를 접수했다. 이들 산업에서 종사하는 중소기업인들이 자부심을 가지고 국가경제를 위해 일한다는 사명감으로 무장될 수 있도록 기본적인 틀을 마련하고자 한 것이다. 직원들의 의견을 수렴한 결과를 반영하여 도금, 주물 등 6개 분야를 "뿌리산업"으로 새롭게 명명하고, 뿌리산업에서 3대 이상 종사하는 전문기업인들에게 명장의 칭호를 부여하고 국가유공자에 버금가는 재정적인 지원이 이루어지도록 하였으며 대기업이 지원 사업에 참여할 수 있도록 제도를 개선하였다. 결과는 대성공이었고, 대기업들이 서로 다투어 뿌리기업들의 지원 사업에 참여했으며, 국회에서 뿌리산업지원법이 제정되었다.

정부는 뿌리산업에 IT융합기술을 접목해 제조 · 생산공정 전 과정을 디지털로 바꾸는 데 2014년까지 모두 1,900억 원을 지원한다. 뿌리산업이란 주조, 금형, 용접, 열처리, 표면처리, 소성가공(단조) 등 산업의 기초가 되는 산업기술이다. 정부는 뿌리산업의 IT융합을 통해 제조공정을 혁신하고 쾌적한 산업환경을 조성해 3D업종 이미지를 완전히 바꿔 새로운 성장동력으로 육성할 방침이다. 이를 위해 산업통상자원부는 19일 대구 엑스코인터불고 호텔에서 '뿌리기업 IT 융합 지원단' 발대식을 열어 대구, 인천, 광주, 부산 등 4개 권역별 지원단을 출범시켰다. 산업통상자원부는 지원단을 통해 뿌리기업의 전체 제조공정이 IT 기반으로 이뤄질 수 있도록 소프트웨어를 개발 · 보급하고, 내년까지 7,820억 원 규모의 각종 자동화설비 교체자금을 장기 저리로 융자할 방침이다. 또 뿌리산업 분야 박사학위 소지자나 15년 이상 실무경력자를 '기업주치의'로 이름 짓고 이들을 각 지역 기업에 투입해 현장의 기술적 애로 사항 등을 해결해 줄 예정이다. W 산업통상자원부 주력산업국장은 "뿌리기업은 열악한 작업환경과 낙후된 생산공정으로 젊은층이 취업을 기피하면서 3D산업 이미지를 탈피하지 못하고 있는 실정"이라며 "IT융합을 통해 혁신형 뿌리기업을 육성할 것"이라고 말했다. (매일경제, 2010년 10월 19일자)

지금 W국장은 새로운 준비를 하고 있다. 국내 산업과 기업의 핵심역량을 시스템화하여 이를 패키지화하고 필요로 하는 국가와의 전략적 협력관계를 구축하고자 하는 것이다.

"20세기 글로벌 산업경쟁에서는 독일 · 영국 · 미국 등 서구국가들이 제조업에 기반을 둔 기술개발에 성공하면서 새로운 동력발굴에 앞장서 왔다면 21세기는 글로벌 경제의 개방화와 함께 IT혁명이 진행되면서 한국 · 일본 · 중국 등 동아시아 국가들이 두각을 보이고 있는 상황입니다. 이러한 변화를 인식하고, 궁극적으로는 급변하는 외부환경의 변화와 새로운 도전을 잘 극복하고 우리 산업의 경쟁력을 높여 나가야 합니다."

이러한 전략적 협력의 일환으로 W국장은 우리 기업 및 중국 기업들과 함께 미래 핵심 성장동력 산업이 될 수 있는 친환경 녹색산업과 정보기술 분야의 투자협력의 중요성도 강조했다. W국장은 중국 친환경 녹색산업 및 IT 기업들의 참여는 양국 산업협력의 지평을 넓히고 산업 간 융합의 장이 될 것이기에, 양국의 우수한 기업과 인재가 비즈니스 창출을 위한 더 많은 기술교류를 해야 할 것이라고 말했다.

동시에 W국장은 기후변화라는 새로운 도전에 직면하여 우리의 경쟁력 확보전략을 제안한다. W국장은 2009년 초대 에너지절약추진단장을 맡으면서 온실가스 에너지 목표관리제를 입법화하고 이를 도입하는 데 총력을 기울였다. 그리고 우리 기업들이 온실가스 절감에 앞장서고 있다는 점을 외국에 널리 알리면서 이러한 새로운 투자가 우리 녹색산업의 도약을 위한 시발점이라는 점을 인식시키기 위해 노력했다. 앞으로는 녹색성장이 한 나라의 산업경쟁력을 규정짓는 요소가 될 것이기 때문에 국제적 수준에 완전히 부합하는 산업정책을 완성하여야 하고 세계적 산업정책의 트렌드를 선도하고 새로운 가능성을 보여주는 정책을 개발해야 한다는 것이다. 이러한 정책을 통하여 미래의 성장 동력이 개발될 수 있다고 자신하면서 최근의 녹색산업 발전전략이 LED산업, 태양광산업, 풍력산업 등 신재생에너지 개발에 기여한 것이 좋은 사례가 될 것이라고 했다. 때문에 W국장은 이들 산업의 육성을 위해 백열전구 퇴출, 발전차액 지원제도(FIT), 신재생에너지 의무화(RPS) 등 새로운 제도를 도입하고 집행하는 역할에도 매진하고 있다.

> 1960~1970년대에는 수출을 잘하는 기업이 국제적인 기업으로 인식됐다. 1980~1990년대에는 중화학공업이나 첨단산업을 하는 기업이 세계적인 기업으로 인정됐다. 2000년대에 들어서면서 글로벌 기업의 요건으로 사회적 공헌을 많이 해야 한다는 공감대가 형성됐다. 이제 글로벌 기업이 되려면 또 하나의 요건을 갖추어야 한다. 온실가스 감축 노력이다. 우리나라 기업들도 녹색성장의 시대를 기회로 활용하기 위해 적극적으로 움직이고 있다. 내년부터 추진될 계획인 '에너지 목표관리제'의 시범사업에 38개 기업이 참여했다. 에너지 목표관리제는 에너지 소비자와 정부가 에너지 사용량 또는 효율에 대한 목표를 협의하여 설정하고, 인센티브와 페널티를 활용하여 목표를 효율적으로 달성하고자 하는 제도이다. 이에 따라 에너지 다소비 기업은 에너지 절감을 위한 기술개발과 투자를 실행해야 한다. 이러한 투자가 기업에 부담이 됨에도 불구하고 우리나라에서 가장 에너지를 많이 소비하는 10개 회사가 모두 시범사업에 참여하였을 뿐 아니라 내년 의무대상이 아닌 기업들도 22개사나 참여했다. 우리나라에서도 LG화학처럼 전사적인 에너지 절약과 온실가스 감축 노력을 통해 국제적인 배출권을 획득하는 등 기후변화에 적극적으로 대응하는 기업이 늘어나고 있다. 에너지 목표관리제는 이러한 우리 기업의 노력을 더욱 가속화하는 계기가 될 것이다. 목표관리제를 통한 성공사례가 중소기업에까지 확대돼 우리 기업들이 세계 녹색시장을 선도해 나갈 수 있을 것으로 기대한다. (매일경제 열린마당 W국장 기고문, 2009년 12월 21일)

Ⅳ 일에 대한 완벽주의, 얻는 것과 잃는 것

사명감이 투철한 공직자의 경우 대체적으로 조직관리 또는 자신의 '평판관리'보다는 '일의 성과'에 기초한 판단을 중시하는 경향을 지니고 있으며, 업무처리에 대해서는 완벽주의자적인 성향을 지니고 있다. W국장은 "판단은 신중히, 결정은 신속히"라는 모토를 가지고 있으며 일을 항상 우선시하는, 전형적인 사명감에 충실한 공직자이다. 그러나 이러한 그의 업무처리 방식은 때로는 수변 사람들 특히, 부하직원을 힘들게 한다고 한다. 항상 일이 우선이다 보니 사람관리에는 소홀할 수밖에 없는 것이다. 그의 부하직원이었던 M과장은 다음과 같이 이야기한다.

"W국장의 완벽주의는 미국 상무관시절, 워싱턴에 있는 동상의 수, 각 건물의 히스토리까지 조사한 것에서 잘 드러납니다. 그때 같이 근무했었는데 주변상황을 조사하는데 2달 동안 같이 돌아다녔습니다. 그때 너무 힘들어서 잘 보이면 계속 데리고 다닐 것 같아서 일부러 버티고 적당히 할 때도 있었습니다. 저를 포기해 주길 바라기도 했지요. 또한 '판단은 신중히 결정은 신속하게' 하려니 밑에 있는 사람을 매우 힘들게 합니다. 많은 것을 요구하는 것이지요. 빠르게 결정하기 위해 평소 관련된 내용을 다 준비해 놓아야 된다는 측면이 있고, 또한 신중한 판단을 위해 자료가 충실해야 되니까…… 또 이러한 일에 대해서는 힘들고 엄하게 대하십니다. 완벽주의자라 할까…… 그래서 능력이 미치지 못하는 직원은 제외시키게 되고, 일단 한 번 제외된 부하는 잘 따르질 않고 피하게 됩니다. 전체적으로 공직생활의 마이너스가 될 것인데 본인도 잘 아시지만 그것이 옳다고 믿으시고…… 또 사실 공직자가 그러해야 하는 것이지요. 중요한 국가정책과 관련해서는 특히 그렇지요."

M과장은, 신속하게 진행되고 잘 처리되어야 할 중요한 임무에 적합한 사람을 배치해야 한다는 것에 공감하기 때문에 명분 있는 처신이라고 치하하면서도, 업무에 있어 완벽주의적인 성격이 내부적으로 갈등을 초래한다는 사실을 부인하지 않았다.

"사실 우리 부의 일이 고시출신 보다 비고시출신이 잘하기 힘든 부분이 조금 있습니다. 그래서 특히 비고시출신들은 국장님과 일할 때 너무 힘들어 하고 결국 소통의 문제가 생기게 됩니다. 사례로써 주력산업국장 때 기계항공과에서 방산수출을 하게 되었는데 담당이 비고시출신 50대 사무관이었습니다. T-50수출과 관련되어 상당히 어렵고 중요한 일처리를 신속히 진행하여야 했는데 자료수집, 검토보고서가 매우 미흡했지요. 국장님은 바로 담당사무관을 고시출신으로 바꾸었는데 본인은 상당한 좌절감을 느끼게 되고 심리적으로 적이 되었다는 느낌을 가졌을 겁니다. 일이 되게 하는 데 집중하다보니 사람관리에 있어서 어려움이 생기는 경우지요."

W국장의 업무처리방식으로 인해 부하직원은 소외감을 느끼는 경우도 있다고 한다.

"일반적으로 국장은 통상 과장을 통해 업무를 간접적으로 관리하지만, 국장님은 일의 성공적 수행을 우선하기 때문에 사무관과 직접 일처리를 하는 것을 선호하십니다. 이로 인해 과장의 업무가 줄고, 일이 신속하게 처리되는 장점도 있지만, 반대로 국장이 직접 관리하니, 과장의 책임이 가벼워지고 해당 업무에서 소외되다 보니 그 업무에는 신경을 쓰지 않게 되는 경우가 있습니다. 사실, 과장이 중간에 챙기지 않으면 모든 업무가 국장에게 가고 부담이 집중되어 국장님도 힘들어지시고, 결과적으로 과장의 입장에서도 다양한 의견수렴을 못하게 되니 조직 관리에 어려움을 느끼게 되는 겁니다."

언제나 일이 우선이기 때문에 회식자리에서조차 허심탄회한 대화가 이루어지지 못하는 측면도 있다. W국장의 성격상 회식자리에서도 업무에 대한 대화가 이어지게 되고, 또한 전형적인 모범생 생활을 하는 깔끔한 성격과, 항상 격을 지키기 때문에 회식자리를 통해 아랫사람이 이런저런 애로사항을 말하려 해도 차단되게 된다는 것이다.

"업무 담당자가 개개인의 애로를 말하기가 어려운 것이지요. 원천적으로 차단될 수밖에 없는 것이 술자리에서도 단정하게 앉아서 업무이야기만 하고 시간을 정해놓고 시간되면 딱 끝내면서 약간이라도 풀어진 모습을 보이지 않으니까……또 비공식적인 회의도 공식적으로 생각하고 참여하는 것 같습니다. 회식도 공식적 계획하에 진행하는 행사가 되고…… 조직원과 친밀해지는 것이 어렵지요."

현장을 중시하면서도 현장의 목소리를 힘들어하는 점 역시 W국장의 단점일 수 있다고 한다.

"자주 모시고 가려고 했는데 논리가 명쾌하다보니 현장에서 이해관계자의 다양한 목소리, 이기적인 목소리를 듣고 싶지 않아 하는 면이 있지요. 정부가 해야 할 일에 대해 치열하게 논리를 세우고 현장에 접목시키는 스타일이라서…… 단순명쾌하지만 막상 논리가 다르면 소통이 안 되는 부분이 생기지요. 타 부처와의 싸움에서 강한 이유도 논리적이고 명쾌하기 때문입니다. 현장 사람들과 쓸데없는 이야기도 나누고 말이 앞뒤가 맞지 않아도 들어주고 술도 한 잔 해야 하는 상황이 있는데 이를 시간낭비라고 생각하는 경향이 있는 것 같습니다."

W국장의 부하직원은 소위 일 잘하는 고위공무원의 업무스타일에 대해 '우리가 남이가!' 하면서 전체를 끌고 가는 스타일과 정확한 맥을 짚어가며 일을 빠르게 이루어가는 스타일이 있는데, W국장은 철저하게 후자로서, 항상 업무로 승부하는 길을 택한다고 했다. 일 우선이고, 논리가 우선인 W국장은 대인관계에서의 소통에서는 분명 약점을 드러낸다. 조직원을 아우르지 못했고, 사람중심은 아니라는 이야기다. W국장이 생각하는 방

향에서 벗어나고 속도가 처질 때에는 과감히 담당자를 바꿔 버리기 때문에 그러한 부하직원은 좌절하고 위축될 수밖에 없는 것이다. 또한 완벽주의적인 성향 탓에 부하직원의 업무에 대한 기대치가 높기 때문에 부하직원은 언제나 긴장할 수밖에 없고, 업무적인 대화만이 주로 오가기 때문에 조직분위기가 경직될 수 있음을 부인할 수가 없다. 단기적으로는 이러한 방식이 효과적일 수 있겠지만 조직의 미래를 생각했을 때 바람직한 방식인가에 대해서는 의문을 가질 수밖에 없다.

이렇게 부하직원에게 있어 W국장은 피하고 싶은 존재일지도 모른다. 그러나 새로운 정책을 추진하고 조직의 혁신을 위해서, 또한 미래의 산업통상자원부를 위해서는 인내와 끈기도 필요하다는 것을 W국장은 잘 알고 있다. W국장의 사무관 시절, 상공부에는 '5惡'이라는 표현이 있었을 만큼 지독한 과장(국장)이 있었고 사실 그들을 피하고 싶어 했다고 한다. 그러나 그가 실제로 과장, 국장이 되어보니 그들의 심정을 이해하게 되었고 지금은 그들을 존경한다고 한다. 그래서 미래의 산업통상자원부를 이끌어 갈 사무관들이기 때문에 자신이 훈련받았던 것처럼 그들의 역량이 극대화될 수 있도록 노력한다고 한다.

W국장은 소통을 중요하게 생각한다고 했다. 그러나 그가 이야기한 소통은 결코 감정적인 소통이 아니었다. 업무를 추진함에 있어 방향성을 제시하고 일이 제대로 되게 하기 위한 소통인 것이다. 내부적으로 갈등이 많았지만 큰 문제없이 결과적으로 많은 성과를 이루어낸 것은 결국 W국장의 업무에 대한 열정과 진심을 직원들이 인정하고 협력하였기 때문일 것이다. 성과를 내는 조직의 리더는 다양한 모습으로 존재할 수 있다는 하나의 근거가 된다고 보겠다.

V 마치며

부처마다 임무는 다른 것이고, 각자의 자리에서 요구되는 역량 또한 다르다. 산업통상자원부에서의 업무수행을 위해서 W국장은 "국가의 이익, 합리성과 효율성 등을 우선시하여야 한다"고 한다. 산업통상자원부의 특성상 이러한 것들이 바탕이 되어야 주어진 임무를 잘 추진할 수 있다는 의미이다. 예컨대, 대 이란제재 문제도 다른 각도에서는 미국과의 공조가 지상과제임을 인정한다 해도 우선적으로 산업에 대한 피해를 최소화하기 위해 뛰는 것이 산업통상자원부의 임무가 되어야 한다는 것이다. 공직자에게 필요한 역량

역시 직급별로 다르다는 시사점도 얻을 수 있다. W국장의 경험을 토대로 살펴보면, 그는 사무관 시절에는 무엇보다 충실한 보고서를 작성하는 일을 가장 중요하게 생각했다. 그리고 이를 위해 전문가적 지식과 자료를 확보하는 것을 최우선으로 했다. 과장이 되었을 때에는 조직관리를 가장 중요하게 생각했다고 한다. 과장은 일종의 조직성과의 품질관리(Quality Control)요원이고, 정책이 실제로 산출되어야 하므로 주어진 인력, 재원, 시간의 제약조건 내에서 최고의 품질을 도출해야 한다는 것이다. 그러나 국장에 대해서는 방향 설정역량을 최우선으로 꼽는다. 일은 모두 열심히 하지만 단지 열심히 하는 것만으로는 부족하고 잘해야 하는데 이때 핵심적인 것이 업무의 방향을 잘 설정하여야 한다는 것이다. 국가적 현안과제를 잘 수행하기 위해서는 정책의 방향이 바로서야 하는데, 혹 잘못된 방향으로 나아갈 때 방향을 틀어주는 것이 가장 중요한 것이라고 지적한다. 방향을 정확하게 설정하기 위해서 국장은 장차관 등과 평소 충분한 교감과 대화가 있어야 한다는 점도 강조한다. 또한 많은 경우, 중요한 업무가 계속 지연되는 이유에 대해서 W국장은 결정에 대한 책임문제에 두려움을 가지기 때문이라고 했다. 두렵지만 감당하고 책임지겠다는 자세로 결정에 참여하여야 한다는 말이다.

업무추진에 있어서 W국장이 특별한 비즈니스 마인드를 가지고 있는 점도 주목할 필요가 있다. 우리나라는 수출로 먹고사는 나라이다. 그런데 농업이나 축산업 등은 목소리가 큰 반면, 기업인은 목소리가 작다. 그러나 실제로 일자리, 국부창출의 주역은 기업인들이다. 부정적 시각으로만 접근해서는 나라가 발전할 수 없기 때문에 이들에 대해 열린 자세로 함께 가야 한다는 것이다.

이러한 측면들을 종합하면, 결국 성공적인 공직생활을 위해서는 자신의 부처와 직위에서 요구되는 가치와 역량을 제대로 파악하고 이를 열린 자세로 실천하는 것이 무엇보다 중요하다는 것을 발견하게 된다. 다른 한편, 공무원의 전문성은 민간보다 떨어진다고 생각하는 선입견 또한 W국장의 사례를 통해 보면 무색해진다. 기술력의 변화와 그 발전 속도를 앞서 판단하고 준비하기 위해 W국장은 바쁜 업무 중에도 끊임없이 공부해 왔다. 전문적인 지식을 바탕으로 업무를 추진했기 때문에 정확하게 판단할 수 있었고, 결과적으로 혁신의 선두에 설 수 있었던 것이다.

W국장은 아직 욕심이 많다. 이제 국민소득 2만 불 시대가 되었지만, 그는 여기에 안주하지 않는다. 국민소득 3만 불을 거쳐 4만 불 시대에 진입하는 데 기여하는 것이 그의 목표이다. 서구학자들이 지적하고 있듯이 기존의 많은 발전에도 불구하고 현재 이를 달성하기는 쉽지 않다. 우리의 발전 속도는 점차 느려지고 있으며 일부 조로화현상까지 보

이고 있다. 그렇지만 그는 5년 내에 3만, 4만 시대에 진입해야만, 필리핀이나 스칸디나비아 국가와 같은 전철을 밟지 않게 된다고 보고 있다. 현재 이슈가 되고 있는 분배와 재분배의 중요성도 인정하지만 동시에 일자리창출과 복지재원마련을 위한 빠른 발전이 여전히 필요한 상황이며, 기업들이 치고나갈 수 있게 특정 부문을 공공부문이 지원해야 한다는 것이 변하지 않는 그의 생각인 것이다. W국장은 이러한 목적을 달성하고 명예롭게 은퇴하기를 바라고 있으며, 이후에는 개도국의 경제정책에 대한 자문자로서, 우리나라의 산업발전에 관한 경험 등을 전파하는 장기적인 계획을 설계하고 있다.

문제가 발생했을 때 해결하기보다, 언제나 한발 먼저 준비하는 그의 자세는 후배 공무원들에게 큰 귀감이 되고 있다. 또 W국장의 열정은 공직에 입문했을 당시의 수준에서 달려온 세월만큼이나 더 자라난 것 같다. 그리고 그 열정으로 지금 또 다른 국가의 내일을 준비하고 있다. 앞으로 W국장과 같이 열정적으로 국가의 미래를 준비하고, 이끌 수 있는 제2, 제3의 공직자들이 줄이어 등장하기를 기대한다. 또한, 평소 산업융합을 통한 국가미래를 위한 성장동력창출을 주창하는 W국장이 “일” 중심과 “사람” 중심을 융합함으로써 통합적 리더십을 도모할 수는 없는지 애정을 가지고 지켜보고자 한다.

참고문헌

권중생(2001). 조직공정성, 혁신저항 및 방어적 행동의 관계, 「인사관리연구」, 25(1): 425-452.

김철의 · 박동수(2008). 조직문화, 리더십과 조직혁신 및 조직성과 간의 관계, 한국경영학회 통합학술대회, 1-40.

노화준(2000). 전략적 관리와 목적달성에 의한 정책평가의 방향-전략적 목적의 성과측정과 평가정보 활용을 중심으로, 「행정논총」, 38(2): 57-77.

민진(2003). 조직효과성에 관한 개념정의의 분석 및 재개념화, 「한국행정학보」, 37(2): 83-104.

박순애 · 오현주(2006). 성과지향적 조직문화와 조직효과성, 「한국행정학보」, 40(4): 225-252.

안경섭(2006). 조직의 전략집중정도가 조직성과에 미치는 영향, 「정책분석평가학회보」, 18(4): 327-354.

이종수(2010). 「새 미래의 행정」, 서울: 대영문화사.

정철현(2004). 「최신행정학」, 서울: 다산출판사.

지성구 · 이갑두(2005). 개인성향, 혁신저항, 그리고 혁신성과의 관계, 「대한경영학회지」, 18(5) 2107-2132.

하태권(2001). 「한국정부론」, 서울: 법문사.

Andrews, Rhys., George A. Boyne & Richard M. Walker(2006). Strategy content and organizational performance empirical analysis, *Public Administration Review*, 66(1): 52-63.

Boschken, Herman I.(1994). Organizational Performance and Multiple Constituencies, *Public Administration Review*, 581: 308-312.

Boston, Jonathan & June Pallot(2007). Linking strategy and performance: Developments in the New Zealand public sector, *Journal of Policy Analysis and Management*, 16(3): 382-404.

Boyne, George A. & Jay Dahya(2002). Executive succession and the performance of public organizations, *Public Administration*, 801: 79-200.

Cavalluzzo, K. S. and C. D. Ittner(2004). Implementing performance measuremant innovations: evidence from government, Accounting, *Organizations and Society*,

29: 243–267.

Epstein, Paul D.(1992). Get Ready: the Time for Performance Measurement is Finally Coming, *Public Administration Review*, 52(5) 513–519.

Gains, F., S. Greasley, P. John & G. Stoker(2009). The Impact of Political Leadership on Organizational Performance: Evidence form English Urban Government, *Local Government Studies*, 35(1): 75–94.

Hanan, M. T. & j. Freeman(1984). Structural Inertia and Organizational Change, *American Sociological Review*, 49: 149–164.

Nagel, Jack H.(1997). Radically Reinventing Government: Editor' s Introduction, *Journal of Policy Analysis and Management*, 16(3): 349–356.

Pollitt, C. & S. Harrison (eds).(1992). Handbook of public Services Management, Oxford: Blackwell.

Popovich, M. G., de.(1998). Creating High–Performance Government Organization, San Francisco: Jossey–Bass.

Rhodes, Red A. W.(1987). Developing the public service orientation, or let' s add a soupcon of political theory, *Local Government Studies*, May–june: 63–73.

Smith, P.(1995). Performance Indicators and Outcome in the Public Sector, *Public Money and Management*, 15(4): 13–16.

Waddell, D. & A. S. Sohal(1998). Resistance: A constructive tool for change management, *Management Decision*, 36(8): 543–548.

Wholey, Joseph S.(1981). Evaluation: Promise and Performance, in Journal of Politics, Washington: The Urban Institute.

관료사회에서 내부혁신의 전개과정

- 기상청의 한 공무원 사례 -

■ 임 도 빈(서울대학교 행정대학원 교수)
이 현 국(서울대학교 행정대학원 행정학 박사)

Ⅰ 서 론

'기상청 오보로 국민들 낭패…… 태풍 셀마[1]가 오는데, 밤샘하여 기상을 분석하는 기상청 직원은 지방에 4명 중앙에 3명 총 7명뿐…… 기상관측 레이더만 해도 미국은 118대, 일본은 30대인데, 우리는 고작 1대뿐…… 기상청 예산 90억 원은 일본의 6대인 기상관측선 1대의 1년 운영비 밖에 되지 않는 액수에 해당…… 이것도 대부분 710명인 기상청 직원의 인건비로……'(동아일보 1987년 8월 6일자)

지구온난화로 기후변화가 많았던 작년에도 기상청은 큰 기상이변을 비교적 정확히 예보했다. 물론 비가 온다고 해 놓고 안 오는 때도 있다. 그래도 우리는 기상예보가 틀릴 때

1) 태풍 셀마, 1987년 7월에 한반도 고흥반도에 상륙하여 한반도를 관통한 태풍으로 345명의 사망 · 실종, 10만여 명의 이재민을 낸 한반도에 상륙한 7월의 태풍 중에서는 가장 강하다고 평가되는 태풍이다. 특히 이 태풍은 대한민국 기상청에 큰 오점을 안겨준 대표적인 태풍이다. 기상청은 태풍이 한반도를 지나지 않고 대한해협을 통과할 것이라고 예측하여 피항을 하지 않았던 선박들의 침몰과 좌초로 많은 피해를 가져왔다. 진로예측의 실패가 피해를 키웠음이 분명했지만 기상청은 실수를 덮고자 태풍이 이미 한반도를 관통하여 동해로 진출했음에도 "태풍 셀마는 대한해협을 지나 동해로 빠져나갔다"고 태풍의 이동경로를 조작하여 발표했다. 당시에는 태풍이 한반도에 상륙했다는 것을 아는 사람은 많지 않았고, 이 사실이 공식적으로 인정된 것은 후일 기상청이 잘못을 시인하면서 였다(위키백과 사전 참조).

보다는 맞은 때가 훨씬 많다는 것을 경험적으로 알고 있으며, 이를 증명하듯 최근 몇 년간의 기상청의 예보 정확도는 90% 이상이라고 한다. 상기의 기사에서 언급한 시기에 비할 때 현재 기상청의 기상예보 수준은 진일보하였다고 할 수 있다.

이러한 성과를 이루어 낸 것은 우연이 아니다. 누군가가 관료제 내부에서 노력을 한 결과이다. 세계적으로 높은 수준의 기술력을 자랑하는 기상강소국이라는 좌표를 설정하는 것조차도 우연이 아니다. 기상청의 '누군가'가 수작업으로 모든 측정과 자료 분석, 예측을 했던 과거의 시스템에서 선진적인 시스템을 도입하기 위해서 노력한 결실이다. 행정조직에서 점진적 개혁은 쉽지만, 과거의 시스템을 전혀 새로운 시스템으로 교체하는 것은 쉬운 일이 아니다. 그동안 행정부 내에서 크고 작은 많은 개혁이 도입되었지만 근본적인 개혁을 시도하는 것도 어려웠을 뿐만 아니라, 개혁을 성공하는 것은 더욱 쉽지 않았다는 점을 보면 알 수 있다.

특히 행정개혁은 주로 내부의 노력에 의해서보다는 외부의 압력에 의해서 이뤄지는 것이 대부분이다. 이는 대부분의 공무원들이 위험을 감수하기 보다는 회피하려고 하는 성향을 가지고 있어 자신이 나서서 새로운 시도를 하려고 하지 않기 때문이다. 설사 개혁의 시도를 하였다고 하더라도 이러한 개혁이 성공하기 위해서는 많은 난관이 존재한다. 우선 조직 내부의 개혁에 대한 피로와 반발을 이겨내야 하며, 개혁을 추진하는 사람이 그 분야에 대한 지식과 능력이 있어야 한다. 이 연구는 기상청이라는 공직사회 안에서 한 사람이 어떻게 개혁을 추진하였는지, 그 사례를 연구하여 시사점을 얻으려고 한다.

Ⅱ 이론적 논의

1. 행정관료에 대한 생애사적 연구

행정조직론과 인사행정론분야에서 행정관료제와 행정관료에 대해서 각각 연구를 진행해 오고 있지만, 과연 공무원이 어떤 상황에서 어떻게 일을 하는가에 대한 연구는 충분히 이루어졌다고 보기는 어렵다. 대체로 관료들에 대한 연구는 설문조사를 통해 조직적인 차원에서 특정 가설을 검증하는 방식의 연구가 주를 이루었다고 하겠다.

그런데 개인의 생애사적 연구가 미시적으로 관료의 역할을 이해하는 데 더 도움이 될 수 있다. 이런 측면에서 성공한 리더에 대한 연구는 일부 존재한다. 이종범 외(1994)는 대한민국 역사상 전환기에 결정적 기여를 한 장관급 이상의 관료들을 사례연구하였다. 이런 맥락에서 자치단체장들에 관한 사례연구도 일부 진행되었다(윤견수, 2010). 어떤 것은 한국적 실정에서, 이들은 개인적으로 매우 성실하며, 장기적으로 긴 안목을 가지고 업무를 추진하며, 정책의 창(policy window)이 열릴 때 그 기회를 얻을 가능성이 높다. 그런데 결국 장관급 이상까지 올라간 관료들은 언론의 주목도 받고 어느 정도 성취감을 느낄 수 있는 여건이 된다. 최근 성평등이라는 입장에서 여성리더들에 대한 관심도 많아지고 연구가 되고 있는데, 역시 이미 성공한 여성으로 잘 알려진 사람들만 들어 있다(박통희 외, 2004; 이현주 · 박통희, 2003).

문제는 관료조직이란 이들 소수의 리더들도 중요하지만 무언의 봉사를 하는 대다수 관료들이 더 중요한 역할을 담당하고 있다는 것이다. 성공한 리더들의 그늘 아래에서 밖으로 이름이 알려지지 않은 채 묵묵히 일을 한 관료들이 많이 있었기 때문에 오늘날 우리나라가 성공적인 관료모델이 되지 않았을까 하는 것이다. 이 중에서 제대로 자신의 꿈을 펴지 못하고 정년퇴직을 한 사람도 있을 것이다. 즉, 우리가 관료제를 이해하기 위해서는 평범한 관료들을 심층적으로 이해하는 것이 중요하지 않은가 한다. 환원하면 정치적 바람을 타지 않고, 자신의 일을 제대로 하였지만, '꽃을 피우지 못한 공무원'은 대체 어떤 사람인가를 연구할 필요가 있는 것이다.

성공한 관료들의 특성에 대한 고찰은 대체로 리더십이론에서 다뤄져 왔다. 조경호 외(2009)는 중견급 공무원들에게 기대되는 역할이 다름을 연구자들의 풍부한 연구경험을 통해 요약적으로 보여주고 있다. 관료들에 대한 연구는 카리스마적 리더나 변혁적 리더라는 입장에서 그 구성요소를 구체적으로 측정하고 이들 간의 관계를 보는 연구가 주류를 이룬다고 하겠다. 특히 뛰어난 업적이나 성과를 달성하기 위한 과업중심의 행동과 부하들과 좋은 관계를 유지하는 인간관계 혹은 배려와의 관계를 연구하는 경향이 강하다(Podsakoff et al, 1993; Dorfman et al., 1997; Ehrlich et al., 1990; 김호정, 2001).

이와 같은 맥락에서 박통희 외(2005)는 중앙부처 5급이상 남성공무원들의 리더십 행동유형을 설문조사를 통해 측정해 본 결과, 배려형>후원형>거래형=구조주도=지적자극형으로 나타났다고 한다. 거래형, 구조주도(즉, 과업중심형), 지적자극형 간에는 통계적으로 유의미한 차이가 없는 것으로 나타났다.

사실 Weber(1968)는 관료제의 역기능에 대한 비판의 핵심은 조직의 구조와 관료개인의 모순관계에 초점이 맞춰져 있다고 했다(Crozier, 1964; Crozier et al., 1977; Selznick,

1943). 즉 구조로서 조직이 주는 제약과 자신의 입지를 지키려는 개인으로서 관료들의 이익이 서로 상충하여 관료제는 국민들에게 부반응적이거나 자기보호적이라는 것이다. 구조와 개인 간의 목표갈등문제와 더불어 환경의 불확실성문제를 부각시킨 것이 딜레마이론(이종범 외, 박통희 외, 1994; 윤견수 외, 2000; 소영진 외, 2009)이다. 결국 딜레마이론도 구조, 즉 사회학적 제도(sociological institution)의 문제로 관료제의 역기능을 조명하는 것이라고 할 수 있다.

이런 문제를 풀기 위해서는 관료들 개인의 삶에 대한 심층적인 연구가 필요하다고 본다. 한국행정학의 토착화문제(백완기, 2005)를 해결하기 위한 기초적 작업은 실제적으로 일어나는 행정현상에 대한 사례연구가 축적되어야 한다는 것이다. 이런 관점에서 보면 관료개인들에 대한 생애사적 연구를 진행하는 것이 중요하다. 최근 퇴직관료들을 중심으로 이런 연구가 진행되었다. 해양수산부 기획실장 출신 최낙정(2005)은 관료사회의 형식주의, 무사안일, 복지부동 등의 고질적인 병폐에 초점을 맞춰, 창의적 사고보다는 선례나 윗사람의 지시를 따르고 보신주의에 급급한 점을 지적하고 있다. 그러나 자서전적 기술은 지나치게 자기 합리화적인 측면을 많이 가지고 있다. 개인사례를 연구하더라도 제3자에 의한 기술이 더 필요하다고 생각된다.

생애사적 연구에서도 초점을 맞춰볼 것은 과연 관료제조직이 관료개인의 재량권을 전혀 허용하지 않을 정도로 구속적이냐의 문제이다. 재량권을 전혀 행사하지 않는 사람도 있고, 주어지는 재량권조차도 스스로 축소하는 것이 관료제적 속성이다(황운성, 2010; 김영민, 2011). 즉, 관료개인이 얼마나 에너지를 갖고 스스로 현실의 문제를 해결하려고 적극적으로 활동하느냐 아니면 현실안주형으로 소극적으로 자기의 소관업무를 최소한으로 하느냐가 중요하다. 사례연구에서 밝혀야 할 것은 자기 소신껏 일을 한 관료들은 어떤 상황적 조건에서 어떻게 이런 난관을 극복했느냐의 문제이다. 이런 관료들은 외부의 사람이나 외부환경의 변화, 고객의 요구에 매우 개방적인 태도를 가지고 있을 가능성이 높다. 즉 관료자신이 얼마나 개방적이냐 아니면 폐쇄적이냐, 그리고 얼마나 활동적이냐 아니면 현실에 안주하고 노력하지 않는 비현실적이냐의 잣대로 볼 필요가 있다(조무성, 2002: 154). 개방형-비개방형을 조무성은 인지적 성격유형, 그리고 활동형-비활동형을 동기적 성격유형으로 보고 분류유형화하고 있지만, 본 연구에서는 개방형 폐쇄형은 외부세계와 폭넓게 교류하고자 하느냐의 태도적 요인으로, 활동형-비활동형은 실제로 얼마나 발로 뛰느냐라는 행동적 요인으로 보고자 한다. 이렇게 하면 다음 4가지 유형이 도출된다.[2)]

2) 이 표의 두 가지 차원은 조무성(2005)의 유형론을 따랐지만, 4가지 유형은 다르게 명명하였다.

〈표 1〉 관료의 유형

	개방형	폐쇄형
활동형	개혁선도자	이기적 선동자
비활동형	낭만주의자	소극적 관료주의자

개방형–활동형은 외부세계를 호기심 있게 알려고 하는 긍정적이고 적극적인 자세를 가지고 있고, 실제로 자기에게 주어진 업무 이외의 것을 성취하여 외부(국민)에게 기여하려는 유형의 관료를 의미한다. 이에 비하여, 외부에는 무관심할 뿐만 아니라, 모든 것이 귀찮은 폐쇄형–비활동형 관료는 관료제의 역기능을 비판하는 사람들이 상정하는 대표적인 소극적 관료주의자들이다. 외부에는 폐쇄적이면서 관료제 내부에서 활동적인 사람들은 대체로 관료자신들의 이익을 보호하려는 Niskanen(1994)이 묘사한 관료이익을 극대화하려고 적극적으로 활동하는 자들이다. 외부의 세계에 개방적이지만 활동을 적극적으로 하려 하지 않는 사람들은 꿈만을 꾸는 몽상가와 같은 낭만주의자이다. 아마도 관료제 조직에서 혁신을 이끈 관료는 개혁선도자 유형에 속할 것이다. 본 연구는 기상청의 한 공무원에 대한 사례 연구를 통해서 그가 위의 유형 중 어떠한 유형에 속하는지를 살펴보고, 이를 통해 이론적 함의를 얻고자 한다.

2. 연구방법

본 연구의 대상자인 박기상(가명)씨는 '남의 눈치를 안 보고 소신 있게 행정발전에 헌신한 사람'으로 주위의 추천을 받고 관련 전문가 몇 사람에게 확인을 받아 선정되었다. 가명에서 보이듯이 그는 기상청에서 오랜 기간 근무하며 많은 업적을 쌓았으나 여러 가지 이유로 청장의 지위에는 오르지 못하였고, 퇴직 이후에도 기상관련 일을 하고 있는 인물이다.

정보를 얻는 방법은 심층인터뷰기법이다. 연구 대상자에 대한 인터뷰는 총 3회에 걸쳐 진행되었다. 2011년 6월 30일에 첫 번째 인터뷰를 진행하였고, 7월 8일에 두 번째 인터뷰를 진행하였다. 이후 주변인물에 대한 인터뷰를 진행한 후 마지막으로 8월 1일 최종적으로 대상자에 대한 인터뷰를 진행하였다. 주변인물에 대한 인터뷰는 7월 12일 연구대상자의 자녀들과 직장상사에 대한 인터뷰, 7월 13일 직장후배에 대한 인터뷰를 하였다. 이후 12월 12일에 기상청 출신의 공무원을 대상으로 기상청 조직의 전반적인 사항에 대한 인터뷰를 하였다. 자세한 인터뷰 일자와 시간은 아래 표에 정리되어 있다.

인터뷰는 우선 연구대상자 개인에 대한 인터뷰를 통해 연구자 관점으로 연구대상자를 살펴본 후, 주변인물에 대한 인터뷰를 통해 연구대상자에 대한 객관적이고 입체적인 검증작업을 하였다. 이후 다시 연구대상자에게 질문하여 모순되거나 설명이 필요한 부분에 대해 보충하였다. 이러한 과정을 통해서 보다 객관적이고 입체적으로 연구대상자를 분석할 수 있었다. 본 연구가 객관성을 필요로 하는 부분이 있기 때문에 용비어천가적으로 대상자를 미화하는 일이 없도록 하기 위해 인터뷰설계에 주의를 기울였다.

〈표 2〉 인터뷰 일정

인터뷰 일자	대상자	인터뷰 시간	주요 질문사항
2011. 6. 30	박기상	1시간 51분	생애, 공직경험에 대한 전반적인 질문
2011. 7. 8	박기상	2시간 01분	입직동기 및 과정
2011. 7. 12(오전)	박기상씨 자녀들	1시간 16분	박기상씨의 가정생활과 일
2011. 7. 12(오후)	직장상사	1시간 10분	박기상씨와의 에피소드
2011. 7. 13	직장후배	55분	박기상씨와의 에피소드
2011. 8. 01	박기상	51분	청장과의 관계 등 추가적인 부분에 대한 인터뷰
2011. 12. 12	기상청 출신 공무원	20분	기상청 조직에 대한 전반적인 사항

Ⅲ 연구대상에 대한 기초적 기술: 라디오 만드는 소년

관료연구를 할 때, 우선 '훌륭한 관료는 만들어지는가, 타고나는가?' 라는 질문을 할 수 있다. 박기상씨는 전라도 농촌에 태어났으며 수학과 물리를 잘하는 평범한 아이였다. 그러나 적어도 기계에 대한 남다른 관심이 있었던 것 같다. 예컨대, 중학교 2, 3학년 때 트랜지스터 라디오를 손수 조립하여 만들어 동네 분들에게 나눠주면서 귀여움을 받았다고 한다. "동네 사람들이 트랜지스터 라디오를 만들어 달라고 하면 비용 값만 받고 재료를 사다가 만들어 주고, 이를 받은 분들은 수고했다고 계란 하나 주곤 했다"고 한다. 이런 경험을 계기로 박기상씨는 고등학교 때 방송반 일을 하는 등 통신과 관련된 일을 하는 것을 매우 즐거워했다.

1. '기상'과의 인연 맺기

이런 박기상씨는 고등학교 때 물리선생님을 만나면서 진로가 바뀌게 된다. 물리 선생님은 다른 선생님들과 달리 암기식이 아닌 응용력을 중시하는 수업방식으로 수업하셨는데, 선생님이 내주시는 문제들을 다른 학생들보다 더 잘 풀어서 선생님께서 관심을 가져주셨고, 따라서 대학을 가는 문제에 대한 상담도 물리 선생님에게 받았다고 한다.

> "그러던 때 막상 고등학교 때 물리 선생님이 서울대 물리학과를 나온 분이셨는데, 그분하고 상담을 하면서 어느 학과를 가면 좋을까…… 때마침 서울대학교에 천문 기상학과가 처음 생겼어요. 그래서 얼마 안 되었는데, 내가 수학, 물리를 잘 하니까 그 선생님께서 기상학이 매우 유망할 것이라고 해서 천문 기상학과로 지원하게 되었는데……." (박기상, 06. 30)

기상청 현대화에 많은 업적을 쌓은 박기상씨는 아이러니 하게도, 처음부터 스스로 기상청 중흥의 역사적 사명을 띠고 기상청에 들어간 것은 아니었다. 그는 1966년부터 1970년까지 공군에서 기상병으로 근무했다. 기상병은 2일 근무하면 3일을 쉴 수 있었다. 즉, 쉬운 길을 택하다 보니 기상병이 된 것이다. 그리고 제대 후 기상청 근무도 이렇게 편할 것이라고 생각하고 지원하였다고 한다. 70년에 기상청에 들어가 근무하면서 동시에 서울대 기상학과에 다녔다. 하지만 막상 기상청에 들어가 보니 상황은 자신이 생각한 것과 달리 일근, 야근, 비번 순으로 빡빡하게 돌아갔으며, 직장상사들은 박기상씨를 서울대생이라고 시기하고 견제를 했다고 한다.

그는 단지 편하고 학업을 계속할 수 있는 직업을 찾아 기상청에 왔는데, 기상청은 자신이 생각하던 그런 공간은 아니었던 것이다. 그럼에도 불구하고 그가 1970년부터 2005년 은퇴할 때까지 35년을 기상청에서 근무한 이유는 무엇일까? 그는 처음에는 너무 실망스러워서 대한항공의 운항사 시험을 보고, 합격까지 했는데, 이러한 사실이 청장에게 알려져서 눈물이 나도록 혼났다고 회상하고 있다. 아마도 당시의 청장이 박기상씨를 기상청에 잡아두고 싶어 했던 것 같다. 이러한 일이 있었던 이후에도 박기상씨는 기상청을 떠나고 싶어 했지만 형의 병환으로 인해 자신이 직접 가족을 책임져야 할 상황이 되었고, 이후에는 일을 잡을 수가 없어서 다른 곳으로 가지 못했다고 회고하고 있다. 그는 이 인터뷰 내용을 지워줄 것을 요구했지만 오히려 이 부분이 그의 솔직함과 인간적인 면을 나타내주는 부분이라 생각되어 살려두기로 하였다.

2. 멘토의 중요성

기상청에 들어온 박기상씨는 심한 내적 갈등 및 기존 직장 동료들과의 갈등 속에서 방황하고 어려워하고 있었을 때, 자신의 멘토이자 자신의 능력을 알아준 이○○ 교수[3] 를 만나게 된다. 박기상씨는 다른 동료들에 비해서 진급도 원활히 되지 않자 기상청을 나오려고 시도했는데 이마저도 뜻대로 되지 않았다. 이에 당시 통계과장이었던 이○○ 교수를 찾아가 자신의 상황을 설명하고 상담을 받았다고 한다. 이때 이○○ 교수가 기상의 전산분야를 해 보는 것이 괜찮을 것 같으므로 이를 담당하는 통계과로 옮겨줄 테니 전산업무를 해 보라고 추천했다고 한다. 이를 시작으로 박기상씨는 공직생활 내내 기상청의 전산화와 인연을 맺게 된다. 박기상씨는 이○○ 교수가 기상청에서 성장하기 위해서 필요한 것들을 경험시키기 위해서 이끌어 주었다고 말하며, 다음과 같이 회고하였다.

> "교수님하고는 아까 이야기한 그런 것들과, 그 다음에 전적으로 아무래도 제가 경험이 부족하잖아요. 그런 것들을 깨우치라고 성장코스가 있을 거예요. 단계적으로 일을 시키셨어요. 조금 어려운 일, 조금 더 어려운 일 자꾸 이렇게 시키시더라구요. (중략) 그런 식으로 어떻게 보면 이끌어주시는, 멘토셨던 것 같아요 지금 보면, 말은 않지만 사람이 커 갈 수 있는, 기상청에서 이렇게 갖춰야 할 것, 경험해야 할 것 들을 이끌어 주신 분인 것 같아요. 특히 지난번에 얘기 했듯이 전산을 시작하게 되었을 때, 그분 때문에 기상청 전체가 현대화하는 계기가 되었죠." (박기상, 07. 08)

박기상씨는 통계과로 전과를 한 다음에 정부전자계산소(GCC)에서 3개월의 컴퓨터 프로그램교육을 받고 기상청에 돌아와서 누년기상통계 전산화 작업을 주도하게 된다. 이는 1904년부터 관측한 기존의 누년 기상자료들을 전산화하는 작업으로 당시 50여 명의 천공수가 꼬박 6개월 동안을 전담할 정도로 방대한 양이었다. 당시에 사용된 천공카드량이 무려 400여만 매가 넘었으며, 이 자료들을 수정하고 적립하는데 3년여 정도의 시간이 걸릴 정도였다고 회고하고 있다. 이 시점부터 줄곧 박기상씨는 기상청의 전산화에 불철주야 전념하게 된다.

---

3) 이○○ 교수는 서울대 물리학과를 나와서 박기상씨보다 먼저 기상청에 들어갔다. 공직생활 중 하와이대에서 유학을 한 후 기상학 박사를 받아서 통계청에 다시 와서 통계과장을 했다고 한다. 이후 Y대학교 천문대기과학과 교수가 되었기 때문에 여기서는 교수로 호칭을 통일한다.

Ⅳ 개방성과 활동성: 기상행정 선진화에 매진

'우연'이 결정적인 요인이었지만, 그렇다고 하여 전혀 적성에 없는 엉뚱한 일을 한 것은 아니다. 박기상씨는 멘토의 영향으로 자신이 공직에 몸담고 있던 35년을 관측전산화 및 자동화, 통신전산화, 예보전산화, 통보자동화, 각종 응용소프트웨어의 개발 등의 기상청 현대화에 헌신했다. 이 글에서는 그의 기상청 현대화의 업적을 모두 서술하기 보다는 이러한 업적을 달성하는 과정에서의 그의 열정과 동기, 그리고 갈등에 대해서 서술하는 데 중점을 두려고 한다. 또한 기상청뿐만 아니라 다른 부처에서도 기술적인 혁신을 위해서 어떠한 역량들이 필요한지에 대해 박기상씨의 사례를 통해 밝혀 보고자 한다.

1. 미니컴퓨터 PDP 11/34 도입

앞에서 본 것과 같이 누년도 기상자료를 입력하고 전산화하는 업무는 당시의 정부전자계산소(GCC)에서 담당하고 있었다. 하지만 기존 자료의 전산화가 거의 완성되었던 1978년도부터는 GCC에서부터 통계 전산화 업무를 기상청으로 이관하는 작업이 진행되었다. 통계전산화가 이뤄지기 위해서는 미니컴퓨터 또는 더미터미널[4)]을 도입해야 하는데, 기상청에서 자문을 구한 카이스트 교수들은 더미터미널을 추천하였다. 하지만 박기상씨는 여러 가지 조사를 통해서 미니컴퓨터 PDP 11/34의 도입이 낫다고 판단하여, 자신의 소신을 굽히지 않고 미니컴퓨터의 도입을 강력히 주장하였다. 결국 이 일로 인해 박기상씨는 청장으로부터 업체에게서 돈을 받았냐는 소리까지 듣고 이직을 준비하기까지 하였다고 회고하고 있다.

그러나 하늘이 박기상씨의 노력에 감동하였는지, 청장이 바뀌고 신임청장에게 신임을 얻게 되어 이윽고 미니컴퓨터의 도입을 승인받게 되었다. 하지만 어려움은 여기에서 끝나지 않았다. 당시 열악한 재정상황에서 고가의 미니컴퓨터를 도입하는 것은 많은 재정적 어려움이 따르는 일이었다. 하지만 박기상씨는 이러한 어려움에도 굴하지 않고 리스라는 새로운 방식을 도입하여 결국 미니컴퓨터 도입을 성공시켰다.

4) 데이터 처리능력은 없이 데이터를 단순히 입출력만 하는 기능만 지닌 단말기를 말한다. 과거에는 자료를 중앙의 대형 컴퓨터에서 처리하는 방식이 효율적이었으나, 기술의 발전으로 지금은 특별한 경우가 아니면 사용하지 않는다[출처: 더미터미널(dummy terminal), 네이버 백과사전].

> "그리고 이제 그걸(미니컴퓨터: 편집자 주) 도입하는데 넘어야 할 산이 또 하나가 있었어요. 무엇인가 하면, 더미터미널은 렌탈을 했는데, 미니컴퓨터는 리스를 했어요. 리스의 장점은 뭐냐면 아무 자본이 없는 기업체가 그 자본을 빌려서 공장 설립을 하고 운영하면서 나오는 돈을 가지고 할부로 갚아나가면 되는 것이거든요. 그 리스라는 것이 돈을 빌려주는 리스 회사에 유리하게 되어 있어요. 모든 조건이. 그런데 정부에서 그 계약을 할 때는 정부가 우위에 가야지, 상대방이 우위로 가면 안 되요. 계약조건이. 그런데 그것을 얼마나 어렵게 뚫어 냈는지, 그리고 저희는 뚫어 내가지고 리스를 해서 PDP 11/34을 들여왔고, 그때 저희하고 같이 도입하려고 했던 보사부, 지금은 보건복지부인가요? 거기는 리스를 뚫지 못해 가지고 도입을 못했어요. 그리고 또 하나 고비가 있었는데, 그거는 아까 이야기한 TELEX하고 프로터를 붙이기 위해서 증설을 해야 하는데, 증설을 할 때는 또 공무원들이 얼마나 이것을 자기 몸 사리느라고 리스를 잘 안 해주려고 하는 거에요. 결국은 이를 어떤 식으로 했냐면, 리스도 돈 빌리는 것인데, 조달청을 통해서 복수의 리스 회사를 여럿 세워놓고, 누가 나에게 싼 이자로 리스를 해 줄 것인가 하고, 리스를 입찰을 시켰어요. 원래 그게 다 정부 최초에요. 그러다 보니까 말하자면, 그 감사원에서 이것이 수범사례다 해가지고 리스를 이런 방식으로 해서 설비를 도입하라고 해서, 그게 그만큼 그 첫 번에 뚫을라고 하면 어려움이 있는 것이에요." (박기상, 06. 30)

그는 미니컴퓨터의 도입이 성공할 수 있었던 요인으로 두 가지를 꼽고 있다. 하나는 새롭게 교체된 신임청장의 지원이고, 다른 하나는 자신의 끊임없는 설득이다. 미니컴퓨터를 도입할 수 있었던 요인에 대한 질문에 다음과 같이 대답하고 있다.

> "상세하게 딱 두 가지 뿐이에요. 그때 청장이 이건 반드시 하라고 했고, 추진하는 제가 각종 가능한 모든 것을 조사해서 설득을 한거죠. 근데 그것을 계약한 사람들이 행정직 공무원이에요. 총무과장, 서무과장 그 사람들은 안 하려고 하는 거예요. 그걸 리스 회사 찾아가고 컴퓨터 회사 찾아가고, 그러니까 서무과장, 총무과장이 안 되는 조건을 걸으면 쫓아 가는 거예요. 컴퓨터 회사 가고 리스회사 가고 해서 그거를 할 수 있는 대안을 가져오고, 안 된다는 조건마다 대책을 갖다 대고, 그러니까 지금 말을 쉽게 하지만 진짜 열불 나서 싸움도 하고 싶고, 멱살도 잡고 싶고, 왜 내가 해야 하는지, 그런 걸 다 참아내고." (박기상, 06. 30)

이로서 박기상씨의 집념에 의한 노력의 부산물로서 한국정부 최초로 '리스방식'이 도입되었다. 이는 궁여지책 끝에 나온 성과였으며, 이러한 컴퓨터를 도입하는 데 있어, 리스방식은 5년이면 5년 동안 할부해서 돈을 주는 방식이었기 때문에 정부예산이 목돈으로 들어가지 않아도 되어서 도입이 가능했던 것이다.

2. 국지기상 감시시스템의 구축

박기상씨가 만든 또 하나의 작품은 1996년에 국지 악기상 항시 감시시스템의 구축이다. 이 시스템은 쉽게 이야기하면 기존의 유인관측소가 무인관측소인 AWS로 변화되었는데, 이를 통해 관측된 정보가 다이어롭 모뎀을 통해서 전달이 되면 많은 시간과 오류가 발생하게 되는 데 반해, 1분 이내에 모든 정보를 이미지화해서 볼 수 있도록 실시간 자동기상 감시시스템을 만든 것이다.

"88년 올림픽 이후에 현대화를 했는데 자금이 없어서 기상청에서는 OECD 차관자금을 도입을 했어요. 그걸로 현대화 장비를 도입을 했는데 90년대 초에 무슨 일이 있었냐 하면 기상청이 지방에 80개의 기관이 있었고, 거기에는 유인이 있었고, 또 무인관측소라고 해서 철탑에 풍향 풍속계를 달고 온도 습도계를 달고 해서 데이터를 자동으로 모을 수 있는 자동관측장비 400대를 깔았어요. 근데 이 자동관측장비를 깔면 자료가 시시각각으로 착착 돌아서 예보관에게 보여줘야 하는데 이전 청장 때 그 연결 통신망을 다이어로그 방식으로 잘못 꾸민 거예요. 그러다 보니까 어떤 일이 벌어졌냐 하면, 한 시간마다 수집하는데 50~60% 밖에 수집이 안 돼요. 엄청난 손실이지. 그러니까 뭐냐 하면 관측과장하고 정보화를 담당하는 통신관하고 싸움이 붙은 거야. '왜 이렇게 수집이 안 되냐?, 할 수 없다.' 이러고, '이건 별수 없다.'고 그러고. 그거를 한 단계 수집하려고 어떤 개념을 도입했냐 하면 10초에 수집해서 10초에 분석하고 10초에 분배하는, 1분마다 전국에 있는 기온자료, 습도, 바람자료, 강수량 자료를 수집해서 이렇게 많은 자료를 그냥 표로 만들어 주면 안 돼요. 그걸 지도에 컬러 그래픽으로 시시각각 움직이는걸 보여주면 그것이 악기상 감시에 가장 좋은 것이죠. 그것은 마치 무엇과 같은 거냐 하면 한반도 상공에 기온 · 바람 · 강우량을 관측하는 CCTV를 놓은 거나 마찬가지에요. 그러니까 수집은 점으로 수집되지만 나중에는 영상으로서 컬러로 수집하는데 그런 거를 하려면 10초에 전국 400개소에서 수집을 해야 하는 것이거든요. 그걸 위해서 LAU 자동관측장치를 아까 80개소라고 했는데, 인근에 있는 자동관측장비를 전원장소를 병렬로 수집하면 하나를 수집하는데 5초 밖에 안 걸린다면 10개를 수집해도 5초, 100개를 수집해도 5초, 그런 식으로 해서 바로 초고속망으로 태워서 본청까지 오는데 전국 400개소가 10초 내에 들어오는, 그리고 본청에서는 10초 내에 분석해서 영상을 만들이 내시 지빙으로 뿌릴 수 있게 그런 개념을 만들었는데 그거를 얼웨이즈(ALWAYS) 시스템[5]이라고……(일본의

AMeDAS) 80년대 초에 출발을 했는데, 우리는 90년대 초에 출발해서 거기에 게임도 안 되게 기술로 앞선 것입니다. 근데 그거 할 때도 심지어 기상학과 교수들까지 와서 자문을 했는데, 다 반대를 했어요. 그런데 할 수 있었던 것은 (중략) 전 청장님 후임으로 우리 선배인 청장님이 오셔서 현대화를 하는데 전적으로 밀어줘서 전권을 가지고 할 수 있었던 거고, 하고 나니 지금은 전 세계에서 와서 좋다고 수입해 가려고 합니다." (박기상, 06. 30)

박기상씨는 이 시스템을 만들기 위해서 많은 노력을 기울였다. 그 결과, 외국의 것을 모방하는 것도 어려운 현실에서 세계적으로 없는 것을 만들어 내었다. 당시 그의 부하직원이었던 한 사람은 다음과 같이 말하고 있다.

"이 양반이 세계적으로 초유의 작품을 만들었어요. 그게 뭐냐 하면, 그 역량을 이 양반이 어디서 받았냐 하면 일본기상청에 이분이 수개월 연수차원에서 출장을 갔어요. 일본어 어학을 독학해서 어학패스를 해서 일본기상청에 가서 얼마인지 정확하게 기억은 안 나는데 3개월 이상인거 같아요. 일본은 당시 상당히 많은 부분이 전산화 · 자동화가 되었어요. 그 양반이 거기서 그걸 보고 우리도 바꿔야 되겠다. 이렇게 아이디어를 얻어서, 그래서 이제 85년도에 그런 작업을 하도록 물론 그전에 준비를 83년도부터 했으니 그때부터 계획을 한거지. (중략) 영상화 시켜서 실시간으로 변동되는 것을 눈으로 볼 수 있게 했죠. 그걸 최초로 해서 전 세계에서 벤치마킹 대상이 되었어요. 일본 애들도 그때는 그런 시스템을 갖추지 못했어요. 일본 애들도 다이어롭 모뎀으로 하다가. 우리가 일본을 넘어선 거죠. 일본 애들도 혀를 찾죠. 외국에서 미국을 포함해서 많은 국가들이 벤치마킹했고, 중국 같은 경우가 집중적으로 노하우를 빼다가 흉내를 내고 있지요."(부하직원, 07. 13)

이렇게 여러 가지를 완성하여 수치예보를 한 것이 88올림픽 때이다. 수치예보를 시행하는 데에는 세 가지가 필요하다. 첫째는 수치예보를 돌릴 수 있는 공장(컴퓨터)이 있어야 하고, 둘째는 그 모델을 돌리는 기술(데이터 축적과 모델)이 있어야 하며, 그 다음에 소프트웨어가 있어야 한다. 이를 완성하는 과정에서 박기상씨가 결정적 공헌을 했으며, 이후 기상예보의 질이 한층 격상된 것이다.

5) ALWAYS 시스템: 박기상씨의 후배가 시스템의 이름을 ALWAYS라고 이름 붙였다고 한다. 정식 명칭은 국지 악기상 항시감시시스템이다. 이 시스템은 세계최초이고, 일본의 AMeDAS 시스템보다 훨씬 발전된 시스템이었다고 한다. 일본의 AMeDAS 시스템이 다이어롭 방식으로 1시간에 한 번씩 수집을 해서 수집하는데 10분이 걸리고 그것을 통계로 해서 프린터로 나오게 하는데 20분이 걸리는 시스템이었다. 이 시스템은 일본이 70년대 말 80년대 초에 시작해서 만들어 낸 시스템이었다.

이에 반해 관측전산화는 90년대 초에 가능하게 된다. 이전에는 400개 관측소에서 관측한 것을 중간에서 순차적으로 합산하는 7단계를 거쳐야 했다. 하지만 이러한 과정에 오류가 많이 발생하게 되자, 직렬로 연결한 것과 같은 것을 병렬로 연결하는 방법을 통해 시간과 오류율을 대폭 줄인 것이다. 그리고 이러한 과정을 거쳐 기상청은 1995년도에 종합기상정보시스템(COMIS)을 완성하게 된다. 그리고 2001년에는 슈퍼컴퓨터를 통해서 예보를 하는 세계 12개 국가 중 하나가 되었다.[6)]

3. '없으면 만들어라': 민간보다 앞선 전문성

일반적으로 공무원들의 전문성은 사기업에 비해서 떨어진다고 한다. 계급적 인사행정제도, 낮은 보수 등을 그 원인으로 들 수 있으며, 그것은 당연하게 받아들여진다. 그러나 박기상씨는 이러한 일반적 견해에 대하여 예외 중의 예외라고 할 수 있다.

지금은 고도의 기술적 전문성이 요구되는 업무에 대하여 필요시 아웃소싱(outsourcing)을 하면 그만이다. 그러나 당시만 해도 SI 업체, 삼성SDS, LG CNS 등과 같은 기업이 없었으며, 이로 인해 박기상씨는 적합한 컴퓨터 지식과 전문 인력이 없는 상태에서 스스로 공부하여 문제를 해결했다. 없으면 있는 수준에서 활용하고 끝나는 것이 아니라 박기상씨를 중심으로 팀을 만들어 기상청이 스스로 만들어 나간 것이다. 지금도 전산직 공무원이 직접 프로그래밍하는 일은 적다고 할 수 있는데, 당시 기상청 직원이 필요한 부분을 직접 프로그래밍 했다. '목마른 자가 우물을 판다'고 세계 일류의 기상 시스템을 만들고자 하는 마음이 급했던 박기상씨가 스스로 문제를 해결할 수밖에 없었다. 일례로 미니컴퓨터와 TELEX의 비트가 달라서 이를 연결할 수 없는 상황에 봉착하자, 컴퓨터 회사도 못하겠다고 두 손 든 것을 박기상씨가 직접 부하직원 및 카이스트 교수와 함께 협력하여 결국 TELEX의 6비트를 8비트로 만들어 미니컴퓨터에 연결하는 부품을 개발하기까지 했다.

이는 기상예보분야 프로그램에 국한되는 것이 아니다. 기초적인 작업도 직접 할 수밖에 없었던 상황이었기 때문에 우선 통신망도 직접 통신사에서 회선을 빌려서 개통하였다. 심지어 일본이나 중국과 국제 통신망을 개통하는 것도 박기상씨의 팀이 최초로 한 것이라고 한다. 통신망을 개통하는 것은 전화를 연결하듯이 서로 붙이면 되는 것이 아니라, 그쪽 나라의 프로토콜을 이해하고, 통신하기 위한 프로토콜의 프로그래밍을 할 수 있어

6) 그리고 박기상씨가 퇴직한 2005년도 이후이지만, 우리나라는 2010년도에 정지 기상위성을 가진 7개 국가 중의 하나가 되었다.

야 한다. 그렇기 때문에 박기상씨와 그 직원들은 프로토콜에 대한 전체적인 이해까지 해야 했으며, 따라서 직원들이 이를 따라가는 것은 매우 어려웠을 것이라 예상할 수 있다. 하지만 박기상씨는 이를 포기하지 않고, 스스로 스터디 그룹을 구성하여 직원들이 서로 배우고 학습할 수 있도록 하였다. 박기상씨 자신도 물론 엄청난 양의 공부를 밤늦게 까지 해야만 했다. 요즘 말하는 학습조직(learning organization)이었던 것이다.

그는 단지 공직사회에서만 앞서 나간 것이 아니다. 사기업부문보다도 더 빠르게 변화하는 기술의 적용을 서둘러 왔다. '민간으로부터 배워야 한다'는 미국식 행정학의 틀에 완전 예외인 것이다. 그 예로 초기에 다중화 기술[7)]이 나왔을 때 누구보다 먼저 기상청 시스템에 도입하려고 시도했다. 그의 그런 시도에 예산낭비라는 많은 비판에도 불구하고, 박기상씨는 다중화 기술의 도입을 밀어붙였다. 그 결과 새로운 체제들이 유지되었고, 컴퓨터를 통한 업무자동화, 그리고 통신망 고속화에 의한 종합기상정보 시스템의 구축이 가능해졌다. 물론 앞에서 언급한 국지 악기상 감시시스템도 이러한 그의 노력이 있었기에 다른 선진국보다 앞서서 구축될 수 있었다.

뿐만 아니라 수치예보의 경우에도 1984년에 박기상씨가 스웨덴으로부터 수치예보모델 도입을 추진하였으며, 그것이 기반이 되어 수치예보팀이 만들어졌다. 그리고 이는 우리나라 정부에서 두 번째로 슈퍼컴퓨터가 도입되는 결과를 가져오게 되었다. 현재는 이것이 근간이 되어 독자수치예보모델을 개발하는 단계까지 올라왔다. 이처럼 기상청이 앞서 갈 수 있었던 것은 민간부문보다 뒤지지 않는 전문성을 갖추고 새로운 기술을 따라잡기 위해 노력하고, 새로운 기술을 기상청에 도입하려고 노력한 박기상씨의 헌신 덕분이리라 생각한다.

V 비주류가 살아남기: 기상청의 송곳

주류인 일반 행정가로서의 경력보다는 외골수 전문가로의 길을 택한 박기상씨의 조직생활은 외로운 투쟁의 연속이라고 할 수 있다. 기상전산화를 위한 그의 노력은 결코 순탄한 것은 아니었다. 청장이 반대를 하면 절대로 업무를 진행시킬 수 없었던 것은 물론이

7) 기존에는 통신회선 하나가 하나의 목적으로만 사용되었는데, 다중화 기술은 전화, 팩스, 데이터를 동시에 보내는 기술이다. 기상정보는 양이 많고, 사이즈도 크고, 종류도 다양하다. 따라서 다중화 기술이 나왔을 때 기존 전화선의 9,600bps에 답답해하던 박기상씨는 다중화 기술을 도입해 통신 속도의 향상을 꾀하려고 하였다.

고, 동료들과의 갈등도 심했다. 특히 새로운 기술의 도입으로 자신의 지위를 잃을 것을 두려워한 동료들의 방해가 심했다.

1. 승진보다는 전문성

박기상씨는 1970년에 중앙관상대 관측과와 예보과에서 9급으로 근무를 시작하였다. 초기에는 기존 양성소 세력[8]들에 의해서 다른 동료들보다 진급이 늦었다고 한다. 하지만 자신의 능력을 알아봐 준 청장이 전산직에 별정직 사무관자리를 만들고 그 자리에 박기상씨를 일반직에서 별정직으로 전환시켜 발령을 내면서 별정직5급인 전산처리관으로 고속승진하게 된다. 당시에 청장의 총애가 높아 5급 부청장이라는 소리를 듣기도 했었다고 한다. 그 다음부터는 개발관실[9]에서 과장으로 기상청 전체의 업무를 전산화하는 일을 담당하게 되었다. 이후 별정직이기 때문에 국장 승진이 어려워 다시 일반직으로의 전환 과정을 거쳐서 국장승진을 한다. 그럼에도 불구하고 다른 동기들보다 직급차이가 2~3개 정도가 차이가 나는 등 승진이 빨랐다고 한다.

그가 이처럼 남들보다 빠른 승진을 할 수 있었던 것은 그가 상관에게 잘 보이기 위해서 아첨하고 정치력을 잘 활용해서가 아니다. 당시에 기상청의 전산화는 중요한 과제였고, 이를 추진할 수 있는 자신의 능력을 알아준 청장의 배려 때문이었다고 볼 수 있다. 하지만 많은 사람들의 시기와 질투의 대상이 되었던 그는 청장의 퇴직으로 이후 승진에 어려움을 겪기도 한다. 그의 개혁적인 성격이 많은 사람들을 지치게 하였고, 개혁을 추진하는 과정에서 감정적인 대립을 하였던 사람들이 그를 끌어 내리려 한 것이다. 그의 목표지향적이고 저돌적인 업무 추진력 및 개혁성향으로 인해 피로감이나 위기감을 느낀 사람들이 박기상씨에 대해 부정적인 의견을 갖게 되었고, 이에 대해서 그의 직장 선배도 주변 사람들이 박기상씨를 다음과 같이 평했다고 이야기하였다.

---

8) 해방 후 정부는 일제로부터 기상대하고 본청을 인수인계하기 위해서 기상기술원 양성소를 만들었다. 기상기술 양성소는 고등학교를 나온 사람을 뽑아서 단기(6개월에서 1년)로 기상기술을 가르쳐서 기상청 직원으로 채용했다. 박기상씨가 들어갔을 때에는 이미 이 양성소를 나온 사람들이 큰 세력으로 성장했었고, 90년대 초까지 기상청에서 큰 영향력을 행사하였다.

9) 1985년 7월 2일 기상수요의 증대에 대처하기 위해 기상업무를 전산화하여 기상예보의 정확도를 높이고, '86아시안게임과 '88서울올림픽의 기상지원을 대비하고자 대폭적인 직제개편을 단행했다. 중앙기상대의 전체업무 전산화를 강력히 추진하기 위하여 이 기능을 담당하는 기상개발관을 국장급으로 보하고 대장의 직접 관할하에 두었다. 기상개발관 직제는 현재의 임무로 보아 정부기관 중 최초의 CIO로서 기상청이 타 부처에 비해 전산화가 앞서 나가게 되는 토대가 되었다. 기상개발관실은 기존의 통신과와 연구소 전산실의 인력과 기능을 통합하고 아울러 수치기상분석 기능까지 맡도록 하였다. 이로써 지지부진하던 기상통신전산화 업무추진을 위한 강력한 단일창구를 마련하였다.

"하나 하면 계속 집념 있게 추진하는 그런 성격이다 보니까 주위에서 그 친구를 달갑게 여기지 않아요. 상관도 그렇고 동료들도 그렇고 좀 유별나다. 유별난 사람이다." (직장선배, 07. 12)

게다가 박기상씨의 적극적인 업무추진력은 설득을 통해 해당 정책결정이 이루어지고 난 이후에도 속도 면에서 다른 사람들에 비해 빠르다고 인식되었고, 이는 진행과정에서도 갈등을 유발시키는 원인이 되기도 하였다. 이는 결정이 이루어지고 나면, 빠르게 목표를 향해 돌진하는 박기상씨의 업무속도와 다른 사람들의 속도가 달라서 생기게 되는 속도차이 때문이라 할 수 있다. 하지만 분명 이러한 업무속도와 함께 박기상씨의 전문성이 결합되어 빠른 시일 내에 기상청 현대화가 단계별로 성장해 나갔다고도 볼 수 있을 것이다.

"설득을 분명히 했는데, 그런 과정에 나아가겠다고 하는데 '너무 욕심을 낸다.', '이르다.' 이런 점에서 대립이 되는 거거든요. '예산이 필요하다.' 이러면 '나중에 해라.', '그만두겠다.' 이런 식이죠. 이걸 추진해 가면서 같은 팀에 있으면서도 전문적인 기술로 들어가면 그분은 정책 리더자의 입장이니까. 전문적인, 기술적으로 소화할 수 없는 방법들을 제시하고 그걸 '해결해라.' 그런 요구때문에 직원들이 힘들어 하고 이런 거죠. 그러나 다 거슬러 보면 그건 것들이 다 이룩된 거죠. 그 과정을 거쳐서." (부하직원, 07. 13)

박기상씨의 전문성을 위한 노력은 가족의 인터뷰를 통해서 보다 잘 나타났는데, 그는 현재에도 기상관련 분야의 좋은 논문을 읽으면 저자에게 직접 접촉을 시도하는 등 학술적인 면에서도 관심을 지속하고 있다고 한다.

박기상씨도 다른 공무원과 같이 출세를 하기 위한 유혹이 없었던 것은 아니다. 1980년대 본청에서 과장으로 현대화를 막 주도하고 있었을 때, 그의 재질을 알아보고 주류의 길을 가도록 권하는 사람도 있었다. 박기상씨는 자신의 길을 묵묵히 걸었지만, 지금은 청장이 되지 못한 것을 아쉬워한다. 이는 명예심에서라기보다는 '장'이 아니었기 때문에 그 꿈을 충분히 실현하지 못했다는 점 때문이다.

2. 사면초가에서 버티기

박기상씨는 어떻게 보면, 기상청의 기존 조직문화에 적응하지 못한 사람이다. 모든 조직에는 오랫동안 내려오는 관례가 있고, 권력구조가 정착되어 있다. 기존의 통신과와 같은 조직이 있었으며. 우수인재들이 가는 승진코스도 있었다. 또한 박기상씨가 들어오기 이전세대(양성소 출신세력)와 박기상씨 세대 간에는 큰 GAP이 있었다고 봐야 한다. 기상 전체를 바라보는 시각에서부터 GAP이 있다 보니 부딪칠 수밖에 없었다고 해야 할 것 같다.

그런 와중에 박기상씨는 일본에 가서 예보관련 개혁 과정들을 보고 듣고 와서 청장에게 조직개편을 건의했다. 1985년에 3개월의 짧은 일본연수 후 귀국해서 어려운 조직개편의 단행을 건의한 것이다. 이를 통해 만들어진 조직이 기상개발관실이었다. 여기서의 가장 핵심은 특히 통신과를 없앤 것이다. 이와 같은 조직개편 후 전산화를 추진하면서 기존부서의 사람들과 감정의 골이 파이게 되는데, 박기상씨는 컴퓨터를 최초로 통신 관측 자동화에 도입하는 과정에서 주관과의 검사업무를 담당하는 총괄실무자와 갈등을 겪게 된다. 박기상씨가 나름대로의 지식을 갖고 간여하였기 때문이다.

"콩놔라 팥놔라 이제 그런 거기서 통신과 없어지면서 쌓였던 골 이런게 합쳐지면서 의견충돌이 많이 있었고 급기야는 멱살 잡고 싸움까지 했었으니까." (부하직원, 07. 13)

이후, 이런 갈등이 해소된 것은 박기상씨의 전문성과 선도적으로 멀리 내다보는 안목 때문이었다고 당시 싸움까지 했던 부하직원은 회고한다. 이 부하직원은 박기상씨가 앞을 내다보는 안목이 있을 뿐만 아니라 여러 가지 의견을 잘 종합해서 하나의 목적물로 만들어 내는 탁월한 능력이 있었고, 직원들로부터 이런 능력을 인정받았다고 말한다. 그리고 박기상씨는 최종적으로 1987년 기존 통계과의 핵심 인력과 타협을 한다. '내가 일을 하는데 전제가 통신을 담당했던 인력들이 제자리를 갈 수 있도록 그 친구들이 과가 없어지면서 흩어졌으니까 그런 리더로 리드를 해주면 일을 하겠다.'는 것이 타협의 내용이었다.

하지만 이러한 타협 과정에서도 많은 어려움이 있었다. 다른 팀들이 컴퓨터기술 도입의 영향이나 효과에 대한 이해가 상당히 부족하다 보니 이해를 잘하지 못했고, 이해를 못하다 보니까 '과욕'이라는 비난을 받게 된 것이다. 특히 기존의 다른 팀들은 새로운 기술의 도입으로 조직이 축소되고, 자리가 없어지는 것을 가장 두려워하였다. 이로 인해 조직에서는 박기상씨를 '위협'적인 존재로 인식하게 된다.

"각 기관에 가서 업무 분석을 하고 소프트웨어를 설치를 하고, 예보과의 자동기묘를 하려고 하는데 직원이 물어 보는 거야. '이게 무슨 장비냐?' 해서, '앞으로는 일기도를 자동으로 기입할 거다.'하니 '어, 내 밥줄 떨어지네.' 그 다음에는 통신자동화를 하는데, 옛

날에는 통신장비들이 전화나 SOS로 수집해서 수작업으로 해서 예보관을 갖다 주었거든요. 완전히 자동화 되니까 자기들이 할 일이 없어지잖아요. 자신들이 못하게 고장내 놓고, 퇴근할 때 진짜 붙어서 테러하고, 참." (박기상, 06. 30)

특히 동료급 이상에서 박기상씨를 좋게 평가하는 사람이 많지 않았다. '앞서 간다. 자기주장이 강하다. 한 템포 줄여라.'가 박기상씨에 대한 동료급 이상이 말하는 대표적인 표현이었다. 점진적 변화를 추구하는 대부분의 상관은 박기상씨의 업무추진을 도와주거나 지지하기 보다는 제재를 가하는 경우가 많았다. 하지만 박기상씨가 이를 굽히지 않으니 충돌이 일어나고, 이상한 사람으로 낙인찍히게 된 것이다.

상관들은 나름대로 기상청의 환경 여건을 감안하여 개혁을 도모하고자 한다. 하지만 고정관념이 강하고 당시의 열악한 여건을 보게 되어, 필요한 개혁을 추진하는 방법이 있다는 것을 생각하지 못한 것이다. 박기상씨는 나름대로 그들이 보지 못하는 문제해결방법을 찾은 것이라 할 수 있다. 이에 반해 상관들은 안 될 것만 자꾸 생각하게 되고, '왜 안될 것을 자꾸 가져와서 충돌을 하느냐?'는 식의 논리를 바탕으로, 차라리 기존의 체제를 유지하는 것이 낫다고 보는 것이다.

게다가 스스로 기상청에 반드시 필요하다고 생각한 목표를 달성하기 위해서는 도입된지 1년 밖에 안 된 시스템이라 할지라도 더 나은 시스템이 있다면 이를 교체하고자 적극적으로 나서는 저돌적인 면은 전임자, 동료, 상관들에게 부담으로 작용하는 점이 많았다고 할 수 있다. 이는 조직 내부에 누군가 책임을 묻게 되는 문제를 야기하기 때문에 관료조직에서는 매우 맞지 않는 것이다.

따라서 박기상씨의 이런 부분은 없던 일을 만들어 낸다는 인상을 심어주게 되어 같은 조직원에게는 부담으로 다가왔을 것이다. 그리고 이러한 갈등들로 인해 업무 추진에 있어서 변화를 부담스러워 하는 여타 조직원들과의 관계에 불편함이 초래되었다.

하지만 이러한 사면초가 속에서 그가 기상청 현대화에 많은 공헌을 할 수 있었던 것은 그럼에도 불구하고 자신의 능력을 알아주고 밀어주는 청장을 운 좋게 만났다는 사실 덕분이다. 반대로 박기상씨를 지지하지 않는 청장이 있을 때는 그만큼 정지하거나 기다린 셈이다.

3. 토론을 통한 업무추진

뜻을 이해하지 못하고, 들으려고도 하지 않는 상관과 부딪치는 것과는 달리 박기상씨는 부하들과의 관계에 있어서는 상당히 민주적이었다. 이것은 상관에게 과잉충성하고 부하를 짓밟는 전형적인 '권위주의'적 관료와는 정반대의 특성이다. 어떻든 이는 일관성이 부족한 이중적인 모습처럼 보인다.

> "저하고는 이런, 워낙 이 양반이 기술적으로 뛰어나신 분이라 우리가 배우거나 의견이 있을 때 조율하는 과정에서 밤새워 술을 마신 경험이 여러 번 있어요. 토론하는 거지. 밤새워 토론했죠. 같이 토론하는 거지. 요즘은 소통이라는 말이 있는데 그때는 그런 말은 없었죠." (부하직원, 07. 13)

그러나 자신도 확신할 수 없는 기술적 불확실성 속에서 부하들과 토론하는 것은 나름대로의 불가피한 방법이었을 것이다. 혼자만 나아가는 독불장군이면 실패의 확률이 높아질 뿐만 아니라, 부하들의 협조를 받을 수도 없기 때문이다. 따라서 박기상씨는 토론 부분에 있어서 자유로웠다. 자유로운 분위기 때문에 회의할 때도 부하들은 '그래서 브레인스토밍이란 이런 거로구나'라고 실감할 수 있었던 것이다. 대부분의 행정조직에서 권위주의적 문화가 있는 경우에는 진정한 토론을 하겠다고 해도 안 되는 것이 당연지사였다. 하지만 박기상씨는 회의가 있으면 계급과 관계없이 참여해서 자신의 생각을 얘기하도록 했다.

이는 이미 1980년대 초반부터 전산직으로 전직을 해서 들어와, 임시조직을 만들어 본 경험이 도움이 되었는지도 모른다. 당시 그는 별정직으로 3명의 TO를 받아서 전산화의 선봉대를 만들고자 하였다. 이후 각 부처에서 뛰어난 인재들을 모아서 동호회를 만들고 스터디 그룹을 구성하여 이들을 중앙전자계산소에서 하는 컴퓨터 교육에 보냈다고 한다. 그는 이들을 기상청 현대화의 동력으로 삼으려고 했고, 실제로 이들이 기상청이 현대화를 하는 데 많은 역할을 담당했다고 한다. 그는 부하의 의견을 듣고 토론을 하는 성격이었지만 일단 결정이 되어 일을 하게 되면, 그 추진력이 매우 대단하였다. 이에 대해 '카리스마가 강하고, 강력한 업무추진력이 있다. 이 사람이 필요하다고 생각하면 어떤 방법을 동원해서도 그 사람을 데려온다.' 라는 평이 있었다.

아울러 박기상씨의 토론을 통한 업무 추진 스타일은 기술지향적 행정조직이면서, 그로 인해 연구기관과 유사한 특성을 일부 가지고 있는 기상청 특유의 조직문화도 한몫했을 것으로 보인다. 박기상씨가 본인을 포함하여 서로가 가지고 있는 전문적인 기술능력을 활용한 업무 추진을 적극 활용하기 위한 방법으로서 위와 같은 토론 및 브레인스토밍

방식을 활용하였고, 이러한 방식이 기상청의 기술지향 조직문화와 비교적 잘 맞았다고 볼 수 있을 것이다.

Ⅵ 종합적 해석

전형적인 전문가형 관료이며, 이를 위해 자신의 가정생활도 어느 정도 희생했던 박기상씨를 어떻게 볼 것이며, 또한 이러한 박기상씨의 사례는 지금 세대에게 어떤 교훈을 줄 수 있는지를 몇 가지 쟁점을 가지고 보기로 한다.

1. 자질론 대 상황론

리더십이론에서 자질론과 상황론은 아직도 논란거리이다. 오늘날의 박기상씨가 있는 것은 본인이 그렇게 타고 난 것인가, 아니면 상황이 그렇게 만든 것인가. 확실히 박기상씨는 비범한 점이 있었던 같다.

> "전산을 시켜주었다는 선배 이○○ 교수가 그분이 그때 만해도 체신부도 전산화를 하려고 했고 전산화를 도입한 데가 몇 군데 있었어요. 그런데 그 사람들은 프로그램을 못하고 기상청에서 가는 사람들이 1등을 해요. 포트란이나 코볼이나, 아셈블이나, 남들이 생각하지 못하는 것을 가르치면서 이 문제를 내잖아요. 그럼 머릿속에 로직이 떠올라요. 그걸 받아서 쓰면 다른 사람은 아직 쓰지도 못했는데, 취미가 있다고 해야 하나. 적성이 맞는다고 하나. 칭찬을 하니까 재미도 있었고, 그러다 보니까 기상 시스템은 내 손으로 이룩해 보자." (박기상, 06. 30)

그러나 이 자질이 필요조건이었다면, 상황이 그를 이렇게 만들어 온 것도 있다. 우연인지는 모르지만, 다른 인기 있는 과가 아닌 서울대 기상학과로 진학한 것도 결정적 변수가 된 것 같다. 물론 멘토인 이○○ 교수의 도움도 결정적이었다. 이후에는 청장 두 사람의 전적인 지지를 받아, 전산직 별정직이 만들어지고, 보직도 관련분야로 이어졌다. 구조변수가 완전히 불리한 것은 아니었다. 즉, 박기상씨에게 있어 조직이 항상 우호적이지는 않았지만, 비교적 거액의 예산을 기상부분에 할애할 수 있었던 정부의 예산팽창도 한몫했다. 평생을 공직에 봉사하면, 정치인들은 철새와 같이 왔다 가더라도, 언젠가는 쓰레기

통모형과 같이 기회가 오는 것이다. 이것이 바로 공무원이란 자리의 장점인지도 모른다.

2. 개방형과 활동형

박기상씨가 일반행정직으로서 정치화되고, 청장으로 가는 길을 밟지 않은 것은 어떻든 본인의 선택이었다. 회고적으로는 그러한 부분을 유혹으로 조차 느끼지도 않은 것 같았다. 이러한 점은 성격상 몰입형이기 때문인 것 같기도 하다. 즉, 개인의 경력발전이라는 측면에서는 본 연구가 제시한 개방형이라기보다는 폐쇄적이었다. 오직 기상청만을 생각한 것이다.

그러나 기상분야에 대해서는 개방적이었다. 국내외 돌아가는 경향을 부지런히 밤새워 연구하였다. 국제적인 감각도 있었다. 이를 바탕으로 전문가로서 한국에서 1인자가 된다는 것, 그리고 세계에 자랑스런 예보시스템을 만들고자 하는 elite의식도 있었을 것이다.

나아가서 박기상씨는 이러한 뚜렷한 목표의식과 강력한 추진력이 있었다. 목표를 성취하기 위해 수단과 방법을 가리지 않는 활동형 인간이었다. 이를 추진하는 힘은 다른 사람을 부려먹는 것보다는 스스로 앞장서고, 개인적 손해도 주저하지 않는 인간형이었다. 즉, 이것은 부단한 노력을 통해 실현된다.

> "저도 어릴 적부터 굉장히 우유부단한 성격이었어요. 남한테 큰소리 못하고 내 얘기하기보다는 남 얘기를 듣고, 제가 전산화를 맡게 되니까, 기상 경험도 맡고, 현대화를 맡게 되고, 그거를 자동화하고 현대화할 때 어떻게 설득을 할까 하고 굉장히 고민했어요. 그래서 미리 답을 준비해 와요. 스스로 질문하고 답을 다 찾아놔요. 그걸 가지고 설득을 다해요. 아무리 설득을 해도 고집을 부리면 할 수 없이 그냥 갈 수밖에 없어요. 독재자, 불도저 이런 식으로 진짜 강성의 이미지가 있는 거예요. 저는 실제로 마음은 굉장히 약한 사람이에요."

3. 융합력 부족한 원칙주의자

박기상씨는 한 번 원칙을 세우면 반드시 지키는 고지식한 사람이었다. 이러한 그의 고지식한 점은 이희승의 수필에 나오는 딸깍발이를 생각나게 한다. 한편으로 그에게 있어 부족한 것은 융합력이라고 할 수 있다. 즉, 박기상씨는 비판하는 사람을 끌어안기보다는 그대로 놔두고, 앞서가는 형이다. 협조하지 않는데 협조 받으려고 뛰어다닐 필요는 없다고 생각하는 점으로 인해 그런 면에 있어서는 뒤에서 수군수군 하는 사람들이 많았다.

또한 다른 사람이 보기에는 손해를 혼자 감수하는 성격이다. 이러한 그의 성격은 직장 선배의 인터뷰 내용에서도 엿볼 수 있다.

> "그리고 또 어떤 일을 할 때 뻔히 손해를 볼 줄 알면서도 달려든다고, 그냥 자기 몸으로 때우는 거야. (중략) 뭔가 그룹으로 해야 할 일도 하다보면 끝까지 남아 있는 사람이 없다. 특별히 좋은 일 아니면, 나중에 책임져야 하면, 당신이 마무리 하시오, 당신이 마무리하시오, 이러다 보면 끝까지 남는 이가 박기상이다." (직장선배, 07. 12)

아울러 명절 때 선물이 들어와도 받지 않는 박기상씨의 청렴과 윤리도 강조할 필요가 있다. 딸의 이야기를 들어보면 고기류 등은 동네슈퍼의 냉장고를 빌려서라도 보관했다가 돌려주도록 했는데, 이로 인해서 가족들이 많은 불편을 겪기도 했다. 이것은 그때 기준으로 보면 융통성이 부족한 것이고, 오늘날 기준으로 보면 윤리의식을 타고난 사람임을 의미한다. 그러나 박기상씨와 같이 조직 속에서 외로이 투쟁하는 경우에는 바로 이러한 철저함과 경직성이 보신의 막이 되지 않았나 생각한다. 자칫 운이 나쁘면 불미스러운 일로 연루되고 오해받을 수도 있기 때문이다.

Ⅶ 맺는말

모든 관료가 소극적이고 개혁지향성이 낮은 것만은 아니다. 박기상씨의 사례에서 보듯이 주어진 일에 대한 열정 및 주인의식은 국민을 위하는 공직관으로 이어졌다고 할 수 있을 것이다. 이러한 그의 공직관은 아래의 인터뷰 내용에서도 확인할 수 있었다.

> "자부심이랄까, 여태까지 이야기했듯이, 내가 우리 한국 기상청을 세계 최고로 좋은 가장 앞서가는 기상청으로 만들고 싶었던 것이고, 그 열정 하나로 뭐 어려운 일들 다 견딜 수 있었던 것이고. 그거지 뭐 특별히 공무원으로서 자부심이라든가. (중략) 이게 말단이건 윗사람이건 내 위치에서 할 수 있는 한 국민들에게 이익이 돌아가도록, 내가 좀 위험하게 되더라도 그렇게 해석을 해서 그렇게 일을 해야지." (박기상, 07. 08)

단지 기상청에만 국한되는 얘기는 아닐 것이다. 공무원들은 대개 새로운 일을 추구하려 하지 않는다. 새로운 일을 추구함으로 인해서 얻는 즐거움 보다는 실패했을 경우 책임져야 하는 부담감이 더 크기 때문이리라. 그렇기 때문에 전문성이 있고 진취적인 사람도 공직사회에 들어오면 있는 전문성도 감추고 후퇴하기 쉽다. 박기상씨의 사례를 보면 자신의 전문성과 적성을 알아보고 이끌어 주는 멘토가 있고, 자신이 생각한 바를 행동으로 옮길 수 있도록 밀어주는 책임자가 있었다. 이 같은 여건이 있었기 때문에 마음 놓고 국민을 위하여 기꺼이 초신성이 될 수 있었던 것은 아닐까?

그는 국장까지 밖에 승진하지 못했지만, 퇴직한 지금 '청장'이란 별칭도 듣는다. 이는 35년간 오직 기상예보의 정확성을 높이기 위한 노력을 한 그의 중요성을 알게 해주는 내용일 것이다. 조직으로서 기상청의 핵심임무는 '예보의 정확성'이라 할 수 있는데, 그는 이 핵심 임무의 중요성을 미리 깨닫고, 비전을 가졌으며, 이를 뚝심 있게 추진한 것이다.

오늘날 날씨는 재난예보는 물론이고, 관광산업 등에 막대한 영향을 미치는 변수이다. 대한민국이 경제성장을 한 것은 정확한 기상예보를 통해 여러 경제주체들이 각자의 분야에서 최선을 다했기 때문이라 할 수 있을 것이다. 기상예보의 중요성은 오보일 경우 닥쳐올 피해를 생각해 보면 알 수 있다. 이러한 기상예보와 같이 당연한 것 같으면서, 충족되지 않으면 피해가 큰 것을 묵묵히 지키는 것, 이것이 바로 '공공성(publicness)'이 아닐까.

공직자로서 주머니 속의 송곳과 같은 낭중지추(囊中之錐)가 바로 박기상씨이다. 이를 설명하는 데에는 많은 다양한 요인들이 존재한다. 그 중에서도 이 연구대상자는 전문성, 열정, 네트워크능력에서 매우 뛰어났으며, 이러한 능력이 조직의 특성인 혁신적인 상황과 같이 맞아떨어지면서, 그리고 이런 상황에서 이 연구대상자의 능력을 알아주는 상관을 만나게 되면서 이 연구대상자는 기상청의 낭중지추로 탄생하게 된다. 개방적인 생각과 활동은 '누가 관료가 민간보다 전문성이 떨어지고 소극적이라고 비판하였던가' 의심이 될 정도로 개혁적이었다. 당시 훌륭한 업적을 이뤘고 조직 발전에 크게 기여한 것으로 인정받지 못하였지만, 진정 이런 사람들만 관료조직에 있다면, 학습조직이니 하는 용어 자체가 무색해지는 것이다. 이런 사람들은 조직의 반발과 개인들의 시기심으로 그의 이러한 업적이 조명 받지 못했지만 이와 같은 연구를 통해서라도 부각되고 가치를 인정받도록 하는 것이 행정학을 발전시키는 일이라고 생각된다.

논어에서 공자는 다음과 같이 말한다. 행정개혁을 주도하는 관료가 가져야 할 자세에 대해 이미 2천 5백여 년 전에도 파악한 듯하다. 어느 날 공자의 제자 자공이 마을사람들이 모두 어떤 사람을 좋아한다면 어떤지 물었다. 그러자 공자는 그것만으로는 그 사람에 대해 알 수 없다고 말한다. 그러자 다시 자공이 마을사람들이 모두 어떤 사람을 싫어한다면 어떤지 물었다. 이에 공자는 그 것만으로도 그 사람에 대해 알 수 없다고 한다. 제자가 답답해 하였는지 공자는 조금 더 자세하게 설명한다. "(모두가 좋아하는 것이나 모두가 싫어하는 것은) 착한 사람들이 모두 그 사람을 좋아하고 나쁜 사람들이 그 사람을 싫어하는 것만 못하다."[10)]

이 연구대상자와 같이 좋은 뜻과 신념을 가지고 열심히 일을 하다보면 모든 사람들에게 칭송받기보다는, 그 뜻에 동의하는 좋은 사람들은 그를 좋아하지만 일하기 싫어하는 나쁜 사람들은 그를 싫어하게 되는 것이다. 모든 사람들에게 인기를 끌려고 노력하기 보다는 국민을 위하는 뜻을 가진 좋은 사람들에게 인기가 있는 관료가 되도록 노력하는 것이 공직자로서 낭중지추가 되는 길이라 생각된다.

10) 子貢問曰 鄕人皆好之 何如 子曰 未可也. 鄕人皆惡之 何如 子曰 未可也. 不如 鄕人善者好之 其不善者惡之. 論語, 子路篇.

참고문헌

고병우(2008). 「공무원」, 서울: 늘푸른소나무.

김영민(2011). 일선공무원의 재량행사에 관한 연구: 사회복지 전담공무원을 중심으로, 서울대학교 행정대학원 석사학위논문.

박통희 외(1994). 「딜레마이론」, 서울: 나남출판.

________(2004). 「편견의 문화와 여성 리더십: 여성공직자의 역할모형」, 서울:대영문화사.

백완기(2005). 「한국행정학 50년: 문헌검토를 중심으로」, 서울: 나남출판.

소영진 외(2009). 「딜레마와 제도의 설계」, 서울: 나남출판.

윤견수(2001). "약자의 설득전략: 어느 하위직 공무원의 개혁활동에 관한 현상학적 보고서", 「한국행정학보」 35(1): 143-160.

윤견수 외(2000). 「딜레마와 행정」, 서울: 나남출판.

이종범 외(1994). 「딜레마 이론: 조직과 정책의 새로운 이해」, 서울: 나남출판.

________(1994). 「전환시대 행정가: 한국형 지도자론」, 서울: 나남출판.

이현주 · 박통희(2003). "대한민국 경찰 김강자 성차별에 합법적으로 대응한 과업지향적 리더쉽", 한국행정학회 추계학술대회 발표논문.

조경호 · 진종순 · 박석희(2009). 「공무원의 역할연구: 글로벌 시대 조직경쟁력 제고를 위한 일류 공무원의 역할」, 서울: 대영문화사.

조무성(2005). 「행정인이란 누구인가」, 서울: 고려대 출판부.

조석준(1980). 「한국행정학」, 서울: 박영사.

주대진(2010). "농촌지도공무원의 직무몰입과 직무특성, 조직풍토, 역할모호성 및 전문성의 인과적 관계", 서울대학교 행정대학원 석사학위논문.

최낙정(2005). 「공무원이 설쳐야 나라가 산다」, 서울: 세창미디어.

황운성(2010). "재량통제 방식이 사회복지전담공무원의 재량에 미치는 영향", 서울대학교 행정대학원 석사학위논문.

Brusson, Nils.(2002). The Organization of Hypocrisy. Copenhagen: Copenhagen Business School Press.

Crozier, M.(1964). Le phenomene Bureaucratique, Paris: le Seuil

Crozier, Michel et E. Friedberg.(1977). l'Acteur et le Système, Paris: le Seuil

Dorfman, Peter W., Howell, Jon P., Hibino,Shozo, Lee, Jin K., Tate, Uday & Bautista, Arnoldo.(1997). Leadership in Western and Asian Countries:

Commonalities and Differences in Effective Leadership Processes Across Cultures. Leadership Quarterly.8(3): 233-274.

Farmer, D. J.(1995). The Language of Public Administration: Bureaucracy, Modernity, and Postmodernity.

Habermas, Jürgen.(1984). The theory of communicative action translated by Thomas McCarthy. Boston: Beacon Press.

Niskanen, William.(1994). Bureacarcy and Public Economics. Brookfield, Vt., USA: E. Elgar

Podsakoff, P. M, Mackenzie, S.B., & Fetter, R.(1993). Substitutes for Leadership and the Management of Professionals, Leadership Quarterly.4(1): 1-44.

Simon, Herbert.(1982). Models of Bounded Rationality. Cambridge, MA: MIT Press.

Weber, Max.(1968). Economy and Society, In G. Roth & C. Wittich(ed.), New York: Bedminister Press.

저자 약력

■ **임도빈**

프랑스 파리정치대학원(I.E.P. de Paris) 사회학 박사
현, 서울대학교 행정대학원 교수

• 관심분야: 정부경쟁력 연구 및 시간관점에서 행정조직현상 분석 등

• 주요 저서 및 논문

한국행정조직론(2010, 법문사)
정부조직과 시간관리(2009, 서울대학교출판문화원)
한국지방조직론(2004, 박영사)
Does Management Performance Impact on Citizen Satisfaction?(ARPA, 2012)
Information Technology and Organizational Morphology: The Case of the Korean Central Government(PAR, 2011)

@ tobin@snu.ac.kr

■ **구민교**

서울대학교 국제정치학 학사 및 행정학 석사
Johns Hopkins University 국제정치 · 경제학 석사
University of California at Berkeley 정치학 박사
현, 서울대학교 행정대학원 부교수

• 관심분야: 산업정책, 통상정책, 국제행정 등

• 주요 저서 및 논문

Same Bed, Different Dreams: Prospects and Challenges for ASEAN+'X' Forums(2012)
Linking Domestic Decision-making and International Bargaining Results: Beef and Automobile Negotiations between South Korea and the United States(2003)
동남아시아 국가들이 바라보는 자본주의의 미래: 신자유주의적 사회화와 아시아적 가치의 확장 사이에서(2012)

@ mgkoo@snu.ac.kr

■ **배귀희**

미국 남가주대학교 행정학 박사
현, 숭실대학교 행정학부 부교수

• 관심분야: 공공조직 및 관리, 인적자원관리 및 지역발전 등

• 주요 저서 및 논문

정부신뢰의 결정요인에 관한 연구: 정책선호 및 대통령의 국정수행평가를 중심으로(2009)
새로운 거버넌스를 위한 섬김 리더십에 관한 연구(2009)
공기업 성과연봉제의 효율적인 제도설계와 운용을 위한 정책적 제언: 관련자의 인식을 중심으로(2012)

@ khb07@ssu.ac.kr

■ **신희영**

서울대학교대학원 행정학 박사
현, 경주대학교 사회복지행정학과 교수

• 관심분야: 사회복지행정, 재무행정, 거버넌스(정부학) 등

• 주요 저서 및 논문

도시의 성장지향적 정치와 정책네트워크 구성: 전략관계론적 접근
정책네트워크 동태성의 이론에 관한 비판적 고찰: 사회적 활동의 변형모델을 중심으로
행정학 연구의 방법론적 다원주의: 비판적 실재론적 접근
민주적 로컬 거버넌스 구성과 지방정부

@ shinhy@gju.ac.kr

■ **양재진**

미국 Rutgers 대학 정치학 박사
현, 연세대학교 행정학과 교수

• 관심분야: 사회정책, 관료제이론, 복지국가론 등

• 주요 저서 및 논문

Retirment, Work and Pensions in Ageing Korea(2010, Routledge)
사회정책의 제3의 길: 한국형 사회투자정책의 모색(2008, 백산서당)
한국 복지정책의 결정과정: 역사와 자료(2008, 나남)
Parochial Welfare Politics and the Small Welfare State in South Korea, *Comparatuve Politics*(2013)
Korean Social Concertation at the Crossroads: Consolidation or Deterioration?, *Asian Survey*(2010)

복지와 재정건전성의 관계분석: OECD 국가들의 사회투자형 복지지출을 중심으로(2012, 한국행정학보)

@ jjyang@yonsei.ac.kr

■ **엄석진**

서울대학교 행정학 박사

현, 서울대학교 행정대학원 부교수

• 관심분야: 전자정부와 정보화정책, 한국행정사, 행정이론 등

• 주요 저서 및 논문

Institutional Dimensions of e-Government Development: Implementing the 'Business Reference Model BRM)' in the United States and Korea(2013: forthcoming)

The Development of Public Smart Phone Apps in Korea: Empirical Approach(2012)

동원과 참여 사이에서: 1970년대 농촌 새마을운동 과정에서의 지방공무원의 역할(2011)

@ sjum21@snu.ac.kr

■ **오영균**

서울대학교 행정학 박사

전, 기획재정부 정책자문위원

안전행정부 정부혁신관리위원회 위원

안전행정부 정부혁신지방분권위원회 위원

통상산업자원부 장관정책자문관

현, 수원대학교 행정학과 교수

국무총리실 정부업무평가 전문위원

기획재정부 공기업준정부기관 경영평가 평가위원

안전행정부 고위공무원단 역량평가위원

• 관심분야: 재무행정 및 정부회계, 지방행정, 성과관리 및 평가 등

• 주요 저서 및 논문

ISO26000과 공공기관의 사회적 책임

Economic and policy implications of spectrum license fee payment methods 등

@ skyward21@suwon.ac.kr

■ **원숙연**

University of Nottingham 박사

현, 이화여자대학교 행정학과 부교수

• **관심분야:** 여성정책, 젠더와 조직, 다문화/소수자정책 등

• **주요 저서 및 논문**

Gendered Working Time Arrangements and their Policy Implications(Time and Society, 2012)

Institutionalized Powerless? The Reality of Women's Policy Units and their Gendered Dynamics in Korea"(J.of Social Policy, 2010)

수렴 또는 발산? 외국인 정책에 대한 서울시 공무원-시민-외국인이주자 간 인식의 지형 분석(정책학회보, 2012)

인종적 소수자 정책에 대한 수용성의 영향요인(한국행정학보, 2011)

@ sywon@ewha.ac.kr

■ **이수영**

서울대학교 문학사 및 행정학 석사

조지아 대학교 행정학 박사

현, 서울대학교 행정대학원 교수

• **관심분야:** 인사행정, 조직행태, 조직이론, 정부성과 등

• **주요 저서 및 논문**

Journal of Public Administration Research and Theory, Public Administration Review, Administration & Society 등에 게재

@ soo3121@snu.ac.kr

■ **이현국**

서울대학교 행정학 박사

현, University of Chicago POST DOC.

• **관심분야:** 정부 예산과 재정, 공공서비스 공급의사결정, 정부관료제와 성과관리 등

• **주요 저서 및 논문**

ICT as a Buffer to Change: A Case Study of the Seoul Metropolitan Government's Dasan Call Center. Public Performance and Management Review 36(3)

Citizen Preference and Resource Allocation: The Case for Participatory Budgeting in Seoul, Local Government Studies(2013) 등

@ hyunkuklee@gmail.com

■ 전주상

서울대학교 법학사, 행정학 석사 및 박사
현, 한성대학교 행정학과 교수

- 관심분야: 지방행정, 갈등관리 등

- 주요 저서 및 논문
  지방자치론(2012, 공저)
  외국인정책의 재원조달체계 개선에 관한 연구(2012)
  공공부문 성과측정의 신뢰성과 타당성에 대한 탐색적 연구(2012)
  영국 패리쉬의 정책적 함의(2010)
  집단민원조정체계의 구성 및 운영방안(2009)
  예산과정상의 주민참여제도에 관한 연구(2008)
  지방정부 갈등관리의 이론과 실제(2007)
  @ syhsjs@hansung.ac.kr

■ 정용덕

미국 남가주대(USC) 행정학 박사
현, 서울대학교 행정대학원 교수

- 관심분야: 한국의 국가성과 행정학 이론, 거버넌스와 공공리더십 등

- 주요 저서 및 논문
  공공갈등과 정책조정리더십(2011, 법문사)
  한일국가기구비교연구(2002, 대영문화사)
  현대국가의 행정학(2001, 법문사)
  Collaborative Governance in the US and Korea(2009, SNU Press)
  The Public's Declining Trust in Government in Korea
  @ ydjung@snu.ac.kr

■ 정진우

서울대학교 행정학 박사
전, 한국정보화진흥원 선임연구원
현, 인제대학교 행정학과 부교수

- 관심분야: 조직관리론, 행정정보체계론, 행정이론 등

- 주요 저서 및 논문
  행정정보체계론(2013, 인제대학교출판부)
  정부조직진단(공저, 2002, 대영문화사)

우리나라의 정보화성과 고도화전략에 관한 연구: 해외 선진국 사례 분석을 중심으로 (2013, 한국사회와 행정연구)
우리나라의 지역정보화조직에 관한 연구(2012, 한국지역정보화학회지)
조직개편 이후 조직통합을 위한 관리전략에 관한 연구(2001, 한국행정학회보)
부처통합의 영향 요인에 관한 연구: 재정경제원을 중심으로
@ jw0611@inje.ac.kr

■ **조선일**

서울대학교 행정학 박사
현, 순천대학교 행정학과 교수

• 관심분야: 인사, 조직, 관료제 등

• 주요 저서 및 논문
공무원의 정치적 중립과 정치활동(2012)
공공부문 인력예산 결정과정 비교연구(2012)
한국과 미국의 인사개혁 비교연구(2009)
중앙부처 총액인건비제도 개선과제 분석(2008)
지방공무원 능력개발을 위한 교육수요 분석(2006)
@ seonil@sunchon.ac.kr

공직사회의 낭중지추를 찾아서

2013년 9월 25일 초판 인쇄
2013년 9월 30일 초판 1쇄 발행

공저자 임 도 빈 외 13인
발행인 배 효 선

발행처 도서출판 法 文 社

주 소 10881 경기도 파주시 회동길 37-29
등 록 1957년 12월 12일/제2-76호(윤)
전 화 (031)955-6500~6 FAX (031)955-6525
E-mail (영업) bms@bobmunsa.co.kr
(편집) edit66@bobmunsa.co.kr
홈페이지 http://www.bobmunsa.co.kr
조 판 법 문 사 전 산 실

정가 21,000원 ISBN 978-89-18-02404-2

이 책의 무단전재 또는 복제행위는 저작권법 제136조 제1항에 의거, 5년 이하의 징역 또는 5,000만원 이하의 벌금에 처하게 됩니다.

※ 저자와 협의하여 인지를 생략합니다.